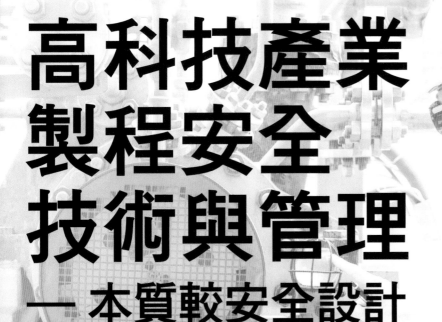

高科技產業
製程安全
技術與管理
― 本質較安全設計

Process Safety Technology and
Management in High-Tech Industry

陳俊瑜 張國基 著

五南圖書出版公司 印行

編 輯 大 意 | PREFACE

　　本書所探討之高科技製程包含半導體、顯示器、太陽能、發光二極體、燃料電池等相關產業製程。而此等高科技製程在臺灣與中國大陸等海峽兩岸均為重要的經濟活動項目之一。所以本書編輯主要分為兩篇，第一篇將論述高科技製程與安全技術評估：第一章首先探討高科技演進與發展趨勢；第二章則探討各有關產業製程之元件物理與製程危害分析，因此等為危害之核心，得令相關技術人員建立具體知能；第三章將延續第二章成果持續探討各有關產業製程之機台設備與廠務系統危害分析，以建立相關技術人員應有從核心到廠務端整廠之基礎知能；第四章依據前述基礎危害知能探討高科技危害風險評估技術與應用基本能力建立；緊接著第五章引導讀者完整理解高科技製程本質較安全設計策略應用技術與相關原理的認知，此單元將有系統的由製程核心往廠務逐系統分項探討分析，以建立完整觀念；第六章則深入且完整探討高科技廠房安全工程控制技術包含防火防爆工程、設備完整性工程、電氣設備安全工程、噪音與震動工程、人因工程等安全工程控制技術；第七章則深入且完整探討高科技廠房衛生工程控制技術包含通風換氣工程、作業環境監測工程等衛生工程控制技術。第二篇則論述製程安全評估案例與管理應用實務，顧名思義主要針對管理應用實務：第八章即論述製程安全管理與應用案例；第九章探討機臺設備與廠務系統安全管理案例與應用（含監控系統）；第十章討論高科技廠房安全管理與工業區聯防救災應用案例；第十一章則討論高科技製程安全管理互聯網與大數據趨勢發展。

　　經由本書前述架構可知，本書編輯範圍廣泛，且編輯內容深度亦深，極適合大學高年級至研究所，以及業界人士使用。故本書將明確定義出適合初年級閱讀之範圍，至於適宜高年級應用之範疇亦將於導讀中完善規劃，讓授課教師得明確應用本書於課堂中。

陳俊瑜、張國基

導讀

　　本書之內容適合任何想學習高科技製程安全技術與管理之學生或產業界人士研讀，不過在廣泛的內容中，本書於此仍做適當之處分引導，讓授課老師與讀者能依自身需求進行研讀規劃。

1. 大學部初年級，建議研習第一章之 1.1 半導體演進概述，1.6 高科技產業；火災案例分析，1.8 本質較安全設計策略與高科技製程應用概述。

   第二章之 2.3 高科技製程危害分析，第三章之 3.3 從製程，機臺設備到廠務系統的本質較安全應用原油應用，第四章之 4.1 及 4.2 安全／衛生工程控制概論。

   第五章之 5.1 製程安全管理概論，5.5 職業安全衛生法新興安全與健康管理議題。

   第六章之 6.1 生產自動化演進與安全管理，第七章之 7.2 科技發展與損害防阻理論。

   第八章之 8.2 製程安全管理資訊整合技術趨勢發展等。

2. 大學部高年級：建議應祥讀第一章，第二章，第三章，第四章，第五章，第六章之 6.1 及 6.2 節，第七章之 7.1 及 7.2 節，第八章之 8.1 及 8.2 節等內容。

3. 研究所以上及業界人士：建議應完整祥讀本書所有內容。

　　以上建議授課教授均可依情況進行調整，以期獲得最大學習效果。

CONTENTS

目錄

第二篇　製程安全評估案例與管理應用實務

目錄

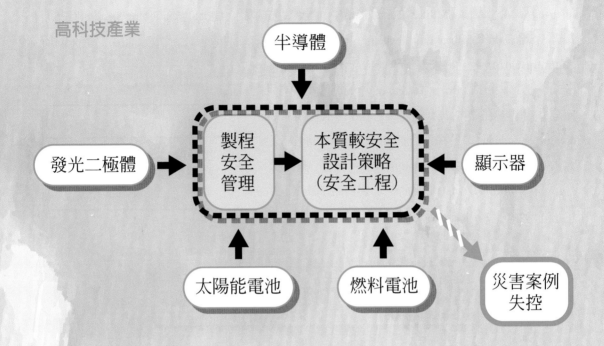

高科技產業

半導體

發光二極體

製程
安全
管理

本質較安全
設計策略
（安全工程）

顯示器

太陽能電池

燃料電池

災害案例
失控

第一篇　高科技製程與安全技術評估
第一章　高科技產業演進趨勢

高科技產業（High-Tech Industry）指的是最先進的尖端科技所形成的特定產業，而一般而言包含航空航太技術（Aerospace Technology）、生物技術（Biological Technology）、資訊科技（Information Technology, IT）、奈米（Nano Technology）技術、人工智能（Artificial Intelligence）、軍事技術（Military Technology）、全球定位系統（Global Positioning System, GPS）技術、資訊系統（Information System）、核物理學（Nuclear Physics）、電子通信（Electronic/communication）、電機工程學（Electrical Engineering）、機器人技術（Robot Technology）等均被視爲高科技產業[1]。而本書探討之高科技產業包含半導體產業（Semiconductor Industry）、顯示器產業（Display Industry）、太陽能產業（Solar Energy Industry）、發光二極體產業（Light-Emitting Diode Industry）、燃料電池產業（Fuel Cell Industry）等目前主流高科技產業。

 重點提示

本書探討

半導體、顯示器、太陽能、發光二極體、燃料電池等產業。

1.1 半導體產業演進概述

電晶體（Transistor）發明，是人類近代重要發明之一，也是推動半導體產業的第一個起點，美國貝爾實驗室（The Bell Labs）的約翰 · 巴丁（John Bardeen, 1908-1991）、沃爾特 · 布諾頓（Walter H.Brattain, 1902-1987）及主管威廉·蕭克利（William B. Shockley, 1910-1989）因此重大發明，榮獲 1956 年諾貝爾物理獎（Nobel Prize in Physics），圖 1 爲目前市售電晶體，尺寸大者爲功率半導體。1959 年 7 月 24 日傑克·齊耳比（Jack St. Clair Kilby, 1923-2005）將積體電路組成註記於紀錄簿中，也因此獲得 2000 年諾貝爾物理獎，圖 2 爲裝置於電路板（Circuit Board）上的積體電路（Integrated Circuit, IC）[2~5]。在 1950 及 1960 年代，電晶體與積體電路，幾乎以每年倍數成長，主要的經濟活動也在發明所在地美國，而 1970 年代德國、法國、英國、日本等先進國家接連投入發展，日本在此年代成爲領先的半導體製造國與美國激烈競爭著，直至 1980 年代韓國、臺灣、新加坡等新興經濟工業國家也加入高科技製造戰局。1980 年代加入戰局的國家大量投入資金與人力資源在半導體研究與發展（Research and Development, R&D）上，在相同年代，日本、北美及西歐國家也開始將技術層次較低的封裝（Packaging）、測試（Testing）等製程轉移至馬來西亞、菲律賓、泰國等東南亞國家。[1]

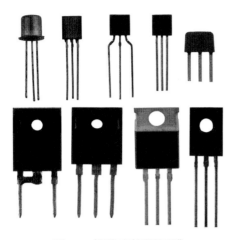

圖 1　各種市售電晶體

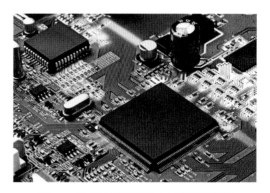

圖 2　裝置於電路板上的積體電路

　　而積體電路是將數千萬顆電晶體、二極體（Diodes）、電阻、電容及連接以上元件的複雜線路，全部製造在一片極小矽晶薄片上，如圖 3 所示，圖中鑷子夾取即商業化積體電路，中間許多金屬連線者即為晶片（Chip）。而積體電路由於成本低廉（Low Cost）、高速性能（High-Speed Performance）且能量消耗極低（Low Power Consumption），使得利用積體電路運用於電子產品功能設計（Function Design）與日俱增，整體產業急速擴張，又圖 4 係半導體產業發展階段[4]，現在已進入第六階段發展，主要著重於 3D 構造及 450mm 製程的發展。在半導體封裝藍圖（Roadmap）報告中，其分析終端產品（End Products）成長趨勢，如圖 5 所示，2011~2016 年智慧型手機（Smart Phone）的年複合成長率（Compound Annual Growth Rate, CAGR）約達 16.2%，產值約為 850 億美金，占電子產品總產值的 21%，而平板電腦（Tablet PC）的市場年複合成長率更是達 24.3%，產值為 220 億美金，占電子產品總產值的 5%。這些裝置的快速成長將促使內部的關鍵元件（Key Components）如基頻晶片（Baseband Chip）、應用處理器（Application Processor）、通訊連接（Communication Connection）、電源管理（Power Management）……等 IC 晶片的尺寸不斷縮小，處理速度不斷變快，並朝向低功耗等方向演進[5]。

 重點提示

積體電路

是將數千萬顆電晶體、二極體、電阻、電容及連接以上元件的複雜線路，全部製造在一片極小矽晶薄片上。

 重點提示

半導體產業發展

主要著重於 3D 構造及 450mm 製程的發展。

圖 3 圖中圓形開窗處有許多極小連線者即為積體電路晶片

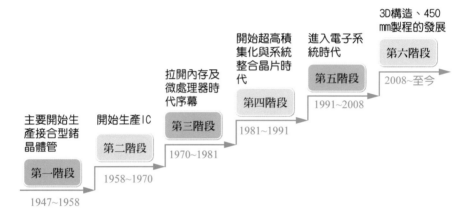

圖 4 半導體產業發展階段

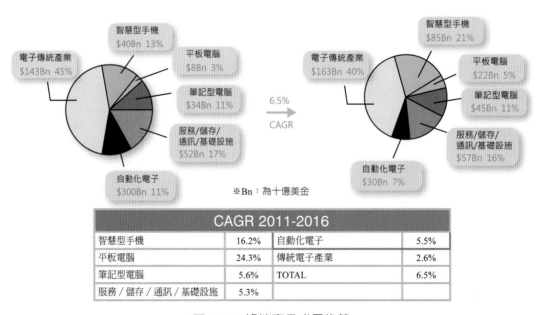

CAGR 2011-2016			
智慧型手機	16.2%	自動化電子	5.5%
平板電腦	24.3%	傳統電子產業	2.6%
筆記型電腦	5.6%	TOTAL	6.5%
服務／儲存／通訊／基礎設施	5.3%		

圖 5 IC 終端產品成長趨勢

半導體發展歷程幾乎完全追隨著摩爾定律（Moore's Law）前進（如圖 6 所示[6]），此外從日商Nikon所提出的半導體黃光製程（Photolithography Process）尺寸發展（如圖7所示[7]），

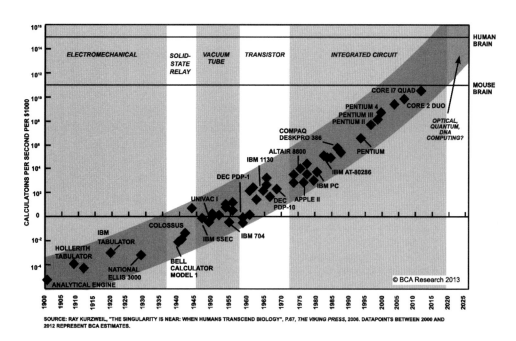

圖 6　摩爾定律

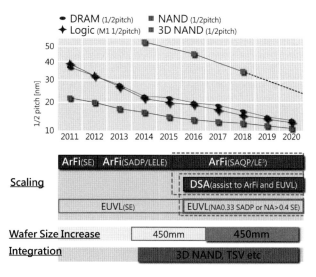

圖 7　半導體黃光製程發展尺寸趨勢

可知目前技術障礙（Technical Barriers）在邏輯 IC 方面 10nm 左右已成為最重要的先進產品競爭關鍵尺寸（Critical Dimension, CD），又資金進入障礙則在於晶圓尺寸（Wafer Size）12 吋與 18 吋轉換之間，資金需求亦增加 3~4 倍以上，2018 年開始也將是各半導體廠商思考營運布局的重要要項，如表一 [8] 及圖 8 所示 [9]。表二彙整高科技八吋晶圓、十二吋晶圓及十八吋晶圓製程、廠務演進所造成之演進差異 [2-4][10-11]。

⊙ 表一　半導體產業技術與資金進入障礙分析

晶圓尺寸	技術進入障礙	資金進入障礙	廠商家數
150mm（6 吋）	> 0.5μm	5 億美元	113
200mm（8 吋）	0.5μm ~0.13μm	12 億美元	76
300mm（12 吋）	0.13μm ~22nm	25 億美元	27
450mm（18 吋）	> 22nm 導入	80~200 億美元	<10 家

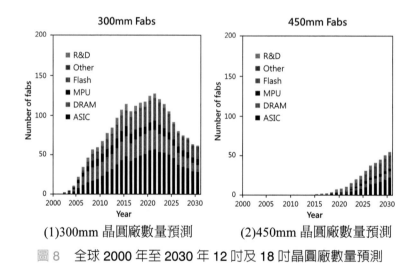

(1)300mm 晶圓廠數量預測　　　(2)450mm 晶圓廠數量預測

圖 8　全球 2000 年至 2030 年 12 吋及 18 吋晶圓廠數量預測

⊙ 表二　高科技八吋、十二吋及十八吋晶圓製程、廠務演進差異比較分析

項目	八吋晶圓製程	十二吋晶圓製程	十八吋晶圓製程（預估值）
製程化學品需求（particles）	0.1μm < 20 0.2μm < 20 Metal Ion < 1ppb	0.1μm < 20 0.2μm < 20 Metal Ion < 1ppb	0.1μm < 20 0.2μm < 20 Metal Ion < 1ppb

（接續下表）

項目	八吋晶圓製程	十二吋晶圓製程	十八吋晶圓製程（預估值）
製程反應氣體純度規格	ppm 級	ppb 級	ppb 級
機臺總耗電量（以爐管為例）	48KW／每部機臺	204KW／每部機臺	385KW／每部機臺
機臺尺寸大小（以爐管為例）	長 1680 mm× 寬 1405 mm× 高 2810 mm，總重約 3800kg	長 3250 mm× 寬 1500 mm× 高 3250 mm，總重約 8000kg	長 5700 mm× 寬 3800 mm× 高 4250 mm，總重約 12500kg
機臺設備布置方式	以工程中心為主，產品中心為輔	以工程中心為主，產品中心為輔	以工程中心為主，產品中心為輔
運轉用電量	290KWH／片	550KWH／片	12000KWH／片
潔淨度要求	製程區：class1 維修區：class1000	製程區與維修區均為 class1000	製程區與維修區均為 class1000
無塵室面積	100m×50m=5000m^2	200m×100m=20000m^2	200m×300m=60000m^2
無塵室溫度	22~23°C±0.1%	22~23°C±0.1%	22~23°C±0.1%
無塵室相對溼度	40~45%±1%RH	40~45%±1%RH	40~45%±1%RH
無塵室建造成本	class1: 3465USD/m^2 class1000: 1050USD/m^2	class1000: 1050USD/m^2	class1000: 2500USD/m^2
製程尾氣排氣量	65CMH/m^2	110CMH/m^2	230CMH/m^2
內部循環空氣	710CMH/m^2	1250CMH/m^2	2350CMH/m^2
製程設備用電	520W/m^2	1250W/m^2	2200W/m^2
製程冷水負荷	160W/m^2	280W/m^2	450W/m^2
熱負載量	460W/m^2	800W/m^2	1250W/m^2
晶圓自動傳送系統	以半自動人力傳送，或自動傳送速率 250 Lot/hr	全自動傳送速率 500 Lot/hr	全自動傳送速率 1100 Lot/hr
高架地板設計強度	800kg/cm^2 以上	2000kg/cm^2 以上	4500kg/cm^2 以上
廠務純水離子濃度要求	ppm 級	ppb 級	ppb 級
廠務廢水處理排放要求	F-ppm < 1.5 PH 值 5~9 BOD < 30 COD < 100 SS < 30	F-ppm < 1.5 PH 值 5~9 BOD < 30 COD < 100 SS < 30	F-ppm < 1.5 PH 值 5~9 BOD < 30 COD < 100 SS < 30
無塵室運轉成本（不含機臺設備）	class1：240USD/m^2 class1000：63USD/m^2	class1000：63USD/m^2	class1000：125USD/m^2
建廠費用	約 42 億新臺幣	約 63 億新臺幣	約 200 億新臺幣

　　臺灣半導體產業發展已形成了半導體產業群聚（Industrial Clusters）生態，圖 9 爲臺南科學園區一禺，臺灣也從上游的設計、中游的製造到下游的成品測試，在整個供應鏈（Supply chain）上 有著非常完整緊密的分工整合布局（如圖 10）[4][12-14]。在國外大廠與設備製造商的製程技術與設備技術轉移下，臺灣半導體產業快速成長，進而促使臺灣政府以發展 IC 製造產業爲國家主要策略工業。截至 2012 年爲止，臺灣業者計晶片設計已達 270 家、晶圓材料達 5 家、光罩達 3 家、晶圓製造達 14 家、晶圓測試達 36 家、晶片封裝達 28 家、基板廠商達 7 家等（如圖 11）[15]。表三 2016 年 Q1 全球 Top 20 半導體供應商排行榜中臺積電產值亦排行全球第三，聯發科排名第十二，聯電則排行第十九 [16][23]。

圖 9　臺南科學園區一禺

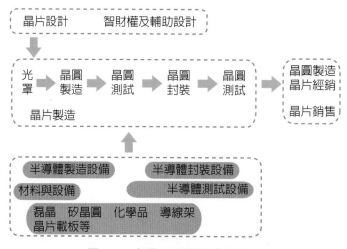

圖 10　臺灣半導體產業供應鏈

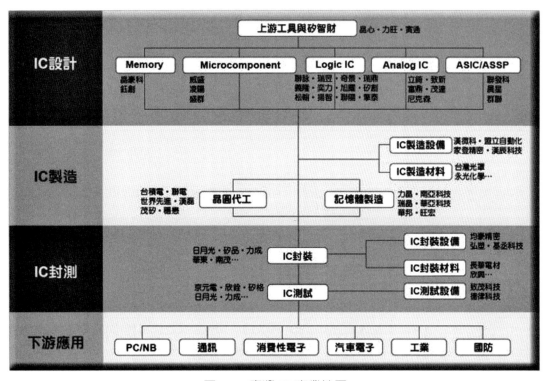

圖 11　臺灣 IC 產業地圖

⬇ 表三　2016 年 Q1 全球 Top 20 半導體供應商排行榜

1Q16 Rank	1Q15 Rank	Company	Headquarters	1Q15 Tot Semi	1Q16 Tot Semi	1Q16/1Q15 %Change
1	1	Intel*	U.S.	12,067	13,115	9%
2	2	Samsung	South Korea	9,336	9,340	0%
3	3	TSMC(1)	Taiwan	6,995	6,112	−12%
4	7	Broadcom Ltd.(2)*	Singapore	3,679	3,550	−4%
5	4	Qualcomm (2)	U.S.	4,434	3,337	−25%
6	5	SK Hynix	South Korea	4,380	3,063	−30%
7	6	Microm	U.S.	4,061	2,930	−28%
8	8	TI	U.S.	2,940	2,804	−5%
9	10	Toshiba	Japan	2,619	2,446	−7%
10	9	NXP*	Europe	2,636	2,224	−16%
11	12	Infineon	Europe	1,666	1,776	7%
12	13	MediaTek (2)	Taiwan	1,505	1,691	12%
13	11	ST	Europe	1,700	1,601	−6%
14	14	Renesas	Japan	1,480	1,415	−4%
15	17	Apple (2)**	U.S.	1,260	1,390	10%

（接續下表）

1Q16 Rank	1Q15 Rank	Company	Headquarters	1Q15 Tot Semi	1Q16 Tot Semi	1Q16/1Q15 %Change
16	15	GlobalFoundries (1)*	U.S.	1,436	1,360	−5%
17	20	Nvidia (2)	U.S.	1,118	1,285	15%
18	16	Sony	Japan	1,272	1,125	−12%
19	18	UMC (1)	Taiwan	1,140	1,034	−9%
20	21	AMD (2)	U.S.	1,030	832	−19%
—	—	Top 20 Total	—	66,745	62,440	−6%

(1)Pure-play   (2)Fablese supplier
* Includes Intel/Alter, Abago/Broadcom, NXP/Freescale, and GlobalF oundries/IBM sales for 1Q15 and 1Q16.
** Custom processors for internal use made by TSMC and Samsung foundry services.
Source: Companies, IC Insights Strategic Reviews Database.

　　1996 年，中國大陸政府開始陸續與跨國企業合資（Joint Venture）建造半導體企業，在 2000 年又頒布政策鼓勵海外華人投資（Investment），使得中國大陸半導體產業進入快速發展期。伴隨著全球資通訊產業製造重鎮轉移至中國大陸，帶動龐大之半導體市場需求，其次中國大陸政府透過國家型計畫發展重點產業，在第十次五年計畫納入半導體產業為重點產業。圖 12 為 2009~2015 中國大陸地區主要半導體製造商產能與國際大廠比較統計 [24]；表四為 2015 年中國大陸前十大封測廠營收情況 [25]；表五係 2011~2017 年中國大陸地區積體電路產業銷售規模及發展預測 [26]；表六為 2015 年中國大陸排名前十大 IC 設計公司彙整 [27]。回顧中國大陸歷年的產業扶持政策，彙整如表七中國大陸半導體產業發展歷程，其發展首先是「908」、「909」專項，其次是 2000 年頒布的 18 號文件，接著開始十一五計劃發展目標、然後發布十二五計劃發展目標至最新的十三五計劃發展目標。在 2014 年 6 月底，中國國家研究發展改革委員會、科技部、財政部、工業和信息化部，難得同步發布新聞，宣布《國家積體電路產業發展推進綱要》已由國務院正式批准實施。《推進綱要》內指出，國家將成立 1200 億人民幣（約 5900 億臺幣）的投資基金，扶持中國半導體產業，所以未來中國大陸將成為全球半導體產業重要的發展據點之一，又配合 2016 年「十三五」期間重點發展產業計畫的公布實施，對臺灣相關產業勢必造成巨大衝擊。[28-35]

● 表四　2009~2015 中國大陸地區主要半導體製造商產能與國際大廠比較統計

2015 Rank	Company	2009 IC Sales (SM)	2010 IC Sales (SM)	2011 IC Sales (SM)	2012 IC Sales (SM)	2013 IC Sales (SM)	2014 IC Sales (SM)	2015 IC Sales (SM)	Products	2020 IC Sales (SM. Fcst)
1	SK Hynix*	1,560	200	2,450	2,360	3,200	4040	4100	DRAM	6100
2	Samsung*	0	0	0	0	0	270	2370	3D NAND Flash	5700
中國 3	SMIC** 中芯國際	1,070	1,555	1,320	1,542	1,962	1970	2222	Foundry	3400
4	Intel*	0	30	1,865	2,380	2,650	2710	1830	3D NAND Flash	4300
5	Hua Hong Semi 華紅半導體	0	0	0	571	585	665	685	Foundry	1000
6	TSMC*	127	263	366	470	510	550	590	Foundry	2600
中國 7	CR Micro 華潤芯電子	297	259	213	179	165	180	190	Foundry/Std ICs	270
8	Diodes-BCD	100	119	125	139	155	170	180	Foundry/Std ICs	250
中國 9	XMC 武漢新芯	0	0	0	160	150	165	175	Foundry	300
中國 10	ASMC 上海先進半導體	94	15	147	135	117	130	120	Foundry	170
—	HeJian Technology***	180	223	208	215	0	0	0	Foundry	0
—	Others	888	1,211	1,211	660	680	695	710	—	2800
—	Total Chinese Productio	$4226	$5,845	$7,905	$8,811	$10,174	$11,545	$13172	—	$26890
—	WW IC Market (SB)	$197.9	$263.8	$265.6	$255.1	$2668	$291.1	$291.1	—	$3721
—	Chinese Companles Share of WWW Marker	2.14%	2.22%	2.98%	3.45%	3.81%	3.97%	4.53%	—	7.23%

● 表五　2015 年中國大陸前十大封測廠營收情況

2015 年 排名	2014 年 排名	廠商名稱	2015 年 銷售額	2014 年 銷售額	2015 年／2014 年增長率
1	1	江蘇新潮科技集團有限公司	92.2	69.1	33.4%
2	2	威訊聯合半導體（北京）有限公司	62	63	–1.5%
3	4	南通華達微電子集團有限公司	56.4	52.1	8.3%
4	3	思智浦半導體	54.2	53.9	0.6%
5	6	天水華天電子集團	47.8	40.3	18.6%
6	5	美特爾產品（成都）有限公司	40.5	42.6	–4.9%
7	7	海太半導體（無錫）有限公司	37.2	35.5	4.8%
8	12	上海凱虹科技有限公司	30.1	29.3	2.7%
9	11	安靠封裝測試（上海）有限公司	29.5	32.6	–9.5%
10	13	晟碟關導體（上海）有限公司	27.6	27	2.2%
		合計	447.5	445.4	7.2%

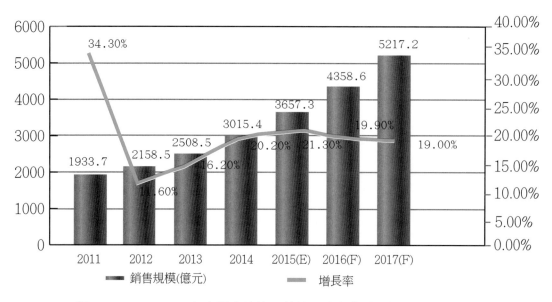

圖 12　**2011~2017** 年中國大陸地區積體電路產業銷售規模及發展預測

⬇ 表六　**2015** 年大陸排名前十大 **IC** 設計公司

2014 年排名	2015 年排名	廠商名稱	2014 年營收	2015 年營收	成長率（%）
1	1	海思半導體（Hisilicon）	2,378	3,270	37.5%
2	2	展訊（Spreadreum）	1,210	1,460	20.7%
4	3	中興微電子（ZTE）	340	520	52.9%
3	4	格科微（Galaxycore）	367	465	26.7%
NA	5	中電華大（CEC Huada）	0	363	NA
7	6	大唐半導體（Datang）	203	222	9.4%
5	7	瑞芯微電子（Rockchip）	220	207	−5.9%
9	8	瀾起科技（Montage）	171	200	17.0%
12	9	兆易創新（Giga Device）	138	178	29.0%
6	10	銳迪科（RDA）	210	170	−19.0%

🔽 表七　中國大陸半導體產業發展歷程彙整

實施時間	政策措施
「七五」～「八五」	四項優惠政策
「八五」～「九五」	重大工程特事特辦
1999 年	關於加強技術創新、發展高科技，實現產業化的決定
2000 年	IC 發展戰略、「十五」發展規劃
2000 年	當前國家重點鼓勵發展的產業、產品和技術目錄、外商投資產業指導目錄、18 號文件等
2000 年	鼓勵軟體產業和積體電路產業發展有關稅收政策
2001 年	積體電路布圖設計保護條例
2002 年	積體電路設計企業及產品認定管理辦法
2002 年	超大型積體電路和軟體重大專項
2004 年	關於提高部分資訊技術產品出口退稅率的通知
2005 年	積體電路產業研究與開發專向資金管理暫行辦法
2006 年	「十一五」發展規劃
2006 年	積體電路發展戰略
2010 年	「十二五」規劃綱要
2011 年	新 18 號文件出臺，鼓勵積體電路產業往合併大而強方向發展構建合作聯盟、兼併重組、專利布局
2016 年	「十三五」期間重點發展產業計畫
2016 年	國家積體電路產業發展推進綱要

1.2 顯示器產業演進概述

　　世界上首臺可操作液晶顯示器（Liquid-Crystal Display, LCD）為動態散射模式（Dynamic Scattering Mode，DSM）係由美國無線電公司喬治‧海爾曼（George Hellman）首先發明。1973 年日本夏普（Sharp）公司首次將液晶顯示器應用於電子計算器數位顯示。在 1985 年之後，此發現才產生了商業價值並且激起市場強烈需求，現今液晶顯示器是筆記型電腦（Notebook）和掌上電腦等相關先進 3C 產品的主要顯示設備，其他各種控制系統顯示或是看板顯示

（Kanban Display）也都開始大量出現液晶顯示器裝置。圖14為目前商業化液晶顯示器，圖15為液晶顯示器之控制顯示與看板顯示。液晶顯示器的技術歷經扭轉向列型（Twisted Nematic, TN）、超扭轉向列型（Super Twisted Nematic, STN）等技術的演進最後進展到彩色薄膜型（Thin Film Transistors LCD, TFT-LCD）的技術，隨著筆記型電腦銷售在1993年開始蓬勃發展，成功的讓TFT-LCD這個需要巨大、驚人投資的產業通過了萌芽期（Budding Period），藉由取代映像管顯示器（Cathode Ray Tub, CRT）茁壯。TFT-LCD從1991年開始進入量產（Mass Production）起算，僅僅13年的時間就達成半導體產業以近25年的時間才達到的市場規模（Market Size）。圖16為TFT-LCD結構係兩片玻璃基板中間夾著一層液晶，上層的玻璃基板是與彩色濾光片、而下層的玻璃則有電晶體鑲嵌於上，當電流通過電晶體產生電場變化，造成液晶分子偏轉，藉以改變光線的偏極性，再利用偏光片決定畫素的明暗狀態，又上層玻璃因與彩色濾光片貼合，形成每個畫素各包含紅藍綠三顏色，這些發出紅藍綠色彩的畫素便構成了面板上的影像畫面[1][36-38]。

重點提示

TFT-LCD 結構

係兩片玻璃基板中間夾著一層液晶，上層的玻璃基板是與彩色濾光片、而下層的玻璃則有電晶體鑲嵌於上，當電流通過電晶體產生電場變化，造成液晶分子偏轉，藉以改變光線的偏極性，再利用偏光片決定畫素的明暗狀態，又上層玻璃因與彩色濾光片貼合，形成每個畫素各包含紅藍綠三顏色，這些發出紅藍綠色彩的畫素便構成了面板上的影像畫面。

(a) 液晶顯示器

(b) 智慧型手機

圖 14　目前商業化液晶顯示器

(a) 中央控制室的控制顯示　　　　　　　(b) 捷運廣告看板顯示

圖 15　商業化液晶顯示器之控制顯示與看板顯示

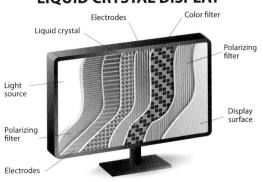

圖 16　液晶顯示器技術結構

　　臺灣 TFT-LCD 面板產業的發展起源於 1997 年中華映管（CPT）自日本三菱電機集團轉投資的 ADI 進行技術移轉（Technology Transfer），獲得 TFT-LCD 的量產技術，同時亦使得臺灣液晶面板從 TN-LCD 與 STN-LCD 轉型至大尺寸（Large Scale）的液晶面板生產技術。隨後，臺灣廠商如雨後春筍般一一嶄露頭角， 如宏碁（Acer）、明碁（BenQ）與聯電集團奧援的友達（AUO），奇美集團的奇美電子（CHIME），廣達集團的廣輝（Quanta Display），大同集團的中華映管，華新麗華集團的瀚宇彩晶（Hannstar），鴻海集團的群創（InnoLux）與小尺寸液晶面板的元太（E Ink）和以 LTPS-LCD 為主的統寶（TPO Displays）。圖 17 為臺灣液晶顯示器發展歷程。表八彙整 TFT-LCD 臺灣產業概況 [39-41]。

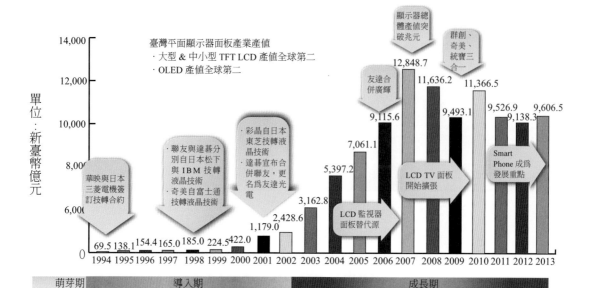

圖 17　臺灣液晶顯示器發展歷程

萌芽期（1976-1986）：政府尚無相關產業政策
導入期（1987-1997）：政府科專研發投資及相關獎勵措施
成長期（1998-迄今）：政府委託工研院執行六年（1998-2003）之科專計畫；政府「2008：國家
　　　　　　　　　　重點發展計畫」（2002-2007）之「兩兆雙星」產業策略。

資料來源：工研部 IEK（2014/11）

表八　TFT-LCD 臺灣產業概況

產業結構		廠商名稱
上游材料	液晶	默客
	玻璃基板	旭硝工業、臺灣板保、臺海康寧、NEG、NHT、旭硝丁、碧悠
	彩色濾光片	和鑫、南鑫、展茂、奇美、友達、彩晶、華映、廣輝、劍度、臺灣凸板、國際彩光
	偏光板	力特、協臻、臺灣日東、達信
	驅動控制 IC	奇景、凌陽、華邦、世紀民生、矽創、偉詮、敦茂、盛群、義隆、鈺創、聯詠、聯陽、亞全、漢磊、頎邦、飛信、福徠
	背光模組	瑞儀、輔祥、科橋、中強光電、和立聯合、大億、福華、奈普科、SECT、奇菱
中游面板製造	TFT-LCD	友達、奇美、華映、廣輝、瀚宇彩晶

（接續下表）

產業結構		廠商名稱
下游 LCM 模組組裝	專業 LCM 廠	達威
下游可攜式產品	DSC/PDA/手機	華晶、大霸、明碁、華冠、天瀚、宏達、亞光、致伸、英華達、神達、普立爾、華碩、華寶、廣達、緯創、全友、佳能、鴻友
產品應用	LCD TV	大同、東元、明碁、聲寶、歌林、瑞軒、新思代
	LCD Monitor	美齊、瑞軒、美格、中強光電

　　2013~2016 年各類平面顯示器營收分析（如圖 18），近年全球各類平面顯示器之產值市場上仍以 TFT-LCD 為主，不過自 2013 年至 2016 年可見總產值並沒有顯著增進，其中 2015 年 TFT-LCD 之增長率轉為負值，而後仍轉正成長，其主因係此技術為目前成熟且穩定之最佳產品技術，故仍為各廠商主要選擇[42]。探討總產值（Gross Producttotal Output）方面，臺灣平面顯示器在 2014 年達 1.7 兆（如表九），在 TFT-LCD 面板及模組方面已達 1.2 兆產值，LCD 材料與零組件則有 3739 億，TFT-LCD 設備（Process Tools）方面則達 91 億，TN/STN-LCD 產品則仍有 104 億左右，較新應用的有機發光二極體（Organic Light-Emitting Diode, OLED）則有 364 億，Epaper 約 1145 億，直至 2016 年平面顯示器臺灣產值因景氣因素（Economic Factors）有顯著下滑，2016 年第二季臺灣平面顯示器總產值僅新臺幣 2,565.1 億元，明顯少於過去歷年，僅略高於 2015 年些許，顯見臺灣平面顯示器產業正朝逢巨大市場挑戰[44]。由於顯示器仍為人機介面最重要的視覺傳遞管道，在未來仍有發展潛能，只不過逐步朝向 3D 立體投影、虛擬實境（Virtual Reality, VR）（如圖 19 所示）、擴增實境（Augmented Reality, AR）及混合實境（Mixed Reality, MR）發展，憑藉科技發展，未來顯示科技將影響著各種安全領域。對於臺灣液晶顯示器未來發展，隨著液晶電視價格持續下降，面板廠

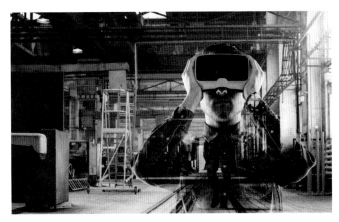

圖 19　虛擬實境（VR）已成為 2016 年重要的顯示技術發展主流

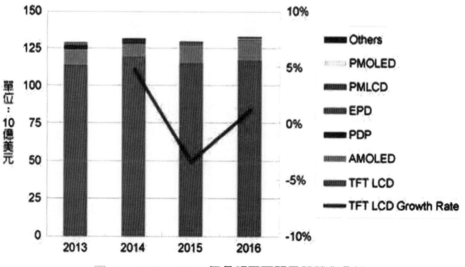

圖 18 2013～2016 年各類平面顯示器營收分析

商承受成本壓力，如何整合材料製程供應鏈（Supply Chain），便成為目前面板廠商的主要發展策略（Key Development Strategies），從掌握上游關鍵零組件、到研發調校平面顯示畫質技術、以及管理布局通路服務（Access Services）與品牌（Brand），均考驗廠商集團整合產業鏈的能力。要強化臺灣大尺寸平面顯示的產業鏈，必須以既有專業代工廠商為基礎，決定主要市場發展項目與資金運用，修正以往面板產業由生產決定市場需求（Market Demand）的策略，加速面板及零組件廠商與電視品牌業者結盟（Alliance），穩定面板市場的供需關係（Supply and Demand），才能讓市場風險降低 [43][45-47]。

⬇ 表九 臺灣平面顯示器產值統計 [44] 　　　　　　　　　　　　單位：百萬新臺幣

	2010	2011(E)	2012(F)	2013(F)	2014(F)
TFL-LCD 面板及模組	1,152,025	1,038,769	1,089,669	1,155,049	1,226,662
LCD 材料與零組件	335,749	323,446	338,420	356,459	373,925
TFL-LCD 設備	7,866	7,187	7,792	8,522	9,187
TN/STN-LCD	20,902	18,067	15,899	13,355	10,417
OLED	7990	98,46	13,550	23,858	364,87
Epaper	18,268	33,796	53,398	79,563	114,570
總產值	1,542,800	143,110	1,518,698	1,636,796	1,771,248
成長率	34%	−7%	6%	8%	8%

中國大陸自 2003 年開始提倡 Buy Chain 方案開始，逐年推動各項方案已促進顯示器產業擴展與尖端化（Cutting-Edge）（如圖 20），而其政策方案（Policy Options）（如圖 21）主要以企業為對象提供補助金（Subsidy）與投資金（Investment Funds）的援助、公司稅減免（Corporate Tax Credit）與稅金免除、促進購買中國製造產品與抑制外國企業進入等，對於消費者支持部分最主要係給予高效率補助金（High Efficiency Grant）。中國大陸在歷經十餘年努力已成

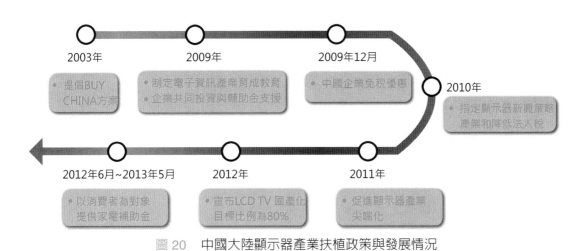

圖 20　中國大陸顯示器產業扶植政策與發展情況

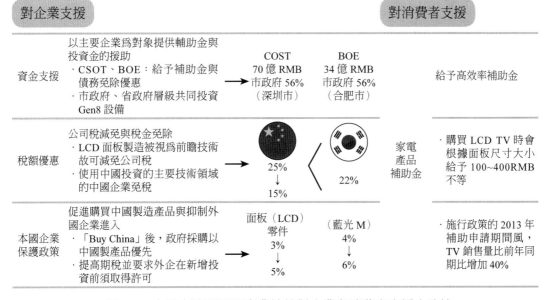

圖 21　中國大陸顯示器產業扶植對企業與消費者支援之政策

為生產重要一份子，在圖22各國LCD面板生產力比重趨勢與展望中可發現2017年中國大陸在LCD生產力預測可達26.3%，幾乎追上臺灣的28.2%，全球各大製造廠之市占率亦可發現中國大陸京東方（BOE）已具舉足輕重地位（如圖23），最後探討競爭國家間顯示器產業技術與生產力的比較（如圖24），其中四大產業力量包含技術領導力、價值鏈發展性、核心企業策略及價格競爭力等，發現除韓國擁有相對優勢（Comparative Advantage）外，其餘競爭者（Competitor）已無明顯差異，這對臺灣而言亦是未來發展警訊，如何補足劣勢發展優勢勢必為發展重點[45-52]。

圖22　各國LCD面板生產力比重趨勢與展望（單位：%）

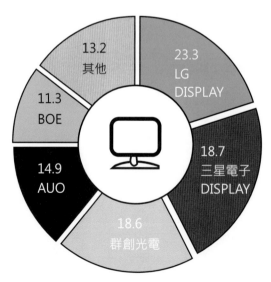

圖23　全球LCD面板市占率（單位：%）

※ 各項目的優秀性排名● > ○ > △

4大產業力量	主要內容		 ☀	●	 ★
技術領導性	·需要次世代創新技術 ·成熟技術尖端化能力	●	○	●	△
價值鏈發展性	·建立緊密的價值鏈合作關係（安定的價值結構） ·上下游產業競爭力	●	△	○	△
核心企業策略	·與下游企業的合作力量 ·產品差異化策略化與市場主導權	●	○	△	○
價格競爭力	·確保量產技術 ·產品供給價格主導權	●	○	△	○

圖 24　競爭國家間顯示器產業技術與生產力的比較

1.3 太陽能電池產業演進概述

太陽能電池（Solar Cells）係將太陽光轉成電能（Electricity）的裝置，如圖 25 及圖 26 所示。依照光電效應（Photoelectric Effect），當光線照射在導體或半導體上時，光子與導體或半導體中的電子作用，會造成電子的流動，在常見的半導體太陽能電池中，透過適當的能階（Energy Level）設計，便可有效的吸收太陽所發出的光，並產生電壓與電流，這種現象又被稱為太陽能光伏（Solar Photovoltaic）。太陽能發電（Solar Energy Generation）是一種可再生（Renewable）的環保發電方式，其發電過程中不會產生二氧化碳等溫室氣體（Greenhouse Gases），因此不會對環境造成汙染。按照製作材料分為矽基半導體電池（Silicon-Based Semiconductor Solar Cells）、碲化鎘薄膜電池（CdTe Thin Film Solar Cells）、銅銦鎵硒薄膜電池（Copper Indium Gallium Selenide, CIGS Thin Film Solar Cells）、染料敏化薄膜電池（Dye-Sensitized Solar Cell, DSSC）、有機材料電池（Or-

💡 重點提示

太陽能電池

係將太陽光轉成電能的裝置。

💡 重點提示

光電效應

為當光線照射在導體或半導體上時，光子與導體或半導體中的電子作用，會造成電子的流動，在常見的半導體太陽能電池中，透過適當的能階設計，便可有效的吸收太陽所發出的光，並產生電壓與電流，這種現象又被稱為太陽能光伏。

ganic Solar Cell）等。對於太陽能電池來說最重要的參數是轉換效率（Conversion Efficiency），目前在實驗室所研發的矽基太陽能電池中，單晶矽（Single Crystal Silicon）電池效率爲25.0%，多晶矽（Polycrystalline Silicon）電池效率爲20.4%，CIGS薄膜電池效率達19.8%，CdTe薄膜電池效率達19.6%，非晶矽（Amorphous Silicon）薄膜電池的效率爲10.1%（如圖27所示），而臺灣在半導體製程基礎下，主力發展亦以矽基太陽能電池爲主，其他材料結構次之[53-55]。

重點提示

太陽能電池轉換效率

在實驗室研發中，單晶矽電池效率爲25.0%，多晶矽電池效率爲20.4%，CIGS薄膜電池效率達19.8%，CdTe薄膜電池效率達19.6%，非晶矽薄膜電池的效率爲10.1%。

圖 25　太陽能電池

圖 26　多具串聯的太陽能電池板

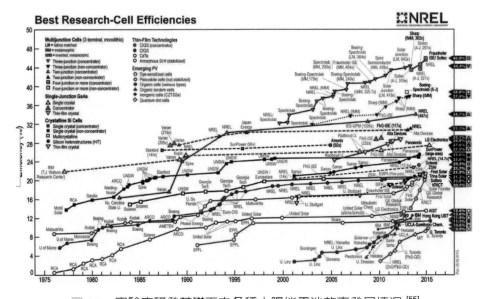

圖 27　實驗室研發基礎下之各種太陽能電池效率發展情況[55]

　　1839 年光伏效應（Photovoltaic Effect）第一次由法國物理學家 A. E. Becquerel 發現。1973 年發生了能源危機（Energy Crisis），人們開始把太陽能電池的應用轉移到一般的民生用途（Livelihood Purposes）上。美國於 1983 年在加州建立世界上最大的太陽能電廠（Solar Power Plant），其發電量高達 16 百萬瓦特（Watt）。南非、波札那、納米比亞和非洲南部的其他國家也設立專案（Project），鼓勵偏遠的鄉村地區安裝低成本的太陽能電池發電系統。1994 年日本實施補助獎勵辦法，推廣每戶 3,000 瓦特的「市電併聯型太陽光電能系統」（Parallel-Connected Solar Power System），到了 1997 年日本已有 9,400 戶裝置，其裝設總容量達 32 百萬瓦特（MW）。至 2009 年全球太陽能發電系統安裝量已達 7.4GW，而 2010 年安裝量更大幅成長 86.5% 達 13.8GW，2013 年達 41.7GW。而 2015 年全球總安裝量達 55GW 已是 2009 年的 7.5 倍左右，成長速度極為快速，直至 2016 年全球總安裝量有望增長 21% 達 66GW，不過基於中國、日本和英國等國家的政策變化使得前述全球太陽能發電系統安裝量之增幅將明顯下降，不過綠色能源（Green Energy）的趨勢仍為未來應特別注意的 [56-58]。圖 28 為德國大型太陽能發電廠全景。

　　在國外太陽能電池相關產業鏈如表十所示 [59]。而臺灣太陽能電池相關產業鏈則

圖 28　德國大型太陽能發電廠全景

⬇ 表十　國外太陽能電池相關產業鏈

產業鏈	矽材料	矽晶圓	電池	模組	系統
製程	純化	長晶、線切	表面處理、PN 接合、金屬化	焊接、組裝、壓合	安裝
主要公司	Hemlock (24%) REC (23%) Wacker (17%) Tokuyama (13%) MEMC (10%) Mitsubishi (6%)	Solar World BP Solar Kyocera RWE Schott PV Crystalox REC	Sharp (17.1%) Q-Cells (10.0%) Kyocera (7.1%) Suntech (6.3%) Sanyo (6.1%) Mitsubishi (4.4%) 茂迪（4.0%） RWE Schott (3.8%) Solar World (3.5%) BP Solar (3.4%) REC	Solar World BP Solar Kyocera RWE Schott Sharp Sanyo Suntech Solar Fabrik Solon REC	Solar World BP Solar Kyocera RWE Schott Sharp Sanyo Suntech IBC Phienix Powerlight Solar Century Conergy

如圖 29 所示 [60]。中國大陸在太陽能的推動係採集中（Concentrated ）（大型電站）與分散式（Distributed）（如圖 30）兩種利用相結合，並在青海、新疆、甘肅、內蒙古等太陽能資源豐富的區域，進行大型太陽能發電及熱能應用等建設，2015 年 10 月將太陽能裝置容量由原本的 17.8GW 大幅提高至 23.1GW，此值已暫全球總量的 42%，並且中國十三五計畫將 2020 年的總裝置容量的目標由 100GW 提高至 150GW。表十一爲中國大陸太陽能電池上游企業 [61]；表十二係中國大陸太陽能相關主要上市企業 [62]。

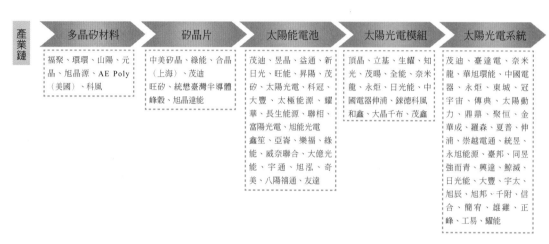

產業鏈	多晶矽材料	矽晶片	太陽能電池	太陽光電模組	太陽光電系統
	福聚、環環、山陽、元晶、旭晶源、AE Poly（美國）、科風	中美矽晶、綠能、合晶（上海）、茂迪旺矽、統懋臺灣半導體、峰穀、旭晶達能	茂迪、昱晶、益通、新日光、旺能、昇陽、茂矽、太陽光電、科冠、大豐、太極能源、耀華、長生能源、聯相、富陽光電、旭能光電鑫笙、亞崎、樂福、綠能、威奈聯合、大億光能、宇通、旭泓、奇美、八陽禧通、友達	頂晶、立基、生耀、知光、茂暘、全能、奈米龍、永炬、日光能、中國電器伸浦、錸德科風和鑫、大晶千布、茂鑫	茂迪、臺達電、奈米龍、華旭環能、中國電器、永炬、東城、冠宇宙、傳典、太陽動力、鼎鼎、聚恒、金華成、羅森、夏普、伸浦、崇越電通、統昱、永旭能源、臺邦、同昱強而青、興達、鯨滅、日光能、大豐、宇太、旭辰、旭邦、千附、信合、簡宥、雄雞、正峰、工易、耀能

圖 29　臺灣太陽能電池相關產業鏈

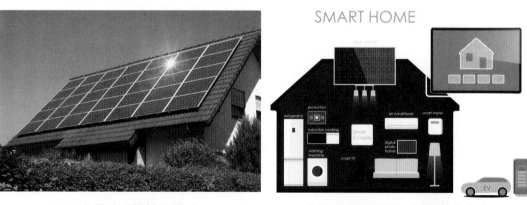

(a) 分散式系統外部情況　　　　(b) 分散式系統於建築內部構成系統情況

圖 30　分散式太陽能發電系統

⬇ 表十一　中國大陸太陽能電池上游企業

序號	太陽能電池上游企業
1	保利協鑫能源控股有限公司
2	江西賽維 LDK 太陽能高科技有限公司
3	洛陽中矽高科技有限公司
4	大全新能源有限公司
5	東方電器集團峨嵋半導體材料有限公司
6	亞洲矽業（青海）有限公司
7	四川新光矽業科技有限責任公司
8	陽光能源控股有限公司
9	卡姆丹克太陽能系統集團有限公司
10	天津中環半導體股份有限公司

⬇ 表十二　中國大陸太陽能相關主要上市企業

環節	主要上市企業
上游資源類：太陽能電池／半導體材料	多晶矽：川投能源、天威保變、東山電力、通威股份、南玻 A、航天機電、江蘇陽光、銀星能源、特變電工、鄂爾多斯 矽片／矽片切割：中環股份、有研矽股 矽微粉：生益科技（控股東海矽微粉公司）
中游設備廠商類	電池片及組件：天威保變、拓日新能、孚日股份、航天機電、特變電工、安泰科技、德賽電池 太陽能電池封裝：金晶科技 其他材料／設備：華東科技、力諾太陽、東凱膠片、杉杉股份
下游營運商類	太陽能源材料、電池組件的上下游全產業布局：天威保變 其他參與股權類：小天鵝、岷江水電、維科精華、長城電工、春蘭股份、威遠生化

1.4 發光二極體產業演進概述

發光二極體（Light-Emitting Diode, LED）是一種能發光的半導體電子元件，透過三價與五價元素（Trivalent and Pentavalent Elements）所組成的複合光源（Composite Light Source）。最早在 1962 年出現，早期只能夠發出低光度的紅光（Red Light），惠普（HP）買下專利後當作指示燈（Indicator Light）利用。及後發展出其他單色光（Monochromatic Light）的版

圖 31　不同光源色彩的 LED

本，如圖 31 所示，時至今日用途由初時的指示燈擴及至顯示板（Display Board）等如圖 32 所示。再隨著白光（White Light）發光二極體的出現，近年逐漸發展至被普遍用作照明用途，如圖 33 所示有鋁製散熱器，光擴散圓頂，E27 螺口的基座，採用了工作在電源電壓的內置式電源 [63-65]。

圖 32　國外公共汽車的 LED 資訊顯示器

圖 33　現代化改造 LED 燈燈泡

發光二極體的技術發展如圖 34 所示 [69]，從 1900 年發明第一個具有實現意義的原型到 1990 各種較低光源與光色的 LED 已廣泛應用，直至 1993 年日本日亞化學工業（Nichia Corporation）工作的中村修二（Nakamura Shaji）成功把鎂（Magnesium）摻入，造出了基於寬能隙半導體材料氮化鎵（Gallium Nitride）和氮化銦鎵（InGaN）具有商業應用價值的藍光（Blue Light）發光二極體。有了藍光發光二極管後，白光發光二極管也隨即面世，之後 LED

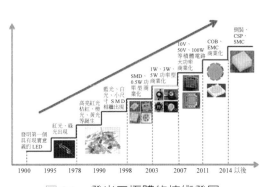

圖 34　發光二極體的技術發展

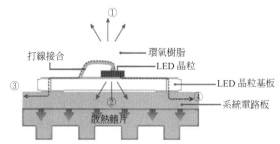

1. 空氣中直接散熱
2. 熱能直接從系統電路板導出
3. 熱能經由金線導出
4. 若為共晶及覆晶製程，熱能則經由通孔至系統電路板導出

圖 35　商業化發光二極體散熱模式

便朝增加光度（Increase the Luminosity）的方向發展，當時一般的 LED 工作功率都小於 30 至 60mW。1999 年輸入功率達 1W 的發光二極體商品化。這些發光二極體都以特大的半導體晶片來處理高電能輸入（High Power Input）的問題，而半導體晶片都是被固定在金屬片上，以助散熱（Cooling）（如圖 35 之商業化發光二極體散熱模式[70]）。2002 年在市場上開始有 5W 的發光二極體的出現，而其效率大約是 18-22lm/W。2003 年 9 月 Cree, Inc. 公司展示了其新款的藍光發光二極體，在 20mW 下效率達 35%。他們亦製造了一款達 65 lm/W 的白光發光二極體商品，這是當時市場上最亮的白光發光二極體（如圖 36）[71]，2005 年他們展示了一款白光發光二極體原型，在 350mW 下達 70 lm/W 的記錄性（Recording）效率，研發創新成長效率極快。2009 年 2 月，日本發光二極體廠商日亞化學工業（NICHIA CORPORATION）發表效率高達 249 lm/W 的發光二極體，此乃實驗室數據（Laboratory Data）。2010 年 2 月 Philips Lumileds 造一白色 LED 在受控的實驗室環境內，以標準測試條件及以 350mA 電流推動下得出 208lm/W，但由於該公司無透露當時的偏壓電壓，所未能得知其功率。2012 年 4 月美國 Cree, Inc. 推出 254 lm/W 光效再度刷新功率。Cree, Inc. 成功讓單一高功率的 LED 模組發出近 1,600 lm，且達到每瓦 134lm/W，成功達到近似白熾燈泡的暖白光色溫品質，而現今市面上許多 LED 照明產品都藉由降低光效來提升光色品質（Light Color Quality），這樣也會連帶降低系統的表現，也會提高整個產品的成本，而 Cree, Inc. 的創新 LED 技術克服了這項限制，其現行的 60 瓦 LED 燈泡（CCT=3,000K、CRI ≧ 80）能夠升級到近似白熾燈泡的光效（CCT=2,700K、CRI ≧ 90 或更高），且不因此而提高產品成本，且依據 Cree, Inc. 的 LED 光效研究結果，測量到在 350mA 約 1,587 流明時結點溫度大約為 85°C，達到每瓦 134 流明、演色性大於 90，而且演色性 2,700K 時的 R9 能 >90，對於 LED 照明有極大商業化效果[1] [73-74]。圖 37 為 Cree, Inc.

所提出發光二極體光效演進歷程，供讀者參考[72]。

圖 36　Cree, Inc. 所推出之白光發光二極體結構

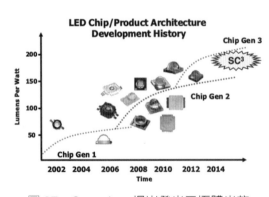

圖 37　Cree, Inc. 提出發光二極體光效
　　　演進歷程

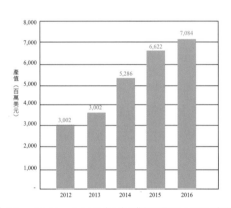

圖 38　2012～2016 年全球照明用 LED 產值[74]

　　隨著液晶電視（LCD TV）背光應用市場漸趨飽和，LED 大廠已日益加重照明市場發展力道，並紛紛祭出低價策略（Low-Cost Strategy）搶占商機，可望帶動照明用 LED 產值由 2013年的 36 億美元，攀升至 2016 年的 71 億美元（如圖 38）。此外觀察 LED 元件之市場產值

（Market Value）（如圖 39）可發現應用於行動電話方面由近 3.4 億美元逐年降至 2.4 億美元，不過另一方面 LED 應用照明方面則由 1.8 億美元逐年增加至現今的 3.3 億美元左右，其餘領域的應用則無明顯變動，因此有利於照明產品的技術提升將成為各界發展重心[74-76]。

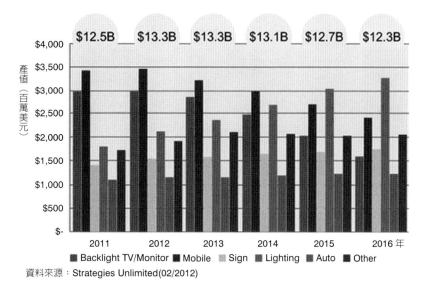

資料來源：Strategies Unlimited(02/2012)

圖 39　2011～2016 年 LED 元件市場產值（依應用領域區分）[75]

　　臺灣 LED 產業現今已是全球第三大供應商（Supplier），而 LED 元件依製造過程大體上可分上游磊晶成長（Epitaxy）、中游晶粒製作（Chip）及下游封裝（Packaging）等與積體電路類似的三個階段，圖 40 臺灣 LED 產業結構[76]。而臺灣 LED 元件廠商市場規模不大，為降低經營風險（Business Risk），產業發展型態有別於美、日、歐等國的上下游垂直整合（Upstream and Downstream Vertical Integration），而以上中游磊晶及晶粒與下游封裝兩階段產業分工模式發展之。並且因為 LED 元件下游封裝技術與資金障礙（Financial Barriers）較低，臺灣自 1973 年便開始下游封裝領域投資，至今已逾 40 年，主要技術源自於美商德州儀器公司（TI）。臺灣經歷 30 餘年發展，除了在上游部分原物料供應（Raw Material Supply）能力較弱外，LED 元件產業已建構出相對完整的價值鏈，不但在製程技術能力上晉升為全球領導地位，在產能規模上亦成為全球第三大 LED 元件供應國，2014 年臺灣 LED 元件產值已突破千億臺幣，2015 年超過 1600 億臺幣，圖 41 臺灣 LED 元件產業發展歷程[41]。

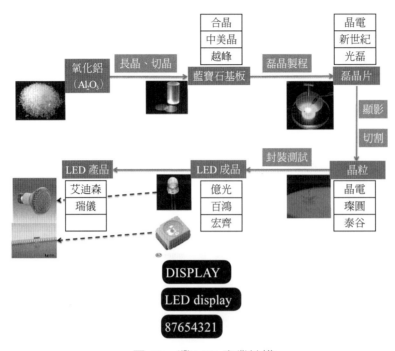

圖 40　灣 LED 產業結構

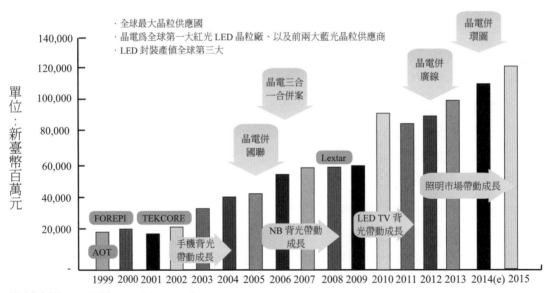

資料來源：工研院 IEK（2014/11）

圖 41　臺灣 LED 元件產業發展歷程

　　中國大陸自 2012 年起經由一系列政策措施刺激 LED 照明內需（Domestic Demand），帶動中國 LED 通用照明市場啓動，至 2015 年中國大陸的 LED 通用照明實際需求達 678 億人民幣（RMB），而隨著經濟持續成長與 LED 普及率提升，預估至 2020 年將可達 1,386 億人民幣左右（如圖 42 示）[77]。圖 43 全球 LED 大廠與中國大陸 LED 廠商彙整[78]；圖 44LED 產品與產業鏈架構[79]。

圖 42　中國大陸 2011~2020 年 LED 產業產值

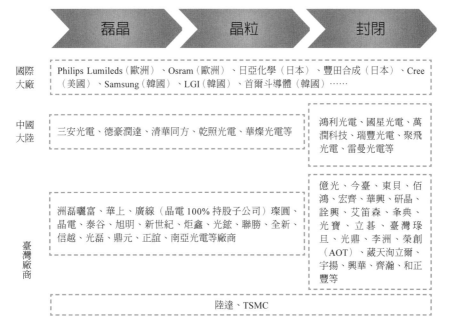

圖 43　全球 LED 大廠與中國大陸 LED 廠商彙整

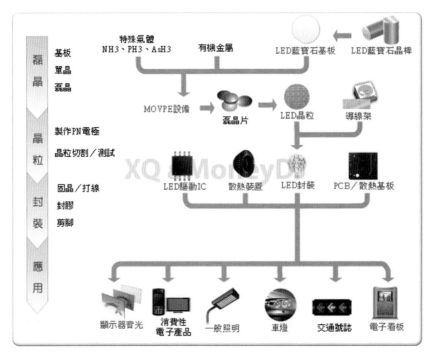

圖 44　LED 產品與產業鏈架構

1.5　燃料電池產業演進概述

　　燃料電池（Fuel cell）是一種主要透過氧或其他氧化劑（Oxidizing Agent）進行氧化還原反應（Oxidation-Reduction Reaction），把燃料中的化學能（Chemical Energy）轉換成電能（Electricity）的電池。燃料電池有別於一般電池（Battery），因為需要穩定的氧（Oxygen）和燃料來源，以確保其運作與正常供電，圖 45 實驗室中實體燃料電池樣貌 [80-81]。

 重點提示

燃料電池
是一種主要透過氧或其他氧化劑進行氧化還原反應，把燃料中的化學能轉換成電能的電池。

　　而燃料電池最早原理係由德國化學家克里斯提安‧弗里德里希‧尙班（Christian Friedrich SchÖnbein）於 1838 年提出並刊登在當時著名的科學期刊（Journal of Science）。近年美國聯合技術公司（UTC）之動力部門係首個製造商用、大型固定燃料電池公司，其產品可做爲醫院、大學、大型辦公大樓之動力來源，UTC 動力持續推出功率達 200KW 燃料電池（稱 PureCell

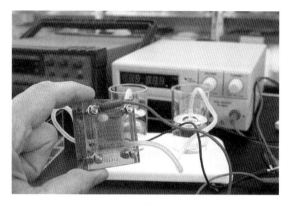

圖 45　實驗室中燃料電池實體樣貌

200），現已有 400KW 取代（稱 PureCell Model 400）。構造上燃料電池包含一個陽極（Anode）、一個陰極（Cathode）以及電解質（Electrolyte）讓電荷通過電池兩極。電子由陽極傳至陰極產生直流電，形成完整電路，如圖 46 所示，圖 47 爲氫燃料電池（Hydrogen Fuel Cell）應用於汽車上的電力供應系統架構，包含氫氣儲筒、燃料電池、動力控制單元、馬達與電瓶等，圖 48 爲日本豐田公司（Toyota）實際燃料電池汽車（Fuel Cell Vehicles, FCV）引擎室。若以個體燃料電池計，單一顆電池只能輸出相對較小的電壓僅約 0.7V，所以燃料電池多以串連或一電池組（Fuel Cell Sets）方式製造，以提高輸出電壓（Output Voltage）來配合應用需求。燃料電池產電後會產生水與熱，基於不同的燃料使用，有可能產生極少量二氧化氮（NO_2）和其他物質，對環境的汙染比現有電池少故屬於綠色能源。燃料電池的能量效率通常爲 40-60% 之

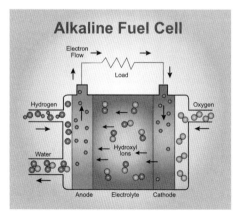

圖 46　氫氣燃料電池運作原理

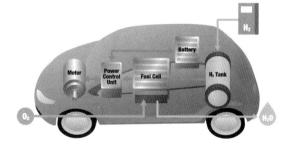

圖 47　氫燃料電池應用於汽車上的電力供應系統架構

間；如果廢熱被捕獲使用，其熱電聯合產出能量效率可達 85% 左右[1][82-85]。

圖 48　日本豐田公司實際燃料電池汽車引擎室

　　近年來燃料電池已普遍商業化於車輛中，各大車廠均有相關車款上市，也進一步推動燃料電池的應用與發展。在各種儲能電池產業市場產值中可見（如圖 49），總產值由 1990 年的 180 億美元，逐年提升至 2010 年的 430 億美元，且預估至 2020 年可達 820 億美元規模。此外由應用面來看（如圖 50），除啓動用（Starting Lighting and Ignition, SLI）蓄電池及可攜式（Portable）電源持續上升外，工業用（Industrial）蓄電池及汽車（Automotive）產業則因全球經濟成長而大幅提升，預估到達 2020 年這兩個產業應用將有近 300 億美元市場機會[86]。

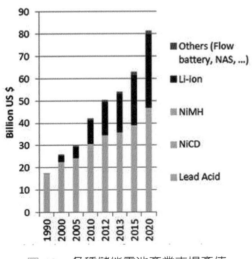

圖 49　各種儲能電池產業市場產值

圖 50　蓄電池產業應用市場分析

　　2014 年燃料電池全球產值達 660 億元新臺幣左右，其中近 10% 的 Fortune 500 大企業使用燃料電池作爲備用電源或移動式的發電設備，且 Fortune 500 的前 100 大企業更有高達 25% 的比例使用燃料電池，同時燃料電池也被應用於堆高機（Forklift）中（如圖 51）、資料儲存

中心（Data Storage Center）或無線通訊基地臺（Wireless Communication Station）等不同的應用領域中，顯示燃料電池在各領域的應用日趨普及。又 2010 年（The Fuel Cell Industry Review）預測全球燃料電池產業在 2020 年有機會創造超過 70 萬個就業機會，且該產業將在未來 10 年至 20 年間逐漸成熟。目前燃料電池的發展仍受到設置成本高昂、耐用年限不夠長等限制且

圖 51　　應用於堆高機之燃料電池組

主要靠各國政府的政策補助與推動才得以發展，不過在未來石化能源逐漸枯竭下，仍有頗高潛力，只不過產氫與儲氫技術、氫氣運輸的成本與安全性也都是未來影響該產業發展的重要因素（如圖 52）。此外以整體裝置容量來看（如圖 53），2010 年一直到 2013 年期間，全球燃料電池裝置容量呈現上升的趨勢，由 91.2MW 一路成長至 215.3MW，成長幅度極大，2014 年全球裝置容量則略微下降至 185MW，至 2015 年燃料電池裝置容量達到 350MW 左右（如圖 54）。因此未來燃料電池於運輸型應用將主導燃料電池產業的發展。燃料電池的市場正在增長，派克研究公司（Pike Research）估計，到 2020 年固定式燃料電池市場規模有機會達到 50 GW，潛力不容忽視 [87-88]。

臺灣方面燃料電池產業 2011 年產值達新臺幣 40 億元，2014 年產值略降爲 35.7 億元新臺

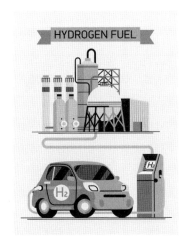

圖 52　　產氫、儲氫到燃料供應至車輛之整體應用架構示意

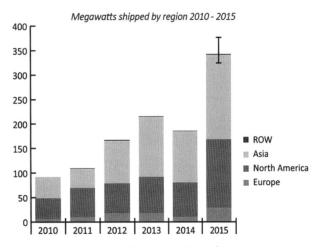

圖 53　　全球燃料電池裝置容量概況

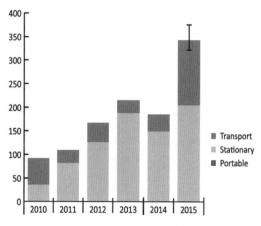

圖 54　　運輸型、定置型與攜帶型燃料電池裝置容量概況

幣，2016 年可達新臺幣 130 億元產值，預估 2020 年有接近千億元新臺幣的市場潛力，在國際市場占有率約達 5% 左右。在分散式產氫及行動氫源方面，2020 年預期可達 50 億元新臺幣產值，使我國氫能與燃料電池產品技術、產業規模在國際具有重要地位。臺灣氫能與燃料電池產業供應鏈如表十三及圖 55 所示 [89-90]。

⊙ 表十三　　臺灣氫能與燃料電池產業供應鏈

供應鏈	原材料（主游）	電池組件（中游）	系統應用（下游）	周邊商品
主要廠商	Membrane	Stack	FC 系統	氫氣供應
	安矩科技	台達電	思柏科技	三福氣體
	南亞電路板	南亞電路板	奇鋐	聯華
	MEA	大同世界科技	大同世界科技	亞東
	南亞電路板	光騰光電	能碩科投	中油
	遠茂光電	博研燃料電池	台達電	甲醇供應
	光騰光電	鼎佳	光騰光電	伊默克
	觸媒	中興電工	陽光緣能	李長榮公司
	安矩科技	亞太燃料電池	亞太燃料電池	甲醇燃料罐
	GDL	重組器	工研院	奇鋐
	碳能制技	大同世界科技	核研所	儲氫合金罐
	雙極被	碧氫科技	眞敏國際	川飛
	盛英、鼎旭、恩良	熱交換器	鼎佳	亞太燃料電池
		高力熱處理	中興電工	

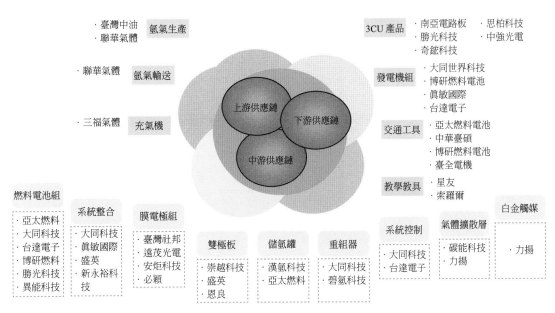

圖 55 臺灣燃料電池產業供應鏈發展現況

　　中國大陸非常重視燃料電池汽車等清潔汽車技術（Clean Vehicle Technology）的發展，在其「十二五」規劃綱要已將新能源汽車列為戰略性新興產業（Strategic Emerging Industries），提出要重點發展插電式混合動力汽車（Plug-in Hybrid Electric Vehicle, PHEV）、純電動汽車（Battery Electric Vehicle, BEV）和燃料電池汽車（FCV）技術，開展插電式混合動力汽車、純電動汽車研發及大規模商業化示範工程，推進產業化應用。直至「十三五」期間（2016-2020年）則為燃料電池汽車發展的機遇期（如圖 56），其後 5 年燃料電池汽車將邁入市場化導入期，燃料電池汽車是戰略發展方向，要率先實現燃料電池客車商業化，此期間其他新能源汽車補貼均採取退坡機制，只有燃料電池汽車的補貼不退坡。在此戰略下燃料電池充填站之整體規劃也將是技術發展重點之一，如圖 57，如何維持安全性與便利性將是技術一大考驗。圖 58 係 2016-2020 年中國新能源汽車產量增長預測。圖 59 為中國大陸國內燃料電池汽車市場空間預測（億元人民幣）[91-94]。

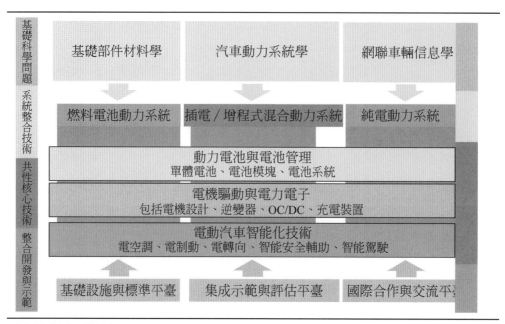

（資料來源：科技部）

圖 56　「一三五」新能源汽車重點專項布局中再次提及燃料電池動力系統

圖 57　燃料電池充填站之整體規劃也將是技術發展重點之一

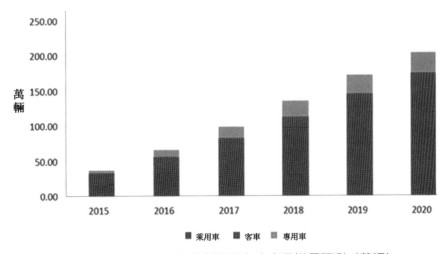

圖 58　2016-2020 年中國新能源汽車產量增長預測（萬輛）

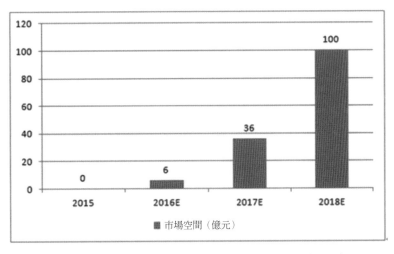

圖 59　中國大陸燃料電池汽車市場空間預測（億元）

目前主要燃料電池種類有四種爲固體高分子燃料電池（PEFC）、磷酸燃料電池（PAFC）、熔融碳酸鹽燃料電池（MCFC）及固定氧化物燃料電池（SOFC），如表十四[1]；而燃料電池與傳統備用電力比較如表十四所示[94]。

 重點提示

主要燃料電池種類

有四種爲固體高分子燃料電池（PEFC）、磷酸燃料電池（PAFC）、熔融碳酸鹽燃料電池（MCFC）及固定氧化物燃料電池（SOFC）。

🔽 表十四　4 種主要燃料電池的研究開發進展比較

		PEFC 固體高分子	PAFC 磷酸	MCFC 熔融碳酸鹽	SOFC 固體氧化物
電解質	電解質材料	交換膜	磷酸鹽	碳酸鋰，碳酸鈉，碳酸	比如穩定氧化鋯
	移動離子	H^+	H^+	CO_3^{2-}	O^{2-}
	使用模式	膜	在基質中浸漬	在基質中浸漬、或粘貼	薄膜、薄板
反應	催化劑	鉑	鉑	無	無
	陽極	$H_2 \rightarrow 2H^+ + 2e^-$	$H_2 \rightarrow 2H^+ + 2e^-$	$H^2 + CO_3^{2-} \rightarrow H_2O + CO_2 + 2e^-$	$H^2 + O^{2-} \rightarrow H_2O + 2e^-$
	陰極	$\frac{1}{2}O_2 + 2H^+ + 2e^- \rightarrow H_2O$	$\frac{1}{2}O_2 + 2H^+ + 2e^- + H_2O$	$\frac{1}{2}O_2 + CO_2 e + 2e^- \rightarrow CO_3^{2-}$	$\frac{1}{2}O_2 + 2e^- \rightarrow O^{2-}$
運行溫度（℃）		80-100	190-200	600-700	700-1,000
燃料		氫	氫	氫、一氧化碳	氫、一氧化碳
發電效率（%）		30-40	40-45	50-65	50-70
設想發電能力		數 W- 數 +kW	100- 數百 kW	250kW- 數 MW	數 kW- 數 +MW
設想用途		手機、家庭電源、汽車	發電	發電	家庭電源、發電
開發狀況		家庭用實用化、汽車 2015 年預計實用化	廢水處理廠、醫院、應急電源		家庭用實用化、大型定製在開發中

🔽 表十五　燃料電池與傳統備用電力比較

	燃料電池	鉛酸電池 + 汽柴油發電機
噪音 dB 評比	安靜	高
	1 公尺距離：65dB	7 公尺距離：68dB
排放物質	純水	油煙（致癌）、硫酸氣體（致癌）
整體系統效率	30%	10-25%
燃料安全性	氫氣－安全	汽柴油－公共危險物品
壽命	10-15 年	鉛酸電池 2-5 年必須全數更換一次
價格（備用 8 小時，同功率）	初期高	高（含保養維護）

1.6 高科技產業災害案例分析

　　高科技製程已是海峽兩岸重要經濟活動項目，各自擁有完整的原物料製造（Raw Material Manufacturing）、前期加工（Pre-Processing）、成品製造（Finished Product Manufacturing）及最終處理（Final Treatment）的完整產業鏈，並且在全球製造上占有重要地位，在產業鏈的任何公司都是重要份子，任何火災（Fire）、爆炸（Explosion）、氣體洩漏（Gas Leakage）、電力中斷（Power Interruption）等災害（Disaster），都將造成供應鏈的中斷，進而造成無法持續運作的窘境，經濟發展恐受到重大影響與傷害，有效防災作為與相關安全衛生管理亦應成為重要探討議題（如圖 60 及圖 61）。又高科技製程就是在複雜的產品構造下（相關製程與危害將於第二章討論），使用大量高危害反應原物料，其中以自燃（Spontaneous Combustion）、燃燒（Combustion）、爆炸、中毒（Poisoning）、腐蝕（Corrosion）等最具危害性（Hazards），也因此國內外均發生過許多高科技產業災害事故，彙整說明如後 [95-97]。

圖 60　高科技廠使用大量可燃性反應氣／液體若洩漏遭遇火源極可能立即起火燃燒造成巨大傷害

圖 61　高科技廠火災爆炸經常讓整廠付之一炬

案例一

　　1979 年美國某半導體廠（Semiconductor Manufacturing）管路起火事故，其為修配業，此事故災害類型係火災，主要事故媒介物為聚丙烯管路（Polypropylene Tubing）（如圖 62），

且此事故未造成人員傷亡。災害發生經過係在製造矽晶圓的無塵室（Clean Room）中，製程使用清洗晶圓的管路是使用聚丙烯材質，當時無塵室中無人在內操作，仍像平日相同，裡面也沒有使用或連接加熱器（Heater）。火災現場依據當時在無塵室附近部門工作的員工描述，當時看到一個警衛從冒煙的晶圓無塵室中跑出，迅速召集消防隊，打開屋頂的金屬覆蓋物（Metal Covering），將火撲滅。而此次主要災害是由於「煙和滅火用水造成設備損害」（如圖63），煙塵並透過無塵室的空調和換氣系統（Air Conditioning and Ventilation System）汙染其他作業區域，且灑水設備的作動也波及周遭的作業環境（Operating Environment）[98-99]。

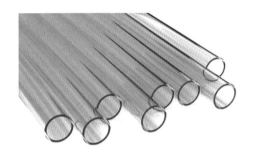

圖 62　常見之聚丙烯管路型式

圖 63　火災生成之煙塵對細微製程而言是高科技廠房製程良率最大殺手

案例二

　　1996 年日本某半導體廠氣瓶櫃（Gas Cabinet）內矽甲烷（四氫化矽, Silane, SiH_4）發生爆炸，此行業主要規類於電力及電子機械器材製造修配業中，此災害類型經判定係爆炸，而事故媒介物為矽甲烷，此事故共造成 1 名工程師死亡，而事故發生主要係新氣瓶出口處安裝高壓連結管時，用手鎖上母牙（Capnut）之後，沒有以扭力扳手（Torque Wrench）再鎖緊，以確認無漏。測漏標準程序係用氮氣（N_2）經數回迫淨（Purge）之後，再以實際製程用氣體施行數次迫淨，然此事故當打開矽甲烷的氣瓶閥（Cylinder Valve）時，矽甲烷大量洩漏（Leakage）出來而起火、爆炸。雖然氣體偵檢器（Gas Sensor）曾偵測及啟動關斷系統（Shut-Down System），但因發生的時間太短（僅數秒），而來不及即時切斷。矽甲烷常溫下為無色的自燃性氣體，其爆炸界限介於 1.37% 至 96%。因其自燃特性，當洩漏至空氣中時會與氧氣反應，燃燒生成二氧化矽（SiO_2），但其燃燒特性會受週邊環境影響，而可能發生爆燃（Deflagration）或爆震（Knock）的現象。矽甲烷是以壓縮氣體（Compressed Gas）方式貯存及運送，常見的產

品供應方式包含有 450 公升以下的鋼瓶（Cylinder）、鋼瓶集束及 ISO 槽車（Tanker）等。矽甲烷是高科技產業最常用的特化氣體之一，於半導體、光電及太陽能電池等製程中，主要應用在多晶矽沈積或磊晶製程的矽材料來源。圖 64 為高科技廠房氣瓶櫃與輸送管路配置情況[98-99]。

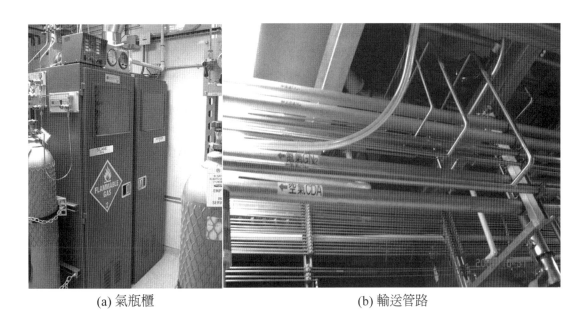

(a) 氣瓶櫃　　　　　　　　　　　　　　　　(b) 輸送管路

圖 64　高科技廠房氣瓶櫃與輸送管路配置情況

案例三

　　1996 年臺灣某半導體公司火災，其為修配業，而災害類型係火災，媒介物為薄膜機臺（Chemical Vapor Deposition, CVD）裝置，此次事故並人員傷亡發生，災害發生經過係 1996 年 10 月 14 日中午 12 時 30 分，一個新的無塵室正在進行量產（Mass Production）準備，並準備在 12 月全面生產，火舌從無塵室附近廠務支援區（SUB-FAB）的 CVD 裝置竄出。火災現場雖裝置有海龍自動滅火系統（Hailong Automatic Fire Extinguishing System），但因噴嘴（Nozzle）故障，造成藥劑無法噴灑出，而無法及時滅火；現場並有機電承包商在作業，但並未能在第一時間內控制火勢，火源並藉由易燃的天花板在支援區（Ceiling of SUB-FAB）內蔓延。雖然火源被控制在支援區內，但煙（Smoke）及煙塵（Soot）卻隨著煙道進入無塵室（FAB of Clean Room）內，造成無塵室的通風設備、數百片晶圓及設備受到汙染和腐蝕。在消防搶救時，滅火用水造不斷電系統（UPS）及地面上的配電盤（Distribution Panel）嚴重受損，為

能迅速進入火場將火勢迅速撲滅，救火人員將無塵室門窗打破，但此一舉動卻造成煙塵向其他製程區擴散，嚴重汙染其他設備。事後分析災害發生原因，發現 CVD 裝置因本身機械設計的缺失而引發火災，現場設有差動式火警偵測器（Differential Fire Detector），但因設置的位置在死角（Dead Space），熱空氣無法被偵測器感應致使未能啟動警報器，並由於海龍自動滅火系統，因噴嘴故障，造成藥劑無法噴灑出，而使火災擴大[98-99]。圖 65 係高科技廠房無塵室與支援區情況。

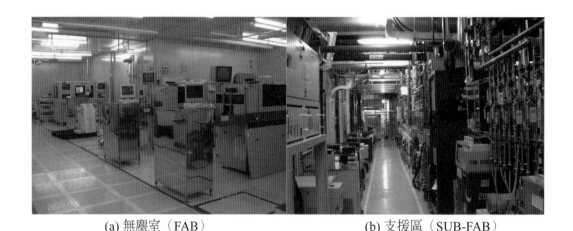

| (a) 無塵室（FAB） | (b) 支援區（SUB-FAB） |

圖 65　高科技廠房無塵室與支援區情況

案例四

2005 年臺灣某半導體封裝公司（Packaging Process）發生大火，主要原因於 A 棟大樓一樓之鍋爐燃油外洩（Boiler Fuel Leakage）（鍋爐房如圖 67），導致置於鍋爐上面之廢棄瓦斯排放管（Gas Discharge Pipe）燃燒，火勢迅速蔓延至 3 樓之化學倉區（Chemical Storage Area）即刻產生爆炸，隨後延燒至整棟大樓，並波及 B、C 二棟廠房，大火燃燒將近 12 個小時才被控制住。此次造成財物損失約 85 億元（包括廠房（Workshop）、機器設備（Tools）、存貨（Inventory）等損壞），燃燒面積約 1 萬 638 平方公尺，1 名消防人員吸入性嗆傷（Inhalation Choke Injury）及 9 名民眾輕傷。此事故中會引發如此大之火災，造成財務上之重大損失，主要有以下幾點原因：（一）鍋爐設備係置放於工廠生產大樓內，未與製程區有效隔絕（Not Effectively Isolated）。（二）供應系統未依規定定期檢查（Not Regularly Checked）。（三）供應系統之檢測裝置（Detection Means）未發揮應有之功能。（四）廠區每一層樓未做水平及垂

直之防火填塞（Fire Protection Stuffing）（阻絕煙塵進入）（如圖 68 所示）[100-101]。

 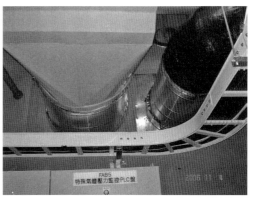

圖 67　鍋爐房因高溫與複雜管線讓火災爆炸危害增加

圖 68　高科技廠房排氣管路（Exhaust Pipe）穿越防火區劃（Fire Compartment）之防火填塞

案例五

　　2015 年臺灣某印刷電路板廠（Printed Circuit Board, PCB Factory）（如圖 69）發生火災意外，消防局動員警義消 200 人、各式車輛 62 輛以及水庫車（Reservoir Fire-Fighting Truck）24 輛前往搶救，工廠內 6 樓倉庫（Warehouse）存放著鹽酸（Hydrochloric Acid）、硫酸（Sulfuric Acid）、丁酮（Butanone）、柴油（Diesel Oil）、過氧化氫（Hydrogen Peroxide）還有用來洗

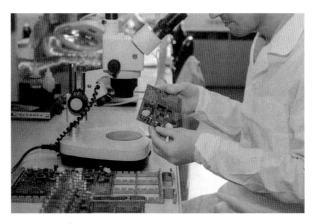

圖 69　印刷電路板廠製程

電路板用的氫亞化納（Hydrogen Sulfide）共 3 萬公升，讓情勢更加危及，因為情況特殊，消防隊先是現場噴灑泡沫（Foam）再使用水霧（Water Mist）沖走化學氣體，最後才是一般滅火處理。所幸 621 名員工即時疏散，僅有一位 36 歲男員工輕微嗆傷，生命徵象穩定[102]。

案例六

韓國京畿道坡州市月籠面的某顯示器製造（LCD Manufacturing）工廠，於 2015 年 1 月 12 日中午 12 時 50 分左右發生氮氣泄漏事故（Nitrogen Leakage Accident），有 2 人在事故中死亡，另有 4 人被移送至附近醫院接受治療，其中有 1 人傷勢較重。這些人員該顯示器公司的職員和合作企業的員工，事發時正在檢查製程設備。事故發生後該顯示器公司內部消防隊採取立即性之防災措施（Disaster Prevention Measures），並緊急移送受傷人員[103]。

案例七

日本某知名有色金屬企業旗下子公司於 2016 年 1 月 3 日凌晨發生廢水處理槽（Waste Water Treatment Tank）破裂，造成 2 名員工死亡、2 名員工受傷事故。發生破裂事故的工廠主要生產使用於太陽能電池電極的上游材料「銀粉（Silver Powder）」，而發生事故後該座工廠也進行全面停工（Stop-Work），以探究事故發生原因。該廠生產之太陽能電池用銀粉市占率高居全球第一，而發生事故的工廠為其唯一生產據點，所以此事故造成相關太陽能電池產業鏈重大影響與傷害。此事故工廠員工人數約為 230 人，除從事金屬類化合物的製造之外，也從事其他汽車零件、電子零件的電鍍（Plating）業務[104]。

其他科技園區事故案例

其他科技園區（Science and Technology Park）事故案例，包含半導體製造裝置之排氣輸送系統洩漏、SiH$_4$ 容器以 N$_2$ 加壓作氣密測試與配管連接處洩漏（Connection Leaked）、鋼瓶室內配管洩漏、真空馬達（Vacuum Motor）排氣管因矽甲烷爆炸、廢氣處理裝置內爆炸燃燒、氣體調節器（Gas Regulator）連接處洩氣燃燒、SiH$_4$ 流量計（Flowmeter）洩漏著火等彙整如表十六[4][98-99]。

⬇ 表十六　半導體工業災害案例彙整

發生位置	災害或事故之狀況	原因	對策
半導體製造裝置之排氣輸送系統（廢氣輸送系統）	矽甲烷由半導體製造裝置的排氣輸送管中洩漏，並與輸送管內之空氣混合引起燃燒，導致 PVC 管破裂（穿孔），有害氣體由此裂縫流入工作室中造成兩名作業員中毒。	達自燃濃度之 SiH_4 在輸送管（Duct）中洩漏，並與空氣混合燃燒。	改善排氣處理裝置與 Duct 之緊密連接，並填充 N_2 等惰性氣體以防空氣侵入。
	使用矽甲烷之半導體裝置之排氣管中發生氣體爆炸引起輸送管損壞。	四氯化碳洗滌反應爐後之吹除（Purge）不充分，系統內殘留微量的 CCl_4 當反應爐加熱至 1000℃時殘留之 CCl_4 發生熱分解產生 Cl_2（$CCl_4 \rightarrow C+2Cl_2$）又發生下列連鎖反應造成爆炸 $SiH_4+2Cl_2 \rightarrow SiCl_4+2H_2$ $H_2+Cl_2 \rightarrow 2HCl$	以 CCl_4 洗滌之後必須吹除（Purge）完全；採用其他安全洗潔劑。
	作業中發現惡臭味，故檢查裝置及配管，經過 20~30 分後發現天花板部分之輸送管有破洞（漏洞），立即停止操作進行破洞修補，已有兩名工作人員感到不適送醫院急救。	排放 SiH_4 時引起燃燒，導致 PVC 輸送管穿孔，PH_3 由該破洞漏出引起中毒。	排氣系統應依氣體特性配管；加 N_2 氣體稀釋；應設 AsH_3, PH_3 等自動偵測器。
SiH_4 容器以 N_2 加壓作氣密測試與配管連接處	矽甲烷容器的配管，開始供給氣體時配管接頭洩出 SiH_4 並著火（自燃）。經修理後，通 N_2 作氣密測試。	接頭之填料（Packing）安裝不良未作氣密測試。	檢查 Packing 的接觸面是否良好及套裝情況，SiH_4 容器以 N_2 加壓作氣密測試。
	高密度 SiH_4 使用完之後卸下容器時發生爆炸聲並著火。	惰氣吹除（Purge）不完全，吹除方法不良。	卸下前應以 N_2 充分吹除系統之滯留部分，應返覆加壓排出，或用真空抽光。
配管（鋼瓶室內）	由 SUS 配管及熔接部分漏出 SiH_4 並著火（自燃）。	配管外部受腐蝕而產生破洞（裂縫）鋼瓶附近有「酸洗槽」推斷是受腐蝕。	配管附近避免放置腐蝕性物品；鋼瓶小屋附近設置氣體偵測裝置

（接續下表）

發生位置	災害或事故之狀況	原因	對策
真空馬達排氣管	裝設於 CVD（Chemical Vapor Deposition）裝置之真空馬達之排氣管（橡膠製）被裝置起動時引起 SiH_4 之爆炸而將排氣管燒損。	此裝置為批式裝置，於生產操作之前均先用 N_2 吹除，或真空抽洗。並且真空馬達排出之 SiH_4 均以磁閥配合起動將 N_2 送入稀釋。當新的 Batch 開始時，吸入之空氣與真空抽洗殘留之 SiH_4 接觸而自燃（著火），因此燒損真空馬達之排氣管（橡皮管）。	防振用橡皮管材質應採用 SUS；真空馬達排氣口之 Flange 強度應提高；稀釋用 N_2 應改用手動閥並時常用 N_2 Purge。
廢氣處理裝置	廢氣處理裝置內發生氣體爆炸燃燒。	SiH_4 吸收液循環馬達停止時。	操作前確實作檢查。
氣體調節器連接處	SiH_4 容器與壓力調節器連接處噴出氣體，著火燒傷。	Packing 安裝不良，未作氣密測試。	正確裝 Packing 作氣密測試。
SiH_4 流量計	矽甲烷流量計漏氣時 Phosphine 及矽甲烷氣在關閉狀態，再重新啟動，打開氣體時，N_2 將殘留在配管中之氣體排出時，N_2 配管上的止逆閥故障，Phosphine 逆流入矽甲烷配管中，由矽甲烷流量計漏出，造成五人中毒。	止逆閥不良且 SiH_4 流量計洩漏。	操作前確實檢查。

高科技製程虛驚事故案例實例探討

1941 年美國的海因里希（H. W. Heinrich）統計了 55 萬件機械事故（Mechanical Accident），其中死亡、重傷事故 1666 件，輕傷 48334 件，其餘則為無傷害事故。統計許多災害開始得出的。當時，海因里希獲得一個重要的比例（圖 70）即當發生 1 件死亡或重傷事故時，必可發現已發生 29 件輕傷事故，且亦已發生至少 300 件之無傷害事件，此無傷害事件即為虛驚事故（Near Miss）[105]。發生傷害事故當然管理階層（Management）

 重點提示

> **海因里希事故比例**
>
> 當發生 1 件死亡或重傷事故時，可發現已發生 29 件輕傷事故，且亦已發生至少 300 件之無傷害事件，此無傷害事件即為虛驚事故。

必須進行處理（Treatment）、處置（Disposal）與改善（Improvement），但在臺灣仍有許多公司未確實管理虛驚事故，更遑論此比例先前的上千上萬次的危害（中國大陸稱為隱患（（Hzards）），在未造成傷害前即著手進行預防改善（Prevention Improvement），當然得以預防事故，探討有其必要性。

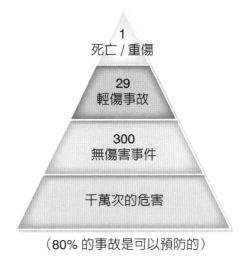

圖 70　海因里希獲得安全黃金比例

眞空系統（Vacuum System）在高科技製程為極重要技術一環，尤其是線寬大幅微縮的先進製程（如現今的 10nm 以下線寬）中更為重要，其中眞空度確認則為眞空系統重點。國內某晶圓代工（Wafer Foundry）廠低壓化學氣相沉積（Low-Pressure CVD, LPCVD）製程機臺（實務上多使用垂直爐管（Vertical Furnace））發生過高毒性三氟化氯（ClF$_3$）洩漏情況，在 Single Poly 的互補式金屬氧化物半導體（Complementary Metal-Oxide Semiconductor, CMOS）電路中，廠商會採內摻雜（In Situ Doping）化學氣相沉積（CVD）n+ poly-Si 薄膜，主因可以節省布植（Implanting）和退火（Annealing）的時間與成本即稱多晶矽摻雜（Doped Poly）製程，由於製程後爐管本體石英管（Quartz Tube）會有殘留微粒，為避免下次製程受到汙染，目前製程會採用乾式清潔（Dry Clean）以去除前述微粒，目前常用 Dry Clean 氣體有 ClF$_3$ 以及三氟化氮（NF$_3$）兩種，不過實務經驗上對 Doped Poly 製程來說，仍以 ClF$_3$ 較有效，然而 ClF$_3$ 毒性極高（請參閱表十七 ClF$_3$ 安全資料表（Safety Data Sheet, SDS）），如果洩漏輕則立即撤廠（將導致停工損失與緊急應變人力費用），重則導致人員傷害（除前述費用外，更增加醫療與職災補償（Compensation for Disaster）費用）。但是從圖 71 先進十二吋製程垂直 LPCVD 爐管製程

⬇ 表十七　CIF₃ SDS 毒性資料

IGREDIENT	% VOLUME	PEL OSHA[1]	TLV-ACIH[2]	LD_{50} OR LC_{50} Ronte/Specles
Chlorine trifluoride FORMULA: CIF_3 CAS: 7790-9-2 RTESC #: FO2800000	100.0	0.1 ppm Celling	0.1 ppm Celling	LD50 : 299 ppm/1 H imhalation/rat

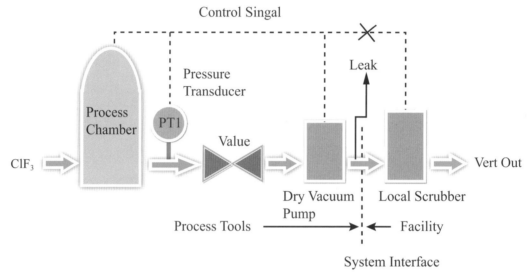

圖 71　先進十二吋製程垂直 LPCVD 爐管製程系統 CIF_3 洩漏架構示意 [3]

系統可見（圖 72 實際垂直爐管機臺），真空管路由於平常運轉均爲負壓設計（Negative Pressure Design），所以管路接頭均未進行壓力試驗，也就可能當此段管路從負壓變爲正壓時，CIF_3 將洩漏至作業環境情況發生，前述該高科技廠即因局部除害裝置（Local Scrubber）失效停機，未連動製程機臺與真空幫浦停止而導致 CIF_3 將洩漏，這在臺灣各科學園區均有廠房發生過類似事故，值得特別重視，尤其是各項設備之連動控制信號（Linkage Control Signal）的傳遞更爲重要，但此信號若要正確運作，感測器（Sensor）穩定性（Stability）與靈敏度（Sensitivity）即成爲關鍵要因（Key Reason）[4][98-99]。

(a) 爐管製程區

(b) 爐管本體石英管更換作業情況

圖 72　先進垂直爐管製程區

　　綜觀臺灣光電及半導體等高科技廠房所發生的事故以火災最為嚴重，造成的損失也最高，表十八彙整高科技廠房歷年火災原因與損失統計，其中溼式蝕刻（Wet Etching）製程為主要起火原因之一，主因乃是溼式蝕刻多採用如甲醇（Methanol）、丙酮（Acetone）、異丙醇（IPA）等易燃有機溶劑（Organic Solvents），另外亦可發現廠務（Facility）可燃性特殊氣體供應系統與電力系統亦為容易發生的主要原因，如圖 73 及圖 74[4]。

⬇ 表十八　彙整臺灣高科技廠房歷年火災原因與損失統計（新臺幣）

災害種類	發生時間	公司類型	發生原因	人員傷亡	財物損失
火災	1996.10.14	半導體製造	溼式清洗機臺易燃液體著火	無	70 億元以上
火災	1997.10.03	半導體製造	矽甲烷外洩	無	100 億元以上
火災	1997.11.11	半導體製造	溼式清洗機臺易燃液體著火	無	20 億元以上
火災	1999.09.22	半導體製造	發電機過熱	無	2500 萬以上
火災	2000.03.31	PCB 材料	鍋爐間重油噴出致易燃液體著火	2 死11 傷	4000 萬以上
火災	2000.06.09	LED 材料	矽甲烷外洩	13 傷	2 億元以上
爆炸	2000.09.10	PCB 製造	鍋爐爆炸	無	100 萬以上

（接續下表）

災害種類	發生時間	公司類型	發生原因	人員傷亡	財物損失
火災	2000.12.25	半導體製造	發電機過熱	無	3000 萬以上
火災	2001.01.18	PCB 材料	不明	無	500 萬以上
火災	2001.05.12	電子材料	火種引起火警	無	50 億元以上
火災	2001.05.31	PCB 製造	不明	無	1 億元以上
火災	2001.06.28	NB 製造	不明	無	6000 萬以上
火災	2001.06.28	智慧型手機製造	不明	無	1.5 億元以上
火災	2002.02.25	PCB 製造	不明	無	8 億元以上
火災	2002.02.26	電子材料	電線走火	無	3000 萬以上
火災	2002.08.22	自動交易設備	不明	無	770 萬以上
火災	2002.09.01	PCB 製造	機器損壞	無	7.3 億元以上
火災	2002.12.10	晶圓片製造	機器故障	無	3.5 億元以上
火災	2003.10.02	PCB 製造	不明	無	4.5 億元以上
火災	2004.01.10	電子材料	機器過熱	無	1.5 億元以上
火災	2004.06.10	半導體製造	機器過熱	無	1500 萬以上
火災	2004.08.25	DVD 製造	不明	無	1.5 億元以上
火災	2004.09.19	NB 製造	電線走火	無	3700 萬以上
火災	2004.06.11	LCD 材料	化學物品起火	七人受傷	3 億元以上
爆炸	2005.05.01	半導體封裝	鍋爐爆炸	1 傷	100 億元以上
火災	2005.08.15	科技化學品製造	化學品起火	一人死亡	200 萬以上
爆炸	2005.11.23	太陽能板製造	矽甲烷外洩爆炸	1 死	50 億元以上
火災	2006.03.02	PCB 製造	鹽酸及漂白水溢流	無	30 萬以上
火災	2006.04.07	DVD 製造	乾燥室起火燃燒	一人死亡	5000 萬以上
爆炸	2006.12.17	太陽能板製造	長晶爐爆炸	兩人死亡	100 萬以上
火災	2010.03.30	醫藥製造	化學品起火	無	1000 萬以上
火災	2011.07.23	半導體材料	化學品起火	無	1500 萬以上
火災	2011.09.17	LCD 製造	矽甲烷外洩	無	100 萬以上
火災	2012.07.08	SiC 材料	有毒物質洩漏火災	無	260 萬以上
火災	2012.04.28	PCB 製造	油墨機臺與化學品火災	無	180 萬以上
火災	2015.08.07	半導體矽整流器	材料火災	無	1200 萬以上

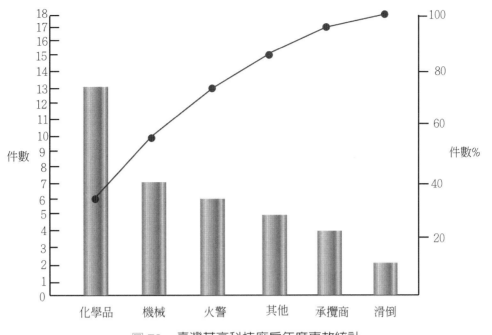

圖 73　臺灣某高科技廠房年度事故統計

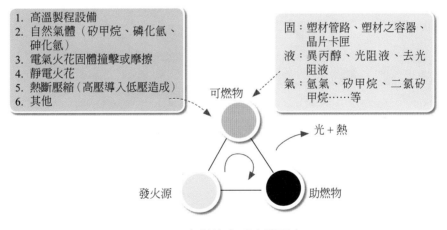

圖 74　高科技廠房火災要素

高科技廠具備以下特性（High-Tech Plant Characteristics）：

(1) 高資產、高產能；危險集中。

(2) 使用種類繁多的溶劑、化學品與危險性氣體。

(3) 大量的塑膠製品（Plastic Products）。

(4) 大量的電氣與加熱設備。

(5) 氣流量大、換氣量高且具高效率濾網（High-Efficiency Particulate Air, HEPA）（如圖 75），燃燒或過熱所產生的煙霧粒子快速被稀釋或濾除，火警偵測不易。

(6) 氧氣供應快速充裕。

(7) 寬闊的密閉或空間。

重點提示

高科技廠特性

包含高資產、高產能、危險集中、繁多化學品、大量塑膠製品、大量電氣與加熱設備、氣流量大、換氣量高、火警偵測不易、氧氣供應快速充裕、寬闊的密閉空間。

圖 75　高科技廠高效率濾網運作示意

1.7　高科技製程安全管理的發展與展望

　　本書深入探討半導體製程演進為例，說明高科技製程安全管理的發展與展望。摩爾（Moore）先生於 1965 年 Intel 公司的一次演講即發表預測，約 18~24 個月，積體電路晶片上的電晶體密度（Transistor Density）會以兩倍速率成長，此為有名之摩爾定律（Moore's Law）

（請參閱圖6），積體電路發展也依此速度前進中，至目前為止，半導體製程業已進入十二吋晶圓 14nm 線寬的先進製程量產階段，雖然摩爾先生近期已表明未來半導體製程發展可能無法符合摩爾定律持續發展，但是朝著線寬縮小、晶圓尺寸加大的趨勢（Trend）仍不會改變。圖 76 圓形片者即為晶圓。

有鑒於半導體縮小線寬難度日漸困難，半導體製造龍頭台積電、英特爾與三星電子三家公司已達成共識且共同宣布，將於 2012 年進入十八吋晶圓製造階段[106]。此發展完全符合製程發展趨勢（Process Development Trend），並且在先進半導體製程中，為達成製造控制能力與各廠務供應支援等級，並且實現足以符合電路需要的驅動電流（Driving Current）與低漏電性能（Low Leakage Performance），製程除不斷調整電晶體尺寸以提高積集度（High-Density）外，各家廠商亦會採用新的材料和製造製程技術來實現電晶體製造能力，此半導體製程演進趨勢彙整如表十九，依據前述繪製半導體尺寸演進示意圖，如圖 77 所示[4][107-112]。

重點提示

> **摩爾定律**
>
> 預測約 18～24 個月，積體電路晶片上的電晶體密度會以兩倍速率成長。

圖 76　晶圓（Wafer）

🔽 表十九　半導體製程技術演進彙整

年份	技術節點（µm）	DRAM 容量（位元）	晶圓尺寸（mm）
1986	1	256K	150
1989	0.7	1M	150
1992	0.5	4M	200
1995	0.35	16M	200
1999	0.18	128M	200
2001	0.13	256M	300
2003	0.10	512M	300
2005	0.08	1G	300
2008	0.065	4G	300
2012	0.032	16G	450
備註： 1.150mm 為 6 吋晶圓。 2.200mm 為 8 吋晶圓。 3.300mm 為 12 吋晶圓。 4.450mm 為 18 吋晶圓。			

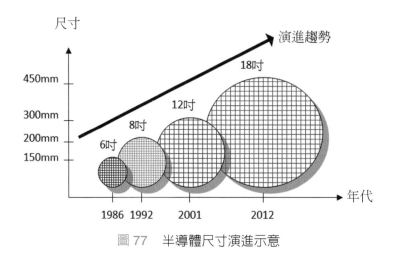

圖 77　半導體尺寸演進示意

又另舉光電面板製程演進討論，各廠商為求產量上的競爭優勢，產品尺寸同樣的朝著增大、顯示細微邁進，表二十為面板顯示器製程技術演進彙整，本研究依據前述繪製玻璃基板尺寸演進示意圖，如圖 77 所示，由表中可見，現階段的玻璃基板尺寸已達二平方公尺以上，遠大於一般國人身高，製程設備更高達五公尺，設備安裝與維修墜落風險（Falling Risk）甚大，並且新世代製程（New Generation Process）機臺內部傳輸機械手臂（Mechanical Arm）尺寸均大於人體，機械危害性遠大於從前，今年度亦有某臺灣光電面板廠電腦工程師於進行面板改善實驗時，慘遭面板切裂機擊中右腦，當場身亡事故，這些案例亦突顯光電面板製程的機械危害，實不可輕忽 [4][107-112]。

⬇ 表二十　面板顯示器製程技術演進

世代	年份	玻璃基板尺寸（長 * 寬 mm）	可分割產品數
G1	1990	300*400	15"*1 片
G2	1993	370*470	15"*1.2 片
G3.5	1996	600*720	15"*4 片
G4	1998	680*880	15"*6 片
G5	2001	1100*1300	15"*15 片
G6	2004	1500*1850	37"*6 片
G7.5	2006	1950*2250	47"*6 片
G8.5	2008	2200*2500	55"*6 片
G9	2010	2400*2800	55"*10 片
G10	2012 以後	2850*3050	64"*6 片

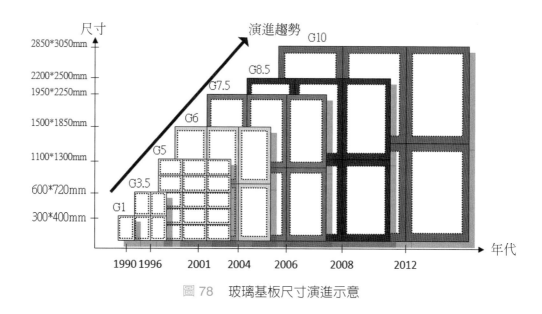

圖 78　玻璃基板尺寸演進示意

　　當高科技製程朝更大產品尺寸與製程尺寸微縮前進時，我們必須深入了解製程的工程演進才得予確認危害源的變化，最後也才能找出最好的預防管理措施。無論是何種高科技廠房，在建築結構體（Building Structure）完成後，其構成均配合製程需要開始，而選擇適當製程機臺設備，然後再規劃設置廠務供應系統（Facility Supply System）之系統容量與管路配置，如圖 79 高科技廠房製程設備與廠務供應系統關聯圖所示。深入探討高科技製程機臺，由於製程反應器尺寸改變，製程機臺反應器主體附屬裝置，如顯示器、控制盤（Control Panel）、加熱器、冷卻器、射頻（Radio Frequency, RF）產生器或是機臺架構將隨之強化改變，最後擴展到與廠務連結之其他機臺附屬配件當然也就隨之改變，我們可以運用圖 80 半導體爐管製程機臺尺寸演進示意圖，來思考因應晶圓尺寸增大，進而造成製程機臺危害源之可能變化，來思考製程機臺之反應器、監控設備、傳輸設備、加熱設備、冷卻設備、真空設備及其他如反應氣體供應系統、電力供應系統等結構（Structure）、尺寸（Size）、能量（Energy）、流量（Flow）、壓力（Pressure）之改變，如此掌握危害源後，才得以規劃各種安全衛生工程改善方案[4][107-112]。

　　1837 年法拉第（Michael Faraday）先生發現物質的介電係數（Dielectric Coefficient）與其電容量（Capacitance）有關，他定義了介電常數，對任何介電物質，都以真空狀態（Vacuum State）下的介電係數作為比較基礎。對半導體製程而言，閘極介電層之厚度決定了通道漏電率（Channel Leakage Rate）、操作電壓（Operating Voltage）大小，其中介電層也就是絕緣層（Insulation Layer）。

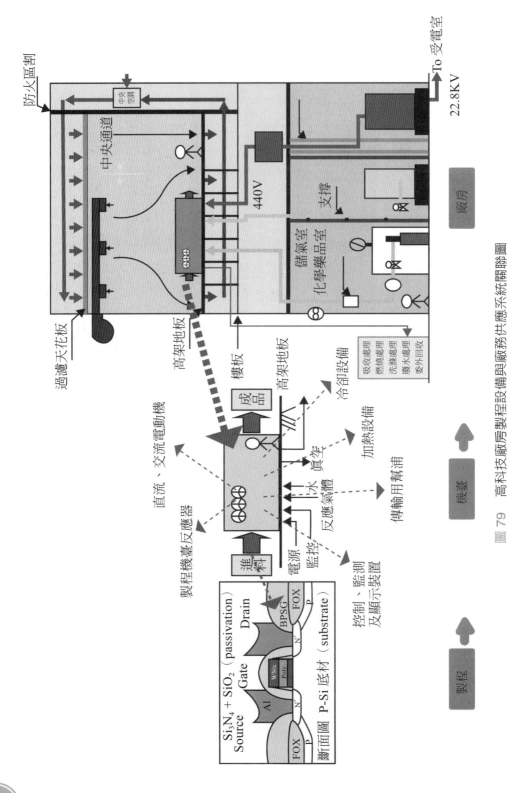

圖 79　高科技廠房製程設備與廠務供應系統關聯圖

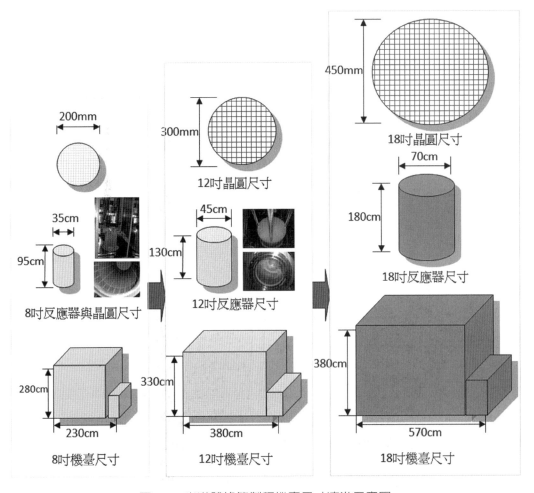

圖 80　半導體爐管製程機臺尺寸演進示意圖

在電晶體的介電層厚度，我們係以平行板電容器（Parallel Plate Capacitor）的電介質來計算其電容量，如公式 (1) 所示：

$$C = \frac{k\varepsilon_0 A}{d} \tag{1}$$

其中 C 為電容量（法拉，F），k 為介電常數，ε_0 是真空電介率，A 為電容器平行板投影重疊的有效面積，d 為兩塊平行板之間的距離。

在半導體製程中所稱 Low-K 與 High-K，所指的就是公式 (1) 的介電常數值，在半導體的應用中，High-K 由於會產生電路上較大的寄生電容（Parasitic Capacitance），進而造成電路訊

號延遲（Signal Delay），在過去技術克服困難，所以較少應用於電晶體製程中，在線寬 65nm 以前之製程，多著重於 Low-K 材料的發展，其目的即是為克服此一問題。

　　閘極（Gate）電介質目前最主要的材料為二氧化矽（SiO_2）其 K 值為 3.9，其他 Low-K 材料還有 FSG（Fluorinated Silicate Glass，K < 3.5），Black diamond（Applied Materials 公司的專利，Si Oxide Based CVD 材料，K = 3.0-2.6），SiLK（Dow Chem. Co. 的產品，採用 Spin-On Process，K~2.6）等，會使用二氧化矽的原因主要係因為製程較為容易，所以在市場上較為普遍。

 重點提示

> **閘極介電層材料**
>
> 係當電晶體體積縮小，閘極介電層也變得越來越薄，閘極控制漏電流變得困難，故尋找更高絕緣性的高介電質材料為重要趨勢。

　　但是為達成製程微縮以增加產量、降低操作電壓、降低臨界電壓（Reduce the Critical Voltage）等目的，當電晶體體積縮小，閘極介電層（Gate Dielectric Layer）也變得越來越薄，閘極控制漏電流（Leakage Current）變得困難，導致絕緣品質降低，漏電流跟著增加，如果情況嚴重，將使得電晶體脫離完全的開及關狀態（Status of ON/OFF），而進入常開及漏電情況，所以各半導體製造商均紛紛投入、尋找更高絕緣性的高介電質材料（High-K Materials）研究，High-K 介電值厚度是二氧化矽之數倍，但能夠有效降低漏電流達百倍以上，這也是吸引廠商投入的主因。

　　2006 年，南韓海力士公司（SK Hynix）發布，藉由 High-K 技術，已成功量產金屬－絕緣層－金屬（Metal-Insulator-Metal；MIM）電容，其使用 High-K 材料之為二氧化鋯（ZrO_2）介電膜，另外三星則正開發 High-K 達 50nm 的技術製程中。另外 IBM 及其技術聯盟廠商，包括英飛凌（Infineon）公司、意法半導體（ST）公司、特許半導體（Charter Semiconductor）公司、飛思卡爾（Freescale）公司、三星（Samsung）公司和東芝（Toshiba）等公司亦於 2008 年 4 月宣布，已在 IBM 位於美國紐約州 East Fishkill 的 300mm 晶圓廠，成功展示了 32nm High-K 金屬閘極製程技術，其號稱可提供在性能與耗電上超越其他同業的解決方案 [4]。

 重點提示

> **有潛力 High-K 材料**
>
> 有 Si_3N_4、Al_2O_3、Ta_2O_5、TiO_2、ZrO_2、HFO_2。

　　表二十一為過去研究有潛力作為閘極介電層的 High-K 材料特性彙整，由表可發現，可以成為 High-K 主流材料就有近十種，如前文所討論，部分材料已被研究成功但仍有部分材料持續研究中。

⬇ 表二十一　有潛力作為閘極介電層的 High-K 材料特性彙整

材料組成	K 值	能隙寬度 （bandgap,eV）	電子阻障高度 （eV）*	主要問題
Si_3N_4	7	5	2	K 值不夠高
Al_2O_3	10	6.55	未知	K 值不夠高
Ta_2O_5	25~40	4.65~4.85	0.28	電子阻障低，漏電流對溫度極敏感
TiO_2	40~80	3.3	1	漏電流對溫度敏感
ZrO_2	25	5.16~7.8	未知	相關研究少，未經廣泛之元件驗證
HFO_2	30~40	5.68	未知	相關研究少，未經廣泛之元件驗證

* 介電層 / 矽介面的電子阻障或傳導帶（Conduction Band）之落差

　　面對近十種不同之 High-K 主流材料，其所使用的製程反應化學品（如矽（Si）、鋁（Al）、鉭（Ta）、鋯（Zr）、氟化氫（HF）等）均不相同，危害性也不同，對於廠房安全衛生管理，造成極大的困難，並且面對製程縮小，各種反應氣體、化學品將提高濃度（Concentration）與純度（Purity），並且為求反應器本體潔淨度，製程清潔（Purge）頻率，勢必更加頻繁，有毒的清潔氣體（如三氟化氯（ClF₃）、氟化氫等）使用量必定增大，廢氣排出與處理量相對增多，製程潛在危害性相較以往大幅提高，另外隨著晶圓尺寸加大，製程機臺硬體構造亦隨之增大，各種傳動系統、電力供應與加熱設備等也隨之加大，感電、機械危害、火災爆炸等情況，當然也趨向嚴重[4][113-116]。

　　依據前述討論，高科技製程將持續朝向提升產能與良率的方向邁進，其中最重要的兩項課題就是「增大產品尺寸（Increase the Product Size）」與「製程尺寸微縮（Process Size Miniature）」，此處彙整高科技製程增大產品尺寸之製程、機臺與廠務設備可能變化與高科技製程尺寸微縮之製程、機臺與廠務設備可能變化，如表二十二與表二十三所示，由表可見，製程主要變化將影響機臺設備之變化，最終也將影響整個廠務系統的配合改變[4][113-116]。

⬇ 表二十二 高科技製程增大產品尺寸演進之製程、機臺與廠務設備可能變化 [3]

製程主要變化		機臺設備主要變化		廠務系統主要變化	
增大產品尺寸	機械構造增大	配合反應器、傳輸構造、機械手臂等機臺硬體構造增大	機臺基礎構造增大，整體尺寸加大，重量提升	1.無塵室面積加大 2.無塵室空調需求加大 3.整體廠房面積增加，載重結構強化	總占地面積增加，建造成本提升
	機械應力增大	機械手臂與傳輸構造增大	供應電力增大	廠務供應電力系統增大	臺電供應量增大
	反應器增大	製程所需反應氣體或化學品需求加大	反應氣體或化學品供應量增多	廠務反應氣體或化學品供應系統增大	原料生產系統產出或原料儲存備用量增大
		製程真空系統需求加大，製程尾氣排放量加大	排氣系統增大	廠務廢氣排放與處理系統加大	臺電供應量增大與處理化學品量增
		製程加熱系統需求加大	供應電力增大	廠務供應電力系統增大	臺電供應量增大
		製程冷卻系統需求加大	冷卻水供應量增加	廠務純水供應系統增大	自來水供應量增大
		製程電磁產生設備加大	供應電力增大	廠務供應電力系統增大	臺電供應量增大

⬇ 表二十三 高科技製程尺寸微縮之製程、機臺與廠務設備可能變化彙整 [3]

製程主要變化			機臺設備主要變化	廠務系統主要變化
製程尺寸微縮	縮小通道長度	1.提升微影解析能力 2.縮小短通道效應 3.縮小逆短通道效應	1.反應器更換 2.製程材料更換 3.預防微粒產生	1.更換反應器、反應氣體、化學品、真空能力、加熱與冷卻系統、電磁產生設備零件，機臺設備變更或調整 2.增加機臺清潔（Purge）次數 3.增加保養（PM）次數	1.廠務供應系統之供應量、配置、化學品種類及附屬設備配合變更或調整 2.增加廠務廢氣排放與處理量 3.增加廢棄物處理量
	縮小通道寬度	1.提升微影解析能力 2.縮小窄通道效應 3.縮小逆窄通道效應	1.反應器更換 2.製程材料更換 3.預防微粒產生	1.更換反應器、反應氣體、化學品、真空能力、加熱與冷卻系統、電磁產生設備零件，機臺設備變更或調整 2.增加機臺清潔（Purge）次數 3.增加保養（PM）次數	1.廠務供應系統之供應量、配置、化學品種類及附屬設備配合變更或調整 2.增加廠務廢氣排放與處理量 3.增加廢棄物處理量

（接續下表）

製程主要變化			機臺設備主要變化	廠務系統主要變化
縮小隔離間距	1.提升微影解析能力 2.達成淺溝槽蝕刻、充填及平坦技術	1.反應器更換 2.製程材料更換 3.預防微粒產生	1.更換反應器、反應氣體、化學品、真空能力、加熱與冷卻系統、電磁產生設備零件，機臺設備變更或調整 2.增加機臺清潔（Purge）次數 3.增加保養（PM）次數	1.廠務供應系統之供應量、配置、化學品種類及附屬設備配合變更或調整 2.增加廠務廢氣排放與處理量 3.增加廢棄物處理量
縮小閘極介電層厚度	1.降低漏電流 2.改善介面特性 3.提升介電層抗壓能力	1.反應器更換 2.製程材料更換 3.預防微粒產生	1.更換反應器、反應氣體、化學品、真空能力、加熱與冷卻系統、電磁產生設備零件，機臺設備變更或調整 2.增加機臺清潔（Purge）次數 3.增加保養（PM）次數	1.廠務供應系統之供應量、配置、化學品種類及附屬設備配合變更或調整 2.增加廠務廢氣排放與處理量 3.增加廢棄物處理量
縮小接面深度	1.消除寄生電容 2.降低參雜物分布側向陡峭度 3.降低製程熱預算 4.縮小漏電流	1.反應器更換 2.製程材料更換 3.預防微粒產生	1.更換反應器、反應氣體、化學品、真空能力、加熱與冷卻系統、電磁產生設備零件，機臺設備變更或調整 2.增加機臺清潔（Purge）次數 3.增加保養（PM）次數	1.廠務供應系統之供應量、配置、化學品種類及附屬設備配合變更或調整 2.增加廠務廢氣排放與處理量 3.增加廢棄物處理量
增加基板參雜濃度	1.消除寄生電容 2.縮小漏電流 3.降低接面崩潰電壓 4.減少庫倫散射率，降低通道的載子遷移率	1.反應器更換 2.製程材料更換 3.預防微粒產生	1.更換反應器、反應氣體、化學品、真空能力、加熱與冷卻系統、電磁產生設備零件，機臺設備變更或調整 2.增加機臺清潔（Purge）次數 3.增加保養（PM）次數	1.廠務供應系統之供應量、配置、化學品種類及附屬設備配合變更或調整 2.增加廠務廢氣排放與處理量 3.增加廢棄物處理量
降低操作電壓	1.提升趨動力 2.強化雜訊免疫力	1.反應器更換 2.製程材料更換 3.預防微粒產生	1.更換反應器、反應氣體、化學品、真空能力、加熱與冷卻系統、電磁產生設備零件，機臺設備變更或調整 2.增加機臺清潔（Purge）次數 3.增加保養（PM）次數	1.廠務供應系統之供應量、配置、化學品種類及附屬設備配合變更或調整 2.增加廠務廢氣排放與處理量 3.增加廢棄物處理量

（接續下表）

		製程主要變化	機臺設備主要變化	廠務系統主要變化
降低臨界電壓	縮小漏電流	1. 反應器更換 2. 製程材料更換 3. 預防微粒產生	1. 更換反應器、反應氣體、化學品、真空能力、加熱與冷卻系統、電磁產生設備零件，機臺設備變更或調整 2. 增加機臺清潔（Purge）次數 3. 增加保養（PM）次數	1. 廠務供應系統之供應量、配置、化學品種類及附屬設備配合變更或調整 2. 增加廠務廢氣排放與處理量 3. 增加廢棄物處理量

綜合前述討論與分析成果，將各種製程、設備、廠務演進與趨勢影響彙整為重點表，如表二十四所示，供讀者參考。

🔽 表二十四　高科技製程演進與趨勢影響重點彙整 [3]

主要製程變化項目		影響重點內容
1. 元件線寬縮小（Component Line Width Reduced）		因應製程線寬縮小，製程所需原物料純度提升，毒害性提高，處理困難度增加，並且配合製程潔淨度要求，反應器清潔次數，潔淨用氣體、化學品使用量將提升，另外機臺保養次數增加，如此將增加人員與機臺接觸機會。
2. 產品尺寸加大（Product Size Increases）		晶圓提升為十八吋或是玻璃基板進入第十代（G10），製程反應器尺寸增大，所有能量源、反應原物料均配合增大，危害性必然提升。
3. 其他因元件線寬縮小與產品尺寸加大而影響的事項	機臺尺寸提升（Machine Size Increase）	因應反應器尺寸增大，所有電力供應容量、加熱設備尺寸、冷卻系統、反應氣體化學品供應、機械構造與傳輸機械手臂等均會加大，感電、機械危害、熱能危害與機臺重量過重導致高架地板崩塌等危害嚴重度勢必增加。
	廠務系統提供容量提高（The Facility System Provides Capacity Increase）	為了供應更高之電力容量，更多之反應氣體、化學品，或是足夠的廢氣、液處理能力，廠務系統將配合擴充，越多的危害能量存在廠內，終將造成更大的危害嚴重性。
	全自動化程度提高（Full Automation）	為提升良率與製程穩定度，製程全自動化程度越高，可更確保製程穩定性，但是製程相關人員減少，探測警報系統複雜，將產生更多的故障率及誤報情況，並且可進行緊急情況確認之人員亦減少，如此將更容易產生事故延誤處置情形。

1.8　本質較安全設計策略與高科技製程應用概述

　　本質較安全（Inherently Safer）依研究發現愈早執行愈能做到本質較安全的設計，由圖 81 可清楚看出如要達成內在（Intrinsic）本質安全的機會，最好是在發展及企劃與程序設計等時期就進行考慮，對高科技製程而言更是如此 [4]。

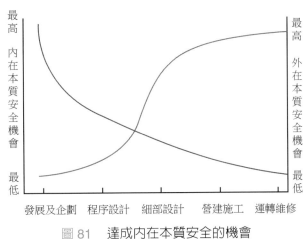

圖 81　達成內在本質安全的機會

　　火災爆炸的發生通常造成許多財產及人力的損失，以及社會成本及經濟層面上的影響，因此如何降低及預防工業火災爆炸的發生，是迫切所需要去解決的一個問題，以下是降低及預防災害發生建議方法 [4][113-116]：

💡 重點提示

> 降低及預防災害發生建議方法
>
> 包含加強化學品之管制、規範安全距離、加強失控反應之評估、加強設備本質安全、加強人員之培訓等。

1. 加強化學品之管制（Strengthening the Control of Chemicals）

　　利用工廠呈報政府相關單位之紀錄及歷次檢查紀錄，確實掌握化學品流向，才能有效管理。對於公共危險品、危害物、有害物等之進口及製造部分，列冊管理，尤其是對於工廠使用之化學物質，應有專責單位事先建立基本資料，以有效管理。

2. 規範安全距離（Standard Safe Distance）

安全距離的維持，是高風險事業最重要亦是最後一道的防線，先進國家如美、日等國均有規範，應敦促工廠設立主管機關訂定規範，以使在設廠時就保持一定安全距離，一旦意外發生時，較能保護及鄰廠人員及居民的安全。如無法有效維持安全距離，則採取防爆阻擋措施（如防爆牆（Explosion-Proof Wall）等）均有其效果。

3. 加強失控反應之評估（Strengthen the Assessment of Run Reaction）

工廠應對於反應失控之可能原因，諸如操作時間點之延誤（Operation Time Delay Point）、投料錯誤（Feeding Error）、量測儀器錯誤（Measuring Instrument Error）、操作條件變更（Operating Conditions Change）等，應更深入了解。工廠應評估失控時可能造成最嚴重的狀況，並採取因應對策，強化製程安全評估工作。

4. 加強設備本質安全（Strengthen the Inherently Safer of Equipment）

建立工廠設備之安全考量遠大於效能考量之觀點，如加強自動控制（Automatic Control）、偵測溫升過高（Detection of Temperature Rise）或壓力過大（High Pressure）時等異常狀況時，即能自動啓動安全系統，以達到降溫及釋壓之效果，即能提升本質安全。

5. 加強人員之培訓（Strengthen the Training of Personnel）

防止化學工廠的火災、爆炸，涉及技術性及專業性，對於事業單位使用公共危險物、危險物及有害物者，應具有相關之防火、防爆及失控反應防止之專業知能（Professional Knowledge and Skill）（如圖 82），建議使用公共危險物、危險物及有害物之化學反應作業人員應具有操作、應變等人員之訓練証書（Training Certificate）。

圖 82　防災知能訓練與演練對安全管理十分重要

所以顯見本質較安全設計策略之應用對於工業火災預防是重要控制方案之一，這也符合保護層分析（Layer of Protection Analysis, LOPA）原則（如圖 83）[4]。雖然某些廠房早已設置完成，反應器尺寸多以固定，由強化策略切入很難加以改變，但是在固定的反應機構下，仍然可以經由調整製程反應參數（Adjust Process Reaction Parameters）、自動化製程改善（Automated Process Improvement）、安全互鎖（Interlock）、明顯警示燈號（Clear Warning Light）等外加方式，來達成外在（External）本質較安全機會。

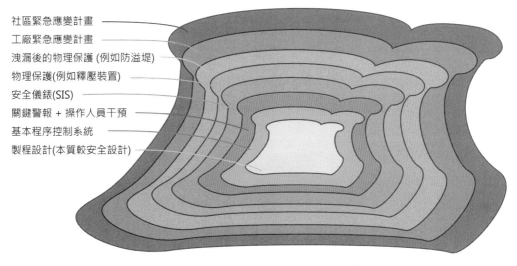

社區緊急應變計畫
工廠緊急應變計畫
洩漏後的物理保護 (例如防溢堤)
物理保護(例如釋壓裝置)
安全儀錶(SIS)
關鍵警報 + 操作人員干預
基本程序控制系統
製程設計(本質較安全設計)

圖 83　保護層分析（LOPA）原則 [3]

本質較安全設計（Inherently Safer Design）之策略作法有強化（Intensification）、取代（Substitution）、減弱（Attenuation）、限制影響（Limitation of Effects）、簡單化（Simplification）、避免骨牌效應（Avoiding Knock-on Effect）、防愚設計（Making Incorrect Assembly Impossible）、狀態清晰（Making Status Clear）、容忍（Tolerance）、易於控制（Ease of Control）、及軟體（Software）等，如圖 84[4][113-116]。

無論如何精密的設計，都難以完全杜絕危害發生，而無法達到「零風險（Zero Risk）」、「零危害（Zero Hazards）」的絕對安全境界。因此，「安全」可以解釋為「沒有無法承受的風險」。所以機臺安全（Machine Safety）對策最重要的就是不論機臺發生何種故障，都應確保使用者的安全，也就是製程機臺應具備「相對安全（Relatively Safe）」功能。針對高科技機臺的危害，EN ISO 12100 所提出的四種安全對策，如圖 85，分別為本質安全（Inherently Safety）、安全防護（Safety Protec-

 重點提示

本質較安全設計（ISD）之策略作法

有強化、取代、減弱、限制影響、簡單化、避免骨牌效應、防愚設計、狀態清晰、容忍、易於控制及軟體等。

 重點提示

機臺安全

對策最重要的就是不論機臺發生何種故障，都應確保使用者的安全，也就是製程機臺應具備相對安全功能。

tion）、增加之預防對策（Increased Prevention Measures）、使用注意事項提供（Use Cautions Are Provided）等 [4][113-116]。

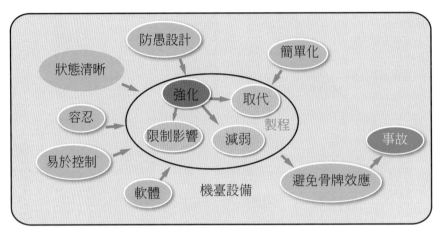

圖 84　本質較安全設計整體概念圖

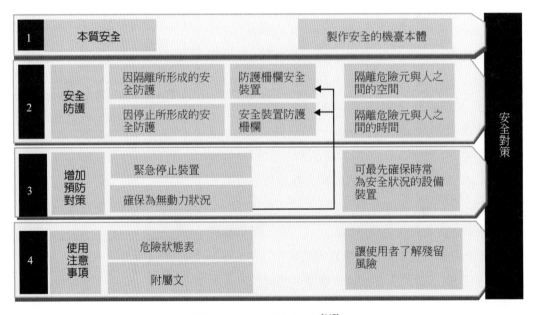

圖 85　機臺安全對策 [115]

　　而切入本質較安全設計策略在高科技製程機臺應用上，如可以試著將反應器尺寸或截面積縮小的強化策略、以不燃材料（Non-Combustible Materials）取代易燃材料（Flammable Material）或無毒物質（Non-Toxic Substances）取代高毒性物質（Highly Toxic Substances）的取代策略、在平面輸送不要在高空輸送減少不必要位能的減弱策略（如圖 86 所示）、採用密閉製程（Closed Process）減少作業人員接觸物理性與化學性危害機會等均為本質較安全設計策略在高科技廠房可行的運用方式（如圖 87 所示）。更詳細之本質較安全設計策略（Inherently safety Design, ISD strategy）探討於第五章內容中。

(a) OHT (Over Head Transportation)　　　　　　　　　(b) AGV

圖 86　平面行走的軌道式搬運車（**Automatic Guided Vehicle, AGV**）

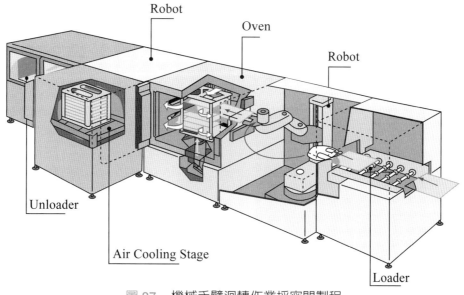

圖 87　機械手臂迴轉作業採密閉製程

另一方面亦有運用本質較安全設計策略進行高科技廠房人因工程（Human Factors Engineering）改善之研究，由於目前高科技廠房運轉均採二十四小時連續生產（24hr Continuous production），各級工程師與作業人員均長時間留置無塵室中，連續性的作業與反覆不停的操作，對於人體的肌肉骨骼均造成傷害，骨骼與肌肉疼痛，已演進成為高科技廠房常見傷害情況，如圖 88 即為人工搬運晶圓匣（Cassette）情況。

圖 88　人工搬運晶圓匣

ISD 雖然是工業製程設計的較佳策略，但在許多情況下，ISD 策略應用上受到許多限制，並非處處可達成，針對既設工廠（Established Factories），如欲進行改善，大多只有從加裝安全設備，提升操作可靠度（Reliability）或災害消減（Mitigation）系統下手 [4][113-116]。

一般工業製程的安全系統評估範圍有下列幾類（可配合圖 32 保護層分析（LOPA）原則進行設計思考）[4]：

(1) 壓力釋放系統（Pressure Relief System）和排放口（Exhaust Port）（如圖 89 及圖 90），可能需考慮的完整性與可靠性因素包括：

 重點提示

一般工業製程安全系統評估範圍

包含壓力釋放系統和排放口、緊急釋放系統排至燃燒塔與洗滌塔、廠區／設備隔離、關鍵性警報及連鎖系統、火災監測／消防、氣體監測、緊急供應系統等。

圖 89　較大型壓力釋放系統和排放口

圖 90　小型壓力排放口及壓力錶

- 多重壓力釋放系統（Multiple Pressure Release System）。
- 設計時應考慮多種狀況同時發生時的最糟情況（Worst Scenario）（例如外界火災侵害塔槽且槽內攪拌故障產生局部熱蓄積，壓力持續上升等情況）。
- 冷、溫、毒性及腐蝕性蒸氣收集排放道，包括分離、溫度限制、構造材質、管路規格變更、除液槽等（所有因素都會影響設計考慮）。
- 使用自動減壓閥（Automatic Pressure Reducing Valve）。

(2) 緊急釋放系統排至燃燒塔（Combustion Tower）、洗滌塔（Scrruber）等，應考慮以下因素（如圖 91）：
- 自然釋放（直接釋出）、控制性釋放。
- 燃燒塔距地面高度。
- 洗滌塔／焚化爐（Incinerator）之需求，可靠度、旁路（Bypass）。
- 監測器（熱電偶（Thermocouple）、分析器（Analyzer））。

(3) 廠區／設備隔離（Plant / Equipment Isolation），應考慮以下因素（如圖 92）：
- 遙控隔離（Remote Control Isolation）之能力（失效時自動設定在安全位置，及可在一段距離之外操作緊急阻流閥（Choke Valve））。
- 隔離閥（Isolation Valve）之作動性考慮（酸／火災之抗性、快速關閉、緊急動力等），失效（Failure）時通常應設定在安全之關閉位置。
- 閥位置（考慮泵浦吸力（Suction），儲存有大量危害性物質之塔槽下方）之可接近性。

圖 91　空壓設備除須緊急遮斷裝置外亦須採取洩壓系統

圖 92　廠區／設備隔離設計必須充分考量

・開關及控制鈕之位置。

(4) 關鍵性警報（Critical Alarm）及連鎖系統（Interlock System），需考慮的完整性與可靠性因素包括（如圖 93）：

・獨立的感測器／開關，連鎖迴路勿與控制迴路共用同一元件或訊號傳送器。

・不同作動機制或原理的多組重複訊號（例如至少有兩種形式可判斷槽液位過低的量測裝置，再加上低液位警報）。

・硬體與軟體之配合。

・多組關斷裝置（如兩個阻流閥、連鎖關斷器）。

(5) 火災監測／消防，應考慮以下因素：

・火焰偵測器（如圖 94）、偵熱器及偵煙器（如圖 95 及圖 96）。

圖 93　廠區／設備之防爆電氣規劃也是防火防爆重點之一

圖 94　火焰式探測器（Flame Detectors）

圖 95　偵煙式探測器（Smoke Detectors）

圖 96　偵煙式探測器設置於控制盤內情況

‧消防水系統（主管、泵浦、消防栓、噴頭、緊急供應）（如圖97、圖98及圖99）。

‧水覆／灑水系統（用在泵浦／塔槽，爲噴灑式）。

‧泡沫系統（固定式、移動式、泡沫類型）。

↘圖97 消防水系統
↑圖98 氣體滅火設備控制盤設置情況
←圖99 氣體滅火系統鋼瓶儲存室

(6) 氣體監測（Gas Monitoring），應考慮以下因素：

‧可燃性、毒性氣體監測（如圖100）：可能產生此類氣體之化學物質適用性（Applicability）。

‧監測點（Monitoring Points）（包括布點之有效性及高度考慮）（如圖101）。

(7) 緊急供應系統（Emergency Supply System）（如圖102），應考慮以下因素：

‧備用電力、儀用空氣（如圖103及圖104）。

‧用於關鍵性設備及控制系統的不斷電系統（UPS）。

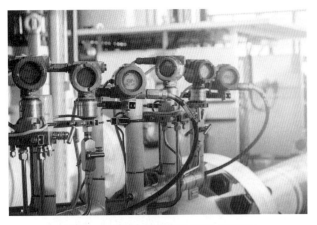

圖 100　廠務端氣體監測系統裝置

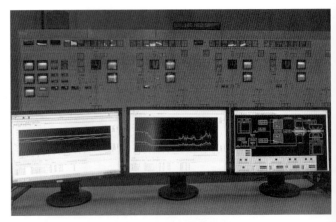

圖 101　中央監控室

↖圖 102　高科技廠房發電機組 [117]

↑圖 103　系統之自動檢查是維持系統功能的
　　　　　重要管理機制

←圖 104　火源管理（如電銲、切割等）亦為
　　　　　火災爆炸的防範重點

參考文獻

1. 維基百科。https://zh.wikipedia.org/wiki. (2016/11/22 摘自網路)

2. Hong Xiao, Introduction to Semiconductor Manufacturing Technology [Second Edition], Prentice Hall, 2012.

3. Sze, S. M., & Ng, K. K. Physics of semiconductor devices. John Wiley and Sons, 2007.

4. 陳俊瑜、王世煌、張國基（2015），產業製程安全管理與技術實務。臺北：五南。

5. 張添榜（2009），以實證觀點檢視我國積體電路電路布局保護法十二年的運作。科技法學評論，6 卷 1 期，p75。

6. Prismark Partners LLC (2016). http://www.prismark.com/. (2016/11/22 摘自網路)

7. What is Moore's Law? By Graham Templeton on July 29, 2015. http://www.extremetech.com/extreme/210872-extremetech-explains-what-is-moores-law. (2016/11/22 摘自網路)

8. DEBRA VOGLER & San Jose (2014), 朝向 5nm 微縮：路徑眾，半導體科技。http://ssttpro.acesuppliers.com/semiconductor/Magazine_Details_Index_Id_1467.html. (2016/11/22 摘自網路)

9. 工研院 IEK ITIS 計畫（2008），半導體產業分析，http://www.itri.org.tw。(2016/11/22 摘自網路)

10. Linx Consulting, LLC, Semiconductor Industry Forecasting (2013). http://www.linx-consulting.com/pages/semiconductor-industry-forecast.html. (2016/11/22 摘自網路)

11. 顏登通（2011），高科技廠務。臺北：全華圖書。

12. 張順教（2014），高科技產業經濟分析。華泰書局。

13. 經濟部技術處產業技術知識服務計畫專案辦公室（2012）。IT Services Industry Yearbook2012 資訊服務產業年鑑（經濟部技術處產業技術知識服務計畫（III-101-T302））。

14. Baiman, S., Fischer, P. E., & Rajan, M. V. (2001). Performance measurement and design in supply chains. *Management Science*, 47(1), 173–188.

15. 科技產業資訊室（2014），「市場報導」，財團法人國家實驗研究院科技政策研究與資訊中心資訊服務處。

16. Nat Bowers, Top 20 semiconductor sales leaders for Q1 2016,13th May 2016. http://

www.electronicspecifier.com/around-the-industry/top-20-semiconductor-sales-leaders-for-q1-2016. (2016/11/22 摘自網路)

17. 李育儒、陳良基（2011），臺灣高科技產業的推進器─半導體科技。科學發展，457 期，p67-70。

18. Sherman (1982). Management Human Resources. South-Western Publishing.

19. Shanklin & Ryans.(1984). Organizing for High-Tech Marketing. *Harvard Business Review*, p.164-171.

20. 楊丁元、陳慧玲（1996），業競天擇─高科技產業生態。臺北：工商時報出版。

21. 中華民國管理科學學會（2001），「大陸經營環境變遷對臺商投資影響之研究─高科技產業」，經濟部投資審議委員會委託研究報告。

22. 工研院產業經濟與趨勢研究中心（IEK）（2014）。http://cdnet.stpi.org.tw/techroom/market/main.htm. (2016/11/22 摘自網路)

23. 科技產業資訊室（2012），三星躍升至晶圓代工廠第三名。http://cdnet.stpi.narl.org.tw/techroom/market/eeic/2013/eeic_13_001.htm. (2016/11/22 摘自網路)

24. 張煌仁（2016），臺灣半導體產業。IEK：預估緩步成長 4.1%，2015。http://www.ettoday.net/news/20151109/593710.htm. (2016/11/22 摘自網路)

25. 吳碧娥，進擊的中國半導體產業缺口在哪裡？http://www.naipo.com/Portals/1/web_tw/Knowledge_Center/mainland/IPNC_160629_0801.htm. (2016/11/22 摘自網路)

26. 拓樸產業研究所（2015），中國前十大封測廠營收情況。http://www.topology.com.tw/DataContent/graph/2015%E5%B9%B4%E4%B8%AD%E5%9C%8B%E5%89%8D%E5%8D%81%E5%A4%A7%E5%B0%81%E6%B8%AC%E5%BB%A0%E7%87%9F%E6%94%B6%E6%83%85%E6%B3%81/38280. (2016/11/22 摘自網路)

27. 中國半導體行業協會（CSIA）（2015），http://ssttpro.acesuppliers.com/semiconductor/Magazine_Details_Index_Id_1544.html.（2016/11/22 摘自網路）

28. 科技產業資訊室，中國大陸 2015 年 1-6 月專利受理量成長 21%。http://iknow.stpi.narl.org.tw/post/Read.aspx?PostID=11483.（2016/11/22 摘自網路）

29. 林山霖、戴基峰、吳善同（2006），「中國大陸半導體產業聚落發展暨大廠策略分析」。臺北：經濟部。

30. 中時電子報（2014），http://www.chinatimes.com/newspa-pers/20140318001214-260204.（2016/11/22 摘自網路）

31. 新電子網頁（2011），http://www.mem. com.tw /article_content.asp?sn＝1101190004.（2016/11/22 摘自網路）

32. 王興毅、郭秋鈴、陳梧桐、游李興、彭茂榮、易維綺（2000），「臺灣半導體廠商經營研究」，工研院 IEK 中心電子資訊研究組。

33. 李佩榮（2007），「追求第二波成長動能　中國大陸將頒布新的半導體產業政策」，電子工程專輯。

34. 彭茂容（2009），2008年全球半導體產業回顧與展望。工研院產業經濟與趨勢研究中心。

35. 工研院產業經濟與趨勢研究中心（IEK）（2010），http://cdnet.stpi.org.tw/techroom/market/main.htm. (2016/11/22 摘自網路)

36. Masumi Kubo, Takashi Ochi, Yozo Narutaki, Tokihiko Shinomiya, Yutaka Ishii (2000). Development of advanced TFT-LCD with good legibility under any ambient light intensity, *Journal of the SID*, 8/4, 299.

37. Linghui Rao, Zhibing Ge, Shin-Tson Wu, Seung Hee Lee (2009). Low voltage blue-phase liquid crystal displays, *Appl. Phys. Lett.*, vol. 95, 231101.

38. Shuichi Uchikoga, , Nobuki Ibaraki. (2001). Low temperature poly-Si TFT-LCD by excimer laser anneal. *Thin Solid Films*, 383(1), 19–24.

39. Shu-Jen Wang, , Shih-Fei Liu, Wei-Ling Wang. (2008). The simulated impact of RFID-enabled supply chain on pull-based inventory replenishment in TFT-LCD industry. *International Journal of Production Economics*, 112(2), 570–586.

40. 陳鴻垣（2007），雙占模型探討專業電視面板的競爭 - 臺灣的友達與奇美為例，國立政治大學管理碩士學程論文。

41. 工研院 IEK，臺灣平面顯示器面板產業產值。https://www.itri.org.tw/chi/oops/oops.aspx.（2016/11/22 摘自網路）

42. 2013-2016 年各類平面顯示器分析：AMOLED 逆勢增長。https://read01.com/RnGo2y.html.（2016/11/22 摘自網路）

43. 臺灣平面顯示器產值統計。http://www.digitimes.com.tw/.（2016/11/22 摘自網路）

44. 王信陽，TFT-LCD 關鍵零組件左右廠商勝負，光電科技工業協進會（PIDA），p21-25。http://www.pida.org.tw/optolink/optolink_pdf/94075803.pdf.（2016/11/22 摘自網路）

45. 臺灣平面顯示器材料與元件產業協會（2016）。http://www.tdmda.org.tw/news/industry/（2016/11/22 摘自網路）

46. 工研院 IEK，面板產業朝高規格、高單價的產品模式發展。https://www.itri.org.tw/chi/Content/NewsLetter/contents.aspx?&SiteID=1&MmmID=5000&MSID=621302513530161363&PageID=2.（2016/11/22 摘自網路）

47. 鍾榮峰，臺灣大尺寸平面顯示產業技術下一步，CTimes。https://www.ctimes.com.tw/art/print.asp?O=HJR1QAZWMCTAR-STDV.（2016/11/22 摘自網路）

48. 科技產業資訊室（2015），中國利用龐大資金和政策扶植半導體與顯示器。http://iknow.stpi.narl.org.tw/post/Read.aspx?PostID=11551.（2016/11/22 摘自網路）

49. H. Nam (2010). "A color compensation algorithm to avoid color distortion in active dimming liquid crystal displays". *IEEE Trans. Consumer Electronic*, 56(4), 2569-2576.

50. S. I. Cho, S.-J. Kang, Y. H. Kim (2013). "Image quality-aware backlight dimming with color and detail enhancement techniques". *Journal of Display Technology*, 9(2), 112-121.

51. L. Etgar, P. Gao, Z. S. Xue, Q. Peng, and A. K. Chandiran (2012). Mesoscopic CH3NH3PbI3/TiO2 heterojunction solar cells. *J. Am. Chem. Soc.*, 134, 17396.

52. H. S. Kim, J. W. Lee, N. Yantara, P. P. Boix, and S. A. Kulkarni (2013). High efficiency solid-state sensitized solar cell-based on submicrometer rutile TiO2 nanorod and CH3NH3PbI3 perovskite sensitizer, *Nano Lett.*, 13, 2412.

53. 宋勇徵，中國太陽能產業評析，臺肥季刊。http://www.taifer.com.tw/taifer/tf/049002/24.html.（2016/11/22 摘自網路）

54. Science 快訊：大面積鈣鈦礦太陽能電池創世界紀錄／接近產業化。http://iguang.tw/u/4219580/article/488745.html.（2016/11/22 摘自網路）

55. Wojciechowski, M. Saliba, T. Leijtens, A. Abate, and H. J. Snaith (2014), Sub-150 ℃ processed meso-superstructured perovskite solar cells with enhanced efficiency *Energy Environ. Sci.*, vol.7, p. 1142.

56. A. K¨osemen, N. Tore, E. A. Parlak, Z. A. K¨osemen, C. Ulbricht, O. Usluer, D. A. M. Egbe, Y. Yerli, and S. E. San (2014), An efficient organic inverted solar cell with AnE-PVstat:PCBM active layer and V2O5/Al anode layer *Sol. Energy*, vol. 99, p. 88.

57. B. Pandit, B. R. Gautam, T. P. Basel, and Z. V. Vardeny, "Correlation between ultrafast transient photomodulation spectroscopy and organic photovoltaic solar cell efficiency based on RR-P3HT/PCBM blends" *Org. Electron.*, vol. 15, p. 1149, 2014.

58. 2016 年全球太陽能發展增速將開始放緩。https://read01.com/GRQ2nn.html.（2016/11/22 摘自網路）

59. 康和證券，太陽能電池產業。http://www.moneydj.com/KMDJ/Report/ReportViewer.aspx?a=e628f618-a0db-412f-9c7d-02192aceab76.（2016/11/22 摘自網路）

60. 吳榮華，太陽光電產業合作，財團法人國家政策研究基金會。http://www.npf.org.tw/12/7866.（2016/11/22 摘自網路）

61. 2015 年中國生物質發電、風電等市場現狀及發展趨勢分析，GT Research。http://www.gtresearch.cn/1008.html.（2016/11/22 摘自網路）

62. 楊翔莉，初探我國 PV 廠商營運現況及全球市場未來展望：以中國、日本及印度為例，國家實驗研究院科技政策研究與資訊中心。http://portal.stpi.narl.org.tw/index/article/10249.（2016/11/22 摘自網路）

63. E.FRED SCHUBERT, 2003, LIGHT-EMITTING DIODES, CAMBRIDGE UNIVERSITY PRESS.

64. 財團法人臺灣綠色生產力基金會（2012），LED 照明節能應用技術手冊，經濟部能源局廣告，頁 23。

65. W. Norimatsu, M. Kusunoki (2010), Formation Process of Graphene on SiC (0001), *Physica E: Low-dimensional Systems and Nanostructures* 42 (4), 691-694.

66. T.H. Seo, K. J. Lee, T. S. Oh, Y. S. Lee, H. Jeong, A. H. Park, H. Kim, Y. R. Choi, E. K. Suh (2011), Graphene Network on Indium Tin Oxide Nanodot Nodes for Transparent and Current Spreading Electrode in InGaN/GaN Light Emitting Diode, *Applied Physics Letters* 98, 251114.

67. C. Wu, F. Liu, B. Liu, Z. Zhuang, J. Dai, T. Tao, G. Zhang, Z. Xie, X. Wang, R. Zhang (2015), Enhanced Opto-Electrical Properties of Graphene Electrode InGaN/GaN LEDs with a NiOx Inter-layer, *Solid-State Electronics* 109, 47-51.

68. 中國 LED 分光編帶設備市場現狀及趨勢展望，高工 LED。http://www.gg-led.com/asdisp2-65b095fb-62135-.html.（2016/11/22 摘自網路）

69. LED 散熱基板 -MoneyDJ 理財網。http://newjust.masterlink.com.tw/HotProduct/HTML/Basic.xdjhtm?A=PA137-1.HTML.（2016/11/22 摘自網路）

70. Leland Teschler, Green Technology: How to power an energy-efficient light, Machine Design. http://machinedesign.com/archive/green-technology-how-power-energy-effi-

cient-light.（2016/11/22 摘自網路）

71. Cree, Inc. 企業網頁。http://www.cree.com/.（2016/11/22 摘自網路）

72. Cree 成功提升 LED 光效達 25%，發展潛力大。http://www.aliva.com.tw/news.php?id＝111.（2016/11/22 摘自網路）

73. IHS：照明用 LED 產值　三年內增長近兩倍，新電子。http://www.mem.com.tw/article_content.asp?sn＝1310180008.（2016/11/22 摘自網路）

74. 照明應用拉抬　LED 元件產值步步高升，新電子。http://www.mem.com.tw/article_content.asp?sn＝1202150017.（2016/11/22 摘自網路）

75. LED 產業上中下游介紹，痞克邦電子產業研究所。http://zhe09.pixnet.net/blog/post/62508391-led%E7%94%A2%E6%A5%AD%E4%B8%8A%E4%B8%AD%E4%B8%8B%E6%B8%B8%E4%BB%8B%E7%B4%B9.（2016/11/22 摘自網路）

76. 2015-2017 LED 產業專業人才需求調查報告摘要，經濟部。http://itriexpress.blogspot.tw/2015/03/2015-2017-led.html.（2016/11/22 摘自網路）

77. 2020 年中國 LED 照明市場需求將可達 1,386 億人民幣，LEDinside。http://www.ledinside.com.tw/newsletter/894.html.（2016/11/22 摘自網路）

78. 黃孟嬌（2014），全球 LED 元件市場發展趨勢，工研院產業經濟與趨勢研究中心。

79. 大陸 LED 產業供應鏈，moneydj。https://www.moneydj.com/HotProduct/HTML/PB58-1.HTML.（2016/11/22 摘自網路）

80. Liu, Y., Yue X., Li, K., Qiao, J., Wilkinson, D. P., and Zhang, J. (2016), PEM fuel cell electrocatalysts based on transition metal macrocyclic compounds. *Coordination Chemistry Reviews*, 315, pp.153-177.

81. Shaijumon, M., Sundara, R., and Rajalakshmi, N. (2006), Platinum/multiwalled carbon nanotubes-platinum/carbon composites as electrocatalysts for oxygen reduction reaction in proton exchange membrane fuel cell. *Applied Physics Letters*, 88(25).

82. Davis, J. B., and Jr., Y. H. (1962), Preliminary experiments on a microbial fuel cell. *Science*, 137(3530), pp.615-616.

83. H. Liu, et al. (2006), "A review of anode catalysis in the direct methanol fuel cell", *Journal of Power Sources*, vol. 155, pp. 95-110.

84. K. Drew, et al. (2005), "Boosting fuel cell Performance with a Semiconductor Photocatalyst: TiO2/Pt-Ru Hybrid Catalyst for Methanol Oxidation", *The Journal of Physical*

Chemistry B, vol. 109, pp. 11851-11857.

85. 電動車及儲能系統產業，臺灣就業通。http://www.taiwanjobs.gov.tw/Internet/special/ freshman2/docdetail.aspx?uid＝1941&pid＝1893&docid＝30840.（2016/11/22摘自網路）

86. 袁正達，從國際燃料電池發展現況與應用趨勢 反思我國產業發展可行策略，核研所能 源資訊平臺。http://eip.iner.gov.tw/index.php?option＝com_flexicontent&view＝item& cid＝46:%E7%87%83%E6%96%99%E9%9B%BB%E6%B1%A0&id＝3374:%E5%BE% 9E%E5%9C%8B%E9%9A%9B%E7%87%83%E6%96%99%E9%9B%BB%E6%B1%A0 %E7%99%BC%E5%B1%95%E7%8F%BE%E6%B3%81%E8%88%87%E6%87%89%E7 %94%A8%E8%B6%A8%E5%8B%A2-%E5%8F%8D%E6%80%9D%E6%88%91%E5%9 C%8B%E7%94%A2%E6%A5%AD%E7%99%BC%E5%B1%95%E5%8F%AF%E8%A1% 8C%E7%AD%96%E7%95%A5.（2016/11/22 摘自網路）

87. 推動臺灣燃料電池產業 能源局邀集業界研商策略，元智大學燃料電池中心。http:// www.fuelcells.org.tw/news-detail.php?id＝19.（2016/11/22 摘自網路）

88. 黃鎮江，兩岸氫能與燃料電池產業合作，財團法人國家政策研究基金會。http://www.npf. org.tw/12/7968.）2016/11/22 摘自網路）

89. 蔡宜良，臺灣燃料電池車發展現況，車輛研究測試中心。https://www.artc.org.tw/chinese/03_service/03_02detail.aspx?pid＝1617.（2016/11/22 摘自網路）

90. 顧震宇，國內外燃料電池汽車產業政策，上海情報服務平臺。http://www.libnet.sh.cn:82/ gate/big5/www.istis.sh.cn/list/list.aspx?id＝9805.（2016/11/22 摘自網路）

91. 燃料電池汽車產業鏈深度研究：政策為帆，360 科技網。http://www.360kjw.cn/ qiche/9650_6.html.（2016/11/22 摘自網路）

92. 楊明靖，我國研制出氫燃料電池無人機 民用無人機市場前景廣闊，前瞻網經濟學人。 http://big5.qianzhan.com/analyst/detail/220/150424-3a628f1a.html.（2016/11/22 摘自 網路）

93. 2016-2022 年中國燃料電池車市場運行態勢及投資戰略研究報告，中國產業訊息網。 http://m.chyxx.com/view/433003.html.（2016/11/22 摘自網路）

94. 楊顯整，燃料電池應用與產業發展現況，綠基會通訊。http://proj.tgpf.org.tw/ghg/files/B ／燃料電池應用與產業發展現況 .pdf（2016/11/22 摘自網路）

95. 張國基、呂志誠（2010），先進高科技製程元件材料演進對製程安全管理影響分析，化 工技術月刊，1 月號，頁 68-85。

96. 張國基、陳俊瑜（2007），高科技產業製程本質較安全設計與應用之研究，工業安全科技季刊，63 期 6 月號，p18-33。

97. 張國基（2006），高科技廠房本質較安全設計策略應用可行性研究—建置本質較安全應用機制，國立交通大學工學院產業安全與防災研究所，碩士論文。

98. 經濟部工業局（2001），工業用特殊氣體防災、救災技術手冊。

99. 林利國（2003），科技廠房防災與知識管理，臺北：科技圖書股份有限公司。

100. 曹常成（2007），從高科技廠房工安事故探討火災爆炸預防，工業安全科技季刊，63 期 6 月號，p34-37。

101. Chien-Chung Chen, Tzu-Chi Wang, Lu-Yen Chen, Jie-Huei Dai, Chi-Min Shu (2010). Loss prevention in the petrochemical and chemical-process high-tech industries in Taiwan. *Journal of Loss Prevention in the Process Industries*, 23, 531-538.

102. 中時電子報，燿華電子廠大火 爆炸巨響 600 人驚逃，2015 年 04 月 28 日。http://www.chinatimes.com/realtimenews/20150428003438-260401。（2016/11/22 摘自網路）

103. 南韓 LG 顯示器工廠 氮氣外洩釀 2 死，自由時報。http://news.ltn.com.tw/news/world/breakingnews/1203536。（2016/11/22 摘自網路）

104. 徐睦鈞，DOWA 意外 碩禾：短期影響有限，聯合新聞網。http://udn.com/news/story/7240/1421820。（2016/11/22 摘自網路）

105. 安全金字塔理論，新零網。http://www.4000708706.com/read/393582019/。（2016/11/22 摘自網路）

106. liu milo，解析英特爾、臺積電、三星 14/16 奈米的魔幻數字，三者製程真的差很大？科技新報。http://technews.tw/2016/07/25/intel-tsmc-samsung-node/。（2016/11/22 摘自網路）

107. 張國基、陳俊瑜（2007），高科技製程機臺電力系統本質較安全設計最佳化應用研究，安全衛生技術輔導成果發表會暨論文研討會優選論文。

108. 海因里希法則，百度百科。http://baike.baidu.com/view/41057.htm。（2016/11/22 摘自網路）

109. Chen, C.Y., Chang, K.C., Huang, C.H., Lu, C.C. (2014). Study of chemical supply system of high-tech process using inherently safer design strategies in Taiwan. *Journal of Loss Prevention in the Process Industries*, 29, 72-84.

110. Chen, C.Y., Chang, K.C., Lu, C.C., Wang, G.B., 2013a. Study of high-tech process fur-

nace using inherently safer design strategies (II). Deposited film thickness model. *J. Loss Prev. Process Ind*. 26, 225e235.

111. Chen, C.Y., Chang, K.C., Wang, G.B., (2013). Study of high-tech process furnace using inherently safer design strategies (I) temperature distribution model and process effect. J. *Loss Prev. Process Ind*. 26, 1198e1211.

112. 陳俊瑜、張國基、呂志誠（2011），先進薄膜製程材料與技術之安全性評估 - 以本質較安全設計策略觀點分析，化工技術，217 期，頁 74-87。

113. 陳俊瑜、張國基、蔣本基（2009），先進安全衛生核心技術趨勢發展規劃分析，化工技術，195 期，頁 128-141。

114. 陳俊瑜、廖雁亭、張國基（2008），以本質較安全策略進行機臺安全設計實例分析—以 TFT-LCD 廠為例，勞工安全衛生研究季刊，16 期 3 月號。

115. 陳俊瑜、張國基（2008），高科技製程危害分析資料庫之建置架構探討與防災應用研究，化工技術 188 期 11 月號，p164。

116. Caterpillar 企業網站。http://www.caterpillar.com/.（2016/11/22 摘自網路）

筆記頁

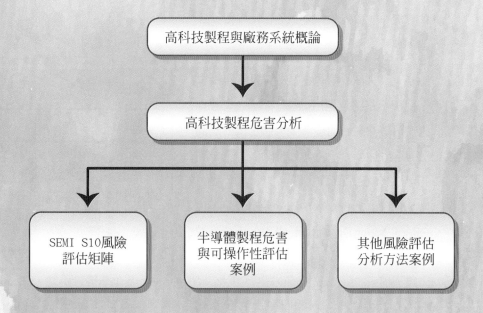

第二章 高科技廠房危害分析與風險評估技術

2.1 高科技製程概論

一、半導體製程概論

積體電路（IC）是目前電子電路主要的運算與儲存核心（如圖 1），而積體電路及運用晶圓（如圖 2）製作出的晶片（如圖 3）再經由封裝而成。半導體工業的晶圓製程非常複雜，如圖 4 所示，要將數億顆極小型電晶體元件製作於晶圓上，必須使用到許多細微的製程步驟，如物理氣相沉積（Physical Vapor Deposition, PVD）、化學氣相沉積（Chemical Vapor Deposition, CVD）、黃光微影（Photolithography）、乾溼式蝕刻（Etching）、熱擴

重點提示

晶圓製程

步驟包含如物 氣相沉積、化學氣相沉積、黃光微影、乾溼式蝕刻、熱擴散、 子植入、氧化及化學機械研磨等技術。

散（Diffusion）、離子植入（Ion Implantation）、氧化（Oxidation）及化學機械研磨（Chemical Mechanical Polishing, CMP）等技術，如此細微的電子元件，需要使用到電子顯微鏡（Electron Microscopy, SEM）才可看見，其製程十分精細困難，並且須在無塵室（Clean Room）中進行（如圖 5），才能避免微粒（Particle）對細微電路的影響，尤其是製程技術已準備進到 10nm 線寬的現在，微粒對電路結構的影響更是顯著，圖 6 微粒附著於線路上的 SEM 照片 [1-6]。

圖 1　積體電路與電子電路

圖 2　完成製程與構圖之晶圓片

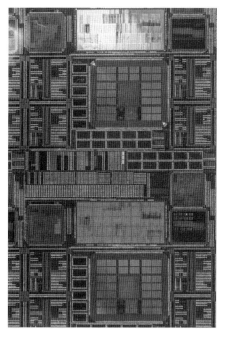

圖 3　晶圓切割為晶片完成後之細微構造

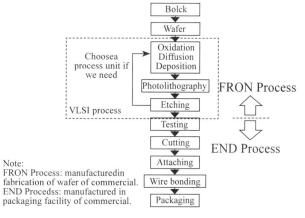

圖 4　半導體製造流程

圖 5　高科技廠房無塵室

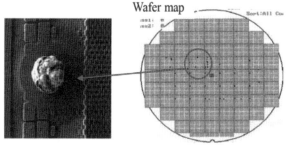

圖 6　微粒附著線路上 SEM 照片

　　在圖 7 可知在 2016 年部分記憶體製程技術已進入關鍵尺寸（Critical dimension, CD）16nm 製程，而邏輯 IC 則是在 14nm 製程，而圖 8 係邏輯 IC 在 14nm 製程原件構造剖面，在目前 16nm 先進半導體製程中，雖然元件原理未有大幅變動，但是為求關鍵尺寸（CD）得以逐部微縮，故各項新研究成果亦投入實際商業化量產。最主要的製程變化係依據產品構造變化而變化，其包含元件隔離層製作（STI）、碳化矽（SiC）與矽化鍺（SiGe）重參雜以改變結構拉或壓應力層之製作、閘極寬度縮減結構設計、高介電材料的製程應用（High-K）、自對準（Self-Aligned）結構的應用及元件製程整合規劃等，彙整如表一供讀者參考[1-5]。

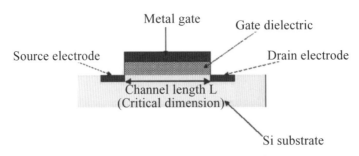

圖 7　半導體關鍵尺寸位置示意

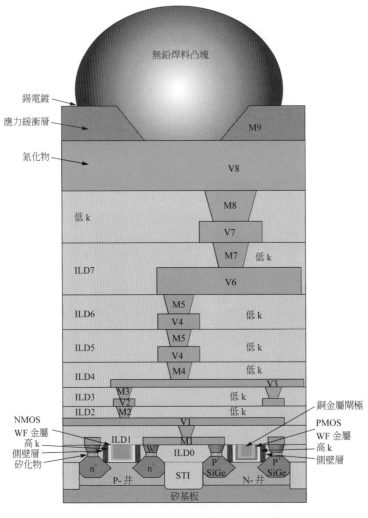

圖 8　14nm 先進半導體產品結構

⬇ 表一　14nm 先進半導體製程產品構造與製程調整重點彙整

元件構造	構造位置圖	材料變更特性	製程調整重點	安全衛生議題
金屬閘極		取代原有採用之多晶矽閘極，以減小閘極電阻。	材料從原先較易爆炸之矽甲烷更換為金屬蒸氣。	此改變較為安全，但製程尾氣將提高金屬微粒危害性。
源極與汲極通道應變技術		可增強電子和電洞的遷移率，進而提高元件的速度。	增加利用選擇性磊晶生長來製作出矽化鍺（SiGe）和碳化矽（SiC）。	除原先離子植入製程外，又增加磊晶製程，增加製程安全管理複雜度。
自對準 CoWP 無電鍍技術		用於銅化學機械研磨（CMP）後之覆蓋銅表面技術。	可防止銅擴散降低電致遷移，提高銅連線的可靠性。	增加製程步驟，並且使用化學品增加，危害性提升。
金屬（TiN）硬遮蔽層		用於低 k 介電質蝕刻遮蔽層。	改良遮蔽層硬度，以確保低 k 介電質蝕刻品質。	反應材料改變，製程無增加，危害性並無太大差異。
193 nm 浸潤式微影技術		增加黃光微影製程機臺之使用純水，以達成浸潤效果。	由於浸潤效果使微影解析度在 14nm 以下得以繼續維持。	機臺構造變得較為複雜，維修人員作業時間增常，增加接觸危害物的機會。
無鉛焊料凸塊		減少有鉛焊料使用。	由於技術提升，利用無鉛焊料仍可達成焊接目的。	減少鉛燻煙產生機會，危害性降低，安全性提升。

依據圖 4 IC 製作過程係應用晶片氧化層成長、微影技術、蝕刻、清洗、雜質擴散、離子植入及薄膜沉積等技術，目前八吋至十二吋晶圓所須製程多達二百至四百餘個步驟。隨著相關資訊電子產品持續朝輕薄短小方向發展，IC 製造方法亦有高密度及自動化生產的發展，而其製造技術發展趨勢如第一章所述，主要仍是克服晶圓直徑變大（如十八吋晶圓）、元件線寬縮小（CD）、製造步驟（Manufacturing Steps）增加、製程步驟特殊化（Specialization）來提供更好產品特性（Product Features）等議題，所造成的良率控制（Yield Control）因難方向上前進。其中材料加工製造是從矽晶石原料提煉矽多晶柱體（Polycrystalline Silicon）（如圖 9）直到晶圓（Wafer）產出，此為半導體之上游工業，此外半導體製程廣泛使用許多化學品（如圖 10），以生產矽甲烷（SiH_4）之矽鎂法為例，採 -30℃ 低溫反應製程下，產生矽甲烷後再注入

液態氮將溫度降至 -80℃，用於分離矽甲烷與矽乙烷，再進行產品純化，其高純度原料的生產則需要化工製程產業提供，所以化工產業一般也都認爲是高科技產業不可或缺的重要科技基礎產業，建議讀者也依循本書觀念，增進化工相關製程技能更能完整理解危害之發生原因。而矽晶柱體再經過晶圓切割、研磨加工及多次磊晶爐（Epitaxial Reactor）即可爲製程所需晶圓，若爲磊晶晶圓（Epitaxial Wafer），其用途更爲特殊，且附加價值極高 [1-4][8-17]。

圖 9　矽晶柱與切片完成之晶圓片

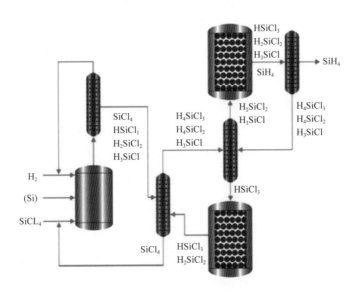

圖 10　化工製程中的矽甲烷製程架構

經由前述我們知道無論是記憶體或微處理器，甚至是平面顯示器等，都是利用類似構造元件組成，目前主要構造爲 CMOSFET，而半導體製造就是依此結構，逐層製作，然後最後再進

行金屬連線，以完成整個電路。詳細之 IC 製程，在此以最簡單之 NMOSFET 電晶體製作為例（如圖 11），具體說明其詳細製作流程（Production Process）[3-4][18-19]。

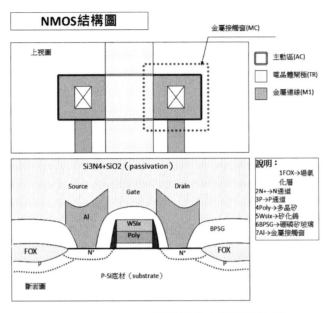

圖 11　NMOSFET 電晶體的主要截面結構

NMOSFET 電晶體製做上原則有下列五個程序，說明如下：

1. 主動區域（Active Region）製作

此製程目的，就是要在矽晶圓上（P-Si 底材）製作出電晶體的主要動作區域，此區域也就是電晶體閘極（Gate）、源極（Source）及汲極（Drain）的位置所在，而源極及汲極間與閘極下方的通道寬度即關鍵尺寸（CD）之一，俗稱線寬，其製作流程有下列動作，並請參考圖 12 詳細說明。

 a. 清洗矽晶片。

 b. SiO_2 層氧化及 Si_3N_4 層沉積。

 c. 光阻旋塗及微影製程。

 d. Si_3N_4 層蝕刻。

 e. 硼離子植入（摻雜 Doping）。

 f. FOX 場氧化層成長及硼離子趨入。

 g. 去除 Si_3N_4 層。

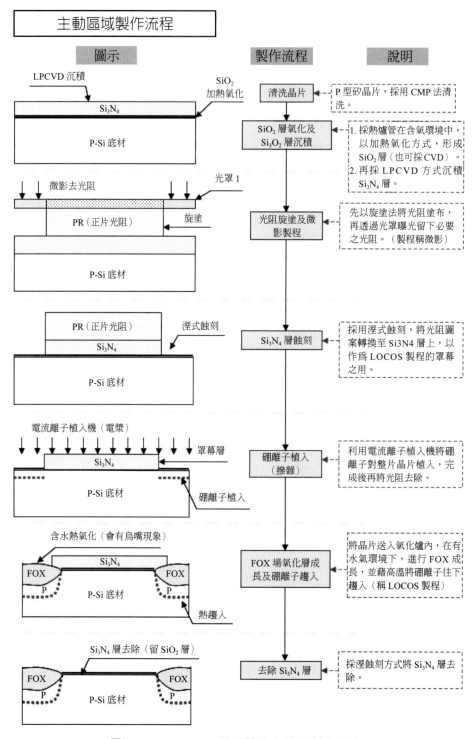

圖 12　NMOSFET 電晶體的主動區製作程序

2. 電晶體閘極（Gate）製作

此製程目的，要在已完成的主要動作區域上製作出電晶體的閘極（G），其中多晶矽層（Polysilicon Layer）主要是為了當作 WSix 層及 P-Si 底材的黏著用，而 WSix 層就是閘極裡的金屬層，另外磷離子植入（Ion Implantation of Phosphorus）就是為了先建立源極與汲極而做的 N 通道輕摻雜（N⁻LDD（Lightly Doped Drain）），而間隙壁則是要當作離子植入時的罩幕所做的，且自對準（Self-Aligned）是此階段製程重要技術之一，其製作流程如下列所示，並參考圖 13 及圖 14 詳細說明。

    a. 墊氧化層（Pad Oxide）剝除及晶片清洗。

    b. Poly 層沉積及磷離子植入。

    c. WSix 層沉積。

    d. 光阻旋塗及微影製程。

    e. WSix 層及 Poly 層蝕刻。

    f. 磷離子植入（N⁻）。

    g. 閘極間隙壁沉積、熱擴散及回火（Annealing）。

    h. 間隙壁（Spacer）蝕刻。

    i. N⁺ 磷或砷離子重摻雜（Heavily doped）。

3. 金屬接觸窗（Metal Contact Window）製作

此製程目的是為了製作出電晶體的源極（S）與汲極（D），準備與金屬導線連接的位置（即金屬接觸窗），當電晶體引出連結線後，才能利用水平金屬連線來完成一個完整的電路，此外 90nm 以下製程多利用化學機械研磨（CMP）取代熱流回火製程來達成平坦化（Planarization）目的，其製作流程說明如下列所述，並參考圖 15 詳細說明。

    a. 硼磷矽玻璃（Boro-Phospho-Silicate-Glass, BPSG）沉積及熱流平坦。

    b. 光阻旋塗與微影製程。

    c. BPSG 蝕刻。

    d. 光阻去除及再熱流處理。

    e. Al 金屬濺鍍（矽鋁銅合金）。

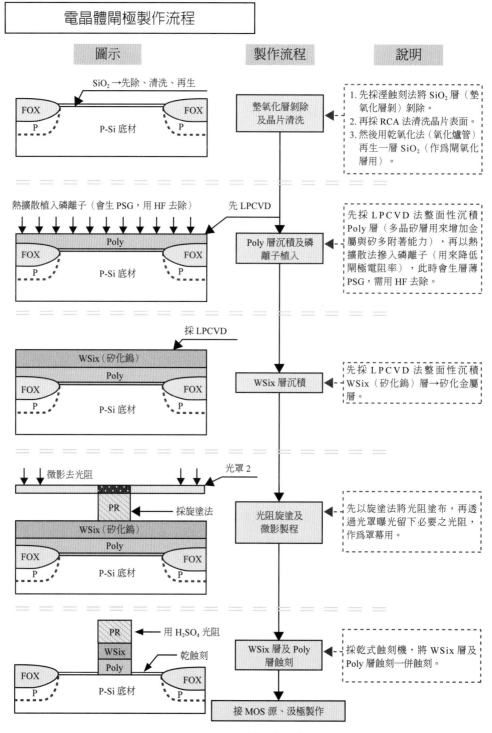

圖 13　NMOSFET 電晶體的電晶體閘極製作

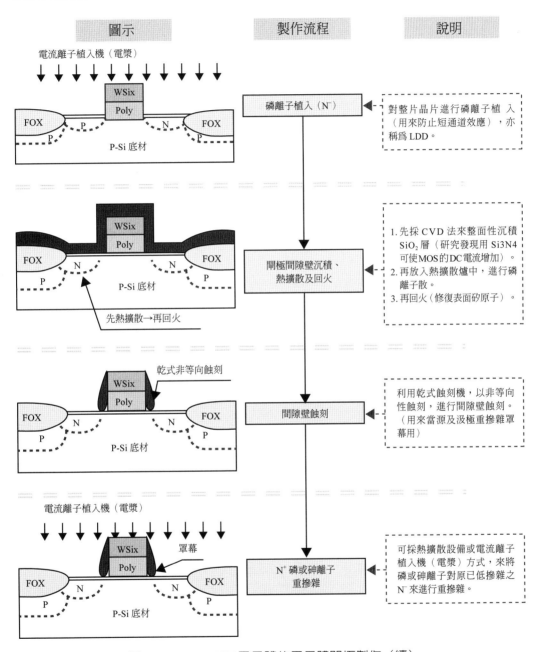

圖 14　NMOSFET 電晶體的電晶體閘極製作（續）

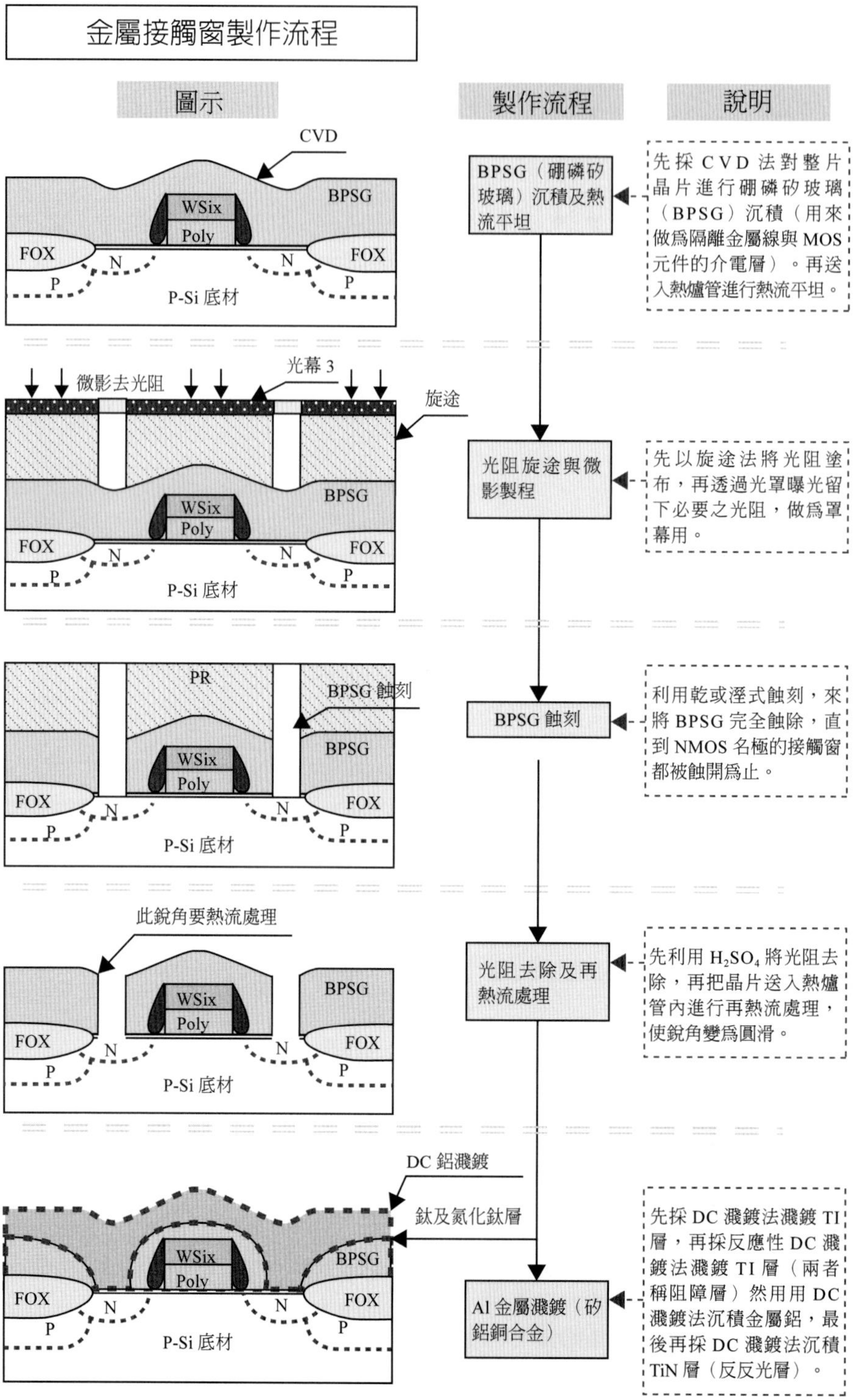
金屬接觸窗製作流程
圖示
製作流程
說明
CVD
BPSG
WSix
Poly
FOX
N
P
P-Si 底材
BPSG（硼磷矽玻璃）沉積及熱流平坦
先採CVD法對整片晶片進行硼磷矽玻璃（BPSG）沉積（用來做爲隔離金屬線與MOS元件的介電層）。再送入熱爐管進行熱流平坦。
微影去光阻
光幕3
旋途
光阻旋途與微影製程
先以旋途法將光阻塗布，再透過光罩曝光留下必要之光阻，做爲罩幕用。
PR
BPSG蝕刻
利用乾或溼式蝕刻，來將BPSG完全蝕除，直到NMOS名極的接觸窗都被蝕開爲止。
此銳角要熱流處理
光阻去除及再熱流處理
先利用H_2SO_4將光阻去除，再把晶片送入熱爐管內進行再熱流處理，使銳角變爲圓滑。
DC鋁濺鍍
鈦及氮化鈦層
Al金屬濺鍍（矽鋁銅合金）
先採DC濺鍍法濺鍍TI層，再採反應性DC濺鍍法濺鍍TI層（兩者稱阻障層）然用用DC濺鍍法沉積金屬鋁，最後再採DC濺鍍法沉積TiN層（反反光層）。

圖15　NMOSFET電晶體的金屬接觸窗製作

4. 金屬連線（Metal Connection）製程

此製程目的係將電晶體已蝕刻出的金屬接觸窗，沉積出垂直的金屬連線層，以利後續水平金屬連線的製作，而水平金屬連線也多採用化學機械研磨製程，其製作流程如下所述，並參考圖 16 詳細說明。

a. 光阻旋塗與微影製程。

b. 鋁（Al）金屬層蝕刻及光阻。

c. 沉積保護層。

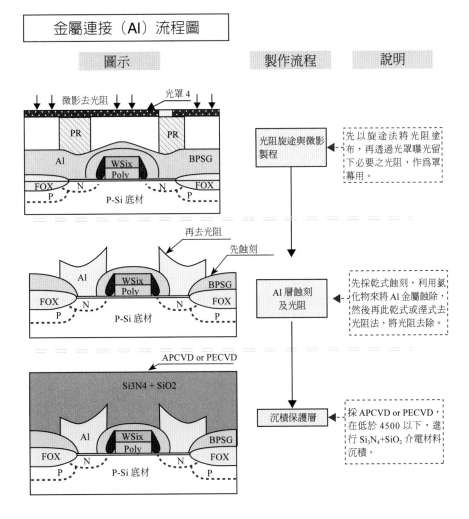

圖 16　NMOSFET 電晶體的金屬連線製程

5. 銲墊（Pad）製作

這是 NMOSFET 的最後一個製程，目的是要將外連線之金屬層（或連接點）蝕刻出，以利後續之銲接用，其製作流程說明如下所述，並參考圖 17 詳細說明。

a. 光阻旋塗與微影製程。

b. 銲墊蝕刻。

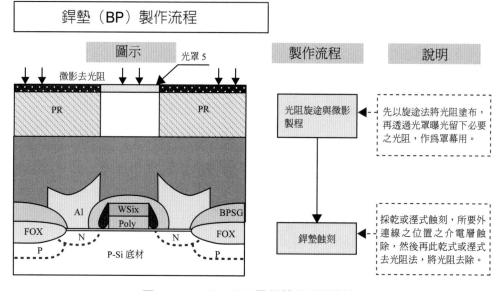

圖 17　NMOSFET 電晶體的銲墊製作

所以綜合前述 NMOSFET 的完整製程為基礎，我們可輕鬆理解 CMOSFET 詳細製程（如圖 18），CMOSFET 與 NMOSFET 最大的差異就是雙井製作階段，其餘的製程只是使用光罩（如圖 19）與黃光製程較多步驟外，大致上均十分相似[8-10][19]。而至此所述均為單一元件結構，但欲達成產品結構（如圖 20 快閃記憶體（Flash Memory）電路構成）除了 CMOSFET 元件外，還需要許多連線才得以發揮整體電氣特性與功能，最主要就是將每個元件的閘極（G）、源極（S）及汲極（D），所以最後完成的產品構造就會與圖 11 相似。

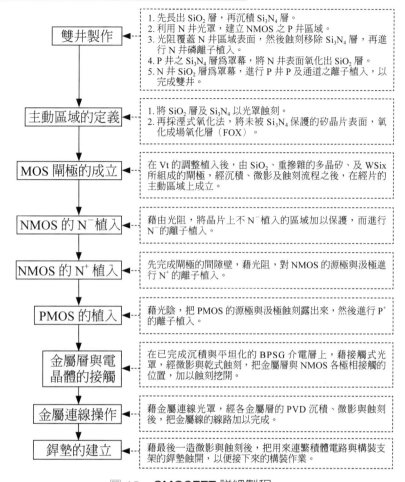

CMOS電晶體製作流程圖

| 雙井製作 | 1. 先長出 SiO_2 層，再沉積 Si_3N_4 層。
2. 利用 N 井光罩，建立 NMOS 之 P 井區域。
3. 光阻覆蓋 N 井區域表面，然後蝕刻移除 Si_3N_4 層，再進行 N 井磷離子植入。
4. P 井之 Si_3N_4 層為罩幕，將 N 井表面氧化出 SiO_2 層。
5. N 井 SiO_2 層為罩幕，進行 P 井 P 及通道之離子植入，以完成雙井。 |

| 主動區域的定義 | 1. 將 SiO_2 層及 Si_3N_4 以光罩蝕刻。
2. 再採溼式氧化法，將未被 Si_3N_4 保護的矽晶片表面，氧化成場氧化層（FOX）。 |

| MOS 閘極的成立 | 在 Vt 的調整植入後，由 SiO_2、重摻雜的多晶矽、及 WSix 所組成的閘極，經沉積、微影及蝕刻流程之後，在經片的主動區域上成立。 |

| NMOS 的 N^- 植入 | 藉由光阻，將晶片上不 N^- 植入的區域加以保護，而進行 N^- 的離子植入。 |

| NMOS 的 N^+ 植入 | 先完成閘極的間隙壁，藉光阻，對 NMOS 的源極與汲極進行 N^+ 的離子植入。 |

| PMOS 的植入 | 藉光陰，把 PMOS 的源極與汲極蝕刻露出來，然後進行 P^+ 的離子植入。 |

| 金屬層與電晶體的接觸 | 在已完成沉積與平坦化的 BPSG 介電層上，藉接觸式光罩，經微影與乾式蝕刻，把金屬層與 NMOS 各極相接觸的位置，加以蝕刻挖開。 |

| 金屬連線操作 | 藉金屬連線光罩，經各金屬層的 PVD 沉積、微影與蝕刻後，把金屬線的線路加以完成。 |

| 銲墊的建立 | 藉最後一造微影與蝕刻後，把用來連繫積體電路與構裝支架的銲墊蝕開，以便接下來的構裝作業。 |

圖 18　CMOSFET 詳細製程

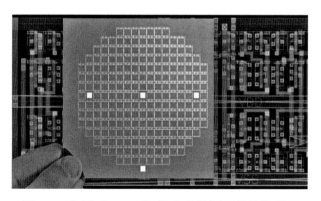

圖 19　光罩（MASK）是半導體製程的技術關鍵

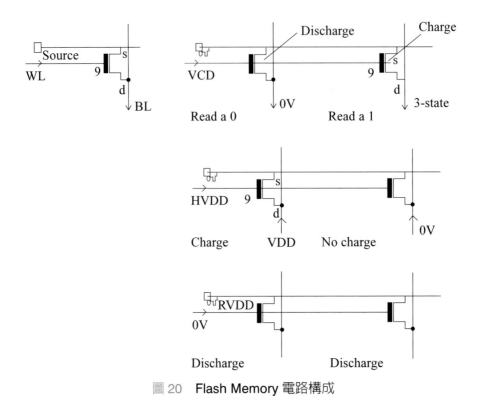

圖 20　**Flash Memory** 電路構成

二、顯示器產業製程

顯示器有扭轉向列型液晶顯示器（Twisted Nematic Liquid Crystal Display, TN-LCD）、超級扭轉向列型液晶顯示器（Super Twisted Nematic, STN-LCD）、薄膜電晶體液晶顯示器（Thin Film Transistor Liquid Crystal Display, TFT-LCD）等種類，分述元件物理如下 [20-28]。

　重點提示

> **顯示器**
>
> 有扭轉向列型液晶顯示器、超級扭轉向列型液晶顯示器、薄膜電晶體液晶顯示器等種類。

1. 扭轉向列型液晶顯示器

TN-LCD 其液晶分子從最上層到最下層的排列方向恰好是呈 90 度的 3D 螺旋狀，就如同其名稱「扭轉向列」一般（如圖 21）。TN-LCD 具有兩個重大缺點，即無法呈現黑、白兩色以外色調，以及當液晶顯示器越做越大時其對比會越來越差。

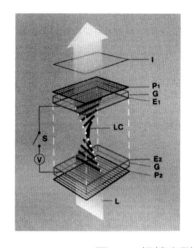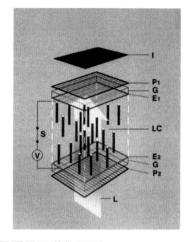

圖 21　扭轉向列型液晶顯示器動作原理

2. 超級扭轉向列型液晶顯示器

　　超級扭轉向列型液晶顯示器（STN-LCD）的出現是為了改善 TN-LCD 對比不佳的問題，最大差別點在於液晶分子扭轉角度不同以及在玻璃基板的配合層有預傾角度，其液晶分子從最上層到最下層的排列方向恰好是 180 度至 260 度的 3D 螺旋狀（如圖 22）。但是，STN-LCD雖然改善了 TN-LCD 的對比問題，其顏色的表現依然無法獲得較好的解決，STN-LCD 的顏色除了黑、白兩個色調外，就只有橘色和黃綠色等少數顏色，對於色彩的表達仍然無法達到全彩的要求，因此仍然不是一個完善的解決方式。因此液晶顯示器的研發方向焦點放在驅動方式的改良，從最早的靜態驅動方式、接下來的動態驅動方式、單純矩陣型（Matrix）驅動方式到主動矩陣型（Active Matrix）驅動方式，發展出許多驅動方式。

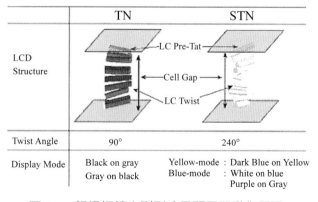

圖 22　超級扭轉向列型液晶顯示器動作原理

3. 薄膜電晶體液晶顯示器

主動矩陣型的驅動方式可分爲兩種方式，一是金屬絕緣體金屬液晶顯示器（Metal Insulator Metal, MIM）方式，利用兩邊金屬中間夾絕緣層做爲簡單的主動畫素（Active Picture Element）。另一就是大家耳熟能詳的薄膜電晶體（Thin Film Transistor, TFT）液晶顯示器方式，TFT方式是在原本配置畫素的電極交叉處，再加上一個對向電極（Counter Electrode），並且在此三個電極的交叉處放置薄膜狀的主動素子，如圖23中深色四方框範圍即爲一個畫素（Picture Element）。

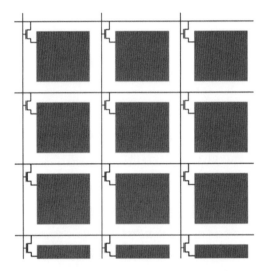

圖 23　薄膜電晶體液晶顯示器平面布置構造示意

液晶顯示器其圖像元素是由電壓直接驅動（Voltage Drive），當控制一個單元時不會影響到其他單元，但畫素數量增加到極大（如以百萬計）時，這種方式就變得不實際，因爲每個畫素的紅、綠、藍三色都要有個別的連接線（如圖24所示），控制與電路的時間反應都會變慢許多。所以爲避免此種困境，會將畫素排成行與列，如此可將連接線數量減至以千計，又一列中的所有畫素都由一個正電位驅動（Positive Voltage Drive），而一行中的所有畫素都由一個負電位驅動（Negative Voltage Drive），則行與列的交叉點畫素會有最大的電壓而被切換狀態（請參考如圖25）。然而此法仍有缺陷，即是同一行或同一列的其他畫素雖然受到的電壓僅爲部分值，但這種部分切換仍會使畫素變暗（對不切換爲亮的液晶顯示器而言），此問題解決方法是每個畫素都添加一個配屬於它的電晶體開關（Transistor Switch），使得每個畫素都可被獨立控制（Independent Control）。此外電晶體具低漏電流特性（Low Leakage Current Characteristic）係畫面更新之前施加在畫素的電壓不會任意喪失，而每個畫素像是個小型電容器，前有透明銦錫氧化物層（Indium-Tin Oxide Layer），後有透明層（Transparent Layer），並有絕緣性（Insulation）的液晶（Liquid Crystal）處在其中（如圖25）。TFTLCD 電路布置方式類似動態隨機存取記憶體（DRAM），只不過整個架構不是建在矽晶圓上，而是建構在玻璃（Glass）上，又矽晶圓製程技術所需的溫度往往超過玻璃熔點，因此 TFTLCD 是利用矽化物氣體製造出非晶矽層（Amorphous Silicon Layer）或多晶矽層（Polycrystalline Silicon Layer），這種製造方法較不適合做出高等級（指極小線寬）的電晶體。

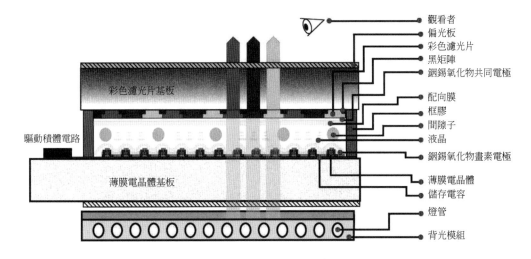

圖 24　液晶顯示器之剖面構造

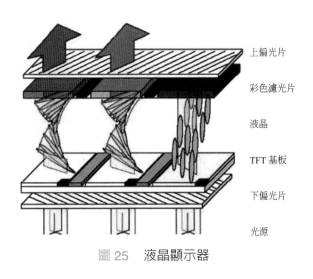

圖 25　液晶顯示器

而驅動開關製程（亦稱為面板工程）則可參考圖26，從閘極（Gate）依序開始，經蝕刻阻擋層（Etch Stopper）、主動區製作（Active）、像素（Pixel）製作（目前主要應用銦錫氧化物（Indium Tin Oxide, ITO））、接觸（Contact）、汲／源極製作（Source/Drain）、保護層（Passivation）等七道光罩（Mask）步驟，而製程步驟也是配合元件構造而存在，所以此部分製程也與半導體製程相同於無塵室內進行。

重點提示

面板工程

係從閘極依序開始，經蝕刻阻擋層、主動區製作、像素製作（目前主要應用銦錫氧化物）、接觸、汲／源極製作、保護層等七道光罩（Mask）步驟。

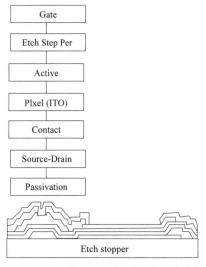

圖26　TFT-LCD 之薄膜電晶體構造與製程步驟

完成面板工程（Cell Engineering）後，TFT-LCD 即進入整體硬體組裝製程（如圖27），製程包含 ACF 貼附（（異方性導電膠（Anisotropic Conductive Film, ACF）CAF Adhering）、TAB-IC 壓著（（捲帶式自動接合 Tape Automated Bonding, TAB）TAB-IC Bonding）、SMT 焊接（（表面貼焊技術為 Surface Mount Technology, SMT）SMT Soldering）、矽膠塗布（Silicone Coating）、間隔橡膠貼附（Spacer Rubber Adhering）、背光框架組立（Sidelight & Bezel Assembly）、液晶模組（LCD Module）組裝完成。

重點提示

TFT-LCD 硬體組裝製程

包含 ACF 貼附、TAB-IC 壓著、SMT 焊接、矽膠塗布、間隔橡膠貼附、背光框架組立、液晶模組組裝等。

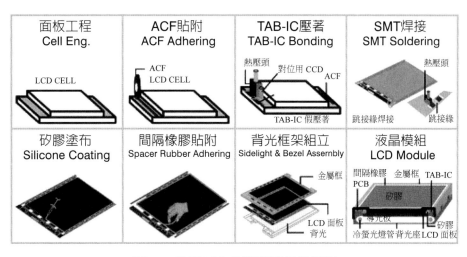

圖 27　TFT-LCD 整體硬體組裝製程

三、發光二極體產業製程

　　發光二極體（Light Emiting Doide, LED）是現今極具發展潛力之照明元件，其動作原理（如圖 28(a)）係導通迴路中之自由電子，其由高費米能階狀態當經過 P-N 接合面（P-N Junction）時與電洞結合，進而進入低費米能階（Fermi Level），原先所具有能量則轉換爲光能釋放而出，此反應過程雖然仍會生熱，但與傳統燈泡／燈管照明相較，發熱量遠低，所以只要能有效散熱即可穩定應用於一般照明應用上。基於動作原理下，現今 LED 構造會設計如圖 28(b) 所示，即將 LED 晶片（Chip）貼附於反射裝置中（Reflector Bowl），可讓 P-N 接合面發射之光線得收集反射而出，提升發光效能，而施加偏壓部分則使用反射裝置做爲負極（Cathode）底座，另一端則利用金線（Gold Wire）連接正極（Anode）以構成完整電路，最後外部則爲環氧樹脂鏡片（Epoxy Resin Lens）包覆，LED 可利用加色混合黃色和藍色來產生白光 [29-31]。

　　LED 製程可參閱圖 29，主要有以下幾段製程 [31-32]。

 重點提示

> **發光二極體動作原理**
>
> 係導通迴路中之自由電子，其由高費米能階狀態當經過 P-N 接合面時與電洞結合，進而進入低費米能階，原先所具有能量則轉換爲光能釋放而出，此反應過程雖然仍會生熱，但與傳統燈泡／燈管照明相較，發熱量遠低，所以只要能有效散熱即可穩定應用於一般照明應用上。

 重點提示

> **LED 製程**
>
> 包含固晶站、焊線站、滴膠站、測試站、分光站等。

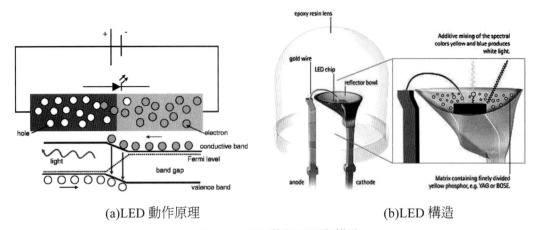

(a)LED 動作原理　　　　　　　　　(b)LED 構造

圖 28　LED 動作原理與構造

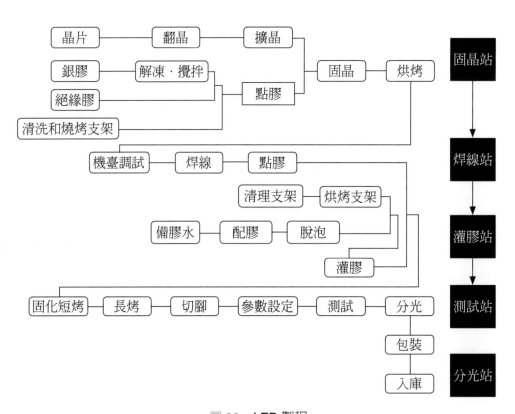

圖 29　LED 製程

1. 固晶站：從晶片製作開始，經翻晶與擴晶製程，另一方面則進行銀膠解凍與攪拌，再將銀膠、絕緣膠與清洗 / 烘烤完成支架進行點膠作業，此階段完成後再進行固晶與烘烤製程。

2. 焊線站：則取固晶站完成成品進行機臺調試、焊線與點膠作業，另一方面準備進入灌膠站之支架清理與烘烤作業。

3. 滴膠站：將前站完成之支架開始備膠水、配膠與脫泡，然後再將支架進行灌膠作業。

4. 測試站：灌膠完成產品開始進行固化短烤、長烤、切腳、參數設定與測試等作業。

5. 分光站：測試完成之產品開始進行分光，完成後再進行包裝與入庫。

四、太陽能電池產業製程

太陽能板（Solar Panel）構造與動作原理如圖 30 所示，太陽能板部分其最下方為太陽能電池（Solar Cell）層，上方則依序有防反射塗層（Antireflection Coating）、透明黏合劑（Transparent Adhesive），最後蓋上保護玻璃（Cover Glass）。而太陽能電池部分可從圖中看出係大面積之 P-N 接合二極體的構造，其物理原理即 P-N 接合面因照射太陽光而產生自由電子移動，當我們將迴路構成，則形成電流 [33-34]。

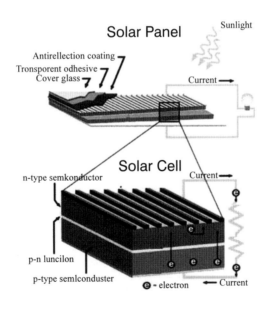

圖 30　太陽能板構造與動作原理

理解太陽能板構造後，即可探討相關製程。對於太陽能電池部分（如圖 31），首先進行晶圓進料檢測（Wafer Induced Shift, WIS），接著依序進行蝕刻清洗作業（Etching/Cleaning）、磷擴散（Diffusion）、去除磷矽玻璃與液酸絕緣作業（In-OxSide）、電漿輔助化學氣相沉積（PECVD）、金屬電極網印（Printing）、高溫燒結

重點提示

太陽能電池製程

包含 Cell 製作及 Module 製作等二階段。

（Fast Firingg Furnace, FFF）、成品測試及分類（Testing/Sorting）等製程，此階段即完成 Cell 成品。第二階段即進行太陽能板構裝製程（如圖 32），此階段製程係利用前段完成之 Cell 成品開始進行電池焊接（String），接著依序進行排列（Lay Up）、封裝壓合（Laminator）、切邊（Edge Trim）、封膠包邊（Edge Seal）、安裝接線（Boxing）、上鋁框（Framing）與模組成品測試（Sun-Simulator）等製程，最後就成為完整的太陽能板單元（Module）[34-36]。理解太陽能板構成與製程後，亦請參考本章 2.4 元件物理與製程危害分析聯想思考法則進行危害的思考與聯想。

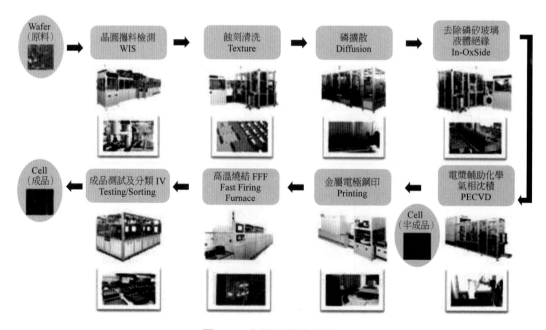

圖 31　太陽能電池製程

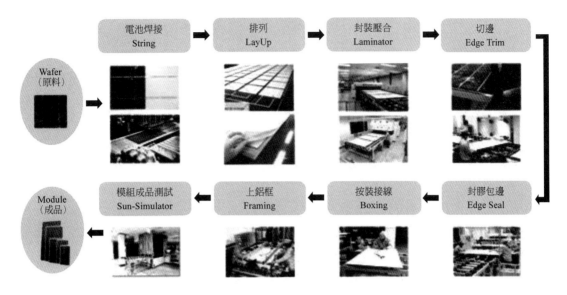

圖 32　太陽能板構裝製程

五、燃料電池產業製程

　　構造上燃料電池包含一個陽極（Anode）、一個陰極（Cathode）以及電解質（Electrolyte）讓電荷通過電池兩極。電子由陽極傳至陰極產生直流電，而若將陽極與陰極連接負載，即可形成一個迴路（如圖 33）。而圖 34 則顯示燃料電池構造，包含了電極端板（Electrophen Endplate）、電極雙極板（Electrophen Bipolar Plate），電池膜組件（Membrane Electrode Assembly）、氣體流動通道（Gas Flow Channels）等構件，而標註重複單元（Repeat Unit）部分則視欲輸出電流大小進行串接，而製程即將此構造實做出來。圖 35 為燃料電池製程，依序為電極

重點提示

> 燃料電池製程
>
> 依序為電極漿料處理、刮刀成型、陽極生胚薄帶製作、薄帶層合真空熱壓燒結作業、陽極基板安裝、濺鍍製程燒結作業、半電池構裝、氣體洩漏率測試、網版印刷燒結處理、全電池膜電極組構裝等製程。

漿料處理、刮刀成型、陽極生胚薄帶製作、薄帶層合真空熱壓燒結作業、陽極基板安裝、濺鍍製程燒結作業、半電池構裝、氣體洩漏率測試、網版印刷燒結處理、全電池膜電極組構裝等製程 [20][37-40]。

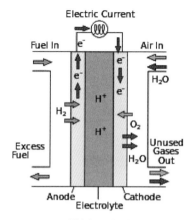

圖 33　燃料電池動作原理

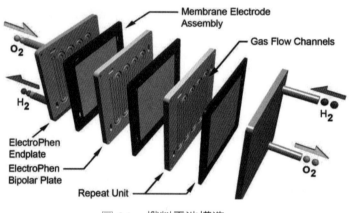

圖 34　燃料電池構造

圖 35　燃料電池製程

　　單一燃料電池由前述製程製作完成，然目前大多應用於車輛動力系統中，所以將會安裝於車輛中（如圖 36 所示），如何組裝本書不予討論，但我們仍可依據其安裝架構與位置進行相關生產危害思考；此外圖 37 則爲燃料電池使用於直流電力（DC Power）及交流電力（AC Power）供應系統，在此系統中可見增加交直流轉換裝置（Inverter）將燃料電池產出之直流電轉換爲交流電裝置，並且因爲燃料電池進行反應時仍會產生熱能，熱能的消除也是系統重要結構之一 [40-42]。

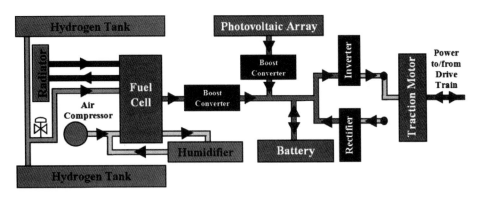

圖 36　燃料電池應用車輛動力系統中

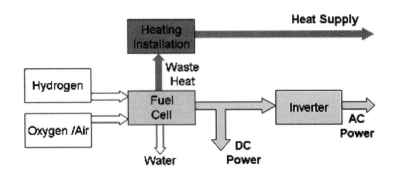

圖 37　燃料電池應用於電力供應系統中

2.2　高科技廠務系統概論

　　我們可以由元件物理思考出元件功能與構造，接著依序再思考出構造材料與製程參數（Process Parameters）、製程反應器構造、製程附屬功能與構造、廠務支援附屬功能系統及廠房外管線系統；此邏輯架構十分符合第一章圖83之保護層理論觀點由製程核心開始進行設計，再逐步思考系統各部件失效後的自動、手動、物理遮斷設計（Physical Block Design），最後則是廠外的損害防阻（Loss Prevention）（如圖38）。

　　高科技廠房生產管理之聯想模式建立如圖39，讓讀者更加清楚從生產管理到製程核心其關聯性。在圖39中核心為元件物理及元件構造；第二層則專注於製程整合與應用；第三層則為各項製程，對於半導體製程而言從前段的擴散、薄膜、黃光、蝕刻、晶圓測試，到後段的切割、打線、封膜、去筋打彎、電鍍、測試包裝，每個步驟都是設法要達成第一層與第二層的製程目的；第

 重點提示

> **元件物理到廠房外管線完整思維模式**
>
> 係由元件物理思考出元件功能與構造，接著依序再思考出構造材料與製程參數（Process Parameters）、製程反應器構造、製程附屬功能與構造、廠務支援附屬功能系統及廠房外管線系統。

元件物理

元件功能與構造

構造材料與制程參數

制程反應器構造

制程附屬功能與構造

廠務支援附屬功能系統

廠房外管線系統

圖38　從元件物理到廠房外管線完整思維模式

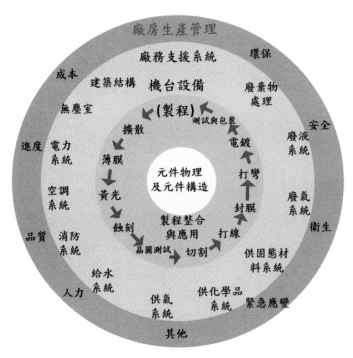

圖 39　高科技廠房生產管理聯想模式

四層爲機臺設備，其相同於製程，例如擴散爐、薄膜的 CVD 機臺等等；第五層進入廠務支援系統包含建築結構（Building Structure）、無塵室（Clean Room）、電力系統（Power Supply System）、緊急電力供應系統（Emergency Power Supply System）（如圖 41）、空調系統（HVAC System）、消防系統（Fire Fighting System）、給水系統（Water Supply System）、供氣系統（Gas Supply System）、供化學品系統（Chemical Supply System）、供固態材料系統（Materials Supply System）、廢氣處理系統（Exhaust Treatment System）、廢液處理系統（Waste Treatment and Recycling System）、廢棄物處理系統（Waste Disposal and Recycling System）、監視保全系統（Security and Monitoring System）等；第六層則爲整個廠房之生產管理（Production Management），一般而言包含成本控制、進度管理、品質管理、人力資源管理、環境保護、安全與衛生管理、緊急應變與處置、企業社會責任等。由垂直角度來觀察高科技廠房、廠務系統與機臺設備關聯（如圖 40），由於高科技製程因微小線寬要求，易遭受微粒汙染，因此必須將製程機臺設置於無塵室（亦稱 FAB）中（如圖 40(a)），而其餘製程附屬裝置將設置於無塵室外；所以從立體的管路來看（如圖 40(b)），無塵室置中（FAB），其上有空調出風桁架層（Truss），無塵室下方則爲供應製程所需之廠務支援系統，且該空間亦

作為空調回風層（稱 SUB-FAB），若廠務支援系統容量太大，無法容入 SUB-FAB 中，則會另外設置一棟中央公用建築（Central Utility Building, CUB），以設置大型廠務設備並集中管理，一般也會同步設置中央監控室（Central Control Room）[19][43-46]。

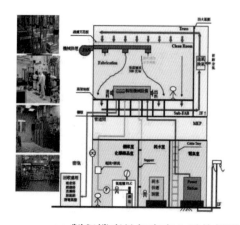 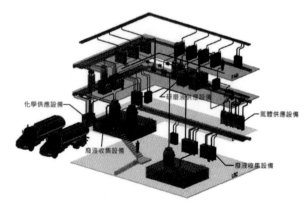

(a) 製程機臺於無塵室內昇位架構　　　(b) 廠務管路架構

圖 40　高科技廠房、廠務系統與機臺設備關聯示意

圖 41　緊急電力供應系統也是高科技廠廠務系統的重要部分

2.3　高科技製程危害分析

表三則彙整半導體製程、反應氣體名稱、作業用途與危害性等供讀者參閱，危害性部分主要包含有中毒（Poisoning）、爆炸（Explosion）、自燃（Spontaneous Combustion）、燃燒（Combustion）、腐蝕（Corrosion）、窒息（Suffocation）、助燃（Asist Combustion）、揮發（Volatility）等 [1][18-19][45][47-48]。

 重點提示

半導體製程危害性
主要包含有中毒、爆炸、自燃、燃燒、腐蝕、窒息、助燃、揮發等。

⊙ 表三　半導體製程、反應氣體名稱、作業用途與危害性彙整

製程	反應氣體名稱	作業用途	危害性	廢氣／液種類	三態
化學氣相沉積（Chemical Vapor Deposition, CVD）	矽甲烷 SiH_4	介電材質	中毒、爆炸、自燃	毒性氣體	氣
	硼乙烷 B_2H_6	BPSG	中毒、燃燒、爆炸	毒性氣體	氣
	氨 NH_3	Si_3N_4	中毒、腐蝕	毒性液體	液
	氫 H_2	氧化層	燃燒、爆炸	可燃氣體	氣
	四氧乙基矽 TEOS	SiO_2，矽玻璃	中毒	毒性液體	液
	二氯矽烷 SiH_2Cl_2	Si_3N_4	中毒、燃燒、爆炸、腐蝕	毒性氣體	氣
	四氯化碳 $TiCl_4$	TiN/Ti	中毒	毒性液體	液
	六氟化鎢 WF_6	Wsix or W	中毒、腐蝕	毒性氣體	氣
蝕刻 (Wet Etching、Dry Etching)	四氟化碳 CF_4	SiO_2, Si_3N_4, Al	微毒、不燃、窒息	毒性氣體	氣
	三氯甲烷 CHF_3	SiO_2, Si_3N_4	中毒、不燃	毒性氣體	氣
	氧 O_2	Dry Etching	助燃	一般氣體	氣
	六氟化硫 SF_6	SiO_2, Poly, TiN, W	中毒、不燃	毒性氣體	氣
	硫酸 H_2SO_4	Wet Etching	腐蝕	酸性液體	液
	硝酸 H_3PO_4	Wet Etching	腐蝕	酸性液體	液

（接續下表）

製程	反應氣體名稱	作業用途	危害性	廢氣／液種類	三態
	氯化氫（鹽酸）HCl	Wet Etching	腐蝕、中毒	酸液／毒氣	液／氣
	甲醇 Methanol	Wet Etching	燃燒、揮發	有機溶劑	液
離子植入（Ion Implantation）	磷化氫 PH_3	N 型 3 價	中毒、燃燒、爆炸、自燃	毒性氣體	氣
	三氟化硼 BF_3	P 型 5 價	中毒、燃燒	毒性氣體	氣
	砷化氫 AsH_3	N 型 3 價	中毒、燃燒、爆炸、自燃	毒性氣體	氣
	三氯化硼 BCl_3	P 型 5 價	腐蝕、中毒	毒性液體	液
微影（Photolithography）（光罩 Mask）	AZP4620	光阻	中毒、揮發	有機溶劑	液
	S1813	光阻	中毒、揮發	有機溶劑	液
	六甲基乙矽氮烷 HMDS	塗底	中毒、揮發	有機溶劑	液
	乙酸正丁酯	顯影	中毒、揮發	有機溶劑	液
	氫氧化鈉 NaOH	顯影	腐蝕	鹼性液體	液
	丙酮	去光阻	中毒、揮發	有機溶劑	液
	硫酸 H_2SO_4	去光阻	腐蝕	酸性液體	液
	雙氧水 H_2O_2	去光阻	腐蝕	酸性液體	液
化學機械研磨（Chemical Mechanical Polish, CMP）	氫氧化鉀 KOH	SiO_2	腐蝕	鹼性液體	液
	雙氧水 H_2O_2	Cu, W	腐蝕	酸性液體	液
	氫氧化銨 NH_4OH	後 CMP, SiO_2	腐蝕	鹼性液體	液
	三氯乙烯	清洗	中毒、揮發	有機溶劑	液
	氫氟酸 HF	後 CMP	腐蝕	酸性液體	液
	丙酮	清洗	中毒	有機溶劑	液
	硫酸 H_2SO_4	清洗	腐蝕	酸性液體	液
其他（Carrier Gas）	N_2、Ar、He	載氣	不燃、窒息、助燃	惰性氣體	氣

我們以 TEOS 製程機臺進行討論，為了有效達成製程目的，在加熱爐管中必須考量溫度（T（℃））、壓力（P（Torr））、莫爾分率（m.f.）及流量（F）等影響薄膜沉積速率之製程參數，因此對於 CVD 製程設備而言，其核心將為晶圓放置區，晶圓（Wafer）為片狀構造無法自立，所以需有一個承載器，即稱為晶舟（Boat），並且置於一個能將反應氣體侷限住的空間，此為石英管

重點提示

加熱爐管製程參數
必須考量溫度（T（℃））、壓力（P（Torr））、莫爾分率（m.f.）及流量（F）等。

（Quartz Tube），其外側則有能對所有晶圓片進行加熱的加熱器（Heater），又為確保溫度不受外界溫度變化影響及防止高溫傷害外部人員，故需設置有隔熱石棉（Asbestos）；因為石英管為易損壞材料，故反應器（Reactor）最外層需有不鏽鋼保護外體；最後反應器其他必要機構會裝置於整部機臺中，但此機臺能讓晶圓片進／出，無論是全自動、半自動或手動（如圖 42）。基於前述配合製程需求條件建構的硬體設備（Hardware）條件下，現代化設備在合理成本下多追求自動化（Automation），故再考慮電力供應（Power supply）與監控設備（Monitoring Equipment）、產品傳送裝置、全場自動產品傳輸系統、產品進出貨機構、氣體或化學品供應系統、真空系統等，即可完整構築 CVD 製程機臺（如圖 43）[20][49-50]。

依據前述建立之 CVD 製程機臺架構，我們逐一思考可能危害列述如下：

重點提示

CVD 製程機臺危害性
包含高溫、洩漏中毒、腐蝕、火災、爆炸、感電、機械夾壓。

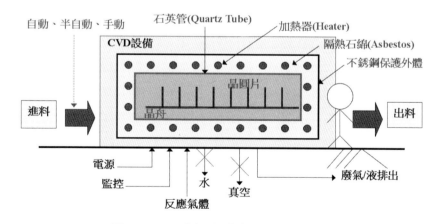

圖 42　CVD 製程機臺製程功能聯想圖

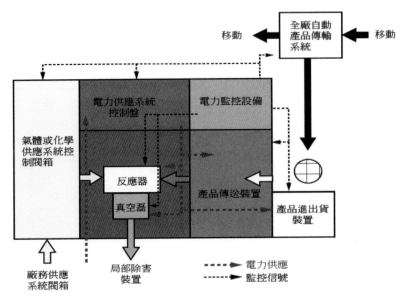

圖 43　CVD 製程機臺完整功能聯想圖

1. 高溫（High Temperature）：因為 TEOS 反應溫度需達 600℃以上，所以已能造成人體嚴重灼傷，雖然製程中會在封閉反應器中，但若無額外增設冷卻系統（Cooling System）則必須考慮製程後的晶圓片冷卻時間以避免出片時燙傷（Scald），此外當機臺當機設備工程師必須立即開啓機臺進行檢查或維修時，即可能立即接觸高溫而灼傷。

2. 洩漏中毒（Leakage Poisoning）：CVD 製程會使用到矽甲烷、硼乙烷、氨、四氧乙基矽、二氯矽烷、四氯化碳、六氟化鎢等化學品（請參考表三），無論是常態下為液態僅有接觸危險，但投入製程到真空排出均為氣態，洩漏而造成中毒是十分容易發生的，且大多於開關閥、管件、反應器接頭、真空幫浦接頭等處。

3. 腐蝕（Corrosion）：CVD 製程使用化學品之氨、二氯矽烷、六氟化鎢等均具有腐蝕性（請參考表三），對人體仍有傷害影響，但較洩漏中毒影響輕，不過若有洩漏將影響機臺金屬構造，導致鏽蝕損傷，進而造成大規模洩漏情況，這是要注意的重點。

4. 火災、爆炸（Fire, Explosion）：CVD 製程使用化學品矽甲烷、硼乙烷、氫、二氯矽烷均為可燃性物質（請參考表三），故有顯著火災、爆炸潛力，尤其是矽甲烷與氫氣，洩漏接觸空氣，均容易發生自燃情況。

5. 感電（Electric Shock）：一般製程機臺多使用 3ψ380V 等級電力，雖然不至於造成嚴重感電灼傷情況，但感電危害仍十分顯著，此外機臺外殼多為金屬構造，亦有漏電進而感電疑慮。

6. 機械夾壓（Mechanical Crimping）：CVD 製程機臺從機臺外的全場自動產品傳輸系統、產品進出貨機構自至產品傳送裝置均具有自動化之機械機構，包含機械手臂、自動封門與暫存機構等，若未具備開啟連動停止，無論是身體何部位與之接觸，均可能造成夾傷、壓傷等情況發生。

以晶圓之 IC 製造為例，其前段製程與後段製程所構成內容與使用機臺彙整說明如表四。

 重點提示

> **IC 製造之前 / 後段製程**
>
> 前段為氧化與薄膜沉積製程、擴散與離子植入製程、黃光與蝕刻製程、晶圓測試等，後段為晶片切割、打線接合、塑材封膜、去筋打彎、導線電鍍、測試與包裝等。

● 表四　IC 製造之前 / 後段製程彙整

製程名稱	製程內容說明（Content of Process）	使用機臺（Process Tools）
前段製程（Front End）		
氧化與薄膜沉積製程（Oxidation and Thin Film Deposition）	空白晶圓片於投入製程前，因本身表面塗有幾 μm 厚度之氧化鋁（Al_2O_3）並使用甘油混合溶液保護，故需先將晶圓表面及汙損區域藉化學蝕刻法（Chemical Etching Method）去除。 又為製作不同元件及 IC，晶圓片上將沉積（Deposition）不同薄膜層（Thin Film Layer），一般薄膜層可分為：熱氧化物（Thermal Oxide）、介質層（Dielectric Layer）、矽晶聚合物（Silicon-Crystalline Polymer）及金屬層（Metal Layer）等。熱氧化物中重要的薄層有閘極氧化層（Gate Oxide）；與場氧化層（field oxide），此二層均由熱氧化程序製造。	1. 氧化製程一般使用高溫爐（Funance）進行，如下圖所示。 2. 薄膜沉積區分以下兩種： (1) 物理氣相沉積：包含有蒸鍍機（Evaperator）、濺鍍機（Sputter）兩種。 (2) 化學氣相沉積：包含常壓化學氣相沉積（Atmospheric Pressure CVD, APCVD）、低壓化學氣相沉積（Low-Pressure CVD, LPCVD）、超高真空化學氣相沉積（Ultrahigh Vacuum CVD, UHVCVD）、電漿增強化學氣相沉積（Plasma-Enhanced CVD, PECVD）、有機金屬化學氣相沉積（Metalorganic chemical vapor deposition, MOCVD）等種類。

（接續下表）

製程名稱	製程內容說明 （Content of Process）	使用機臺（Process Tools）
擴散與離子植入製程 （Diffusion and Ion Implantation）	擴散及離子植入係用來控制半導體中雜質量的關鍵程序。擴散方法是使用植入雜質或雜質的氧化物作氣相附著，將雜質原子植入半導體晶圓的表面附近區域。雜質濃度由表面成單調遞減，雜質的分布固形取決於溫度及擴散時間。離子植入程序中，雜質是以高能態離子束植入半導體中。植入雜質的濃度在半導體內存在一高峰，雜質的分布圖形取決於離子的質量與植入能量。離子植入程序的優點在於雜質量的精確控制，雜質分布的再重整，以及低溫下操作。	1. 擴散製程一般使用高溫爐（Funance）進行。 2. 離子植入製程係使用離子植入機（Ion Implantater），如下圖所示。
黃光與蝕刻製程 （Photolithography and Etching）	黃光是在覆蓋半導體晶片表面的光敏感材料薄層（稱為光阻）印上幾何圖形。晶圓上光阻後，經曝光處理，再由顯影液將曝光區的正光阻溶解、洗淨、涼乾，再經蝕刻去除曝光區的絕緣層，而未曝光區的光阻則不受蝕刻影響，最後除去剩餘光阻，可用溶液（如 $H_2SO_4+H_2O_2$ 槽）或電漿氧化，經此道程序，可製成設計所需之絕緣層圖形影像。而絕緣層之圖形影像，可作為下階段製程之遮避保護層（如 Si_3N_4），如離子植入未被絕緣層保護的半導體基質區域，整個積體電路的電路系統製程，通常須重覆地在晶圓表面作多次以上的黃光與蝕刻程序。	1. 黃光製程機臺有以下功能，而機臺目前有各功能獨立之單機與整合自動化之全生產線機臺兩種： (1) 光阻塗布（包含晶圓清洗、脫水烘烤、底漆層與光阻塗布、及軟烘烤等）。 (2) 曝光（包含對準及曝光等）。 (3) 顯影（包含顯影、圖案檢視、及硬烘烤等）。 (4) 蝕刻（如化學蝕刻以清除表面光阻）。 2. 蝕刻機臺部分則有溼式蝕刻機臺（Wet B ench）及乾式蝕刻機臺，前者決定於使用蝕刻化學品種類，後者則有電漿蝕刻法（Plasma Etching）、反應離子蝕刻法（Reactive-Ion Etching, RIE）、高密度活性離子蝕刻（HDP-RIE）、化學機械平坦化（Chemical Mechanical Planarization, CMP）等。

（接續下表）

製程名稱	製程內容說明 （Content of Process）	使用機臺（Process Tools）
晶圓測試 （Wafer Testing）	晶圓測試是對晶片上的每個晶粒進行針測，在檢測頭裝上以金線製成細如毛髮之探針（Probe），與晶粒上的接點（Pad）接觸，測試其電氣特性，不合格的晶粒會被標上記號，而後當晶片依晶粒為單位切割成獨立的晶粒時，標有記號的不合格晶粒會被淘汰，不再進行下一個製程，以免徒增製造成本。	晶圓測試之有關機臺有提供電性測試之測試機（Tester）、提供搬運分類訊號之分類機（Handler）及針測機（Prober）等機臺設備。
後段製程（Back End）		
晶片切割 （Wafer Cutting）	將完成之晶圓依設計區劃出之各晶片排列組合，利用切割機、鑽石刀或雷射槍等來進行切割，以形成 IC 薄片。	設備方面有切割機、鑽石刀或雷射槍等機臺。
打線接合 （Wire Bonding）	利用金屬線來連接 IC 晶片與基板。	打線接合製程所使用之機臺設備包含 IC 打線機、銅線封裝機（Advanced Bonding Wire, ABW）等。
塑材封膜 （Plastic Packing）	為保護已連線的 IC，將 IC 晶片封入環氧樹脂（Epoxy resin）封套內。	此種程序在壓模機中完成，操作溫度為 180~200。

（接續下表）

製程名稱	製程內容說明 （Content of Process）	使用機臺（Process Tools）
去筋打彎 （Tendons and Bending）	將整片連線打著完成之半產品自金屬線切開（即去筋），並將基板兩側漏出之金屬線打彎成直角。	使用單機之衝剪機、打彎機等設備或整合製程型之封裝設備。 
導線電鍍 （Wire Plating）	在電鍍槽中將露在外面的導線，鍍上一層銅使之易於導電。此製程視產品品質決定需要否浸錫與清洗將導線浸錫以利焊接，並以有機溶劑、混酸清洗去除殘餘油脂，提高IC品質。	導線電鍍使用傳統電鍍設備、導線架電鍍、無電解電鍍或無導線電鍍金技術（Non Palting Line, NPL）等設備，電鍍原理如下圖示。 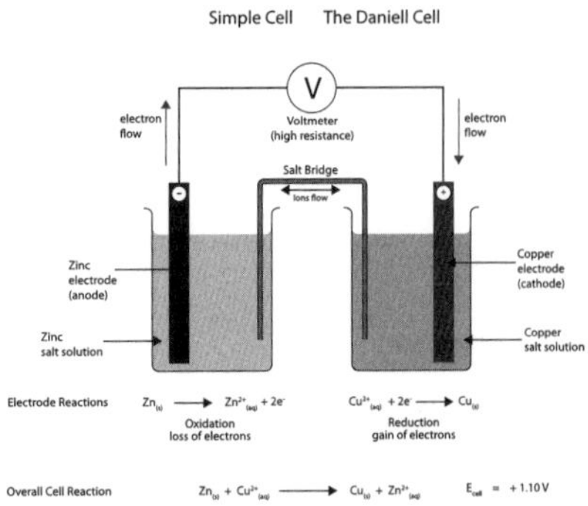
測試與包裝 （Testing and Packaging）	檢查IC晶片之電性，最後將合格之IC包裝完成。	目前封裝已朝向3D邁進，其構裝架構如下圖所示。 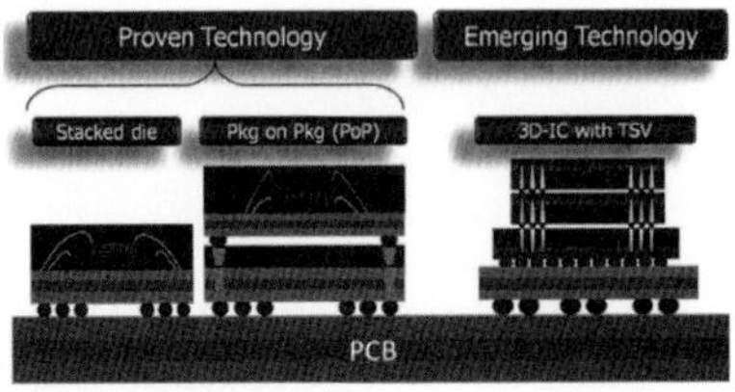

　　綜合前述，針對每一種半導體必要之製程機臺，我們可以整理出表五高科技廠房製程、設備、廠務系統可能發生之危害彙整。由表五可發現火災、感電與機械傷害為普遍的發生原因，所以如何利用本質較安全設計（ISD）的各種策略來提升高科技廠房製程安全性，也就成為光電及半導體高科技廠房製程應該重視的課題 [1][18-19][45][47-48]。

⬇ 表五 高科技廠房製程、設備、廠務系統可能發生之危害

製程階段	設備構造	可能危害
晶塊成長 （Polycrystalline Growth）	結構體、散熱裝置、壓力表、控制閥、馬達、配管、配線、監控	高溫、毒氣洩漏、火災、爆炸、感電、捲夾
晶圓切割 （Polycrystalline Cutting and Polish）	反應器（Chamber）、顯示器（Monitor）、控制盤、驅動裝置、機殼構造、研磨輪、線切割裝置結構體、配管、配線、監控	有機溶劑中毒、酸鹼液腐蝕、感電、捲夾、撞擊、切割
氧化（Oxide）及熱處理（Thermal Process）	晶圓傳輸裝置、結構體、散熱、空氣濾清、加熱器（Heater）、電源、配管、配線、監控	高溫、火災、爆炸、感電、夾壓
擴散 （Diffusion）	晶圓傳輸裝置、結構體、散熱、空氣濾清、加熱器（Heater）、電源、配管、配線、監控	高溫、洩漏中毒、火災、爆炸、感電、夾壓
物理氣相沉積 （Physical Vapor Deposition，PVD）	晶圓傳輸裝置、反應器（Chamber）、電源供應器、隔離閥、冷凍閥、機械泵、配管、配線、監控	高溫、洩漏中毒、火災、爆炸、感電、夾壓、捲入
化學氣相沉積 （Chemical Vapor Deposition CVD）	晶圓傳輸裝置、反應器（Chamber）、控制與供應系統（Control & Supply）、真空系統（Vacuum System）、接地（Grounding）、配管、配線、監控	高溫、洩漏中毒、腐蝕、火災、爆炸、感電、夾壓
微影 （Photolithography）	晶圓傳輸裝置、旋塗室、光阻噴塗、機械手臂、真空系統、設備結構、接地、旋轉器、軟烤機、配管、配線、監控	高溫、洩漏中毒、腐蝕、火災、爆炸、感電、捲夾
蝕刻 （Etching）	晶圓傳輸裝置、反應器（Chamber）、電極板、晶座、線圈磁鐵、真空裝置、RF產生器、氣體控制及供應、接地、冷卻水系統、配管、配線、監控	高溫、洩漏中毒、腐蝕、火災、爆炸、感電、夾壓、輻射
離子植入 （Ion Implantation）	晶圓傳輸裝置、設備構造、離子源裝置、過濾器、解析孔隙、四極聚焦器、靜電偏束器、掃瞄器、磁鏡、加速器、晶座、法拉第杯、低溫泵、接地、冷卻水系統、配管、配線、監控	高溫、洩漏中毒、腐蝕、火災、爆炸、感電、夾壓、輻射

（接續下表）

製程階段	設備構造	可能危害
化學機械研磨法（Chemical Mechanical Polish）	晶圓傳輸裝置、研磨裝置、機械裝置、磨光站裝置、刷洗裝置、機組結構、配管、配線、監控	洩漏中毒、腐蝕、火災、爆炸、感電、夾壓
洗淨製程設備（Wafer Cleaning Processing Equipment）	晶圓傳輸裝置、清洗室、載具傳送、蒸氣烘乾裝置、機械手臂、機組結構、配管、配線、監控	洩漏中毒、腐蝕、火災、爆炸、感電、夾壓、輻射
封裝製程（Package）	晶圓工作臺、晶圓輸出機構、視覺鏡組、頂出機構、導線架、導線架傳送機構、塗膠機構、取放機構、導線架輸出機構、機組結構、配管、配線、監控	洩漏中毒、高溫、腐蝕、火災、爆炸、感電、夾壓、捲入、衝撞、倒塌
廠務系統（Facility System）	無塵室、辦公室、原物料儲存室、通道、化學品室、電氣室、通風換氣設備、管路管架、室外儲槽、廢水處理設施	洩漏中毒、高溫、腐蝕、火災、爆炸、感電、夾壓、捲入、衝撞、倒塌、溺水、缺氧

2.4　SEMI S10 風險評估矩陣

　　高科技製程在進行製程危害分析時可採用圖 44 程序進行。而分析工具方面則可依表六進行選用，在表六可發現檢核表（Checklist）與假設分析（What-If）是使用範圍十分廣泛且有效的工具，但分析人員（Analysts）必須擁有非常專業之經驗才得以有效建立分析成果，否則仍以較複雜之分析法並配合腦力激盪為佳[1][51-53]。

　　然而在高科技廠運作中，亦有美國半導體設備和材料國際組織（Semiconductor Equipment and Materials International, SEMI）規範依據必須遵守，即 1998 年訂定的「SEMI S10 風險評估及風險評估程序安全指引」。SEMI S10 安全指引係應用對人員、設備及設施及財產有危害之虞的場所，評估其危害風險，並適當區分是否可接受此風險或需降低其風險，主要適用於半導體設施、製程和製造設備相關危害，此安全指引未定義可接受風險標準，故需由使用者自行定

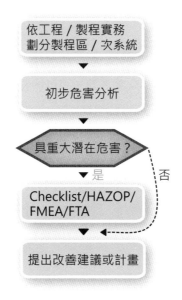

圖 44　高科技製程進行製程危害分析程序

🔽 表六　高科技製程與化工製程於工廠生命週期實務常用之分析工具

	Safety Review	Checklist	Relative Ranking	PHA	What-if	What-if/Checklist	HAZOP	FMEA	Fault Tree	Event Tree	CCA	HRA
研究與發展（Research & Development）	○	○	●	●	●	○	○	○	○	○	○	○
概念設計（Conceptual Design）	○	●	●	●	●	●	○	○	○	○	○	○
試驗工廠線作（Pilot Plant Operation）	○	●	○	●	●	●	●	●	●	●	●	●
詳細工程設計（Detailed Engineering）	○	●	○	●	●	●	●	●	●	●	●	●
建築／啓動（Constrnction/Startup）	●	●	○	○	●	●	○	○	○	○	○	○
日常操作（Routine Operation）	●	●	○	○	●	●	●	●	●	●	●	●
擴充或改造（Expansion of Modification）	●	●	●	●	●	●	●	●	●	●	●	●
事故調查（Incident Investigation）	○	○	○	○		○	●	●	●	●	●	●
退役（Decommissioning）	●	●	○	○	●	●	○	○	○	○	○	○

○實務上很少使用或使用不適當　　　　　　　　●常用（Conunonlyl used）

義，實務上使用者可利用廠內專家與過去業界事故統計數據制定可接受風險標準，並據以進行評估[54-55]。

SEMI S10 風險評估及風險評估程序安全指引要求主要實施之內容如下：

(1) 針對人員、設備及設施、財產之損失等，將可能發生事故之嚴重度及發生頻率進行分類。

(2) 依據事故嚴重度及發生頻率製作風險評估矩陣，並訂定可接受之風險準則，再據以判定區分風險等級，以利後續進行風險控制措施選定。

SEMI S10 針對製程危害之嚴重性（Severity）（如表七）、可能性（Likelihood）（如表八）、與風險等級（Risk Level）進行評估（如表九）。實務上經風險等級評估結果達中度風險等級（Moderate Risk Rating）以上者，建議應採取適當風險控制措施，讓危害風險等級降低。

⬇ 表七　SEMI S10 之嚴重性（Severity）等級分類準則

嚴重性分類		人員	設備／設施	洩漏
1	重大	1 人以上死亡	系統或設施損失	化學物質洩漏，具有立即或持續對環境或大眾健康造成傷害可能
2	高度	永久失能	主要次系統或設施損壞	化學物質洩漏，具有暫時性對環境或大眾健康造成傷害可能
3	中度	醫療傷害或暫時失能	次要次系統或設施損壞	化學物質洩漏，需對外界說明事故調查報告
4	低度	僅需一般性治療	非重要設備或設施損壞	化學物質洩漏，僅需例行性的清除，未執行事故調查報告
5	無影響	無	無	無

⬇ 表八　SEMI S10 之可能性（Likelihood）等級分類準則

可能性分類		預期發生頻率
A	經常的	每年超過 5 次
B	可能的	每年超過 1 次，但未超過 5 次
C	也許的	5 年超過 1 次，但未超過 1 年 1 次
D	稀少的	10 年內超過 1 次，但 5 年內未超過 1 次
E	不可能	數十年才發生 1 次

⬇ 表九　SEMI S10 之風險等級（Risk Level）分類準則

風險評估矩陣圖		可能性				
		A	B	C	D	E
嚴重性	1					
	2					
	3					
	4					
	5					

不可忍受風險	高度風險	中度風險	可接受風險	輕微風險

　　而風險控制措施（Risk Control Measures）無論僅針對降低嚴重度進行改善，亦或是降低發生可能性都是對高科技廠房安全性有幫助者，如圖 45，而降低嚴重度改善措施更能接近本質較安全設計（ISD）策略精神，如果經費上許可應積極規劃實施，並且身為安全衛生管理人員倘若無法進行改善一次到位（例如經費上的限制），仍建議分階段進行改善，如此危害等級亦可逐步降低，最後達到我們理想的安全等級。

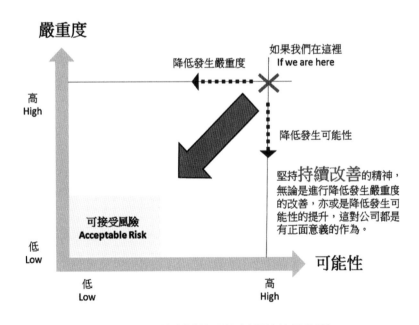

圖 45　風險控制措施選擇對風險等級影響

2.5 製程危害與可操作性評估

　　危害與可操作性分析（Hazard and Operability Study, HAZOP）是一種結合小組討論腦力激盪（Brainstorming）與結構化引導詞（Guidewords）的分析方法，由英國帝國化學工業集團（Imperial Chemical Industries, ICI）提出。腦力激盪的目的是要結合多人的知識經驗（Knowledge and Experience），思考出所有可能的潛在危害（Potential Hazards），因為製程安全是一個跨領域的課題，所以在 HAZOP 會議前期的準備工作中，組織評估小組是一項影響 HAZOP 分析成敗的關鍵因素[1][51]。

　　HAZOP 分析小組成員應包含以下：

　　(1) 小組長或主席（HAZOP Leader）：熟悉 HAZOP 方法，具有足夠 HAZOP 經驗與製程知識的人。

　　(2) 技術秘書（Scribe）：有效記錄 HAZOP 會議期間討論的內容。

　　(3) 製程工程師（Process Engineer）：熟悉被評估的製程，可以回答小組討論時所有的製程相關問題。

　　(4) 控制／儀電工程師（Control / Instrumentation Engineer）：熟悉被評估製程的控制設計及所有的相關儀錶。

　　(5) 操作人員（Operator）：現場的操作代表，了解所有的實際工作情況。

　　(6) 機械／設備／廠務工程師（Machinery / Equipment / Facility Engineer）：熟悉轉動設備、壓縮機、加熱爐、……等特殊或成套設備的人。

　　(7) 安全工程師（Safety Engineer）：協助識別法規、標準／規範等相關要求者。

　　(8) 根據過去的經驗，評估小組以 4~7 人為宜，人數太少專業度不足，人數過多難以取得共識（如圖 46）。

重點提示

危害與可操作性分析

　（HAZOP）是一種結合小組討論腦力激盪與結構化引導詞的分析方法，由英國帝國化學工業集團提出。

重點提示

腦力激盪

是要結合多人的知識經驗，思考出所有可能的潛在危害。

圖 46　腦力激盪人數不宜過多才能避免難以　　圖 47　管線儀器圖（P&ID）是 HAZOP 分析
　　　　取得共識　　　　　　　　　　　　　　　　　重要基礎必須先確實了解

　　評估前的準備工作還包括準備製程的相關資料，其中最主要的是最新版的管線儀器圖
（Pipeline and Instrument Diagram, P&ID）（如圖 47），除 P&ID 外，其他需參考資料則包含
設計基礎、設計原則或設計規範、製程描述、製程流程圖／物料平衡及熱量平衡表（PFD）、
安全資料表（SDS）、製程設備資料表、安全閥（Safety Valve）資料表、廠房建築設計圖、無
塵室結構區劃圖、管道資料表、管道材質等級規範、聯鎖（Interlocking）和控制方案、聯鎖邏
輯圖、儀錶資料表、設備布置圖、火災爆炸危險區域劃分圖、成套設備管線儀器圖、蒸汽／水
／廢氣／廢液管網圖、消防管網圖、可燃及有害氣體偵測器布置圖、開停俥方案、操作維修手
冊（Operation and Maintenance Manual）等，均應事先準備之。

　　運用引導詞的目的是希望腦力激盪的過程可以比較結構化、系統化、聚焦在特定的製程偏
離（Process Deviation），以便使 HAZOP 會議更有效率。ICI 原來設計的引導詞有 7 個，如表
十所示。引導詞與製程參數（Process Parameters）結合，發展出有意義的製程偏離，以供評估

⬇ 表十　偏離引導詞（Guidewords）

引導詞	意義
無（NO）	完全不具備設計目的
較少（LESS）	定量的減少
較多（MORE）	定量的增加
只有部分（PART OF）	定性的減少
不僅……又（AS WELL AS）	定性的增加
相反（REVERSE）	與設計目的邏輯上相反
除……之外（OTHER THAN）	完全取代

小組討論其引發原因（Cause）及可能的後果（Consequences），識別安全設計和防護措施，並據以評估風險。表十一列出 HAZOP 相關的分析術語。表十二是常用的引導詞與製程參數組合的偏離矩陣。

表十一　HAZOP 分析術語

術語	說明
製程區段或研討節點（Process Sections/Study Nodes）	通常將複雜的製程系統分解成若干「子系統」，每個子系統稱作一個「節點」。這樣做可以將複雜的系統簡化，也有助於分析團隊集中精力參與討論。各節點的設計意圖應能充分定義。 具有明確界限的設備區段（如兩個容器間的管線），在這界限內檢討製程參數的偏離。或者 P&ID 圖上的一個地方（如反應器），在此處檢討製程參數的偏離。
操作步驟（Operating Steps）	被 HAZOP 分析小組所分析之批式製程（Batch Process）或操作程序，其中的間斷動作可能是手動、自動或軟體執行的動作。應用在每一步驟的偏離分析與用在連續製程的偏離分析有些不同。
設計意圖／目的（Intention）	在沒有偏離的情況下，工廠被預期如何操作的定義，有許多種形式來表達，可能是描述的或圖表的（如製程描述、流程圖、管線圖、P&IDs）。
引導詞（Guidewords）	用來描述或量化表示設計意圖的簡單字詞，並用來引導和刺激腦力激盪的程序以辨識製程危害。
製程參數（Process Parameter）	與製程相關之物理或化學性質，包括一般的項目如反應、混合、濃度、酸鹼值（pH）和特定的項目如溫度、壓力、相（Phase）和流量。
偏離（Deviations）	遠離設計目的，經由以下方法來發現潛在問題，即藉著有系統地將引導詞應用至製程參數，形成一群可能的引發危害原因（如無流量、高壓等），以供小組來評估每個製程區段或節點。
原因（Causes）	偏離發生的理由，一旦偏離顯示有一個可信的原因，即被認為是有意義的偏離，這些原因可能是硬體故障、人為失誤、不預期的製程狀況（如組成改變）、外界失常（如停電）等等。針對任何偏離，除非是本質安全設計（ISD），否則是有可能原因存在的。
後果（Consequences）	偏離的最終結果（如火災爆炸、毒性物質外泄等），通常小組會假設無防護措施或既有防護措施均失效。較輕微的後果可不被考慮。
防護措施（Safeguards）	工程系統或管理上的控制，設計來防止原因發生或減輕偏離的後果（如警報、聯鎖系統、操作程序等）。
改善建議（Actions/Recommendations）	對於設計修改、程序改變或進一步研討範圍的提議（如增加一套壓力警報或調整兩個操作步驟的順序等）。

● 表十二 偏離矩陣

偏離 製程參數 引導詞	較多 (MORE)	較少 (LESS)	無 (NO)	相反（RE- VERSE）	只有部分 (PART OF)	不僅…又 (AS WELL AS)	除…之外 (OTHER THAN)
流量	高流量	低流量	無流量	逆流			
壓力	高壓	低壓	眞空				
溫度	高溫	低溫					
液位	高液位	低液位	無液位				
成分					錯誤 組成	雜質／ 不相容物	錯誤物質
反應	高反應	低反應	無反應			副反應	錯誤反應
時間	時間 太長	時間 太短	動作未 執行	步驟顛倒	少動作	額外的 動作	

以「管線」爲例（如圖 48），可能的製程偏離包括：高流量、低／無流量、流向錯誤、逆流、錯誤組成、雜質、錯誤物質、高壓、低壓、高溫、低溫、洩漏／破裂、內漏、空氣漏入、其他等。除表十二中常規性的製程偏離外，我們也會討論一些概念性參數（事件），包括：洩漏（Leakage）、儀錶（Instrument）、維護（Maintenance）、取樣（Sampling）、壓力分界（Pressure Specification）、位置布置（Layout）、開俥和停俥（Startup/Shutdown）、振動（Vibration）、靜電（Static），因爲調查顯示 50～90% 的事故發生在開停俥、故障處理、非正常工況、取樣、更換觸媒、不正確的維修等作業過程中。

另一個影響 HAZOP 進度的因素是「節點」（Node），節點劃分主要考慮單元的目的與功能，由設計意圖的變化、製程物料的變化、製程參數的變化等多方面因素綜合考慮而定。可以是一條管線，也可以是一

圖 48 管線可能製程偏離包括高流量、低／無流量、流向錯誤……等

 重點提示

管線可能製程偏離

包括高流量、低／無流量、流向錯誤、逆流、錯誤組成、雜質、錯誤物質、高壓、低壓、高溫、低溫、洩漏／破裂、內漏、空氣漏入、其他等。

臺設備。也可以根據經驗將一些管線和一些設備合併成一個節點。可以根據功能將複雜設備分成不同節點。

節點劃分的一般原則及狀況：

(1) 連續製程（Continuous Process）：節點爲流程的一部分，可能爲製程單元；批式製程（Batch Process）：HAZOP 節點可能爲操作步驟（順序控制（Sequence Control）的分解步驟）。

(2) 節點的大小取決於系統的複雜性和危險的嚴重程度。複雜或高危險系統可分成較小的節點，簡單或低危險系統可分成較大的節點。

(3) 節點範圍過大，分析物件關係複雜，難於理解，忽略、疏漏的問題較多。節點範圍過小，重複討論的問題較多，影響分析進度。

(4) 節點劃分一般按照製程流程的自然順序進行，從進入的 P&ID 管線開始，繼續直到設計意圖的改變，或繼續直到製程條件的改變，或繼續直到下一個設備。

(5) 節點劃分沒有對與錯之說，只有相對合理性。劃分節點的關鍵是讀懂 P&ID，當不夠熟練將無法正確且有效進行節點劃分。

HAZOP 分析流程如下：

(1) 將製程（Process）劃爲節點（Node），每一節點是一項具有特定設計或操作目的的管線設備或操作程序／步驟或其組合，相同設計意圖的管線設備次系統被劃分在同一節點；

(2) 進入節點分析，選擇一製程參數（Process Parameters）；

(3) 選擇一引導詞（Guidewords）應用在製程參數上以發展出有意義的製程偏離（Process Deviation）；

(4) 列出製程偏離可能的原因（Cause）；

(5) 檢驗與偏離相關的後果（Consequences）；

(6) 辨識既存的防護措施（Protective Measures）；

(7) 決定後果嚴重性等級（Severity Level），詳如表十三，（建議嚴重性等級高者進行保護層分析（LOPA），將於後續討論）；

重點提示

節點劃分原則

包括節點爲流程一部分或操作步驟、節點大小取決、節點範圍、劃分按照製程流程順序進行、關鍵是讀懂 P&ID。

重點提示

HAZOP 分析流程

爲將製程劃爲節點、選擇製程參數進入節點分析、依引導詞發展有意義的製程偏離、列出製程偏離可能原因、檢驗偏離後果、辨識既存防護措施、決定後果嚴重性（高者執行 LOPA）、決定後果可能性、決定風險等級、評估風險可接受性、提出改善建議、其他節點重複前述分析等。

(8) 決定後果可能性等級（Likehood Level），詳如表十四；

(9) 決定風險等級（Risk Level），詳如表十五；

(10) 評估風險的可接受性（Acceptability）；

(11) 提出改善建議（Recommendations for Improvement）；

(12) 重複所有有意義的引導詞（回步驟 3）；

(13) 重複所有有意義的製程參數（回步驟 2）；

(14) 重複所有節點。

原來設計的 HAZOP 分析是單純的定性分析方法，只做危害辨識（Hazard Identification），後來人們為了使得分析的結論有個較客觀的評估基準（Assessment Benchmarks），可以判斷防護措施是否足夠，所以加上了風險評估。對於「風險」（Risk），筆者引述美國化學工程師學會（AIChE）化學製程安全中心（CCPS）出版的「化學製程量化風險分析指引」書中的定義 "Risk is the Combination of Event, Probability and Consequence."，因此風險是潛在事件發生機率與後果的組合指標。衡量及評估風險是一件非常複雜的事，涉及統計（Statistics）、物理模型（Physical Model）、效應分析（Effect Analysis）等等，對於大部分的人來說有其困難，所以一般都採用較簡化的風險分級法（Risk Grading），把機率／可能性、後果／嚴重性都區分為若干等級，再組合成風險等級，有 3×3 的風險矩陣（Risk Matrix）、5×5 的風險矩陣、

 重點提示

風險
是潛在事件發生機率與後果的組合指標。

 重點提示

風險分級法
係把機率／可能性、後果／嚴重性都區分為若干等級，再組合成風險等級，有 3×3 的風險矩陣、5×5 的風險矩陣、8×7 的風險矩陣…等。

8×7 的風險矩陣、…等。表十三是我們建議用於製程工業製程安全風險評估 8×7 的風險矩陣，表十四是其可能性（Likelihood）等級的定義，表十五是嚴重性（Severity）等級的定義。表十三中風險等級 4 以內是可接受的風險，也就是右上方是不可接受（Unacceptable）的高風險，4 以下的左下方是可接受的低風險。表中風險等級下方的 SIL 是安全儀錶系統的安全完整性等級（Safety Integrity Level, SIL）（IEC 61508 的定義）。表十六是可容忍風險目標（Tolerable Risk Target），嚴重性愈高的事件，相對來說可容忍的可能性愈低，才能維持與控制較低的風險。表十七為 HAZOP 評估節點對照表，表十八為 HAZOP 評估節點分析表供讀者參考。

● 表十三　8×7 風險評估矩陣（Risk Matrix）

風險評估矩陣		可能性							
		1	2	3	4	5	6	7	8
嚴重性	7	4 SIL1	5 SIL2	6 SIL3	7 SIL4	7 B	7 B	7 B	7 B
	6	3 A2	4 SIL1	5 SIL2	6 SIL3	7 SIL4	7 B	7 B	7 B
	5	2 A1	3 A2	4 SIL1	5 SIL2	6 SIL3	7 SIL4	7 B	7 B
	4	1	2 A1	3 A2	4 SIL1	5 SIL2	6 SIL3	7 SIL4	7 B
	3	1	1	2 A1	3 A2	4 SIL1	5 SIL2	6 SIL3	7 SIL4
	2	1	1	1	2 A1	3 A2	4 SIL1	5 SIL2	6 SIL3
	1	1	1	1	1	2 A1	3 A2	4 SIL1	5 SIL2

備註：

	PFDavg	RRF	Typical implementation
A1	No requirement	No minimum	Alarm only
A2	No requirement	No minimum	DCS action
SIL1	$1 \times 10^{-2} \leqq PFD < 1 \times 10^{-1}$	$100 \geqq RRF > 10$	Trip separate from DCS
SIL2	$1 \times 10^{-3} \leqq PFD < 1 \times 10^{-2}$	$1000 \geqq RRF > 100$	Trip separate from DCS
SIL3	$1 \times 10^{-4} \leqq PFD < 1 \times 10^{-3}$	$10000 \geqq RRF > 1000$	Redundant trip separate from DCS
B, SIL4			Single SIF is not sufficient, design other protection layers

（PFDavg：需要運作情況時系統無法運作之平均故障機率，Average Probability of Failure on Demand）

⬇ 表十四　可能性（Likelihood）之定義

可能性分類		預期發生頻率
8	非常頻繁的	>1
7	經常的	$10^{-1}\sim1$
6	非常可能的	$10^{-2}\sim10^{-1}$
5	可能的	$10^{-3}\sim10^{-2}$
4	也許的	$10^{-4}\sim10^{-3}$
3	稀少的	$10^{-5}\sim10^{-4}$
2	很稀少的	$10^{-6}\sim10^{-5}$
1	極不可能的	$10^{-7}\sim10^{-6}$

⬇ 表十五　嚴重性（Severity）分類表

嚴重性分類		人員	設備／設施（包括停爐損失），NTD(million)	洩漏
7	極度嚴重（Extra Catastrophic）	＞50 人死亡或永久全失能傷害	＞100,000	發生國際汙染事件：＞1,000,000bbl oil spill 或廠外安全事件：＞5 人死亡或永久全失能傷害（執行 F-N Curve 分析）
6	嚴重一起（Catastrophic）	5～50 人死亡或永久全失能傷害	10,000～100,000	發生國家級汙染事件：＞100,000bbl oil spill 或廠外安全事件：1～5 人死亡或永久全失能傷害（執行 F-N Curve 分析）
5	擴大的（Extensive）	2～5 人死亡或永久全失能傷害	3,000～10,000	發生區域性汙染事件：＞10,000bbl oil spill 或廠外安全事件：永久部分失能傷害或暫時全失能傷害≧5（執行 F-N Curve 分析）
4	重大（Serious）	1 人死亡；或≧5 人永久部分失能傷害或暫時全失能傷害	300～3,000	未汙染社區，汙染局限在廠內
3	高度（Considerable）	永久部分失能傷害≧1 或暫時全失能傷害＜5；或損失工時傷害≧5	30～300	工場外洩

（接續下表）

	嚴重性分類	人員	設備／設施（包括停爐損失），NTD(million)	洩漏
2	中度（Marginal）	1 ≦損失工時傷害＜5	3～30	製程單元外洩
1	可忽略的（Negligible）	急救傷害≧1	0.3～3	單一設備外洩

⬇ 表十六　可容忍風險（Acceptability）目標

嚴重性等級	嚴重性描述／代碼	可容忍目標頻率（/year）
7	極度嚴重（Extra Catastrophic）/ C_G	$< 10^{-7}$
6	嚴重（Catastrophic）/ C_F	$< 10^{-6}$
5	擴大的（Extensive）/ C_E	$< 10^{-5}$
4	重大（Serious）/ C_D	$< 10^{-4}$
3	高度（Considerable）/ C_C	$< 10^{-3}$
2	中度（Marginal）/ C_B	$< 10^{-2}$
1	可忽略的（Negligible）/ C_A	$< 10^{-1}$

⬇ 表十七　HAZOP 評估節點對照表

項次	節點	製程／操作程序名稱	研討節點描述	管線／設備編號	設計目的	圖號

⬇ 表十八　HAZOP 評估節點分析表

項目	製程偏離	可能原因	可能危害／後果	防護措施／補充說明	嚴重性	可能性	風險等級	改善建議

依據過去推行 HAZOP 分析工作過程常見缺失及改進方向所產生的問題，歸納起來不外乎以下幾項，我們亦在此嘗試提出相應的改進方向列舉如下：

(1) 評估報告流於形式，無法真正辨識製程中的潛在危害，此與評估前的準備工作不落實，評估小組成員不恰當，小組長（HAZOP Leader）的經驗與專業不足，節點區分不恰當，評估小組對於 HAZOP 的認知不完全正確，甚至是不願意面對真正的製程系統風險的心態都有關係。

(2) 因為小組成員無法回答真正的製程問題是 HAZOP 分析的致命傷，工廠常因人力不足或有經驗的人員無法

重點提示

> ### HAZOP 分析改進方向
>
> 包括評估報告流於形式、無法回答真正製程問題、資料充分度不足、應以製程角度做節點劃分與分析、未分析出真實危害／後果、可能性等級之統計意義缺乏、定義風險評估標準錯置、記錄不具體明確、工程改善應盡可能應用安全標準或規範等。

參與 HAZOP 會議而發生此問題。評估小組中的成員應包括對製程熟悉的人員，如製程工程師、資深現場操作人員。評估小組討論期間應避免干擾，確認關鍵人員時間上的可用性（Availability）。

(3) 準備充分的資料，最新版的 P&ID 圖紙、標準作業程序（SOP）、設備資料表（Data Sheet）及必要時邀請成套設備供應商技術人員參與。HAZOP 分析的範圍應包括：(a) 製程和公用系統及包括成套設備。如果成套設備在 HAZOP 分析期間資料不齊備，應在其詳細資料到齊後在後續的 HAZOP 中被評估。(b) 正常和異常工況，如開俥、停俥、緊急停俥、及特殊或異常操作，例如維修。(c) 安全／健康和環境危害後果。(d) 重大的操作性問題。(e) 考慮分析的邊界，特別是在整體的 HAZOP 計畫包含多個專案／製程單元與介面時。(f) 考慮人為因素。(g) 如果有相關的製程安全事件資訊亦應列入評估時考慮。

(4) 分析節點的劃分應以製程角度（Process View）為主，而非設備角度（Equipment View）。節點劃分沒有對與錯之說，只有相對合理性，同一個設計意圖可以併在同一節點中。節點範圍過大，難於理解，可能忽略、疏漏一些問題，好處是較能完整掌握系統性的問題。節點範圍過小，節點重複討論的問題較多，影響分析進度，且容易見樹不見林。

(5) 往往未分析出危害／後果，因此也無法評估真正的風險，及對風險控制的適合性，例如高流量或低液位造成高壓或跳俥，可能都不是最後的危害／後果。危害／後果係指所有保護措施都失效時的最惡劣情境（the Worst-case Scenario），較輕微的後果不被考慮。

(6) 風險評估時的可能性等級是有統計上的意義的，而大部分人欠缺此類經驗，僅憑主觀認知給定可能性等級指標，導致風險評估的不正確及失去意義。

(7) 定義風險評估標準或風險評估矩陣時將「職業安全」基準錯置於「製程安全」領域。

(8) HAZOP 的紀錄不具體、不明確，以致於其他人無法跟蹤，如設備編號未記錄清楚。

(9) 工程改善建議應盡可能應用相關安全標準，而不要僅憑經驗，以免流於爭議。例如 IEC 61508 安全完整性等級（SIL），下面有一個例子：熱媒油系統 HAZOP 分析報告建議增設高液位警報及緊急關斷閥，操作單位不接受此建議的理由是無電磁閥？而問題判斷應以「風險」為考慮因素，熱媒油外泄事件可接受的風險如較寬鬆（已有其他保護措施），其相對之 SIL 需求不高，安全聯鎖系統的需求則不高。另增設警報不是好的方案，過多警報或其設計不良可能會發生警報氾濫的問題（Alarm Flooding），相關標準為 ISA 18.2 或 EEMUA 191。

(10) 管理或程序上的改善建議應具針對性，明確可行，並符合誰、做什麼、何時做或多久做一次、及如何做等 3W1H 原則，避免提出如加強教育訓練，落實維修檢查等空泛的說法。

2.6 其他風險評估分析方法案例

一、工作安全分析

工作安全分析（Job Safety Analysis, JSA）是一項將工作分析與預知危險進行組合的工作，按照其順序，找出可能發生的危害，而尋求消除或控制該項危害因素之方法，以建立安全衛生的標準作業程序（Standard Operating Procedures, SOP）或工作標準（Working Standard）（如圖 49）。需進行工作安全分析的情況，舉凡是曾經發生失能傷害的工作、事故率高的工作、具有潛在嚴重性的工作以及新的工作，均有必要進行 JSA，而欲消除或防止危害的方法即為改變工作方法、改變實質製程或環境情況及改變工作程序等方案 [1][51][56-58]。

 重點提示

工作安全分析（JSA）

是一項將工作分析與預知危險進行組合的工作，按照其順序，找出可能發生的危害，而尋求消除或控制該項危害因素之方法，以建立安全衛生的標準作業程序（SOP）或工作標準。

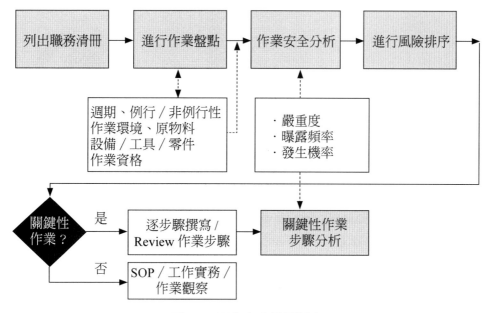

圖 49　工作安全分析程序

對於工作場所潛在危害因素探討之方向，可由人、機、料、法、環五個構面進行思考如下：

1. 人（Human）的方面：如工作者之知識、經驗、意願、行為特性、身體狀況、精神狀況、人際關係、婚姻家庭（如圖 50）、親子關係等都是造成人為失誤（Human Error）的主要因素。

💡 重點提示

工作場所潛在危害因素探討方向
可由人、機、料、法、環五個構面進行思考。

2. 機械（Machinery）方面：如廠房或製程所使用的設備、機械、工具等、正確安全防護裝置，是否具本質較安全（ISD），檢查、維護保養、整備狀態等均會影響工作安全。

3. 材料（Material）方面：如廠房或製程所使用的物料、材質、材料、檢查機制（Mechanism of Inspection）是否完整、正確、有無缺陷等亦可能造成事故發生情況。

4. 方法（Methodology）方面：如作業流程中的工作步驟、程序、作業姿勢、個人防護具等因素亦會影響工作安全。

5. 環境（Environmental）方面：包含廠房與製程或作業之場所空間、空氣（爆炸、缺氧、有害氣體）、採光照明、溫溼、噪音條件、危害標示（如圖 51）、感電、墜落、5S 等影響因素均有可能危害工作者。

圖 50　婚姻家庭是影響工作不可忽視的項目

LONGER TERM HEALTH HAZARD

圖 51　危害標示是防止人為失誤重要積極作為

工作安全分析的詳細程序說明如下：

1. 決定要分析的工作：建議包含傷害頻 高的工作、傷害嚴重 高的工作、具潛在嚴重危害性的工作、臨時性或非經常性的工作、經常性，但非生產性的工作、新工作等進行分析。

2. 將工作分成幾個主要步驟：建議可區分為作業前、作業中、作業後進行分析。

3. 發掘潛在危害（Potential Hazards）及可能危害：包含撞及或被撞及、觸及或被觸、感電、陷入、捲入或被挾、滑跤或絆倒或墜落、割傷、扭傷、危害暴露、洩漏、中毒、窒息、爆炸及其他危害使同事受到傷害等潛在危害進行分析（如圖 52）；亦或是利用常知的物理性危害（Physical Hazards）、化學性危害（Chemical Hazards）、生物性危害（Biological Hazards）、人因工程性危害（Human-Factor hazards）、心理性危害（Psychological Hazards）等範疇進行分析。

重點提示

工作安全分析程序

為決定要分析的工作、將工作分成幾個主要步驟、發掘潛在危害及可能危害、決定安全工作方法等。

圖 52　潛在危害認知與辨識是安全衛生管理人員的重要責任

4. 決定安全工作方法：建議包含改進工作程序、製程機臺設備與廠務系統、改善工作環境、根本解決之對策（如 ISD 應用）等，配合圖 45 觀念逐項進行改善。

在完整進行 JSA 後，將會產出安全作業標準與 SOP，不過不是執行一次 JSA 就能確保永久的安全，所以在有發生發生事故時應檢討事故原因予以修正或增刪，工作程序變更時也須立即修訂，工作方法改變時亦建議重新分析，才能有效確保符合實際需要。表十九為工作安全分析表，表二十為安全作業標準格式供讀者參考。

⬇ 表十九　工作安全分析表

工作名稱：　　　　　　　　　　個人防護具： 作業地點：　　　　　　　　　　編　制　日　期： 設備工具：　　　　　　　　　　修　訂　日　期： 物件、材料：　　　　　　　　　修　訂　次　數：			
基本步驟	工作方法	潛在危險	安全工作方法
批准者：　　　　　　　審核者：　　　　　　　分析者：			

⬇ 表二十　安全作業標準

作業種類：　　　　　　　　　　　　編號 作業名稱：　　　　　　　　　　　　訂定日期：　　　年　　月　　日 作業方式：　　　　　　　　　　　　修定日期：　　　年　　月　　日 使用器具工具：　　　　　　　　　　修定次數： 防護具：　　　　　　　　　　　　　製作人：				
工作步驟	工作方法	不安全因素	安全措施	事故處理
圖解				

二、失效模式與影響分析

失效模式與影響分析（Failure Mode and Effects Analysis, FMEA）亦稱為失效模式與後果分析、失效模式與效應分析、故障模式與後果分析或故障模式與效應分析等。FMEA 係對系統範圍內潛在的失效模式（Failure Mode）加以分析，以便按照嚴重程度加以分類，或者確定失效對該系統的影響，應用方面適合於製造業產品生命週期（Product Lifecycle）的各個階段。失效原因一般係指加工處理（Processing）、設計過程中（Design Process）或項目／物品（Item）本身存在的任何錯誤或缺陷（Errors or Defects），尤其是那些將會對消費者造成影響的錯誤或缺陷情況，因此原則上失效原因可分為潛在和和實際兩大類。原則上只要有新產品／新製程、操作條件變更、設計變更、新法規或制度、消費者反應等情況，建議應對 FMEA 重新分析，如圖 53 所示。對於安全而言 FMEA 可以確保可能出現的任何失效不會傷害到消費者或者嚴重影響系統運作。對於 FMEA 使用上應注意努力消除失效模式、最大程度地降低失效的嚴重程度、降低失效模式的出現頻度及改進檢查發現工作等重點工作，才能發揮 FMEA 效用 [51][59-62]。

FMEA 的過程主要分為三個主要階段說明如下：

1. 決定嚴重程度（Severity）

依據功能需求及其影響來確定所有的失效模式。而失效模式的例子有：電路短路（Short Circuit）、鏽蝕（Corrosion）或變形（Deformation）等情況。其中要特別注意一個組件中之失效模式可能導致另一組件之失效模式，所以對於每種失效模式，均應當採用技術術語（Technical Terms），並按功能列出。此後，需要加以考慮的是每種失效模式的最終影響。對於每種影響，分別賦予一個等級值為 1（無危險）到 10（危重）之間的嚴重程度值（表示為 S）。若某影響嚴重程度值為 9 或 10，則應當考慮採取行動措施，盡可能消除該失效模式，或者保護使用者免受其影響。

重點提示

失效模式與影響分析（FMEA）

係對系統範圍內潛在的失效模式加以分析，以便按照嚴重程度加以分類，或者確定失效對該系統的影響，應用方面適合於製造業產品生命週期的各個階段。

圖 53　**FMEA 對於變更管理有顯著效益**

重點提示

FMEA 分析程序

包含決定嚴重程度、決定出現頻率、檢查、計算風險優先級數、記錄目標／責任／實施日期／行動建議等事項。

2. 決定出現頻率（Frequency of Occurrence）

此階段需考慮失效原因及其出現頻數，可以依據檢查類似產品、製程及記錄在案相關失效情況來確認，原則上失效原因亦被視為設計缺陷，對於失效模式所有潛在的原因，均應當加以確定和記載，此外應採用技術術語進行描述例如錯誤的算法、過高的電壓或者不當的操作／工作條件等。出現頻率一般也依每種失效模式賦予一個範圍為 1～10 的概率值（表示為 O）。如果出現頻度高（指的是概率值 > 4 的非安全失效模式以及第 1 步的嚴重程度值為 9 或 10 且概率值 > 1 時），就需要確定出行動措施。

3. 檢查（Checking）

當確定適當的行動措施，需要做工作就是測試其效能，最好也進行設計驗證，而且，還需要選擇合適的檢查方法。程序上首先確認對系統所採取的控制措施，接著確定發現失效問題的測試、分析、監控以及其他可行技術方法，對於某種失效問題能夠得以識別或發現的每種組合形式都將獲得一個發現指數（表示為 D），此指數表示預定的測試或檢查工作在消除缺陷或發現失效模式方面的能力。

完成前述步驟後，接著計算風險優先級數（Risk Priority Numbers, RPN），RPN 在選擇防範失效模式的行動措施方面並不發揮什麼重要作用，其主要功能是評價行動措施方面的閾值，計算上對嚴重程度、出現頻度和易發現性進行分級之後，再把三個數值乘起來即可得到（RPN = S×O×D）。對於整個製程／設計而言，RPN 最高的失效模式應當獲得最高的優先級別，重要觀念即嚴重程度值最高的失效模式並不一定就應當首先加以處理，而是應先處理那些嚴重程度相對較低，但更常發生且不太易於發現的失效問題。

在分配了這些數值之後，要記錄下配有目標、責任以及實施日期的行動建議等，而這些行動措施可以包括具體的檢查、測試或品質程序、重新設計（例如與系統中選擇新組件時）、增加更多容忍程度及限制環境壓力或工作範圍。在設計／製程之中實施了這些行動措施之後，應重新檢查 RPN，以便確認改善情況。表二十一為 FMEA 工作表，供讀者參閱。

⬇ 表二十一　FMEA 工作表

功能	失效模式	影響	S（嚴重程度分級）	原因	O（出現頻率分級）	目前控制措施	D（檢查分級）	CRIT（關鍵特性）	RPN（風險優先級數）	行動措施建議	責任人及預訂完成日期	已採取行動措施

三、HAZOP＋LOPA

保護層分析（Layer of Protection Analysis, LOPA），該方法提供了製程工業風險控制分析的最佳實務。圖 83 即爲 LOPA 架構示意，圖 54 則描述製程保護層與危害衝擊關係。製程設計可作爲保護層係指用於在發生一個起始失效事件時，降低發生事件後果的可能性的本質較安全

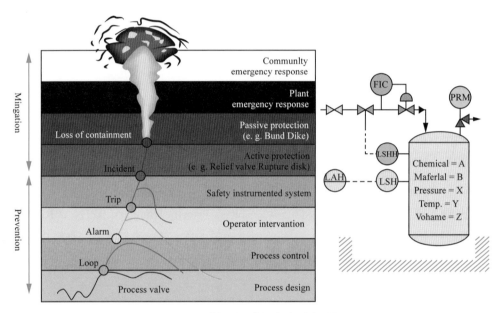

圖 54　製程保護層與危害衝擊

設計（ISD）。這種設計的一個例子就是雙套管或是雙層壁的壓力容器，當主管道或壓力容器的完整性受到損害時，外套可防止製程物質的釋放。基本程序控制系統及警報都可以作爲保護層，但不一定是獨立保護層（Independent Protection Layer, IPL），又以化學品輸送管路採用雙套管是高科技廠常用的 ISD 策略（如圖 55 所示）[1][63-67]。

如果起始原因是一個分布式控制系統（Distributed Control System, DCS）回路，則該 DCS 不能算作 IPL；又 DCS 發出的警報不是獨立於

圖 55　化學品輸送管路採用雙套管是高科技廠常用的本質較安全設計策略

DCS 之外的，所以該警報也不是 IPL；一個 DCS 回路，若其正常的控制可以補償起始原因，則該 DCS 可以算作一個 IPL。例如控制閥失效導致高壓危害，而下游設備有壓力控制（Pressure Indication Control, PIC）可開啟排至燃燒塔（Flare）釋壓，且系統設計有獨立的控制盤警報，則基本程序控制系統及警報都屬與 IPL。但如果是 DCS 控制器或儀錶失效導致高壓危害可能，則 PIC 及警報都不屬於 IPL。所以符合 IPL 的原則是要能同時滿足四個條件即特定性（Specificity）、獨立性（Independence）、可信性（Dependability）、可審核性（Auditability）等四項要求，即在系統的安全功能上具有不可取代性才屬於 IPL。

　　保護層分析需考慮主動式保護層與被動式保護層，即風險預防措施（Prevention）和風險消減措施（Mitigation）。圖 54 示例中預防措施包括有製程設計及相關設備本質較安全程度、程序控制環路（如 Flow Indicate Control, FIC）、安全聯鎖系統（Level Switch High High, LSHH）、及介於控制與安全儀表系統（Safety Instrument System, SIS）間的警報與操作員緊急處理程序。風險消減措施則包括製程異常後的安全閥、防止危害性物質外洩後擴散的防溢堤、及緊急應變計畫等方案。

　　保護層分析（LOPA）的基本過程為：

　　1. 必須先取得公司無法接受的風險等級標準（例如 1×10^{-6}／年嚴重的結果）；

　　2. 列出每一個衝擊事件起始原因和估計的可能性；

　　3. 列出獨立保護層（IPL），即：DCS、警報和程序、SIS 等；

　　4. 各獨立保護層（IPL）均被指定一個需求時失效機率（Probability of Failure on Demand, PFD）；

　　5. 事件發生的可能性＝起始失效事件的可能性 × 所有獨立保護層（IPL）的需求時失效機率（PFD）。

重點提示

符合 IPL 原則

即特定性、獨立性、可信性、可審核性等四項要求，即在系統的安全功能上具有不可取代性才屬於 IPL。

重點提示

保護層分析需考慮

主動式保護層與被動式保護層，即風險預防措施和風險消減措施。

重點提示

風險預防措施

包括有製程設計及相關設備本質較安全程度、程序控制環路（FIC）、安全聯鎖系統（LSHH）、及介於控制與安全儀表系統（SIS）間的警報與操作員緊急處理程序。

重點提示

風險消減措施

則包括製程異常後的安全閥、防止危害性物質外洩後擴散的防溢堤、及緊急應變計畫等方案。

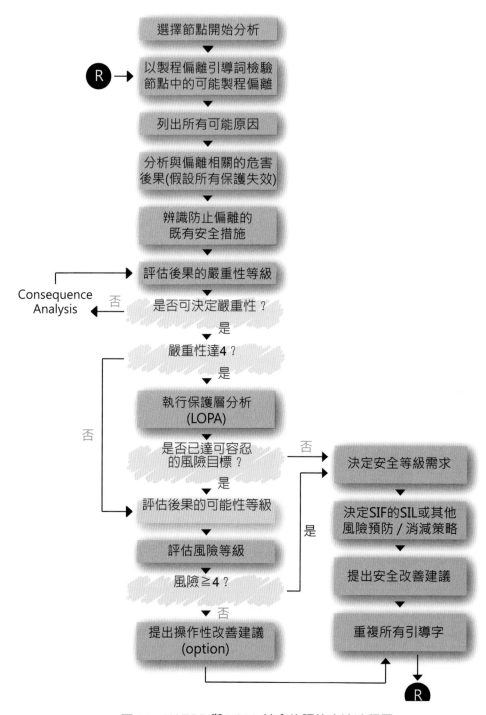

圖 56　HAZOP 與 LOPA 結合的評估方法流程圖

HAZOP 與 LOPA 結合的評估方法分析流程圖如圖 56，詳細的評估步驟說明如下：

1. 定性分析：針對各節點以傳統 HAZOP 的分析模式，利用製程偏離引導詞，檢驗節點中可能出現的製程偏離，列出造成各製程偏離的所有可能原因，分析相關的危害後果，辨識防止製程偏離的既有安全措施。

2. 風險評估：以表十三、表十四、表十五對於製程偏離後的風險進行評估時，先依循表十五評估風險危害的嚴重性，同時確定可容忍風險目標，詳如表十六。

3. 採用 8×7 的風險矩陣，嚴重性等級定級為 4 級及 4 級以上者，應進行保護層分析（LOPA）；嚴重性等級定級為 3 級，但評估小組認為有必要者也需要進行保護層分析（LOPA）。採用 5×5 的風險矩陣，嚴重性等級 3 級及 3 級以上者建議進行保護層分析（LOPA）。

4. 保護層分析（LOPA）：保護層分析可依 IEC 61511-3 規範附件 F 的 LOPA Form，詳如表二十二。

⬇ 表二十二　IEC 61511-3 LOPA Form

1	2	3	4	5	6	7	8	9	10	11	12
事件後果	嚴重性	起始失效事件	起始失效事件可能性	一般製程設計	基本程序控制系統	警報	額外消減措施	獨立保護層	中間事件可能性	安全儀錶系統完全性等級	消減後的事件可能性

5. 保護層分析原則與判斷標準如下：

    (a) 事件後果：複製並延用 HAZOP 的分析後果。

    (b) 嚴重性：複製並延用 HAZOP 分析的嚴重性。

    (c) 起始失效事件：對 HAZOP 分析出的所有可能原因，逐項討論。

    (d) 起始失效事件可能性：查詢起始事件失效率資料庫，參見美國化學工程師學會化學製程安全中心（CCPS）出版的 Layer of Protection Analysis：Simplified Process Risk Assessment

 重點提示

> **保護層分析程序**
>
> 包括取得無法接受風險等級標準、列出每一衝擊事件起始原因和估計的可能性、列出獨立保護層（IPL）、各 IPL 指定需求時失效機率（PFD）、事件發生的可能性計算等。

（2001）中典型之起始事件數據表。表二十三我們提供了一些典型的起始失效事件失效率。

● 表二十三　典型的起始失效事件失效率

項次	起始失效事件	可能性（1/yr）
1	逆止閥未能完成止逆（Check valve fails to check fully）	1
2	Check valve sticks shut	0.01
3	墊片或迫緊破裂（Gasket or packing blows out）	0.01
4	調壓閥故障（Regulator fails）	0.1
5	安全閥開啓或嚴重洩漏（Safety valve opens or leaks through badly）	0.01
6	馬達或閥門誤動作的所有原因（Spurious operation of motor or pneumatic valves - all causes）	0.1
7	泵軸封故障（Pump seal fails）	0.1
8	多組的泵及轉動設備（損失流量）（Pumps and other rotating equipment（loss of flow））	0.1
9	冷卻風扇或翅扇停止（Cooling fan or fin-fan stops）	0.1
10	往復式泵或壓縮機停止（Motor-driven pump or compressor stops）	0.1
11	壓縮機或渦輪因裂縫而超速（Overspeed of compressor or turbine with casing breach）	0.1
12	BPCS 回路故障（BPCS loop fails）	0.1
13	操作失誤 - 沒有壓力（正常操作）（Operator error-no stress（routine operations））	0.1
14	操作失誤 - 有壓力（警報、啓動、停機等）（Operator error-stress（alarms, startup, shutdown, etc.））	1
15	常壓儲槽故障（Atmospheric tank failure）	1×10^{-3}
16	球槽發生沸騰液體蒸發膨脹爆炸（Sphere BLEVE）	1×10^{-4}
17	容器洩漏（小孔徑 ≦ 2"）（Small orifice（≦ 2"）vessel release）	1×10^{-3}
18	冷卻水故障（Cooling water failure）	0.1
19	電力故障（Power failure）	1
20	儀錶氣源故障（Instrument air failure）	0.1
21	氮氣（或惰性氣體）系統故障（Nitrogen（or inerting）system failure）	0.1

(e) 一般製程設計（General Process Design）：是指廠區設計對評估中的起始失效事件或事件後果而言是否依循一般安全設計規範，如美國石油協會（American Petroleum Institute, API）、美國機械工程師協會（American Society of Mechanical Engineers, ASME）、美國防火協會（National Fire Protection Association, NFPA）……等相關標準，進而進行適當的區域防爆等級設計、防止毒性或不相容物質洩漏的雙套管設計、容器器壁加厚或內附耐火材料、或其他本質較安全設計（ISD），且此類設計對研討事件的保護而言是獨立且有效的。當有具備分析時表示為（0.1）；若無則表示為 (1)。

(f) 基本程序控制系統（Basic Program Control System）：除失效的控制系統外，其他相關的監控、調節系統等。如分布式控制系統（Distributed Control System, DCS）、可編程邏輯控制器（Programmable Logic Controller, PLC）、控制盤（Panel）。當有具備分析時表示為（0.1）；若無則表示為 (1)。

(g) 警報（Alarm）：獨立的安全系統警報，第 (c) 項與第 (f) 項自動化作業系統以外的警報，並且要建立有對應事件的 SOP。當有具備分析時表示為（0.1）；若無則表示為 (1)。

(h) 額外消減措施（Additional Mitigation Measures）：可靠度較低的外部消減措施，如製程安全管理（Process Safety Management, PSM）、作業許可證、廠區人員管制等，但須針對起始事件進行者。當有具備分析時表示為（0.1）；若無則表示為(1)。

(i) 獨立保護層（Independent Protective Layer）：為可靠度較高的消減系統，其失效機率需小於或等於 0.01，如：防溢堤（Anti-Spill Dike）、安全閥（Safety Valve）、爆破片（Rupture Disc）、自動消防撒水系統（Sprinkler System）（如圖 57）等物理式或機械式的保護措施。查詢美國化學工程師學會化學製程安全中心（Center for Chemical Process Safety, CCPS）出版的 Layer of Protection Analysis：Simplified Process Risk Assessment（2001）中獨立保護層

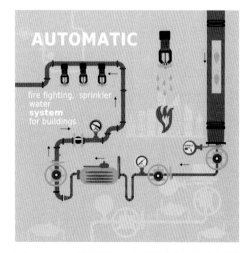

圖 57　自動消防撒水系統為可靠度較高的消減系統

數據表。表二十四我們提供了一些典型的失效機率。

(j) 中間事件可能性：第 (d) 項到第 (i) 項的乘積。

(k) 安全儀錶系統完全性等級：安全儀錶系統功能故障的發生機率（PFD）對應的 SIL 等級，詳如表十三表中之備註說明。

(l) 消減後的事件可能性：風險控制後的失效事件可能性，即風險須小於或等於可容忍風險目標。

🔽 表二十四　典型的消減系統失效機率

系統或措施	失效機率
灑水系統（Sprinkler System）	5×10^{-2}
即早型偵煙系統（VESDA）	5×10^{-2}
自動二氧化碳滅火系統（Automatic CO_2 System）	5×10^{-2}
安全閥（Relief valve）	1×10^{-2}
爆破片／洩爆門（Rupture Disc／Relieving Door）	1×10^{-2}
防爆牆（Blast Wall）	1×10^{-3}
防火設計或防火被覆（Fireproofing）	1×10^{-2}
溢流管（Tank Overflow Line）	1×10^{-2}
防溢堤（Dike）	1×10^{-2}
排水系統（Drainage System）	1×10^{-2}

6. 可容忍目標評估：評估是否已達可容忍的風險目標（Tolerable Risk Objectives）。

7. 改善建議：如果已經達到可容忍的風險目標頻率，則依循表十四確定風險可能性等級，依循表十三確定風險等級，確認風險等級是否已在 4 級以內，並根據需要提出可操作的改善建議。

8. 安全儀錶系統安全等級定級：如果未達到可容忍的風險目標頻率，則確定安全等級需求，計算評估如下式：

$$（中間事件可能性）=（消減後的事件可能性）\times RRF$$

其中 RRF = Risk Reduction Factor

且 PFD = 1/RRF

進而確定安全儀錶系統功能（Safety Instrumented Functions, SIF）的 SIL 或相當於此 PFD 的其他風險預防或風險消減措施，並提出安全改善建議。

四、故障樹分析

故障樹分析（Fault Tree Analysis, FTA）技術是美國貝爾電報公司的電話實驗室於 1962 年所開發，係採用邏輯的方法，圖像式地進行危險的分析工作，特點是直觀、明了，思路清晰，邏輯性強，可以做定性分析（Qualitative Analysis），也可以做定量分析（Quantitative Analysis）。FTA 體現了以系統工程方法研究安全問題的系統性（Systematic）、準確性（Accurate）和預測性（Predictive），它是安全系統工程（Safety System Engineering）的主要分析方法之一。故障樹圖（Fault Tree Diagram, FTD）是一種邏輯因果關係圖（Logical Causality Diagram），其依據元部件狀態（基本事件）來顯示系統的狀態（頂事件），所以故障樹圖是從上到下逐級建樹並且根據事件而聯結，運用圖形化「模型」路徑的方法，使系統能導致一個可預知的或不可預知的故障事件，路徑交點處的事件和狀態，利用標準的邏輯符號（And、Or 等）表示[20][51][67-71]。

故障樹分析中常用符號包含表二十五之事件符號、表二十六之邏輯符號等。而最後依據邏輯建立成完整故障樹圖（如圖 58），在圖中各事件我們給定發生機率，即可求得頂端事件機率，如此即成為定量分析。

 重點提示

故障樹分析（FTA）

是一種邏輯因果關係圖，其依據元部件狀態（基本事件）來顯示系統的狀態（頂端事件），所以故障樹圖是從上到下逐級建樹並且根據事件而聯結，運用圖形化「模型」路徑的方法，使系統能導致一個可預知的或不可預知的故障事件，路徑交點處的事件和狀態，利用標準的邏輯符號（AND、OR 等）表示。

 重點提示

故障樹分析常用符號

包含事件符號（有底事件、基本事件、未探明事件、結果事件、誤事件、中間事件、特殊事件、無關事件、條件式件等）及邏輯符號（有及閘、或閘、反閘、反及閘、反或閘、互斥或閘、反互斥或閘、同閘等）。

表二十五　故障樹分析符號（事件符號）

符號名稱		定義
事件符號	底事件	底事件是故障樹分析中僅導致其他事件的原因事件
	基本事件	圓形符號是，故障樹中的基本事件。是分析中無需探明其發生原因的事件
	來探明事件	菱形符號是是故障樹分析中的未探明事件，即原則上應進一步探明其原因但暫時不必或暫時不能探明其原因的事件。它又代表省略事件，一股表示那些可能發生，但概率值微小的事件；或者對此系統雖到比為止不需要再進一步分析的故障事件，這些故障事件在定性分析中或定量計算中都可以忽略不計
	結果事件	矩形符號。是故障樹分析中的結果事件；可以是頂事件，由其他事件或事件組合所導致的中間事件和矩形事件的下端與邏輯閘連接，表示該事件是邏輯閘的一個輸入
事件符號	頂事件	項事件是故障樹分析中所關心的結果事件
	中間事件	中間事件是位於頂事件和底事件之間的結果事件
	特殊事件	特殊事件指在故障樹分析中需用特殊符號表明其特殊性或引起注意的事件
	開關事件	房形符號是開關事件，在正常工作條件下必然發生或必然不發生的事件。當房形中所給定的條件滿足時，房形所在閘的其他輸入保留，否則除去。根據故障要求，可以是正常事件，也可以是故障事件
	條件事件	扁圓形符號是條件事件，是描述邏輯閘起作用的具體限制的事件

表二十六　故障樹分析符號（邏輯符號）

符號名稱		定義
邏輯符號	及閘	及閘表示僅當所有輸入事件發生時，輸出事件才發生
	或閘	或閘表示至少一個輸入事件發生時，輸出事件就發生
	非閘	非閘表示輸出事件是輸入事件的對立事件
	k/n 表決閘	表決閘表示僅當 n 個輸入事件中有 k 個或 k 個經上的事件發生時，輸出事件才發生
	（順序條件）順序與閘	順序與閘表示僅當輸入事件按規定的順序發生時，輸出事件才發生
邏輯符號	不同時發生 異或閘	異或閘表示僅當單個輸入事件發生時，輸出事件才發生
	禁閘打開條件 禁閘	禁閘表示僅當條件發生時輸入事件的發生方導致輸出事件的發生
	（子樹代號字母）特向符號　（子樹代號字母）轉此符號	相同轉移符號用經指明子樹的位置，轉向和轉引字母代號相同
	（轉移的子樹代號）個體轉向　不同的事件符號：×××－××　（子樹代號）相似轉移	相似轉移符號用以指明相似子樹的位置，轉向和轉此字母代號相同，事件的標號不同

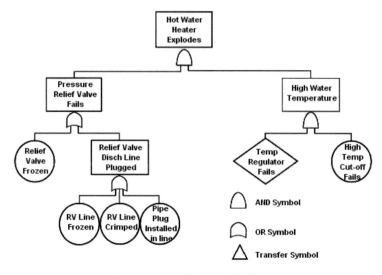

圖 58　FTA 定性分析架構

FTA 因可進行量化分析，故有其機率觀點之數學運算基礎，說明如下：

1. 集合為具有某種共同可識別特點的項（事件）的集合且這些共同特點使之能夠區別於他類事物。

2. 聯集係把集合 A 的元素和集合 B 的元素合併在一起，這些元素的全體構成的集合叫做 A 與 B 的聯集，記為 A∪B 或 A+B。若 A 與 B 有公共元素，則公共元素在聯集中只出現一次，如以下例。

   若 A={a、b、c、d}

   又 B={c、d、e、f}

   則 A∪B= {a、b、c、d、e、f}

3. 交集則為兩個集合 A 與 B 的交集是兩個集合的公共元素所構成的集合，記為 A∪B 或 A+B。根據定義，交是可以交換的，即 A∩B，如以下例。

   例若 A={a、b、c、d}

   B={c、d、e}

   則 A∩B={c、d}

4. 補集為整個集合（Ω）中集合 A 的補集為一個不屬於 A 集的所有元素的集合。補集又稱餘集，記為 A 或 Ā。

   圖 59 為 FTA 數學運算基礎概念彙整，供讀者參考。

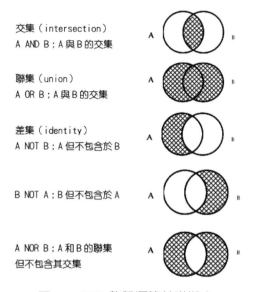

交集（intersection）
A AND B；A與B的交集

聯集（union）
A OR B；A與B的交集

差集（identity）
A NOT B；A但不包含於B

B NOT A；B但不包含於A

A NOR B；A和B的聯集
但不包含其交集

圖 59　FTA 數學運算基礎概念

　　由於 FTA 為邏輯架構，所以布林代數（Boolean Algebra）可以幫助我們將事件表達為另一些基本事件的組合。將系統失效表達為基本元件失效的組合。演算這些邏輯方程式即可求出導致系統失效的元件失效組合（即最小割集合（Minimum Cut Set）），進而根據元件失效機率，計算出系統失效的機率。布林代數規則如表二十七、表二十八與表二十九（其中 A、B 代表兩個集合）。

表二十七　布林代數運算式彙整

運算方式	簡稱	運算符號	運算式
邏輯補數	NOT	−	$X = \overline{A}$
邏輯乘法	AND	·	$X = A \cdot B$
邏輯加法	OR	+	$X = A + B$

邏輯閘	簡稱	布林代數	運算式
反向閘	NOT	NOT	$X = \overline{A}$
及閘	AND	AND	$X = A \cdot B$
或閘	OR	OR	$X = A + B$

（接續下表）

邏輯閘	簡稱	布林代數	運算式
反及閘	NAND	NOT-AND	$X = \overline{A \cdot B}$
反或閘	OR	NOT-or	$X = \overline{A + B}$
互斥或閘	XOR	EX-OR	$X = A \oplus B$
互斥反或或閘	XNOR	EX-NOR	$X = \overline{A \oplus B}$

⬇ 表二十八　布林代數運算規則（單變數）

基本定理	加法運算	乘法運算
對偶定理	$A + 0 = A$	$A \cdot 1 = A$
吸收定理	$A + 1 = 1$	$A \cdot 0 = A$
全等定理	$A + A = A$	$A \cdot A = A$
補數定理	$A + \overline{A} = 1$	$A \cdot \overline{A} = 0$
自補定理	$\overline{\overline{A}} = A$	

⬇ 表二十九　布林代數運算規則（多變數）

定律	加法運算	乘法運算
交換律	$A + B = B + A$	$AB = BA$
結合律	$A + (B + C) = (A + B) + C = A + B + C$	$A(BC) = (AB)C = ABC$
分配律	$A + (BC) = (A + B)(A + C)$	$A(B + C) = AB + AC$
消去律	$A + AB = A$	$A(A + B) = A$
第摩根定理	$\overline{A + B} = \overline{A} \cdot \overline{B}$	$\overline{AB} = \overline{A} + \overline{B}$

故障樹分析的基本程序說明如下：

1. 熟悉系統：要詳細了解系統狀態及各種參數，繪出製程流程圖或布置圖。

2. 調查事故：收集事故案例，進行事故統計，設想給定系統可能發生的事故。

3. 確定頂上事件：要分析的對象即爲頂上事件。對所調查的事故進行全面分析，從中找出後果嚴重且較易發生的事故作爲頂上事件。

重點提示

故障樹分析程序

爲熟悉系統、調查事故、確定頂上事件、確定目標值、調查原因事件、畫出故障樹、分析、事故發生概率、比較、分析等。

4. 確定目標值：根據經驗教訓和事故案例，經統計分析後，求解事故發生的機率（頻率），以此作爲要控制的事故目標值。

5. 調查原因事件：調查與事故有關的所有原因事件和各種因素。

6. 畫出故障樹：從頂上事件起，逐級找出直接原因的事件，直至所要分析的深度，按其邏輯關係，畫出故障樹。

7. 分析：按故障樹結構進行簡化，確定各基本事件的結構重要度。

8. 事故發生概率：確定所有事故發生概率，標在故障樹上，併進而求出頂上事件（事故）的發生概率。

9. 比較：比較分可維修系統和不可維修系統進行討論，前者要進行對比，後者求出頂上事件發生概率即可。

10. 分析：原則上是上述 10 個步驟，在分析時可視具體問題靈活掌握，如果故障樹規模很大，可藉助電腦進行。目前 FTA 一般都考慮到第 7 步進行定性分析爲止，即可取得不錯效果。

五、事件樹

事件樹分析（Event Tree Analysis）是一種系統地研究作爲危險源的初始事件如何與後續事件形成時序邏輯關係而最終導致事故的方法。其分析程序如下 [51][72-73]：

1. 確定初始事件：正確選擇初始事件十分重要。初始事件是事故在未發生時，其發展過程中的危害事件或危險事件，如機器故障、設備損壞、能量外逸或失控、人的誤動作等。可以用兩種方法確定初始事件包含根據系統設計、系統危險性評價、系統運行經驗或事故經驗等進行確定；或是根據系統重大故障或失誤樹分析，從其中間事件或初始事件中選擇。

 重點提示

> 事件樹分析程序
>
> 爲確定初始事件、判定安全功能、繪製事件樹、簡化事件樹等。

2. 判定安全功能：系統中包含許多安全功能，在初始事件發生時消除或減輕其影響以維持系統的安全運行。常見的安全功能如對初始事件自動採取控制措施的系統，如自動停車系統等；或是提醒操作者初始事件發生了的報警系統；亦或是根據報警或工作程式要求操作者採取的措施；緩衝裝置，如減振、壓力泄放系統或排放系統等；及局限或屏蔽措施等。

3. 繪製事件樹：從初始事件開始，按事件發展過程自左向右繪製事件樹，用樹枝代表事件發展途徑。首先考察初始事件一旦發生時最先起作用的安全功能，把可以發揮功能的狀態畫在上面的分枝，不能發揮功能的狀態畫在下面的分枝。然後依次考察各種安全功能的兩種可能

狀態，把發揮功能的狀態（又稱成功狀態）畫在上面的分枝，把不能發揮功能的狀態（又稱失敗狀態）畫在下面的分枝，直到到達系統故障或事故爲止（如圖 60）。

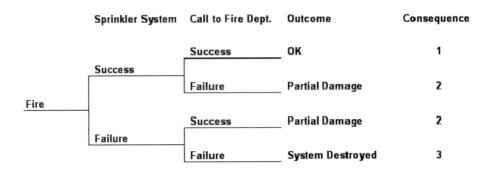

圖 60　以火災為例之 ETA 模型

4. 簡化事件樹：在繪製事件樹的過程中，可能會遇到一些與初始事件或與事故無關的安全功能，或者其功能關係相互矛盾、不協調的情況，需用工程知識和系統設計的知識予以辨別，然後從樹枝中去掉，即構成簡化的事件樹。

在繪製事件樹時，要在每個樹枝上寫出事件狀態，樹枝橫線上面寫明事件過程內容特徵，橫線下麵註明成功或失敗的狀況說明。而事件樹的定性分析在繪製事件樹的過程中就已進行，繪製事件樹必須根據事件的客觀條件和事件的特征作出符合科學性的邏輯推理，用與事件有關的技術知識確認事件可能狀態，所以在繪製事件樹的過程中就已對每一發展過程和事件發展的途徑作了可能性的分析。

事件樹畫好之後的工作，就是找出發生事故的途徑和類型以及預防事故的對策。事件樹的各分枝代表初始事件一旦發生其可能的發展途徑。其中，最終導致事故的途徑即爲事故連鎖。一般地，導致系統事故的途徑有很多，即有許多事故連鎖。事故連鎖中包含的初始事件和安全功能故障的後續事件之間具有「邏輯與」的關係，顯然，事故連鎖越多，系統越危險；事故連鎖中事件樹越少，系統越危險。事件樹中最終達到安全的途徑指導我們如何採取措施預防事故。在達到安全的途徑中，發揮安全功能的事件構成事件樹的成功連鎖。如果能保證這些安全功能發揮作用，則可以防止事故。一般地，事件樹中包含的成功連鎖可能有多個，即可以通過若幹途徑來防止事故發生。顯然，成功連鎖越多，系統越安全，成功連鎖中事件樹越少，系統越安全。由於事件樹反映了事件之間的時間順序，所以應該儘可能地從最先發揮功能的安全功能著手。

　　事件樹亦可進行定量分析，其指根據每一事件的發生概率，計算各種途徑的事故發生概率，比較各個途徑概率值的大小，作出事故發生可能性序列，確定最易發生事故的途徑。一般地，當各事件之間相互統計獨立時，其定量分析比較簡單。當事件之間相互統計不獨立時（如共同原因故障，順序運行等），則定量分析變得非常複雜。大型 ETA 模型其定量分析亦需要運用電腦協助運算（如圖 61）。定量分析需考慮各發展途徑的

圖 61　大型 ETA 模型其定量分析亦需要運用電腦協助運算

概率等於自初始事件開始的各事件發生概率的乘積；事故發生概率等於導致事故的各發展途徑的概率和；對設計事故預防方案，制定事故預防措施提供了有力的依據。所以從事件樹上可以看出，最後的事故是一系列危害和危險的發展結果，如果中斷這種發展過程就可以避免事故發生。因此，在事故發展過程的各階段，應採取各種可能措施，控制事件的可能性狀態，減少危害狀態出現概率，增大安全狀態出現概率，把事件發展過程引向安全的發展途徑。採取在事件不同發展階段阻截事件向危險狀態轉化的措施，最好在事件發展前期過程實現，從而產生阻截多種事故發生的效果。但有時因爲技術經濟等原因無法控制，這時就要在事件發展後期過程採取控制措施。顯然，要在各條事件發展途徑上都採取措施才行。

六、領結分析法

　　領結分析法（Bow-Tie Analysis）（如圖 62）最早出現在 1979 澳洲昆士蘭大學（University of Queensland, Australia）的 ICI 公司危害分析課程中。殼牌石油公司是 Bow Tie 方法發展及推廣最有力者。最主要的使用目的在找出最適用的災害風險控管方法。Bow Tie 方法之功能係將危害事件（Hazardous Event），透過分析可能的威脅（Threats）、預防屏障（Preventive Barriers）、處置屏障（Mitigating Barriers）及可能的影響後果（Consequences），來辨識可能的屏障失效地原因，以改善災害風險預防及事故後處置的屏障方法，進而減少意外事故的風

 重點提示

領結分析法

之功能係將危害事件，透過分析可能的威脅、預防屏障、處置屏障及可能的影響後果，來辨識可能的屏障失效地原因，以改善災害風險預防及事故後處置的屏障方法，進而減少意外事故的風險，同時減輕事故發生後的損失。

險，同時減輕事故發生後的損失。Bow Tie 方法運用方面適合具高度風險的潛在危害（Hazard）辨認、分析及預防，特別是石化業或高科技產業等。而 Bow Tie 是一個易於理解的圖片，可視覺化你正在處理的風險。該圖的形狀像一個領結（或像蝴蝶結），在主動和被動風險管理之間創造明確的區別。Bow Tie XP 圖的功能是，它在一個圖片中給你一個多個合理場景的概述。簡而言之，它提供了一個簡單，直觀的解釋風險，否則更難以解釋（如圖 63）[1][74-78]。

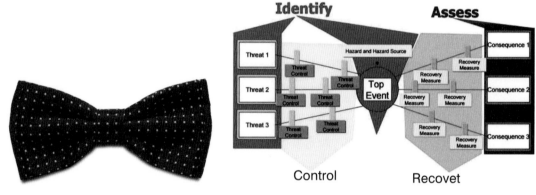

圖 62　領結分析法（Bow-Tie Analysis）模型與領結長相相同故稱之同名　　　圖 63　領結分析法（Bow-Tie Analysis）模型

領結分析法（Bow-Tie Analysis）之分析重點說明如下：

1. 危險：任何 Bow Tie 分析的開始是危險。又危險是指組織中，周圍或部分可能造成損害的東西。危害的概念是找到組織中的一些事情，如果對這方面的控制失去，可能會產生負面影響。Bow Tie 的致力於我們如何保持正常但危險的方面變成不想要的東西。通常 5 到 10 個危害是一個很好的起點。

2. 頂端事件：選擇危害後，下一步是定義熱門事件。這是控制權在危險中失去的時刻，沒有損害或負面影響，但它是即將來臨。Top Event 是一個選擇，但是控制失效的確切時刻是什麼？這在很大程度上是主觀和務實的選擇。一般分析上可以從通用的「失去控制」開始，並在 Bow Tie 過程中重新確認幾次（如圖 64），最後獲得造成頂端事件發生之可能情況（如圖 65）。

3. 威脅：是什麼會導致您的熱門事件發生，可能有多個威脅，並且盡量避免使用類似「人為錯誤」，「設備故障」或「天氣狀況」的通用情況。一個人實際做什麼來造成頂級事件發生？哪一臺設備？什麼樣的天氣或天氣會影響什麼？你以為具體，但一般往往是太普通而不具體。

4. 後果：是 Top Event 的結果，每個熱門事件可以有多個結果，與威脅一樣，人們傾向於

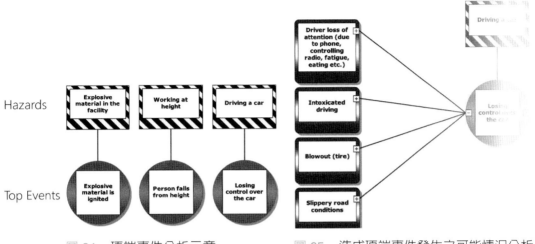

Hazards

Top Events

圖 64　頂端事件分析示意　　　圖 65　造成頂端事件發生之可能情況分析

關注通用類別，而不是描述特定事件。盡量不要專注於傷害／死亡、資產損壞、環境損害、聲譽傷害或財務損失等。這些是更廣泛的損害類別情況，而不是具體的後果事件描述。嘗試描述事件情境，如「汽車翻滾」、「漏油到海」或「有毒雲形式」等情境。除了包含更多的具體訊息，還能幫助自己更深入思考其可能障礙。想想如何防止「環境損害」與「石油溢出到海洋」等類似想法（如圖 66）。

　　5. 控制措施：控制不必要的情況發生。由於我們有了不需要的場景，現在是時候看看如何作為一個組織來控制這些場景。Bow Tie 中的控制措施出現在 Top Event 的兩側。控制措施中斷了情境，以便威脅不會導致失控（頂級事件）或不升級為實際影響（後果）。存在不同類型的控制措施，其主要是人類行為和／或硬件／技術的組合。一旦控制措施被確認，您對如何管理風險將有一個基本的了解。你可以進一步建立在這個基本的控制措施結構上，以加深你對弱點的理解。控制措施可以除了控制措施類型之外被擴展以包括例如控制措施有效性（如圖 67）。

　　6. 升級因子和升級控制措施因子：控制措施永遠不會完美。即使最好的硬體控制措施也可能失敗。鑑於這個事實，你需要知道的是為什麼控制措施會失敗，這是使用升級因子完成的。任何會使控制措施失敗的事情都可以在升級因素中描述。例如，如果發生電源故障，使用電氣機構自動打開和關閉的門可能會失敗。警告的重要性為注意升級因素，您不描述所有潛在的故障模式，只描述你的控制框架的真正的弱點和你想如何管理它，管理升級因素的邏輯下一步是為您建立控制措施升級因素，恰當地稱為升級因素控制措施。在這種情況下，它可以是備

用發電機等（如圖 68）。

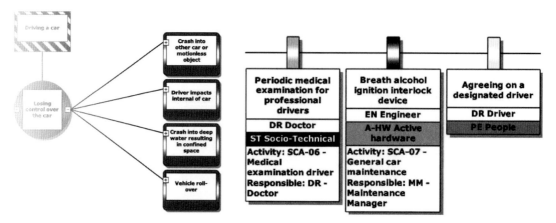

圖 66　造成後果發生之可能情況分析　　　　圖 67　Bow Tie 控制措施的決定

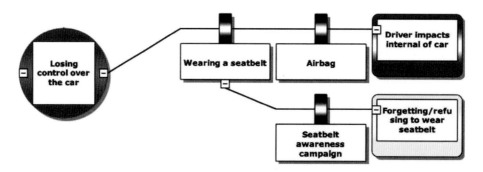

圖 68　Bow Tie 升級因子和升級控制措施因子分析

參考文獻

1. 陳俊瑜、王世煌、張國基（2015），產業製程安全管理與技術實務。臺北：五南圖書。

2. J. A. del Alamo, D. Antoniadis, A. Guo1, D.-H. Kim, T.-W. Kim, J. Lin, W. Lu1, A. Vardi, and X. Zhao (2013), "InGaAs MOSFETs for CMOS: Recent Advances in Process Technology", *in IEEE International Electron Devices Meeting (IEDM)*. pp. 24-27.

3. Hong Xiao (2012), Introduction to Semiconductor Manufacturing Technology [Second Edition], Prentice Hall.

4. Sze, S. M., & Ng, K. K. (2007). Physics of semiconductor devices. New York: John Wiley and Sons.

5. C. Lam, and B. Razavi (2000), "A 2.6-GHz frequency synthesizer in 0.4-um CMOS trchnology,"*IEEE J.Solid-State Circuit*, vol. 35,no. 5, pp. 788-794.

6. 藍靖傑、王國彬、黃禎祥、陳俊瑜、張國基、王子奇、黃毓珊（2009），LPCVD 爐管中晶圓溫度分布之動態操控模擬，臺灣化學工程學會 56 週年年會暨國科會化工學門成果發表研討會論文集。臺中市。

7. CCD (Image Sensor) Design, Panasonic Corporation. http://av.jpn.support.panasonic.com/support/global/cs/dsc/knowhow/knowhow27.html. (2016/11/22 摘自網路)

8. 張國基、陳鴻猷、陳俊瑜、呂志誠（2014），本質較安全設計策略於高科技蝕刻製程及廠務安全管理效能提升之研究，化工技術，250，頁 111-125。

9. 張國基、呂志誠（2010），先進高科技製程元件材料演進對製程安全管理影響分析，化工技術，202，頁 68-85。

10. 陳俊瑜、張國基、呂志誠（2011），先進薄膜製程材料與技術之安全性評估 - 以本質較安全設計策略觀點分析，化工技術，217，頁 74-87。

11. Phase diagram of SiH4. http://www.kiveand.com/phase/phase-diagram-of-sih4. (2016/11/22 摘自網路)

12. 詰源科技股份有限公司網頁。http://www.heks-tech.com/products/product_view_tw/621。(2016/11/22 摘自網路)

13. Plasma Etching. http://www.tf.uni-kiel.de/matwis/amat/semitech_en/kap_6/backbone/r6_4_3.html. (2016/11/22 摘自網路)

14. Wire bonding. http://memim.com/wire-bonding.html. (2016/11/22 摘自網路)

15. MICROBONDS INC. http://www.microbonds.com/xwiretech/xwire_bkg.htm. (2016/11/22 摘自網路)

15. DIP Cross-section. https://commons.wikimedia.org/wiki/File:DIP_Cross-section.svg. (2016/11/22 摘自網路)

17. 南茂科技網站。http://www.chipmos.com/chinese/product/detail.aspx?MID=1。 (2016/11/22 摘自網路)

18. 張國基、陳俊瑜(2007),高科技產業製程本質較安全設計與應用之研究,工業安全科技季刊。63 期 6 月號,p18-33。

19. 張國基(2006),高科技廠房本質較安全設計策略應用可行性研究 - 建置本質較安全應用機制。國立交通大學工學院產業安全與防災研究所,碩士論文。

20. 維基百科。https://zh.wikipedia.org/wiki. (2016/11/22 摘自網路)

21. Yohei Nakanishi, Kazutaka Hanaoka, Masakazu Shibasaki, and Kenji Okamoto, "Relation between Monomer Structure and Image Sticking Phenomenon of Polymer-Sustained-Alignment Liquid Crystal Displays", *Japanese Journal of Applied Physics,* 50 (2011).

22. 田民波(2008),液晶顯示器 -LCD。臺北市:五南圖書。

23. LCD Manufacturing Process of INTERCREATIVE. http://www.intercreative.co.kr/eng/technology/lcd.php?board_name=technology. (2016/11/22 摘自網路)

24. Innolux Corporation. http://www.innolux.com/Pages/TW/Technology/TFT_LCD_TW.html. (2016/11/22 摘自網路)

25. 薄膜電晶體— 液晶顯示器。http://www.cptt.com.tw/cptclub/041.htm. (2016/11/22 摘自網路)

26. AU Optronics Corp. http://auo.com/?sn=47. (2016/11/22 摘自網路)

27. 製造 TFT LCD Mask。http://www.pklt.com.tw/pklt_new/joomla303/index.php/tw/about-photomask/tft-lcd-mask. (2016/11/22 摘自網路)

28. TFT-LCD 製程介紹。http://www.cptt.com.tw/cptclub/0412.htm。(2016/11/22 摘自網路)

29. Merck KGaA. http://www.merck-performance-materials.com/en/lighting/led_function/led_function.html. (2016/11/22 摘自網路)

30. 陳芳名、郭艷光(2014),發光二極體之簡介與應用 - 從紅外光到紫外光。科學研習月刊,No. 53-5。

31. 浩中、賴芳儀、郭守義（2014），LED 原理與應用（第三版）。臺北市：五南圖書。

32. LED 製程簡介。http://msec.shop2000.com.tw/faq。(2016/11/22 摘自網路)

33. 保護地球造福人類開發綠色產品 - 太陽能電池。http://www.fbblife.com.tw/04757891/article/content.aspx?ArticleID＝1383。(2016/11/22 摘自網路)

34. 林明獻（2016），太陽能電池技術入門。臺北市：全華書局，P.2-1～12。

35. Photovoltaic Tutorial. http://www.thesolarplanner.com/anatomy_pv_panel.html. (2016/11/22 摘自網路)

36. Kosta Luria, Dual-Mode Low-Drop-Out Regulator/Power Gate With Linear and On-Off Conduction for Microprocessor Core On-Die Supply Voltages in 14 nm, *IEEE Journal of Solid-State Circuits*, Mar. 2016.

37. Fuel Cells. http://www.robotplatform.com/knowledge/energy/fuel_cells.html. (2016/11/22 摘自網路)

38. Fuel Cell Basics. http://americanhistory.si.edu/fuelcells/basics.htm. (2016/11/22 摘自網路)

39. New hidrogen storage method could replace petroleum. http://busnews.blogspot.tw/2012/01/alternative-fuels-usa.html. (2016/11/22 摘自網路)

40. 韋文誠（2013），固態燃料電池技術。新北市：高立圖書有限公司。

41. Zachary S. Whiteman, Piyush Bubna, Ajay K. Prasad and Babatunde A. Ogunnaike, Design, Operation, Control, and Economics of a Photovoltaic/Fuel Cell/Battery Hybrid Renewable Energy System for Automotive Applications, *Processes* 2015, *3*(2), 452-470; doi:10.3390/pr3020452.

42. Hydrogen Fuelled Electricity Generation. http://www.mpoweruk.com/hydrogen_fuel.htm. (2016/11/22 摘自網路)

43. 馬士華、林勇（2009），企業生產與物流管理。清華大學出版社。

44. 信紘科技股份有限公司。http://www.trusval.com.tw/pages/page_index_en。(2016/11/22 摘自網路)

45. 陳俊瑜、張國基、藍靖傑、王國彬、王子奇（2009），高科技製程本質較安全設計策略應用研究－以十二吋垂直式半導體爐管製程加熱系統安全監控為例，中華民國環境工程學會第 53 屆年會暨 2009 公安衛 / 防災研討會論文集。雲林縣。P621。

46. 顏登通（2005），高科技廠務。臺北市：全華科技圖書股份有限公司。

47. 陳俊瑜、張國基（2007），高科技產業製程風險控制與本質較安全設計應用，化工。54：3，p33-48。

48. Chun-Yu Chen, Kuo-Chi Chang, C.H. Huang, Chih-Cheng Lu (2014), Study of Chemical Supply System of High-tech Process using Inherently Safer Design Strategies in Taiwan, *Journal of Loss Prevention in the Process Industries* , Vol. 29, pp.72-84.

49. Chih-Cheng Lu, Kuo-Chi Chang, Chun-Yu Chen (2016). Study of high-tech process furnace using inherently safer design strategies (IV). The advanced thin film manufacturing process design and adjustment. *Journal of Loss Prevention in the Process Industries*, Vol. 40, pp.378-395.

50. 陳俊瑜（2009），以本質較安全設計策略－探討高科技製程安全與製程設備完整性，化工。56：1，61-72。

51. 王世煌（2002），工業安全風險評估。臺北市：揚智文化。

52. 陳俊瑜、張國基、呂志誠（2011），先進薄膜製程材料與技術之安全性評估 - 以本質較安全設計策略觀點分析，化工技術。217，頁 74-87。

53. 張國基、呂志誠（2010），先進高科技製程元件材料演進對製程安全管理影響分析，化工技術。202，頁 68-85。

54. SEMI S10-96 Risk Assessment Guidelines, SEMI International.

55. SEMI S2-93A & SEMI S2-0200 Semiconductor Manufacturing Equipment Safety Guidelines, SEMI International.

56. 工作分析。http://www1.cpshs.hcc.edu.tw/information/lab/safe/new_page_6.htm。(2016/11/22 摘自網路)

57. 于樹偉（2016），以安全作業為目標的職業安全衛生管理系統設計，工業安全衛生。319 期，P9-19。

58. 張承明、于樹偉、張日誠（2013），事故調查與分析方法之應用，勞工安全衛生研究季刊。21 卷 1 期，P86-106。

59. AIAG. (2008), Potential Failure Mode and Effects Analysis, 4th Edition.

60. Bluvband, Z., Grabov, P., and Nakar, O. (2004), Expand FMEA (EFMEA), *Reliability and Maintainability*, Annual Symposium- RAMS, pp. 31-36.

61. Hassan, A., Siadat, A., Dantan, J.Y., Martin, P. (2010), Conceptual process planning-an improvement approach using QFD, FMEA, and ABC methods. *Robotics and Comput-*

er-Integrated Manufacturing, V. 26 (4), pp. 392-401.

62. McDermott, Robin E., Raymond J. Mikulak, & Michael R. Beauregard (2008).The Basics of FMEA (2nd Edition).United States: Productivity Inc.

63. AIChE (1989), Guidelines for Process Equipment Reliability Data with Data Tables, N.Y, USA.

64. ANSI/ISA-84.01 (1997), Application of Safety Instrument System for Process Industries.

65. Center for Chemical Process Safety (CCPS) (1997), CCPS Conference and Workshop Proceedings, Layer of Protection Analysis: A New PHA Tool After Hazop, Before Fault Tree Analysis, American Institute of Chemical Engineers, N.Y.

66. Center for Chemical Process Safety (CCPS) (2001), Layer of Protection Analysis, Simplified Process Risk Analysis, American Institute of Chemical Engineers, N.Y.

67. Freeman, R.A. (2007), Using Layer of Protection Analysis to Define Safety Integrity Level Requirements, *Process Safety Progress*, vol. 26, No.3, pp. 185-194.

68. Fault-Tree Analysis. https://www.qualitytrainingportal.com/resources/problem-solving-tools/data-display-analysis/problem-solving_tools-fault_tree.htm. (2016/11/22 摘自網路)

69. Katipamula S. and. M.R. Brambley (2005), "Methods for Fault Detection, Diagnostics, and Prognostics for Building System-A Review, part I," *HVAC and R Research*, Vol. 11, No. 1, pp3-25.

70. Guida M, Pulcini G. (2009). Reliability analysis of mechanical systems with bounded and bathtub shaped intensity function. *IEEE Transactions on Reliability*; 58(3):432-443.

71. Krivtsov VV. (2007). Practical extensions to NHPP application in repairable system reliability. *Reliability Engineering and System Safety*; 92(5):560-562.

72. Sohrab, K., Saeed, G., & Saeed, K. (2013). Fuzzy Risk Assessment and Categorization, based on ETA and Layer of Protection Analysis (LOPA): Case Study in Gas Transport System. *World Applied Programming*, 3(9), 417-426.

73. Zarandi, M. H. F., Turksen, I. B. & Kashan, A. H. (2006). Fuzzy control charts for variable and attribute quality characteristics. *Iranian Journal of Fuzzy Systems*, 3(1), 31-44.

74. Anjuman Shahriar, Rehan Sadiq, Solomon Tesfamariam (2012). Risk analysis for oil & gas pipelines: A sustainability assessment approach using fuzzy based bow-tie analy-

sis. *Journal of Loss Prevention in the Process Industries*, 25(3), P505-523.

75. Refaul Ferdous, Faisal Khan, Rehan Sadiq, Paul Amyotte, Brian Veitch (2012) .Handling and updating uncertain information in bow-tie analysis. *Journal of Loss Prevention in the Process Industries*, 25(1),P8-19.

76. Chun-Yu Chen, Kuo-Chi Chang, Chih-Cheng Lu, and Gwo-Bing Wang (2013),"Study of High-tech Process Furnace using Inherently Safer Design Strategies(II). Deposited Film Thickness Model", *Journal of Loss Prevention in the Process Industries*,Vol. 26, pp.225-235.

77. Chih-Cheng Lu, Kuo-Chi Chang, Chun-Yu Chen (2016), Study of high-tech process furnace using inherently safer design strategies (III) advanced thin film process and reduction of power consumption, *Journal of Loss Prevention in the Process Industries*,Vol. 43, pp. 280-291.

78. 朱凱著、張國基、陳俊瑜（2016），運用紅外線熱檢測技術提升高科技離子植入製程電氣安全研究，工業安全衛生月刊。319，頁 37-50。

```
┌─────────────────────────┐
│      ISD的發展演進        │
└─────────────────────────┘
             │
             ▼
┌─────────────────────────┐
│     ISD策略與應用架構     │
└─────────────────────────┘
             │
             ▼
┌─────────────────────────┐
│  從製程、機台設備到廠務系統  │
│   的本質較安全應用原理應用   │
└─────────────────────────┘
             │
             ▼
┌─────────────────────────┐
│    ISD於高科技廠房應       │
│     用的發展與建議         │
└─────────────────────────┘
```

第三章　科技產業本質較安全設計（ISD）策略應用技術

3.1　**ISD** 的發展演進

3.2　**ISD** 策略與應用架構

3.3　從製程、機臺設備到廠務系統的本質較安全應用原理應用

3.4　**ISD** 於高科技廠房應用的發展與建議

3.1 ISD 的發展演進

Kletz Trevor 先生於 1984 年 12 月印度 Bhopal 發生毒氣外洩，造成二千人死亡事件後，隨即提出本質較安全設計（Inherently Safer Design, ISD）觀點，其主要提出所有化工製程應重視製程之強化（Intensification）、取代（Substitution）、減弱（Attenuation）、限制影響（Limitation of Effects）等 ISD 策略（如圖 1 所示），在設計階段即先妥善考慮，如此才不至於再次發生嚴重傷害事故 [1-4]。

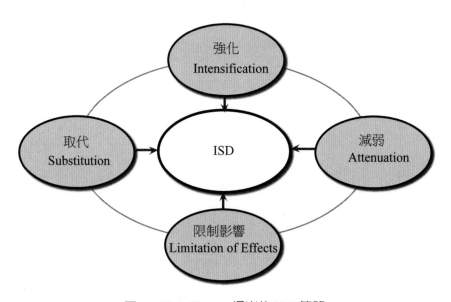

圖 1　Kletz Trevor 提出的 ISD 策略

從過去許多重大工業災害發生後，專家學者（Experts and Scholars）調查分析出事故原因，無論人為錯誤或機臺設備故障（Failure），均明確提供日後預防再次發生的有效經驗與方法。但無論如何，想要操作人員（Operator）隨時保持在「無錯誤（No Errors）」的完美作業狀態下是非常困難的（如圖 2）。實務上任何操作人員或許能保持在巔峰的作業狀態（Perfect Job Status）一個小時，或一局完整比賽的時間，亦或是一段音樂表演時間，但卻無法在 40 年職業生涯（Occupational Carrer）每天如此巔峰無錯誤的保持下去 [3-4]。

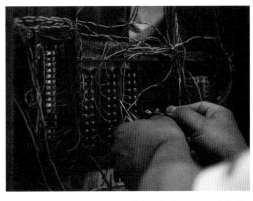

圖2　操作人員隨時保持在「無錯誤」的完美作業狀態下是非常困難的

圖3　對於操作人員或維修人員而言在複雜系統中若發生操作錯誤其後果則沒有改變機會

　　此外，製程工程師（Process Engineer）可以有第二次機會去改善他的製程設計，但對於操作人員或維修人員（Maintenance Staff）而言，他們的操作的後果則沒有改變機會。尤其是大型且複雜的系統，如果設計不當，又加上人為錯誤（Human Error）操作，結果可能就是再次發生類似印度 Bhopal 毒氣外洩事故，造成重大傷亡（如圖3）。

　　所以所有工廠設計（Plant/facility Design）應盡可能達成「對使用者友善（User-Friendly）」的方向來考慮；重要精神主要希望機臺設備「能容忍因人員操作疏失，偏離原來理想狀態時，仍不會造成安全事故、產品品質缺陷或生產效率延遲等情況的嚴重影響」（如圖4）。在前述章節與第一章圖83的保護層分析理論中亦完整顯示，其核心即為製程設計（Process Design），此部分就是充分考量與應用本質較安全設計（ISD）策略原則的最佳時機。

 重點提示

> **對使用者友善**
> **（User-Friendly）**
>
> 重要精神主要希望機臺設備「能容忍因人員操作疏失，偏離原來理想狀態時，仍不會造成安全事故、產品品質缺陷或生產效率延遲等情況的嚴重影響。

　　切入高科技產業（High-Tech Industry）而言，在臺灣高科技製程精細度遠超越其他產業，半導體製造、面板顯示器製造、LED、太陽能電池與燃料電池等高科技產業早已成為臺灣重要經濟活動。此等產業為了達成薄膜、黃光、蝕刻等製程目的，必須投入大量可燃性、自燃性、毒性、腐蝕性之特殊氣體及化學品（Special Gases and Chemicals），如此大幅提升製程廠房火災、爆炸、中毒、腐蝕等危害發生機率，對於廠房內作業勞工安全與健康（Safety and Health）造成極大的潛在威脅。此外，當高科技製程朝更大產品尺寸與元件製程尺寸微縮前進時，製程機臺將隨之進行變更或是尺寸增大，並且為達成元

件結構新技術，所使用的反應氣體、化學品均不相同，危害性（Harmfulness）亦不同，對於廠房安全衛生管理，造成極大的困難。況且面對製程縮小預防微粒汙染技術也會提升，反應氣體、化學品將提高濃度與純度（Concentration and Purity），並且爲達成反應器本體潔淨度（Cleanliness），製程清潔迫淨（Purge）頻率，勢必更加頻繁，有毒的清潔用氣體（如三氟化氯 ClF$_3$ 等）使用量必定增大，廢氣排出與處理量相對增多，製程潛在危害性（Potential Hazards）較以往大幅提高。另外隨著晶圓尺寸加大，製程機臺硬體構造亦隨之增大，傳動系統、電力供應與加熱設備等容量也隨之加大，感電、機械危害、火災爆炸等情況（請參閱第一章表十八），當然也越趨向嚴重（如圖 5）[4-6]。

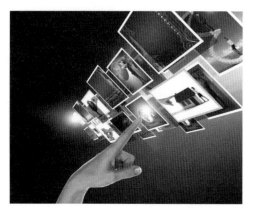

圖 4　對使用者友善（User-Friendly）的介面設計已是現代產品核心價值之一

圖 5　電力供應（如 UPS 等）容量隨之加大感電、火災爆炸等情況越趨向嚴重

另外對於高科技新世代廠房而言，由於製程設備加大尺寸、原物料變更、用電負荷提升等因素，亦會造成廠務供應之電力、純水、特殊反應氣體、化學品等系統容量增大，並且廢液、廢氣與廢棄物等處理設備加大，最後當然導致整座高科技新世代廠房的擴大，管理面積、範圍與複雜度將大幅提升，安全死角增多（如圖 6），高科技廠房安全衛生管理在朝向新世代發展時，將更難以掌握（請參閱表表二與第一章表七七比較）。

圖 6　整座高科技新世代廠房管理面積、範圍與複雜度將大幅提升，導致安全死角增多

Kletz Trevor 先生用一個簡單的線路固定方法說明了 ISD 的重要性，如圖 7 所示，在工廠中有一管線需要固定，我們選用兩端具掛鉤之固定器具進行固定，雖然兩種固定方法初期發揮相同功能，但正確的固定方式是兩掛鉤分別獨立固定，而錯誤方式則可能先將其中一個掛勾勾掛於另一掛鉤上，另一掛鉤在鉤掛於固定處，將使承載荷重僅剩 1/2，雖然兩種固定方式均可固定管線，看似功能相同，但耐用程度卻大不同，如此簡單的概念點

重點提示

ISD 的重要性

主要是在設計階段就能考量 ISD 策略，將可獲得較高的安全性，也能避免日後的錯誤施工與安裝，這是 ISD 重要價值。

出為何談論 ISD 的重要性，在設計階段（Design Phase）就能考量 ISD 策略，將可獲得較高的安全性，也能避免日後的錯誤施工與安裝，這是 ISD 重要價值 [4][7-10]。

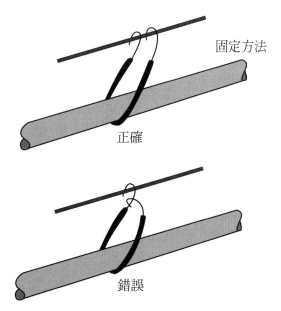

固定方法

正確

錯誤

圖 7　發揮相同功能卻支承能力相差兩倍的線路固定方法

從安全管理的演進探討（如圖 8），1960 年代從技術性安全（Technical Safety）開始，進入人為錯誤階段（Human Errors），接著再專注於管理作為（Management Focus），再接著著重於安全管理系統（Safety Management System），目前各界則深入探討安全文化（Safety Culture）。雖然安全管理演進如此發展，但是運用安全

重點提示

安全管理的演進

為技術性安全、人為錯誤階段、專注於管理作為、安全管理系統、安全文化等。

文化改善所獲得的人為錯誤減低卻無法彌補一開始就不恰當的機臺設備設計，這也是談論 ISD 策略的重要觀點「本質較安全化（Inherently Safer）」。不過對於 ISD 策略未來發展而言，仍必須從技術著手，並且在技術嚴謹考慮下，強化人員能力提升，再配合有效安全管理系統，讓製程生產線能維持於高可靠度下運行，這也應是各界管理者就算只是鎖一根螺絲，也應追求的本質化安全工廠目標（如圖 9）[4][11]。

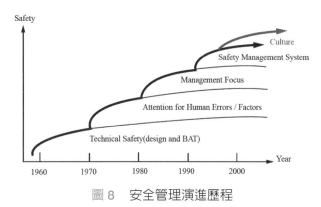

圖 8　安全管理演進歷程

圖 9　所有管理者就算只是鎖一根螺絲也應追求的本質化安全工廠目標

3.2　ISD 策略與應用架構

ISD 依研究發現愈早執行愈能做到本質較安全的設計，由圖 10 可清楚看出如要達成內在本質安全（Intrinsically Safer）的機會，最好是在發展及企劃與程序設計等時期就進行考慮，對光電及半導體高科技製程而言更是如此。但舊有工廠仍然可以推動 ISD 策略應用改善，例如調整製程反應參數、自動化製程改善、安全互鎖（Interlock）、明顯警示燈號等外加方式，來達成外在本質較安全（Externally Safer）機會，雖然成本較高，仍有許多可行的機會，或者在製程進行變更設計時，採取 ISD 策略以提升安全等級，圖 11 室內無防水設計用電設備，設置滴水盤與排水管，以防止上方管路漏水或斷裂之安全改善工程即屬達成外在本質較安全措施[3-4][12-15]。

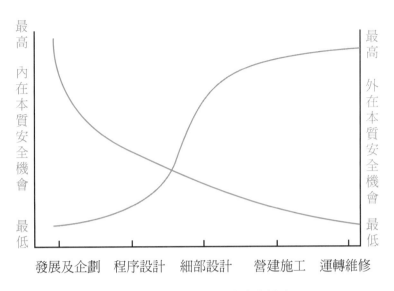

圖 10 達成內在本質安全的機會

圖 11 室內無防水設計用電設備設置滴水盤與排水管防止上方管路漏水或斷裂之安全改善工程

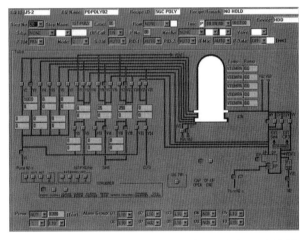

圖 12 ISD 策略應用上建議從製程核心開始往機臺、廠務系統逐項確認 11 項策略的應用可行性

　　ISD 策略（ISD Strategy）作法目前主要有強化（Intensification）、取代（Substitution）、減弱（Attenuation）、限制影響（Limitation of Effects）、簡單化（Simplification）、避免骨牌效應（Avoiding Konck-on Effect）、防愚設計（Making Incorrect Assembly）、狀態清晰（Making Status Clear）、容忍（Tolerance）、易於控制（Ease of Control）、及軟體（Software）等 11 項，請讀者參閱第一章之圖 84 所示 ISD 策略應用架構，而無論是製程全新設計或是舊有製程改善，

ISD 策略應用上建議從製程核心開始往機臺、廠務系統逐項確認十一項策略的應用可行性（如圖 12）[3-4][11-16]。

在前述十一項 ISD 策略中，以強化、取代、減弱及限制影響等策略對製程（Process）最有提升安全的功效；而簡單化、避免骨牌效應、防愚設計、狀態清晰、容忍、易於控制及軟體等項，則對機臺設備安全（Process Tools Safety）與工作環境安全（Work Environment Safety）有顯著提升功效，如能有效考量運用，將可大幅提升廠房運作安全性。十一項 ISD 策略設計原則（Design Principles of ISD Strategy）說明如下 [3-4][17-21]：

(1) **強化**（Intensification）的 ISD 理念原則上為「儘可能採取製程必需的最小使用量」，即使用量減少，所以投入的反應氣體、化學品也將減少，這也代表可以試著將反應器尺寸或截面積縮小，相對供應系統亦可隨之縮小。

(2) **取代**（Substitution）的 ISD 理念原則上為「儘可能用較安全的化學物質來替代原先較危險的物質」，例如以弱酸取代強酸、以不燃材料取代易燃材料、無毒物質取代高毒性物質等方式，因為就算發生洩漏、碰觸也不至於造成太嚴重的危害。

(3) **減弱**（Attenuation）的 ISD 理念原則上為「最好在最低危害條件下使用危險性物質」，以高科技製程而言，反應參數可選擇低溫度、低壓力、低耗電、低機械動力等方式，如此危害性也會較低。

(4) **限制影響**（Limitation of Effects）的 ISD 理念原則上為「採用較佳的設備、改變反應條件等方式，來限制洩漏、反應失控（Runaway Reaction）等危害發生的機率或限制其影響範圍與程度」，良好機臺設計可能在機體部分會利用金屬材質而非易燃的塑膠材質，或是採用密閉製程也優於開放製程。

(5) **簡單化**（Simplification）的 ISD 理念原則上為「減少產生複雜度高的工廠」，當機臺設備組成或操作變為複雜時，容易造成錯誤或故障，所以非必要情況下應避免過多的預留氣體

重點提示

ISD 策略作法

有強化、取代、減弱、限制影響、簡單化、避免骨牌效應、防愚設計、狀態清晰、容忍、易於控制、及軟體等 11 項。

重點提示

對製程最有提升安全的功效

以強化、取代、減弱及限制影響等策略為主。

重點提示

對機臺設備安全與工作環境安全有顯著提升功效

對機臺設備安全與工作環境安全有顯著提升功效者為簡單化、避免骨牌效應、防愚設計、狀態清晰、容忍、易於控制及軟體等策略為主。

管路或電器迴路等，均可提升廠房的簡單程度。

(6) **避免骨牌效應**（Avoiding Konck-on Effect）的 ISD 理念原則上為「即使發生故障也不致產生連鎖的骨牌效應」，藉由加裝各種探測裝置於故障發生時，能於第一時間停止或中斷危害點動作的安全互鎖裝置，另外亦可由適當的屏蔽措施讓危害侷限於固定區域範圍內。

(7) **防愚設計**（Making Incorrect Assembly）的 ISD 理念原則上為「在不正確的操作情況下，設備不會或非常困難發生危害」，對製程而言最好是全面性的自動化作業，如自動輸送晶圓系統、自動供應化學品系統等，操作者僅需於操作面板上簡單按鍵即可動作。

(8) **狀態清晰**（Making Status Clear）的 ISD 理念原則上為「能讓操作者在未經思考情況下，可以輕易的看出製程不正常情況發生」，可多利用顏色管理，各種按鈕、按鍵、標示燈號、標識符號、區畫範圍或產品外盒等，讓操作員第一眼就能辨識現況，甚至是危害情況。

(9) **容忍**（Tolerance）的 ISD 理念原則上為「在沒有失常情況發生時，系統可以忍受較差的安裝或操作」，對危險性高的特殊氣體或化學品供應，可以採用柔性管材於應力較大位置，或是氣體鋼瓶為防止劇烈震動而採取防震措施與連動遮斷裝置等都是適合的設計。

(10) **易於控制**（Ease of Control）的 ISD 理念原則上為「運用物理定律來執行製程控制或操作」，例如機臺的反應器啟閉方向、真空幫浦的拆卸方向應該盡量不需人員出力承接，又氣瓶櫃的緊急遮斷閥亦可採用重力關閉方式較為安全。

(11) **軟體**（Software）的 ISD 理念原則上為「在某些可程式電子系統中，錯誤易被偵測及矯正，如此將優於其他未設置的系統」，完整的製程軟體並連動各種探測裝置，於發生製程偏異或洩漏時，能自動發出警報與指示燈號，並適時互鎖停止，完善的軟體可以補助硬體的不足，且反應速度更快。

依據過往 ISD 對製程經濟性影響經驗（如表一），ISD 所採行策略原則以強化與簡單化可大幅降低廠房建置價格，不過整體 11 項設計原則均可提升製程整體安全性，故實務上建議應逐項考量應用可能性，然後再評估應用之經濟性，如此更得以獲得經濟且安全的廠房[3-4][7-11][13-14]。

ISD 設計策略應用於高科園區安全衛生管理體系中，其有效的應用機制如圖 13 所示。對於製程開始採取 ISD 策略應用（ISD Strategy Application for Process），當製程階段儘量採取 ISD 策略進行應用後；再針對整體機臺檢討 ISD 策略應用（ISD Strategy Application for Process Tools）；當考慮完整後，再延伸至整廠廠務端逐項探討 ISD 策略應用（ISD Strategy Application for Facility Sys-

 重點提示

> ISD 設計策略應用於高科園區安全衛生管理體系
>
> 由製程、整體機臺、再延伸至整廠廠務端逐項探討 ISD 策略應用。

⬇ 表一　ISD 對製程經濟性影響

設計策略	價格影響	原因說明
強化	大	較小的設備及減少許多外加的安全設施
取代	中	減少加裝安全設施的需求
減弱	中	減少加裝安全設施的需求
限制影響	中	減少加裝安全設施的需求
簡單化	大	減少設備設置
避免骨牌效應	負面中度	需增加工廠用地，增加不需要的建築結構
防愚設計	無	通常為較佳設計但不增加費用
狀態清晰	無	通常為較佳設計但不增加費用
容忍	適度的	固定會較彈性便宜
易於控制	中	減少控制設備的需求，降低維修成本
軟體	無	通常為較佳設計但不增加費用

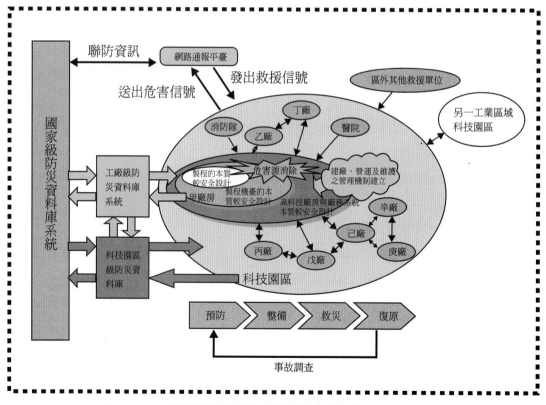

圖 13　ISD 設計策略應用於高科園區安全衛生管理體系架構

tems）；完成ISD策略的應用探討後，廠房安全等級勢必有效提升，日後再配合完善安全衛生管理系統或製程安全管理（Process Safety Management, PSM）系統，當可確保廠房安全運作。當整體科技園區廠商均採取相同方法，聯防救災（Disaster Relief System）的整備與防救災壓力也將大幅減低，所以從高科技廠房整廠的製程安全管理要項開始探討各項重點，更能掌握製程設計的關鍵要因（Key Factors）[4][22]。

　　由於 ISD 係由化工產業發展得來，而化工製程亦為高科技產業重要基石，並且高科技製程中也有許多化學反應作業，故本節針對化工產業與高科技產業列舉部分 ISD 應用實務案例，讓讀者能引申而應用於自身管理的既有工廠（或預計新建廠房）中 [3-4][7-11][13-14]。

一、製程反應與反應器（Process Reaction and Reactor）

　　在化工製程工廠中，儲槽（Storage Tank）與製程反應作業是最重要的設計核心（Core of Design），儲槽方面的安全設計（Safety Design）考量，最主要就是儲存量與儲存四周環境安全措施，而製程反應作業則強烈影響著整體化學製程工廠安全，而反應器也是重點之一，一般反應器包含攪拌釜反應器（Stirred Tank Reactor, STR）、連續攪拌釜反應器（Continuously Stirred Tank Reactor, CSTR）、及柱塞流反應器（Plug Flow Reactor, PFR）等三大類（如圖14）。過去最常見者為屬批次式反應器（Batch Reactor）的攪拌釜反應器，批次式反應器是整批反應物料一起投入進行反應（如圖15）。理論上，可能不需要大型批次反應器（Large-Scale Batch Reactor），例如年產二萬噸產品，假設流體線性速度為 1m/sec，則大部分流體皆可經由通過二吋（或五公分）內徑的管線來達到此目的。許多連續式反應器（Continuous Reactor）（例如液相氧化反應器（Liquid-Phase Oxidation Reactor）），內含大量高度易燃性液體，一旦外洩將造成火災爆炸，而波帕爾事件中環己烷（Cyclohexane）就是類似例證。會設計使用大型反應器理由大多因為製程反應慢或是轉換率低（Slow Response or Low Conversion Rate），亦或是兩者兼具的製程情況。又當轉化率低時，反應器的輸出物大部分會回流再反應，進而增加了工廠的盤存量（Inventory），如此危害物也就變多，危害也同步提升。

 重點提示

一般反應器

包含攪拌釜反應器（STR）、連續攪拌釜反應器（CSTR）、及柱塞流反應器（PFR）等三大類。

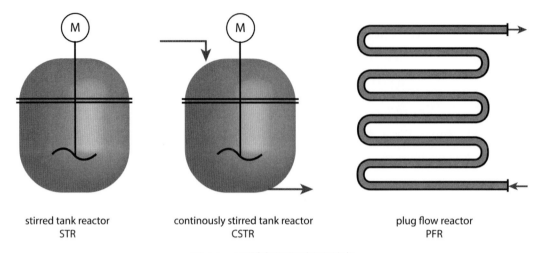

stirred tank reactor
STR

continously stirred tank reactor
CSTR

plug flow reactor
PFR

圖 14　三種主要反應器型式

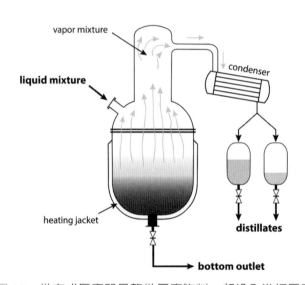

vapor mixture

condenser

liquid mixture

heating jacket

distillates

bottom outlet

圖 15　批次式反應器是整批反應物料一起投入進行反應

　　使用連續式反應器（Continuous Reactor）時，會因為反應慢或轉化率低，大部分的工廠製造二萬噸／年產品時必須設計大型的管線。而反應慢可能是因為混合差（Poor Mixing）或該反應之反應速率本質上即低（Low Reaction Rate）。如果反應本質上屬於低反應速率者可藉由提高壓力（Pressure）、溫度（Temperature）或發展較好的觸媒（Catalyst）來增快反應。故管式反應器（Tubular reactor）應被考慮來取代罐式反應器（Tank Reactor）（如圖 16 所示），因其在安全的角度上設備完整性（Mechanical Integrity, MI）高，洩漏時可藉由關閉柱管上的遙控

隔離閥（Remote Control Isolation Valve）來止漏，如果有必要，此種隔離閥可延著管式反應器多安裝幾個以快速限制可能的外洩量在五或十噸以內，當然亦可降低嚴重的火災、爆炸或毒性物質外洩意外事故的機會，因為洩漏斷面僅為二吋（或五公分），而不會是批次反應器的整個本體，危害性差異甚大。

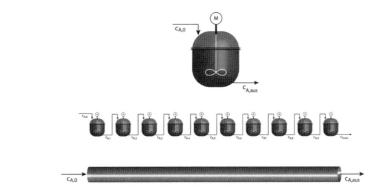

圖 16　連續式反應器就是將批次反應器以類似連續小批量之概念進行反應

此外，典型的化學反應系統，多採用外部循環冷卻的設計模式（Design Model of External Circulation Cooling），如圖 17，改良型的柱式反應器如圖 18 所示，很明顯改良型設計較典型設計少了泵（Pump）、外部冷卻器（External Cooler）、連接管（Connecting Pipe）、攪拌器

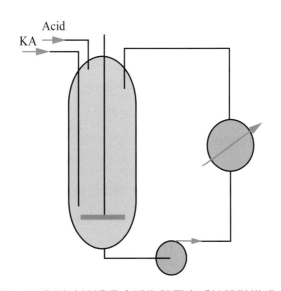

圖 17　典型外部循環冷卻化學反應系統設計模式

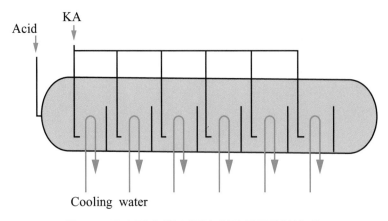

圖 18　改良型內部冷卻柱式反應器設計模式

格蘭（Mixer Gran）等，這些裝置都可能是造成事故的洩漏源（Leakage Source）。在改良型的柱式反應器中酸液（Acid）被注入反應器的第一個夾層，反應氣體再由噴流管（Jet Pipe）加入反應器的每一個夾層，如此將可達到混合均勻（Well Mixed）的目的，藉由去除外部循環設備以降低化學物質存量，同時亦可預防逆混合（Back Mixing）現象。

　　而許多反應速率低因而需要大型反應器的原因是混合效率差。有研究提出針對兩液相（Two Liquid Phase）或氣液相（Gas-Liquid Phase）混合的改善建議如圖 19 與圖 20。此外亦有利用設備中加裝傾斜擋板（Tilt Be-zel），以產生液體擾流，增加兩相流速，加大接觸的表面積與逆向混合區間，本質上的優點為可以結合反應與萃取（Binding Reaction and Extraction），增加單位體積的質傳效率（Mass Transfer Efficiency），達到以較小存量產生較大產出的目的。

 重點提示

> **增加單位體積的質傳效率**
>
> 方案如利用設備中加裝傾斜擋板，以產生液體擾流，增加兩相流速，加大接觸的表面積與逆向混合區間，本質上的優點 可以結合反應與萃取，達到以較小存量產生較大產出的目的。

　　在高科技製程反應器的調整中，從原先批次爐管製程（爐管內容積約為 3962cm^3）調整為單片晶圓製程（反應器內容積約為 30.48cm^3），除製程良率可大幅提升外，亦可減少投入反應之反應物質數量，此舉相同符合 ISD 的強化策略，大幅減低化學品存量，如欲提升製程速度，可 6 個反應器同步作業，投入反應化學品數量也較批次大幅減低，安全性則能維持（如圖 21）。

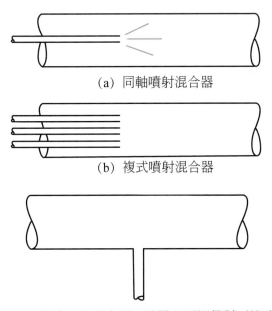

(a) 同軸噴射混合器

(b) 複式噴射混合器

(c) 側向注入混合器：液體必須衝擊對面管壁

圖 19　強化兩液相反應的方法

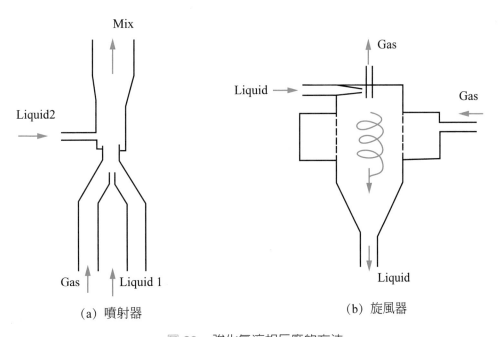

(a) 噴射器　　　　　　　　　　(b) 旋風器

圖 20　強化氣液相反應的方法

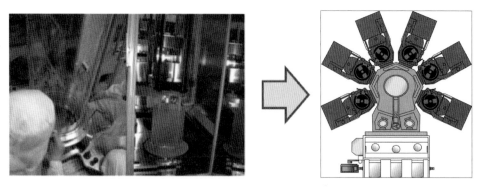

圖 21　縮小製程反應器尺寸可符合強化策略的 ISD 策略應用

二、蒸餾作業（Distillation Operation）

　　蒸餾作業是重要的化工製程之一（如圖 22），蒸餾塔底部通常在加壓下有大量的沸騰液體，且其在蒸餾塔中的積存量通常是操作量的好幾倍。在大氣壓塔中液體溫度在沸點之上，但在壓力塔中如外洩液體將迅速閃沸（Flash Boiling）而可能產生危害。而其他氣液接觸或分離程序設備如吸收（Absorption）、洗滌（Scrubbing）亦有類似的情況。

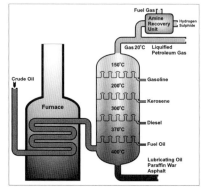

圖 22　蒸餾作業系統

　　在選擇填料（Packing）塔或板式（Tray）塔設計時會考慮與計算許多因子，低存量亦是我們的設計目的之一。但對於不同形式的填料塔與板式塔而言，每一理論板（Theoretical Plate）的滯留（Hold-Up）差異很大。大部分的板式設計每一理論板的滯留介於 40 與 100mm，而填料式設計介於 30 與 60mm，薄膜板式設計（Film Trays）則小於 20mm。設計人員可充分運用

這些數據來達成 ISD 策略。圖 23 描述某些減少存量的可行設計，如縮減塔底內徑來達成，或設計內部排管（Internal Calandrias）與分餾柱（Dephlegmators）較之外部再沸器（Reboiler）與冷凝器（Condenser）的量小，且可能洩漏的設備少了很多，即使是塔底泵（Bottom Pump）是否可進入塔中亦是值得考慮的，此外亦可考慮將兩個蒸餾塔應合併為一個，這些都是有效的 ISD 策略應用實例。

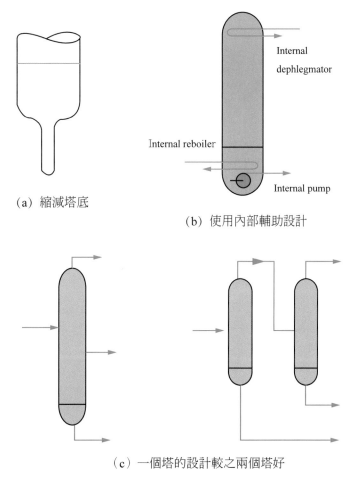

（a）縮減塔底

（b）使用內部輔助設計

Internal dephlegmator

Internal reboiler

Internal pump

（c）一個塔的設計較之兩個塔好

圖 23　蒸餾塔減量的做法

三、儲槽設計實務（Storage Tank Design Practice）

從印度波帕爾異氰酸甲酯（Methyl Isocyanate）外洩事故發現，許多人忽略外洩物質可能只是製程中間產物（Intermediates），而且儲存中間產物並非製程基本需求，其實只為了操作

方便罷了。注意，許多製程的中間體通常是屬於反應性的化學物質，極有可能產生反應性危害。實務上應積極考慮減量（Reduction）或消除（Eliminate）的製程中間體儲存包括有光氣（Phosgene）、氰化氫（Hydrogen Cyanide）、環氧乙烷（Eethylene Oxide）、環氧丙烷（Proplyene Oxide）、三氧化硫（Sulfur Trioxide）及氯（Chlorine）等。

圖 24 描述分離液化石油氣（LPG）蒸餾單元的強化設計策略，事實上在工廠中有兩個類似的蒸餾塔，原始設計與改善設計在減量上比較如表二，並說明改善重點如下：

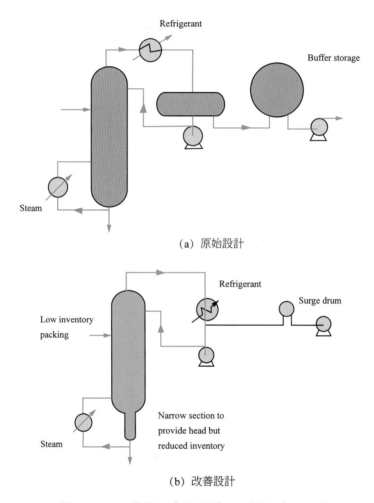

（a）原始設計

（b）改善設計

圖 24　LPG 分離工廠的兩種 ISD 策略應用設計

　1. 迴流槽（Backflow Tank）被移除，迴流泵由冷凝器的液位吸取液體，冷凝器的設計必須考慮液化石油氣（Liquefied Petroleum Gas, LPG）流經殼側，而冷媒則在管側。

2. 原料與產品的緩衝槽（Buffer Storage）被移除，而直接抽取自原料槽及送至小型緩衝槽（Surge Drum）。

3. 使用低滯留填料塔式設計，且縮減塔底，以降低停留時間至二分鐘以內。

⬇ 表二　LPG 分離工廠減量實例

物質盤存位置	原來存量（噸）		再設計後存量（噸）	
	工作量	最大量	工作量	最大量
儲槽	425	850	—	—
製程工廠	85	150	50	80

當整體製程系統得以充分應用 ISD 策略時，我們亦可掌握系統的安全最佳化情況，設計上也就更能達成本質較安全化程度，整體系統如圖 25。

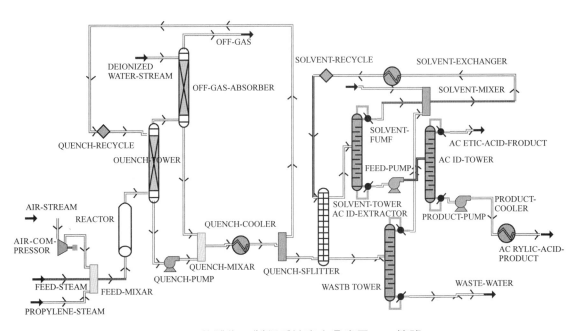

圖 25　整體化工製程系統應充分應用 ISD 策略

四、製程反應的減弱策略應用實例

在固定機臺設備情況下，藉由調整反應參數，選擇較低反應溫度、較低供應壓力、較低程度真空要求等方式，可以將降低能量的使用（Reduce Using of Energy），也可以減低機臺設備

因溫度過高而造成長期性保護材質劣化情況，以提升本質較安全程度。

五、製程化學品取代應用實例（Case Study on Chemical Substitutions）

在半導體製程方面，溼式蝕刻製程（Wet Bench）係用來去除薄膜沉積（Film Deposition）後不屬於電路部分的製程，並且藉由此製程順便完成晶片清潔的功能，其流程如圖 26 流程示意圖所示。

圖 26　溼式蝕刻製程流程示意圖

甲醇（Methanol）是具芳香的無色透明液體，比重為 0.791，引火點為 11℃，爆炸界限（Explosion limit）則介於 6.0~36.5% 之間，如果人體大量吸入可能會引起暈眩（Dizziness）、失明（Blindness）、甚至死亡（Death），甲醇也可能會經由皮膚吸收（Skin Absorption），其揮發性（Volatility）大，易引火，蒸氣與空氣約略等重，易廣範圍擴散形成爆炸性混合氣體（Explosive Mixed Gases）。

N-396 為蝕刻溶劑（Solvent），其主要成分為 60% 的 Solvent 與 20% 的水及部分其他化學品混合液，因為含有水，所以為不可燃液體，在製程特性上對水溶性的多分子聚合物（Polymer）溶解性強，尤其對於金屬連接線上凸出的多分子聚合物去除效果佳，另外清除（Stripper）的反應機制是將側壁的多分子聚合物（Side Wall Polymer, SWP）溶解於中，以提升後續薄膜沉積的覆蓋接著能力。反應化學式如下：

$$R\text{-}NH_2 + H_2O \rightarrow R\text{-}NH_3^+ + OH^- \text{（固態銨剝除）}$$
$$2Al + 2OH^- + 2H_2O \rightarrow 2AlO_2^- + 3H_2 \text{（固態鋁剝除）}$$

DSP（Dilute Sulfuric Acid and Hydrogen Peroxide）為硫酸 H_2SO_4 與過氧化氫 H_2O_2 的弱酸混合液，主要成分為 90% 的水與 10% 的酸液混合，化學反應特性是希望能取代甲醇與 N-396，且維持或提升既有產品良率；結果產品良率能維持原本要求良率以上，那也代表可由易燃性液

體取代爲弱酸性液體（如圖 27 所示）安全性也就大幅提升。

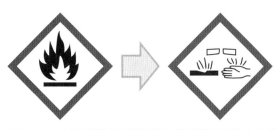

圖 27　由易燃性液體取代爲弱酸性液體安全性提升

另外對於做爲半導體元件介電層的硼磷矽玻璃薄膜沉積（BPSG CVD）製程，在未採取代策略前係利用氣態且具自燃性的矽甲烷（SiH_4）、磷化氫（PH_3）及乙硼烷（B_2H_6）作爲反應氣體，但在仍可維持既有良率情況下，改由液態的三甲基磷酸鹽（$PO(OCH_3)_3$）及三乙基硼酸鹽（$B(OC_2H_5)_3$）爲反應材料，也同樣能降低火災、爆炸風險，本質安全性亦同樣較爲提升，反應式如下所示。

$$SiH_4 + 4PH_3 + 2B_2H_6 + 9O_2 \rightarrow SiO_2 + 2P_2O_5 + 2B_2O_3 + 14H_2 \text{（取代前）}$$

$$PO(OCH_3)_3 + B(OC_2H_5)_3 \rightarrow P_2O_5 + B_2O_3 + CH_3OCH_3 + C_2H_5OC_2H_5 \text{（取代後）}$$

有考慮 ISD 應用的製程也是對於環境影響較小的製程，也就是說 ISD 間接的效益即是工業減廢（Industrial Waste Reduction）。一般工業減廢技術大約可分爲生產源頭減量（Production Source Reduction）及回收再利用（Recycling）兩種主要策略，生產製程中改變原物料，屬於源頭減量；改進製程技術與改進操作管理則屬於製程減量，都是較積極有效的做法。源頭減量最基本的觀念就是 ISD 的取代策略，原則上採取較穩定、較安全原料、中間體、產物、副產物、觸媒、添加劑等來取代較不安全、毒性較高或較易燃的原料、中間體、產物、副產物、觸媒、添加劑等。亦或進而發展較安全的新製程，不涉及毒化物的製程，改變製程流程、操作方式，取代原有的舊製程。因此源頭減量或取代的 ISD 策略可以說是以製程化學與技術爲基礎（Chemistry and Technology）的減量技術，如表三所列舉範例。製程減量則是以改變製程設備、設施、管線之設計、操作條件、控制方法及維修管理制度，以增加原料轉化率、提高物料之循環利用率及加強系統之密閉作業，避免危害性物質外洩等作爲減量策略。表四中列舉某些毒性化學物質以取代爲主要設計策略的成功改善案例。

⊙ 表三　製程化學與技術策略之取代方法

1.原料	(1) 使用不同型態或物理形式的觸媒。 (2) 使用親水性塗布以取代親油性（VOC）之塗布。 (3) 針對氧化反應使用純氧以取代空氣。 (4) 使用無重金屬或其他危害性物質的顏料、熔劑、焊接劑。 (5) 使用松烯（Terpene）或檸檬酸基溶劑以取代氯化或易燃性溶劑。 (6) 使用超臨界二氧化碳以取代氯化或易燃性溶劑。 (7) 使用乾式顯影劑以取代溼式顯影劑於非破壞性測試。 (8) 針對某些成分使用熱空氣乾燥以取代溶劑乾燥。 (9) 使用無須清洗或低固形物熔劑於焊接應用。
2.工廠單元操作	(1) 製程中操作單元相對位置之最適化。 (2) 調查操作單元合併或整合之可行性。 (3) 對既有反應器之反應動力學、混合特性與其他參數進行最適化再設計。 (4) 調查反應器設計是否可取代爲連續攪拌槽反應器。 (5) 針對製程回流與廢棄物，調查是否可設計分離反應器。 (6) 調查不同形式的添加反應物，例如以漿料取代粉體。 (7) 調查反應原料加入順序變更的可行性。 (8) 基於再生資源取代石化原料，調查替代的化學合成方法。 (9) 調查批式操作轉換成連續式操作的可行性。 (10) 改變製程條件與避免原料水解成不預期的副產物。 (11) 使用化學添加劑去氧化有異味的物質。 (12) 使用乳化破壞以改善有機層與水層在重力分離設備中的分離效果。

⊙ 表四　毒性化學物質減量實例

減量技術	工業類別	案例說明
源頭減量（取代策略）	鹼氯工業	以薄膜取代水銀法，降低汞汙染。
源頭減量（取代策略）	硬脂酸鎘製程	以氧化鎘取代鎘或硫酸鎘，製程無含鎘廢水產生，以免汙染農田。
源頭減量（取代策略）	半導體工業	以乙酸乙氧基乙酯（ethlylene glycol ethers）作爲光阻劑的溶劑，雖可降低易燃性，有良好的蒸發率與水中混合性，但 1987 年半導體工業協會與加州大學 Davis 分校合作對 14 家公司中的 15,000 名作業員工進行的研究報告顯示在低於 5ppm（TLV-TWA）的暴露下可能造成流產及影響生育。
		建議以單甲基醚丙二醇之衍生酯類與乳酸乙酯（propylene based glycol ethers, ethyl-lactete and ethyol-3-ethoxy propionate）作爲光阻劑的溶劑。
		化學氣相沉積製程製造硼磷矽玻璃（BPSG）薄膜以 TMB、TMP 和 TEOS 反應取代高毒性 $B2H6$、$SiH4$ 的反應。

（接續下表）

減量技術	工業類別	案例說明
源頭減量（取代策略）	電鍍業	以低毒性的三價鉻取代高毒性之六價鉻。採用無氰電鍍以降低毒性。
製程減量（強化策略）	農藥原體合成	不儲存異氰酸甲酯（methtl isocyanate, MIC），在須用 MIC 之製程前增設 MIC 生產製程，MIC 生成後立即用掉，以降低其危害性。
製程減量管末處理減量（減弱策略）	PU 合成皮業	溼式 PU 合成皮業產生大量含二甲基甲醯胺（dimethyl formamide, DEF）危害性物質之廢水，每一碼 PU 皮約產生 15% DEF 廢水 3kg，以蒸餾法回收利用（DMF 與水），則渣量只有 0.018kg／碼 PU 皮。
管末處理減量（減弱策略）	石化業	甲基丙烯酸甲酯（methyl methacrylate, MMA）之製程廢水含有毒化物氰（-CN），先以次氯酸鈉等氧化劑將氰離子氧化破壞後，才進入一般廢水處理池處理。

六、製程特殊氣體及化學品供應的限制影響策略應用實例

　　製程特殊氣體及化學品供應也有 ISD 策略的良好應用實例，以薄膜沉積製程而言經常使用矽甲烷作為反應氣體，主要目的就是希望於晶片上沉積出二氧化矽（SiO_2）薄膜，但是矽甲烷的自燃性卻是不得不防備的重點，所以為了預防矽甲烷洩漏接觸空氣而發生自燃至生爆炸，目前製程用配管均採雙套管（Double Pipe）供應，內管為流通矽甲烷管路，為防洩露直接接觸外氣，所以設置外管，並將內外管間空間抽真空，當矽甲烷洩漏，真空度將喪失，此時洩漏警報動作（Leaking Alarm Action），人員得迅速處理，並且矽甲烷會先儲於外管內而非直接接觸外氣，如圖 28 所示。另外對於危害性高的液態化學品，如果發生洩漏，無論對人員或機臺設備都將造成嚴重威脅，所以實務上也會利用雙套管方式，來限制其洩漏影響，圖 29 為特殊氣體與化學品雙套管實際設置照片。

七、限制影響及軟體策略應用實例

　　除了由製程切入外，由機臺設備（Process Tools）及附屬設備（Facility）觀點來看，高科技廠房中已有許多良好的本質較安全設計策略應用案例，例如製程廢氣的局部除害裝置（Local Detoxifying Apparatus）為防止廢液洩漏，於機臺下端設置洩漏盛液盤（Leak Drip Disc），並且會於盤中設置液體洩漏探測器（Leak Sensor）系統，於洩露第一時間發出警報，如圖 30 所示。

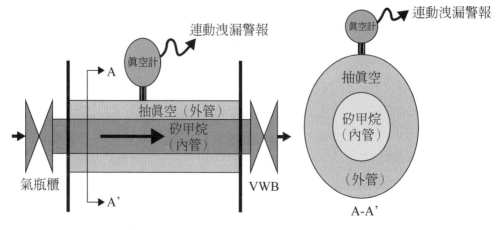

圖 28　特殊氣體雙套管構成與實例

圖 29　特殊液體化學品雙套管設置實例

圖 30 防止化學品洩漏盛液盤及洩漏探測器實例

八、避免骨牌效應及防愚策略應用實例

為防止製程故障發生突發性危害而擴大，主機臺及附屬機臺會設置緊急停機按鈕（Emergency Off, EMO），以便緊急停止機臺運作，並僅供應 24V 以下的安全監視電力，平時製程運轉時，為防止人員誤觸（Mistake Touch）緊急停機按鈕，而造成製程可靠度降低，緊急停機按鈕四周會設有防護擋片或是護蓋（Cover），如圖 31 所示。此外，防止因人員在製程機臺錯誤動作（Error Action）開始機臺防護外殼，重要之門扇設置安全護鎖裝置（Interlock），連動機臺停止運轉，如圖 32 所示。

圖 31 緊急停機裝置設置實例

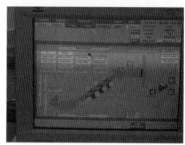

圖 32　離子值入機臺安全護鎖電路與顯示實例

九、狀態清晰策略應用實例

　　製程進行中也可利用最簡單的警示燈號（Warning Light），並配合警告聲響（Warning Sound）來顯示機臺情況，而製程操作時反應器、反應參數變化及機械手臂（Mechanical Arm）動作等均會顯示於製程操作與顯示面板，此這需要有完善的軟體系統（Software System）並配合各種探測裝置才能達成，如圖 33 所示。對於特殊氣體洩漏亦可設置氣體探測系統（Gas Detection System），於洩漏的第一時間就可以立即進行疏散與搶救，這也是狀態清晰與軟體策略的應用實例，如圖 34 所示。

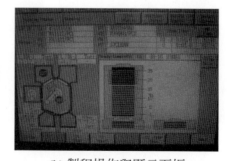

(a) 製程警示燈號　　　　　(b) 製程操作與顯示面板

圖 33　製程燈號與操作顯示面板設置實例

 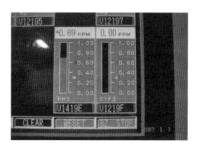

圖 34　開放區域氣體洩漏探測系統設置實例

十、簡單化策略應用實例

化學品供應為了維持壓力、流量穩定並且避免減少人員接觸供應系統而造成不必要的傷害，所以設計上會採取全自動化供應系統（Automated Supply System），此系統綜和了簡單化策略、軟體策略等，除非管路老舊損壞或遭受人員意外破壞，否則平時人員不需與系統接觸（但須考慮維修保養作業安全），可根本的防止危害發生，如圖35所示。

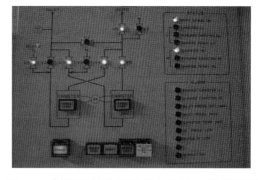

圖 35　製程用特殊氣體的全自動化供應系統

十一、骨牌效應策略應用實例

對於風險控制的損害防阻（Loss Prevention）最後一道防線，當然也就是消防安全設備（Fire Safety Equipment）的設置，我們可以先考慮獨立機臺的內部滅火（Internal Firefighting）設備（如下頁圖 36 所示），或是整體廠房內部的自動灑水（Automatic Sprinkler）系統（如圖 37 所示），配合防火區劃（Fire Division）的完整性（如圖 38 所示），如此可達到抑制火災、爆炸的蔓延。

圖 37　自動灑水系統

圖 36　獨立機臺的內部滅火設備

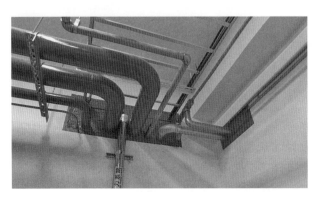

圖 38　防火區劃之防火填塞照片

3.3　從製程、機臺設備到廠務系統的本質較安全應用原理應用

　　以目前實務情況而言，石油化學工業（Petrochemical Industry）與高科技產業（High-Tech Industry）有一個很大的不同，就是石化業新建工廠是先確認製程，再詳細規劃好設備、管路，最後配合進行土木與建築設計，安全考量依序逐漸納入，此原則十分符合第一章所述保護層分析（Layer of Protection Analysis, LOPA）原則（請參考第一章圖 83），由製程設計（Process Design）開始思考，接著進行基本程序控制系統（Basic Control and Monitor System），如此

一層層向外思考設計（故又稱為洋蔥理論），直至社區緊急應變（Community Emergency Response）情況的計畫建立，而此原則核心即為製程設計（Process Design）。反之，高科技產業一般則先規劃並蓋好土木建築（Building Construction），然後在法規限制之內提供設備與管路最大面積以進行安裝，安全考量極為特殊。此外，石化業大部分設施是在戶外（Outdoor），而高科技業常見的是一棟棟的密閉廠房（Closed Plant）。這種差異也造就兩個產業在安全管理整合上極大的差異[4]。

然而本質較安全設計策略（ISD Strategy）則希望能由製程源頭（Source of Process）開始，往機臺與廠務系統發展（如圖 39），如此才能充分取得本質較安全性（Inherently Safer），所以雖然高科技廠房本體之土木建築已完成，在依法規限制條件下進行設備與管路最大面積情況中，仍可依循本質較安全之精神進行，從探究元件物理與製程危害主因開始。此外製程安全評估／危害分析（Process Safety Assessment / Hazard Analysis）是國內外製程安全管理法規中最具關鍵性的項目（Critical Issue），實施製程危害分析的目的在於系統性的辨識製程中的潛在危害（Potential Hazards），以作為其他製程安全管理（Process Safety Management, PSM）計畫訂定的依歸。如果以管理系統 PDCA（Plan, Do, Check, Action）的概念來說明製程危害分析，那麼製程危害分析可以說是 PSM 系統建置階段（Plan）的核心工作，而危害分析的範圍與根據是製程反應化學、製程技術、製程設備等製程安全資訊進行，顯見製程設計重要性（如圖 40）[4]。

對於高科技製程，可利用簡單實用的檢核表做為 ISD 設計評估工具，無論是新廠房設計規劃或是舊有廠房改善設計，均可協助研究人員、工程人員或設計人員辨識製程是否符合本質較安全的原則（如表五），而此處建議 ISD 設計評估應包含以下六大部分，最後再依十一項 ISD 策略逐項思考可行之設計方案[3-4][7-11][13-14]。

(1) 何種物質具有危害性（如：原料、中間物、產物、副產物、廢棄物、意外事故反應之生成物或燃燒生成物）？

(2) 製程物質之性質是什麼？

(3) 是否能消除危害性物質？

(4) 危害性物質的存量是否儘量降低？

(5) 製程是否能在較安全狀態下運作？

(6) 危害性廢棄物是否能儘量減少？

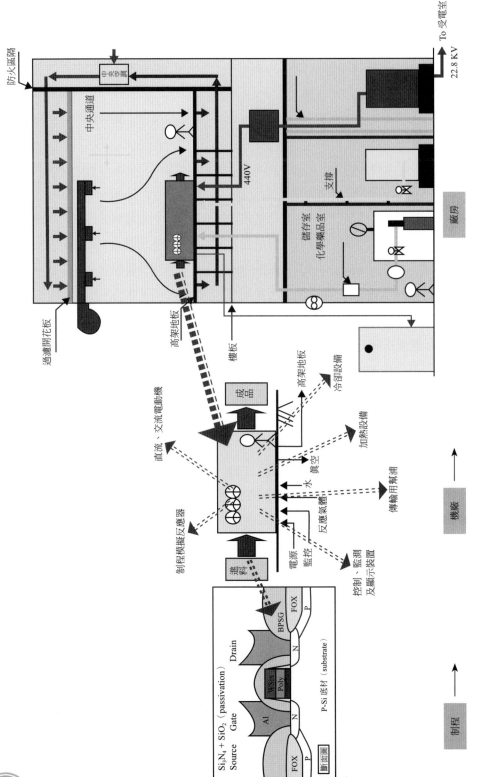

圖 39　高科技廠房製程、設備與廠務供應系統關聯圖

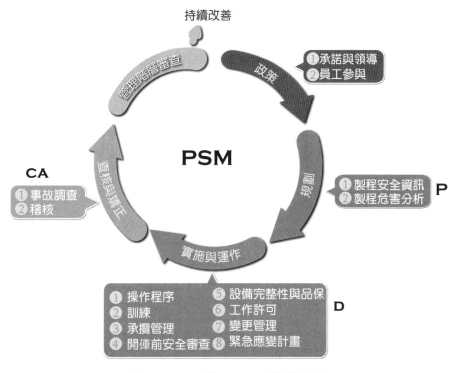

圖 40　PSM 與 PDCA 管理循環圖

表五　ISD 評估檢核表範例（內容可視情況增訂）

檢核項目	檢核結果說明	改善建議
1.何種物質具有危害性（如：原料、中間物、產物、副產物、廢棄物、意外事故反應之生成物或燃燒生成物）？ ・何種物質易形成蒸氣雲？ ・何種物質具有立即性毒性？ ・何種物質具有慢性毒性、致癌性、致突變性或致畸性？ ・易燃物有哪些？ ・可燃物有哪些？ ・哪些物質不安定、對熱敏感？ ・哪些物質在法規上訂有排放標準或限制？		
2.製程物質之性質是什麼？應考慮以下： ・物性（如沸點、熔點、蒸氣壓、蒸氣密度） ・急性毒性和暴露限制（如 IDLH, LD$_{50}$） ・慢性毒性和暴露限制（如 TLV, PEL） ・反應性（如不相容、腐蝕性、聚合反應性） ・燃燒性（如閃火點、自燃溫度、爆炸上下限） ・環境性質（如生物分解性、水中毒性和嗅覺恕限值）		

（接續下表）

檢核項目	檢核結果說明	改善建議
3.是否能消除危害性物質？ ・使用較低毒性、反應性或易燃性之原料、中間物或產物的替代製程是否已經過評估？ ・危害性物質是否以稀釋狀態儲存（如：以氨水取代液氨、以硫酸取代發煙硫酸）？		
4.危害性物質的存量是否儘量降低？ ・儲槽的數目和容量是否降至最低？ ・所有製程設備的選擇和設計是否能降低化學物質的含量（如使用溼壁塔（Wiped Film Stills）、離心式分離機、驟沸式乾燥機、連續式反應器或線上混合器（In-Line Mixerr）？ ・危害性物質（如氯）是否以氣態之進料方式取代液態進料方式？ ・危害性中間物是否可以直接轉換成產物，以降低儲存的風險？		
5.製程是否能在較安全狀態下運作？ ・原料供應壓力是否能維持在進料容器的允許工作壓力之下？ ・藉由使用或改善觸媒，或是增加迴流量以補償較低的產率，反應安全操作條件（如壓力、溫度）是否能較寬鬆？ ・在塔槽中的製程操作步驟是否能降低其複雜性，減少進料管線、公用設備及輔助系統的數目？		
6.危害性廢棄物是否能儘量減少？ ・廢物流是否能回收？ ・所有的溶劑、稀釋劑或載介（Carrier）是否有回收？若無，是否能儘量減少使用或清除？ ・所有的清洗操作是否已最適化，以減少廢水量？ ・有用的副產物是否有回收？ ・危害性副產物是否能分離取出，以降低危害性廢棄物的總量？ ・危害性廢棄物是否與一般性廢棄物分開存放？		

ISD 雖然是工業製程設計的較佳策略，但在許多情況下，ISD 策略應用上受到許多限制，並非處處可達成，針對既設工廠，如欲進行改善，大多只有從加裝安全設備，提升操作可靠度（Reliability）或災害消減（Mitigation）系統下手。一般工業製程的安全系統評估範圍有下列幾類（可配合第一章圖 83 的 LOPA 理論進行設計思考）[3-4][7-11][13-14]：

1. 壓力釋放系統和排放口（Pressure Relief System and Exhaust Port），可能需考慮的完整性與可靠性因素包括：

(1) 多重壓力釋放系統（Multiple Pressure Release System）。

(2) 設計時應考慮多種狀況同時發生時的最糟情況（Worse Senario）（例如外界火災侵害塔槽且槽內攪拌故障產生局部熱蓄積（Heat Accumulation），壓力持續上升等情況）。

(3) 冷、溫、毒性及腐蝕性蒸氣收集排放道，包括分離、溫度限制、構造材質、管路規格變更、除液槽等（所有因素都會影響設計考慮）。

(4) 使用自動減壓閥（Auto Relief Valve）。

2. 緊急釋放系統排至燃燒塔（Combustion Tower）、洗滌塔（Scrubber）等，應考慮以下因素：

(1) 自然釋放（直接釋出）、控制性釋放。

(2) 燃燒塔距地面高度。

(3) 洗滌塔／焚化爐（Incinerator）之需求、可靠度、旁路（Bypass）情況。

(4) 監測器（Monitor）（如熱電偶（Thermocouple）、分析器（Analyzer）等）。

3. 廠區／設備隔離（Isolation），應考慮以下因素：

(1) 遙控隔離（Remote Control Isolation）之能力（如失效時自動設定在安全位置，及可在一段距離之外的操作緊急阻流閥（Emergency Choke Valve））。

(2) 隔離閥之作動性考慮（如酸／火災之抗性、快速關閉、緊急動力等），失效時通常應設定在安全之關閉位置。

(3) 閥位置（應考慮泵浦吸力（Suction）及儲存有大量危害性物質之塔槽下方）之可接近性。

(4) 開關及控制鈕（Control Button）之位置。

4. 關鍵性警報及連鎖系統（Critical Alarms and Interlock Systems），需考慮的完整性與可靠性因素包括：

(1) 獨立的感測器／開關（即連鎖迴路勿與控制迴路共用同一元件或訊號傳送器）。

(2) 不同作動機制或原理的多組重複訊號（例如至少有兩種形式可判斷槽液位過低的量測裝置，再加上低液位警報（Low Level Alarm））。

(3) 硬體與軟體之配合。

(4) 多組關斷裝置（如兩個阻流閥、連鎖關斷器（Disconnecting Switch）等）。

5. 火災監測／消防（Fire Monitoring／Firefighting），應考慮以下因素：

(1) 火焰偵測器（Flame detector）、偵熱器（Thermal Detector）及偵煙器（Smoke Detector）。

(2) 消防水系統滅火設備（包含主立管、泵浦、消防栓、噴頭、緊急供應等）。

(3) 自動撒水系統（Automatic Srinkler System）（如用在幫浦／塔槽，為噴撒式）。

(4) 泡沫滅火系統（Foam Fire Extinguishing System）（考量固定式、移動式、泡沫類型等）。

6. 氣體洩漏監測（Gas Leak Monitoring System），應考慮以下因素：

(1) 可燃性、毒性氣體監測（可能產生此類氣體之化學物質適用性）。

(2) 監測點（包括布點之有效性及高度考慮）。

7. 緊急供應系統（Emergency Supply System），應考慮以下因素：

(1) 備用電力、儀表用空氣供應。

(2) 用於關鍵性設備及控制系統的不斷電系統（Uninterruptible power system, UPS）。

3.4　ISD 於高科技廠房應用的發展與建議

電子產品尺寸朝輕、薄、短、小發展（如圖41），但高科技製程發展則隨著晶圓尺寸加大，製程機臺硬體構造增大，傳動系統、電力供應與加熱設備等亦隨之增大，如此感電、機械危害、火災爆炸等情況必然趨向嚴重，廠房 ISD 策略應用不得不考量。

ISD 策略在高科技製程的應用，主要仍依據第二章圖38、第二章圖39及圖39架構進行，從元件構造開始，再

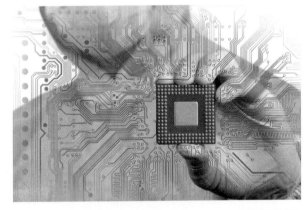

圖41　電子產品朝尺寸輕、薄、短、小趨勢不變

探討製程、機臺設備，最後到廠務供應系統；方法方面則依據表五建議之 ISD 設計評估應包含六大部分，最後結合十一項 ISD 策略逐項思考可行之設計方案。據此本書提供完整高科技製程實務機臺設備ISD策略應用自主檢查項目，將可大幅提升廠房安全等級（如表六）[4][17-23]。

● 表六　高科技製程實務機臺設備 ISD 策略應用自主檢查項目

檢核項目	檢核結果說明	改善建議
1.一般檢查： ・設備應光滑而無粗糙刮人及尖突刺人之表面。 ・任何可能使人發生捲入，壓傷，或刮割傷之裝置，均已用保護蓋或貼上警告標籤。 ・所有危害區機械保護裝置或蓋板，應需要工具才可取下或裝上自動停機連鎖裝置。 ・超過攝氏 50 度之熱表面應加裝防熱措施，並貼上熱警告標示。 ・緊急停機按鈕（EMO）應為紅色且直徑為 2 吋（約 5 公分）磨菇頭狀突出機臺表面。 ・任何可能有危害之處均應貼上危害警告注意標示。 ・與易燃物接觸之材質應為金屬類物質。 ・與腐蝕物接觸之材質應為非金屬類物質。		
2.廠務供應（Utilities）： ・氮氣（PN_2）是否使用？是否標示？有無管線測漏？ ・壓縮空氣（CDA）是否使用？是否標示？有無管線測漏？ ・真空（Vaccum）是否使用？是否標示？有無管線測漏？ ・純水（DIW）是否使用？是否標示？有無管線測漏？ ・排放管（Drain）是否使用？是否標示？有無管線測漏？ ・排氣管（Exhust）是否使用？是否標示？有無管線測漏？		
3.模擬狀況檢查： ・已作過停電測試，全部在安全動作範圍內。 ・已試過除害設備停止時機臺應自動停機。 ・所有與廠務部介面之化學品及特殊材料氣體閥，均已檢查過關閉中。 ・所有緊急停機鈕應已測試過，功能正常。		
4.使用之特殊材料氣體： ・矽甲烷 SiH_4 是否使用？是否標示？有無管線測漏？ ・硼乙烷 B_2H_6 是否使用？是否標示？有無管線測漏？ ・氨 NH_3 是否使用？是否標示？有無管線測漏？ ・四氟化碳 CF_4 是否使用？是否標示？有無管線測漏？		
5.使用之化學物質： ・硫酸 H_2SO_4 是否使用？是否標示？有無管線測漏？ ・硝酸 H_3PO_4 是否使用？是否標示？有無管線測漏？ ・六甲基乙矽氮烷 HMDS 是否使用？是否標示？有無管線測漏？ ・氫氧化銨 NH_4OH 是否使用？是否標示？有無管線測漏？		

（接續下表）

檢核項目	檢核結果說明	改善建議
6.雷射設備檢查： ・使用雷射類別為第 I, II, III, 或 IV 類。 ・冷卻系統之安全互鎖正常。 ・高電壓端蓋之安全互鎖正常。 ・電射作業觀看孔之安全互鎖正常。 ・設備貼有「雷射警告」標示。 ・設備安裝連鎖失效之警報器。 ・設備裝置雷射使用中指示燈正常。 ・連鎖動作停機後必須以手動才能復歸起動。		
7.化學品排氣風罩（HOOD）檢查： ・有機溶劑排氣風罩之材質應為金屬。 ・與溶劑可能接觸之電氣設備應為防爆型。 ・腐蝕物質的排氣風罩之材質應為非金屬。 ・電氣設備有無防腐蝕設施。 ・在設備底部應裝置洩漏盛盤並裝設洩漏偵測裝置。 ・放置泵或管線之箱櫥應安裝防護箱。 ・上述防護箱之任何開口門應安裝連鎖裝置。 ・泵，管線及配件之防護箱應安裝通風裝置。 ・所有化學品排氣風罩反應槽均應標示所使用之化學品名稱。 ・有機溶劑排氣風罩必須安裝自動滅火裝置。 ・在八公尺之範圍內必須有洗手及沖洗器設置。 ・溶劑類排氣風罩之加熱器必須泡浸在溶劑內才可加熱。		
8.離子植入機檢查： ・設有排氣裝置。 ・裝有排氣低流量警報器。 ・操作盤或機臺控制盤應有緊急停機裝置。 ・連鎖裝置系統：(a) 所有的門均應設安全互鎖 (b) 與緊急停機按鈕接線串聯。 ・離子發射源四周（包括地面）均應為鉛防護板。 ・設備箱蓋外應有感溫警報器。 ・設備箱外殼裝設固定放電接地接觸棒。 ・離子發射源與地板間應以絕緣礙子相連。 ・量測設備四周輻射量。 ・操作人員配戴輻射佩章。 ・設備上貼有 X-ray 之警告標示。		
9.反應器檢查： ・密閉用氮氣流量低及壓力低時有警報器鳴動。 ・使用可燃性氣體設備的排氣管起初 3 公尺長之材質應為金屬。 ・排氣管進口應裝有排氣低流量時監測警報裝置。 ・設備安全系統故障時設有警報警示裝置。		

（接續下表）

檢核項目	檢核結果說明	改善建議
・設備安全自動停機則設有警示裝置。 ・危害排放氣體處理裝置（如 Wet/Dry Scrubber or Burn tube）。		
10. 輻射設備檢查： ・操作人員皆佩戴輻射佩章。 ・輻射機臺操作區域應列為管制區，區內應貼輻射警告標示。 ・機臺上應貼上「小心輻射」或「注意 X-Ray」警告標示。 ・設備應裝設 X 光防護蓋及連鎖裝置。 ・設備應安裝有 X 光使用中之警告燈。		
11. 非游離輻射機臺檢查： ・非游離輻射機臺之使用為 a.UV 或 b.RF 或 b. 微波。 ・裝設有 a.UV 或 b.RF 或 b. 微波防護蓋板或玻璃。 ・a.UV 或 b.RF 或 b. 微波防護蓋板裝設有電氣連鎖。 ・a.UV 或 b.RF 或 b. 微波防護蓋板應貼上警告標示。		
12. 連鎖裝置（INTERLOCK）： ・電氣系統連鎖裝置。 ・供應氣體流量異常連鎖裝置。 ・排氣系統異常連鎖裝置。 ・門上連鎖裝置		
13. 機械人檢查： ・自行活動之機械人於活動範圍之四周及進口，應貼有警示標誌或圍籬，警示他人進入危險。 ・設備內有機械手臂之外保護蓋應裝有電氣連鎖裝置。		
14. 其他檢查事項： ・設備四周應有足夠的操作／維修空間。 ・設備四周之燈光應有足夠的照明。 ・設備四周之作業環境應整頓乾淨。 ・設備四周高架地板應完好無缺。 ・設備之對外疏散路徑是否清楚並保持通暢。 ・使用之瓶裝或分裝之化學品（如光阻液，100%IPA，冷凍劑等）。 ・可能產生散裝之廢化學品（如砷，廢光阻等）。 ・瓶裝、散裝、分裝化學品是否有適當的存放櫃。 ・設備維修時所需之防護用具是否完備。 ・四周環境應無防火滅火之虞。		

參考文獻

1. T.A. Kletz. (2003). Inherently Safer Design - Its Scope and Future. Process Safety and Environmental Protection, Volume 81, Issue 6, Pages 401-405.

2. Kletz, Trevor (1989), Friendly plants, Chemical Engineering Progress, pp18-26.

3. 王世煌（2002），工業安全風險評估。臺北，揚智文化，P220-230。

4. 陳俊瑜、王世煌、張國基（2015），產業製程安全管理與技術實務。臺北：五南圖書。

5. 陳俊瑜、張國基，高科技產業製程風險控制與本質較安全設計應用。化工。Vol.54，No.3，pp.33-48，June (2007)。

6. 張國基、陳俊瑜，高科技廠房危害情境分析與科技園區聯防緊急應變機制研究，工業安全科技。64，2007.09，頁 21-36。

7. Kletz, Trevor, Inherently safer plants. an update, *Plant Operations Progress*,10, No.2, pp18-26 (April，1991).

8. Kletz, Trevor A., Learning from Accidents, [2nd Edition], Butterworth-Heinemann,Jordan Hill,Oxford,UK, p.62-64,1994.

9. Kletz, Trevor A., 1995, Some Loss Cases Histories(3), *Loss Prevention Symposium*, Volumes 2928.

10. Kletz, Trevor A., 1999, Identifying and assessing process industry hazards, *Institution of Chemical Engineers*, UK, P.3429.

11. AnnaMari Heikkilä. (1999). Inherent safety in process plant design An indexbased approach. Valtion teknillinen tutkimuskeskus publications. ISBN 951–38–5371–3.

12. 張一岑、徐啓銘（1996），化工製程安全設計，高雄：揚智文化。

13. Kletz, Trevor A., (1994), What Went Wrong? [3rd Edition], Gulf Publishing, Houston, Texas, USA.

14. Kletz, Trevor A., (1990), Improving Chemical Engineering Practices [2nd Edition], Hemisphere Publishing, New York, USA.

15. Chen, C. Y., Chang, K. C., & Wang, G. B. (2013). Study of high-tech process furnace using inherently safer design strategies (I) temperature distribution model and process effect. Journal of Loss Prevention in the Process Industries, 26, 1198-1211.

16. 張國基、陳俊瑜（2006），以本質較安全設計探討火力發電廠汽力機組鍋爐設備操作之危害預防，化工技術月刊。157 期 4 月號，p195-211.

17. 張國基、陳俊瑜（2007）。高科技產業製程本質較安全設計與應用之研究，工業安全科技季刊。63 期 6 月號，p18-33.

18. Chen, C. Y., Chang, K. C., Lu, C. C., & Wang, G. B. (2013). Study of high-tech process furnace using inherently safer design strategies (II) deposited film thickness model. *Journal of Loss Prevention in the Process Industries*, 26, 225-235.

19. Trevor Kletz, (1998), process plants: a handbook for Inherently Safer Design, Taylor Francis, New York.

20. 陳俊瑜、廖雁亭、張國基（2008），以本質較安全策略進行機臺安全設計實例分析—以 TFT-LCD 廠為例，勞工安全衛生研究季刊。16 期 3 月號。

21. 簡士鈞、游孟傑、黃泳銓、侯思因、張國基（2009），以本質較安全設計策略探討高科技廠房人因工程危害預防改善與應用研究，健康產業科技與管理研討會。

22. 張國基（2006），高科技廠房本質較安全設計策略應用可行性研究 - 建置本質較安全應用機制，國立交通大學工學院產業安全與防災研究所，碩士論文。

23. 張國基（2017），高科技製程廠務及安全監控系統本質較安全設計策略應用研究，國立臺北科技大學機電學院機電科技研究所，博士論文。

筆記頁

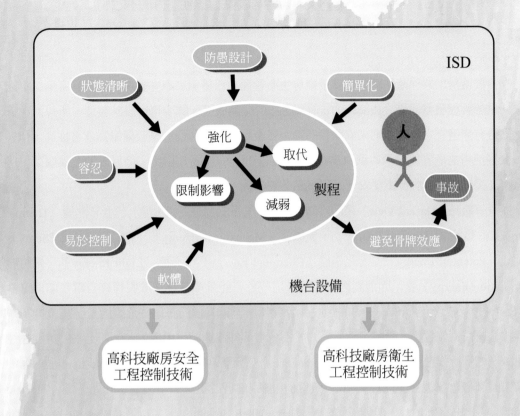

第四章　以本質較安全設計策略為基礎之高科技廠房安全與衛生工程控制技術

4.1 高科技廠房安全工程控制技術

高科技廠房由原件產品硬體設備至廠房生產管理，已於第二章完整說明（請參考第二章圖39）。由於製程機臺設備（Process Tools）均經由採購取得，鮮少自行設計製造，所以此部分的重點是有無適宜之評估法則來協助我們確保安全性，並且製程機臺設備雖然危害性高，但各單一機臺使用之危害能量源與廠務支援系統（Facility System）相比，仍以後者尤為顯著，所以廠務支援系統仍有許多重要安全工程重點必須掌握。

從危害觀點（Hazard View）來看（如圖1），危害能量源（發生源）包含有熱能（Thermal Energy）、電能（Electrical Energy）、機械能（Mechanical Energy）（動能（kinetic Energy）與位能（Potential Energy））、化學能（Chemical Energy）、光能（Light Energy）、輻射能（Radiation Energy）等，因為製程需要所以這些危害能量源會存在於製程核心處（如反應器（Reactor）或爐管（Furnace）等），設計者會無所不用其極的將這些危害能量源盡量控制在製程核心處（例如包覆、隔離、降溫等），不會令其外洩至廠房環境中，然而不幸的情況往往發生，例如例行維護保養（Routine Maintenance）或緊急製程停機處理（Troubleshooting）等，作業人員突破危害能量源之控制措施，進而接觸到危害能量導致事故發生（如感電（Electric Shock）、燙傷（Burns）、酸鹼侵蝕（Acid and Alkali Erosion）、中毒等（Poisoning））；所以在圖1中我們建議善加運用本質較安全設計（ISD）的十一項策略來達成強化（Intensification）、取代（Substitution）、減弱（Attenuation）、限制影響（Limitation of Effects）、簡單化（Simplification）、避免骨牌效應（Avoiding Konck-on Effect）、防愚設計（Making Incorrect Assembly）、狀態清晰（Making Status Clear）、容忍（Tolerance）、易於控制（Ease of Control）、及軟體（Software）等本質較安全化目標；其次若可能有危害能量源會外洩情況發生（如可燃性氣體外洩與作業場所蓄積導致火災爆炸情況），則再考量主結構體、無塵室、通道走廊等廠房構成（途徑），如何進行阻隔（Isolation）、阻擋（Blocking）、延遲（Delay）、蓄積（Accumulation）、緩衝（Buffer）、消能（Dissipation）、或加大安全距離（Safety Distance Increase）等設計，如此得使危害能量源尚未與作業人員接觸前即進行控制；最後對於作業人員（接受者）就是提供有效的個人防護具（Personal Protective Equipment, PPE），而圖1外圍之行政管理措施（Administrative measures）將於後續章節介紹[1-2]。

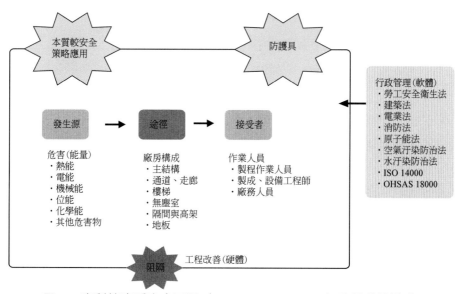

圖 1 高科技廠房安全工程（Safety Engineering）改善聯想模式

在探討安全工程除了前述危害能量源外，傳統上多以下分類 [3-5]：

(1) 物理性危害（Physical Hazards）：一般討論包含溫溼環境、噪音與振動、採光照明、游離輻射危害、非游離輻射危害及異常氣壓危害等。

(2) 化學性危害（Chemical Hazards）：一般討論酸、鹼、重金屬、溶劑或其他具毒性物質，以氣態、液態、固態、兩相態、粉塵、燻煙、霧滴、煙、霧、煙霧、纖維等形式存在於環境中，可經由吸入、食入或皮膚接觸而進入人體，進而影響健康造成危害因素。

(3) 生物性危害（Biological Hazards）：一般討論微生物（如病毒、細菌、黴菌、真菌、放線菌、原生動物、藻類等）、寄生蟲（如蟯蟲、蛔蟲、條蟲、痢疾阿米巴原蟲、鉤蟲、肝吸蟲等）、昆蟲（蚤、蝶、蠱、蚊、蝨、蜂等）、動植物及其製品（如動物之毛屑、分泌物或排泄物、果實、花粉等），可能引起急性病症（如B型肝炎、SARS、禽流感）、過敏性反應（如花粉過敏）、寄生體內（如鉤蟲）等危害情況。

(4) 人因工程性危害（Human Engineering Hazards）：一般討論人員作業失誤或如座椅踏墊、監視儀表、操作方式、作業工具等設計不良、位置安排設置不當等人體與機器設備介面沒有適當的調配，而導致意外發生率增加、疲勞、下背痛、長期負重所造成之脊椎傷害、高重覆性手腕的動作造成腕道症候群及其他肌肉骨骼傷害等情況。

(5) 心理性危害（Psychological hazards）：因工作上或非工作上所發生重大壓力事件、工作時間過長、輪班或夜班或不規律工作時間或經常出差伴隨精神緊張的工作等可能造成精神疾病或促發腦血管、心臟血管之疾病。

無論由危害能量源或是前述五大危害分類，均可讓我們掌握實際第二章圖 39 中各種硬體設施的潛在危害。而安全工程首要即危害控制措施，一般而言危害控制措施有以下做法 [3-4][6]：

(1) 應用 ISD 策略：例如減少反應器本體的強化設計、以低毒性、低危害性物料的取代設計等方案，讓危害能本質化消除或降低危害，讀者可參閱第三章內容。

(2) 密閉製程：讓整體製程均能封閉在一個安全機體內，並且作業時不需要任何人員進入或接觸，如此大大降低人員接觸危害能量源機會。

(3) 排氣裝置設置：包含如整體換氣或是局部排氣等，均可進行作業環境空氣裡危害物之稀釋與排除，無論是安全工程或是衛生工程均有顯著效益。

(4) 製程隔離：例如應用拉長時間與空間的方案，包含前述應用於「途徑」的阻隔、阻擋、延遲、蓄積、緩衝、消能、或加大安全距離等作法。

(5) 溼式作業：由於吸入是最容易危害人體的一種途徑，所以針對有害物質若能考量運用溼式作業，將不會有飛揚、飛散情況發生，此時危害性將由吸入轉變為皮膚接觸或食入，危害性大大降低，並且比較容易控制。

(6) 作業方法、作業程序之變更：當經費限制或是已充分應用 ISD 策略，實務現場已無法再進行硬體設備改善時，適當的變更作業方法與作業程序，亦可降低事故發生，例如原先密閉製程之機臺當要緊急故障排除時，應確實關斷電源，並上鎖管理，亦或是製程機臺開始製程前應先確實檢點互鎖裝置功能，如此不小心開啟製程中機臺設備可即時停止作業讓危害性大幅降低。

(7) 完善維護保養計畫：我們設計、設置了良好控制設備或措施，倘若沒有配合完善維護保養計畫，該控制設施勢必年久失修，輕則導致製程可靠度降低，重則讓作業人員不小接觸危害能量源，進而導致事故發生，所以有效且完善維護保養計畫之建立有其必要性。

有了完整安全工程概念，接著我們將探討高科技廠房安全工程設計考量應注意之重點與 ISD 應用概念方案。CVD 製程機臺完整功能請參考第二章圖 43，現代化設備在合理成本下多追求自動化（Automation），故再考慮電力供應（Power Supply）、監控設備（Monitoring Equipment）、產品傳送裝置（Product Delivery System）、全場自動產品傳輸系統（OHT 或 GVA 系統）、產品進出貨機構（Load Port System）、氣體或化學品供應系統（Gas/Chemical Delivery System, CDS/CDS）、真空系統（Vacuum System）等，目前業界主要依據 SEMI S2 及

SEMI S10 等規範進行單一製程機臺設備之安全評估[7-8]。

美國半導體設備和材料國際組織（Semiconductor Equipment and Materials International, SEMI）至今已發展出多種標準供半導體業者參考。計有以 S 為開頭字母之安全標準，以 F 為開頭之廠房設施標準以及以 E 開頭之設備標準，此處針對「SEMI S2 半導體製造設備環保、健康及安全基準」部分進行討論。SEMI S2 半導體製造設備環保、健康及安全基準與電氣、機械、防火、化學、輻射、噪音和防震等安全領域有關，將化學品、輻射、電氣、物理性、機械、環境、地震及火災爆炸等危害，與通風、人因工程應有之安全措施，做一原則性規範。

SEMI S2 主要精神係設備使用者應將指引相關要求納入採購規格（Procurement Specifications）中，而設備供應商（Tools Supplier）應提供風險分析（Risk Analysis）和文件證明報告予設備使用者。此外，在設備安全係採取安全連鎖觀念，設備操作與維護安全方面，設備供應商則應詳盡告知相關安全問題。SEMI-S2 半導體製程設備之安全標準，為眾多 SEMI 標準之一，主要目的希望消除各半導體製造廠對製程設備不同規格要求情況，讓設備製造商能採取 SEMI-S2 一致性的要求，提供具共同標準要求且安全又環保的設備給使用者。

SEMI-S2 0706 版本標準分 20 章節，各章節規範項目包含目的（Purpose）、範圍（Scope）、安全理念（Safety Concepts）、一般性準則（General Guidelines）、安全連鎖裝置（Safety Interlocks）、化學物質（Chemical Substances）、游離輻射（Ionizing Radiation）、非游離輻射（Non-Ionizing Radiation）、噪音（Noise）、通風與排氣（Ventilation and Exhaust）、電氣安全（Electrical Safety）、緊急停機（Emergency Shutdown）、化學加熱槽（Chemical Heating Tanks）、人體工學（Ergonomics）、機械人與自動化（Robotics and Automation）、危害警告標示（Hazard Warning Labling）、地震防護（Earthquake Protection）、文件資料（Documents）、消防（Fire）、環保（Environmental Protection）等。其中 5～20 章節為針對特定安全顧慮、風險或危害制定，是統合性通用標準。各種高科技製程設備可依據其設備本身具有之風險或危害，參考前述條文內容進行規範要求；針對 SEMI-S2 規範內容重點彙整如表一。如果 SEMI-S2 未有詳細規範者，亦可參考其他如 NFPA（70、79、111、318、701）或 EN 60204/IEC204 等規範作為制訂採購規格參考依據；針對高科技特定製程除表一要求外，此處依據實務經驗對各項設備額外規格建議如表二，供讀者參考應用。最佳的 SEMI-S2 應用作法應依各公司實際採購運作模式，將 SEMI-S2 清楚列明融入採購管控及驗收機制當中，再配合完整的安裝測試，確實實施安全檢查，並作成完整的試機記錄妥加保存，最後加上良好之維修保養（PM）機制，將可構成一個有效的管理循環，此部分管理作為將於後續章節說明[1][7-8]。

⬇ 表一　SEMI-S2 指引規範內容重點彙整

設備基本規格	
安全連鎖裝置（Safety-Related Interlock）	1.關鍵性之安全互鎖定義爲由風險評估鑑認爲極高（Critical）、高（High）、中（Medium）風險的安全互鎖防護裝置，皆屬於關鍵性之安全互鎖。 2.關鍵性之安全互鎖應是由硬體型式裝置（Hardware-Based Device）如繼電器（Relay）所構成，而非由韌體裝置韌體型式裝置（Firmware-Based Device）如 ROM、IC 或軟體裝置（Software-Based Device）如 PLC、PC 所構成。
化學物質（Chemicals）	1.有危害性氣體的設備必須裝設氣體偵測器，以及說明其採樣位置。 2.設備維護時所需相關防護如工程控制（如氣罩、圍堵體）、作業程序、個人防護具等。 3.若是設備有化學品或冷卻水時，必須有洩漏偵測器，且在設備下方應有一圍堵體以避免漏出。
游離輻射（Ionizing Radiation）	1.游離輻射線須限制於最低量。 2.所有危害點之防護遮蔽需裝置安全互鎖，不可任意拆除，並且此連所裝置，絕不可失效。
非游離輻射（Non Ionizing Radiation）	1.游離輻射線須限制於最低量。 2.射設備需視等級設置下列保護項目： ・保護外殼。 ・外殼安全連鎖裝置。 ・門扇安全連鎖。 ・分離式控制盤。 ・電源控制鎖。 ・發射警告指示。 ・光束衰減器或停止板。 ・設立管制區。 ・危害等級標示。 ・光閘標示。 ・使用手冊。 ・互木裝備。 ・保護衣罩。 ・警告標示。 ・操作訓練指引。
噪音（Audio Noise）	噪音量不得大於 80 分貝。
通風與排氣（Ventilation and Exhaust）	1.必須提供排氣風量連鎖裝置（一般使用壓差偵測器），能發出可看到且聽到的警報，建議警報下限設定點爲正常操作值的 1/2 或 1/3。 2.排氣管路請使用不鏽鋼材質（除預防導電而有部分需使用非金屬材質以外），若可能有腐蝕性氣體，則管路內部需有防腐蝕之處理。

（接續下表）

設備基本規格	
電氣設計 （Electrical）	1.下列狀況要提供非導電性或是接地導電之防護實體屏障： ・危害的附近上下或是周圍。 ・墜落物導致短路或電弧。 ・設備元件因失效而造成設備內液體流入電器元件。 ・主斷路器電線側的上方。 ・可能與未絕緣的帶電部分（潛在大於 30 伏特均方根值、42.2 伏特峰值、60 伏特直流電，或是 240 伏特安培的電力）接觸時的維護或是服務工作。 2.重要組件如不斷電系統（UPS）、泵浦（Pump）、冷卻器（Chiller）、熱交換器（Heat Exchanger）、RF 產生器（RF Generator）、加熱控制系統（Heat Controller）必須有國家認可測試實驗室（NRTL）的認證。 3.線路應該有顏色碼，或是在電線的頭尾兩側使用容易辨識的標示。 4.應該提供過電流保護元件及至少 10,000 rims 等級 AIC 的主要切斷裝置。 5.主斷路器應該有能量阻斷（例如上鎖（Lockout））之設計。 6.漏電電流 ≦ 3.5 毫安培（Am）。 7.接地電路之電阻 ≦ 0.1 歐姆（Ω）。 8.設備內如有易燃性氣體或易燃性蒸氣存在之空間若設置有電器元件時需使用防爆電器元件。
緊急關機 （Emergency Shutdown）	1.EMO 啟動時應使設備內所有危害性電壓及大於 240 伏特 - 安培的電力除能。 ・例外 1：非危害性的電壓（基本是 24 伏特）仍可維持電力。 ・例外 2：安全相關的元件（例如：偵煙器、氣體 / 水的洩漏偵測器、壓力量測元件等）等由非危害電源供應者仍可保持通電。 ・例外 3：如果所有電能斷電器、插座及電力供應導體端子等皆有明顯標示，則電腦系統可以保持供電。EMO 啟動後仍然有電力供應的危險性能量部分，應該加以隔離或是圍阻以防止維護人員不經意的接觸。 2.電路必須是硬體型式（Hardware-Based）裝置。 3.必須是手動重設的。 4.必須是紅色草菇形狀，周圍以黃色背景。 5.必須有明確中英文標示。 6.必須是易於碰觸，其大小應可用手掌後根啟動之。 7.按鈕的周圍可適當圍住以避免誤動作。 8.任一人員所在位置的 3 公尺內必須有 EMO 按鈕。
機器人和自動化 （Robotics and Automation）	1.晶圓盒（Cassette）進出處的門必須有防護，以防止手被夾傷。 2.機械手臂（Robot）必須有防護，門打開時必須將機械手臂停止。
危害警告標示 （Hazard Warning）	1.機臺內、外部皆必須貼有中文及英文危害警告標示。 2.標示需符合 SEMI S1 標準。

（接續下表）

設備基本規格
地震防護 （Earthquake Protection）	1.設備若是有危害性物質，則必須能承受作用於設備質量中心上的設備重量 94% 的水平負荷；沒有危害性物質的設備，則必須能承受作用於設備質量中心上的設備重量 63% 的水平負荷。 2.機臺本體及附屬設備需可承受 0.35g 之地震而無傾倒、位移之情形。 3.機臺內有危害性物質之管路容器需可承受 0.35g 而無破裂洩漏之虞。 4.若有提供連結物（Tie-Ins）、附著物（Attachments）、或是地震固定點（Seismic Anchorage Points）等物品，則其位置必須明確的標示。
消防（Fire Protection）	1.可燃物質與潛在點火源不得接觸。 2.應考慮火災偵測及火災抑制系統的設置。

⬇ 表二　高科技製程各項設備額外規格建議

設備	額外規格建議
溼式清洗（Wet Station）	1.化學品加熱槽的過溫保護，除了原來溫控系統的過溫保護外，還需要另一個獨立的溫度保護裝置。 2.如有異丙醇（Isopropanol, IPA），必須安裝可燃性氣體偵測器 3.機械手臂（Robot）上必須有緊急停止按鈕，或是光閘（Light Curtain）感測器，以避免人員維護時被撞到。 4.設備結構材質必須是 FM4910 材質。 5.火災偵測系統 　・必須有 FM 或 UL 之認證。 　・有提供廠務連線之介面。 　・啓動時在設備端發出可聽到及可見到的警報。 　・提供一 24 小時備用電源。 　・設備的 EMO 啓動後必須仍要維持其功能。 　・異丙醇（IPA）槽區使用火焰（UV/IR）偵測器 　・電器區使用光電式偵煙器或極早型偵煙器（Very Early Smoke Detection Appartus, VESDA）。 6.火災抑制系統 　・必須有 FM 或 UL 之認證。 　・抑制藥劑必須是對無塵室無損害。 　・火災抑制藥劑及輸送系統必須依據國際標準（例如 NFPA 12, NFPA 13, NFPA 2001）來設計與安裝。 　・有提供廠務連線之介面。 　・啓動時在設備端發出可聽到及可見到的警報。 　・提供一個 24 小時備用電源。 　・設備的 EMO 啓動後必須仍要維持其功能。 　・使用 CO_2 滅火系統。

（接續下表）

設備	額外規格建議
	7.化學品加熱槽必須提供下列防護： ・接地失效斷路保護裝置 ・液位偵測保護裝置 ・第二道過溫保護裝置 ・排氣失效連鎖保護裝置 ・過電流保護裝置
乾式蝕刻 （Dry Etch）	1.Pump 的安全互鎖 ・過溫保護 ・N_2 流量保護 ・抽氣背壓保護 ・過電流保護
化學氣相沉積 （ＰＥＣＶＤ、CVD）	1.Cryo Pump 過溫及停電時的安全互鎖 ・利用 N_2 稀釋及降溫， ・該 N_2 控制閥應爲常開 ・須有洩壓閥以宣洩壓力，洩壓閥排放之廢氣導入 exhaust。 2.Pump 的安全互鎖 ・過溫保護 ・N_2 流量保護 ・抽氣背壓保護 ・過電流保護 其他：Gas Box（紅箱）排氣需足夠（需於裝機後量測風速），抽氣不足時需可發出警報
離子植入 （Implanter）	1.Cryo Pump 過溫及停電時的安全互鎖 ・利用 N_2 稀釋及降溫， ・該 N_2 控制閥應爲常開 ・須有洩壓閥以宣洩壓力，洩壓閥排放之廢氣導入 Exhaust。 2.Pump 的安全互鎖 ・過溫保護 ・N_2 流量保護 ・抽氣背壓保護 ・過電流保護 3.火災偵測系統 ・必須有 FM 或 UL 認證。 ・有提供廠務連線之介面。 ・啓動時在設備端發出可聽到及可見到的警報。 ・提供一 24 小時備用電源。 ・設備的 EMO 啓動後必須仍要維持其功能。 ・機臺需有偵煙系統可連鎖切斷高電壓之電源。 ・偵測器可使用光電式偵煙器或及早型偵煙器 VESDA，設置需有效。

（接續下表）

設備	額外規格建議
	其他： ・變壓器應爲乾式。 ・Pig Tail 材質需爲不鏽鋼。 ・管路應使用金屬材質（除預防導電而有部分需使用非金屬材質以外）。 ・吹清（Purge）鋼瓶需有低壓／空瓶／低流量硬體安全連鎖。 ・Gas Box（紅箱）排氣需足夠（需於裝機後量測風速），抽氣不足時需可發出警報。 ・機臺輻射需符合標準（包括機臺底部）。 ・需有原子能委員會輸入許可證明（手續約需 3 個月，請提前辦理）。 ・機臺操作與保養作業符合人體工學（例如較重之零組件拆卸需有輔助工具）。 ・需於機臺正面設置 Alarm Display Box。

機臺設備之安全工程技術已於前述說明，而廠務支援系統部分，此處則從物理性危害、化學性危害、人因工程危害等切入探討，探討項目包溫溼環境、噪音與振動、採光照明、游離輻射危害、非游離輻射危害、感電、機械危害、有害物危害、火災爆炸危害、人因工程危害等項目分別討論如下：

 重點提示

安全工程技術

分別討論有溫溼環境、噪音與振動、採光照明、游　射危害、非游　射危害、感電、機械危害、有害物危害、火災爆炸危害、人因工程危害等。

一、溫溼環境（Temperature/Humidity Environment）

溫度評估主要依據高溫作業勞工作息時間標準第 3 條規定，運用綜合溫度熱指數（Wet Bulb Globe Temperature, WBGT），它考量之氣候因素包括了溫度、溼度、空氣流動速度及輻射熱等溫溼要素。而 WBGT 綜合溫度熱指數計算方法包含如下 [3][9-10]：

1. 戶外有日曬情形者：綜合溫度熱指數（WBGT）＝ 0.7×（自然溼球溫度 Tnwb）＋ 0.2×（黑球溫度 Tg）＋ 0.1×（乾球溫度 Db）

2. 戶內或戶外無日曬情形者：綜合溫度熱指數（WBGT）＝ 0.7×（自然溼球溫度 Tnwb）＋ 0.3×（黑球溫度 Tg）。

3. 時量平均綜合溫度熱指數（WBGT$_{avg}$）計算＝（第一次綜合溫度熱指數 × 第一次工作時間＋第二次綜合溫度熱指數 × 第二次工作時間＋……＋ 第 n 次綜合溫度熱指數 × 第 n 次工作時間）／（第一次工作時間＋第二次工作時間＋……＋第 n 次工作時間）。

此外，相對溼度（Relative Humidity）的定義爲單位體積空氣內實際所含的水氣密度（用

d1 表示）和同溫度下飽和水氣密度（用 d2 表示）的百分比，即 RH（%）= d1/ d2×100%。

　　唯高科技製程大多在垂直層流結構（Vertical Laminar Flow Structure）之無塵室中進行（如圖 2），為確保潔淨度（Cleanliness）等級（例如潔淨度 1 級（Class 1）意表每立方英呎室內之空氣所含有大或等於 0.5μm 之灰塵粒子（Particle）不超過 1 顆，潔淨度室 10 級則為不超過 10 顆……依此類推）均有恆溫恆溼控制（Constant Temperature and Humidity Control）之設計要求，才得以免除微粒對產品元件的影響；而一般設計方面溫度條件約在 22~23℃DB，溼度部分則為 40~45%RH；此外恆溫恆溼控制要求溫度部分為 ±0.1℃，溼度部分為 ±2%（如圖 3 設置情況）。因此需要使用前述計算評估機率甚低 [3][11-13]。

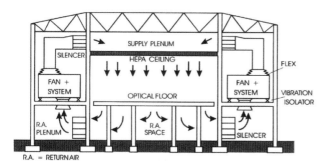

圖 2　垂直層流無塵室架構　　　　　　圖 3　無塵室內設置之恆溫控制器設置情況

　　不過針對 ISD 策略應用方面，無塵室設計有兩種重要方案，會影響著不同等級。我們可以參考圖 4，在圖 4(a) 為總面積向下層流系統（Total Area Down Flow System）設計，製程產品存在之製程區域需較高潔淨度，一般為 Class 1 等級，而無產品存在之設備區域（Produuction Tools Area）或廠務區域則設計為 Class 1000 等級（無顯著潔淨度問題）；而在圖 4(b) 為迷你環境系統（Mini Environment System）設計，主要針對製程機臺設備之氣密性進行要求，其潔淨度達 Class 1 等級，而其他無塵室環境則均為 Class 1000 等級（無顯著潔淨度問題，因為晶圓片不會取出或暴露於此環境中而造成微粒汙染）；前者設計方案較後者空調（Air Conddition）能力需求為高，所以用電容量（Power Consumption）、冰水管路、冰水主機（Chiller）、冰水幫浦、風機過濾單元（Fan Filter Unit, FFU）等均會遠高於後者，潔淨室採迷你環境系統設計可省之電量 17,582,633 KW-H／年，抑制二氧化碳排放量（Carbon Dioxide Emissions）11,482 Ton CO_2／年，並節省電費成本（Saving Electricity Costs）28,132,214元／年（1KW-H=1.6 元計算之）；近年高科技製程廠房在運作成本與安全考量下，已大部分採用迷你環境系統進行無塵室設計 [3][11-14]。

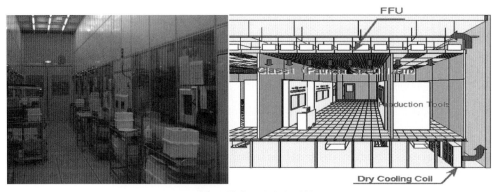

(a) 總面積向下層流系統

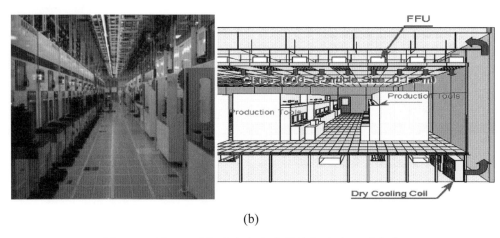

(b)

圖 4　兩種不同運作成本與安全性的無塵室設計方案

二、噪音與振動（Noise and Vibration）

　　振動係一個物體相對於靜止參照物或處於平衡狀態的物體的重複運動（Repetitive Motion），而當一個系統的平衡被破壞（Destruction of Balance），並且這個力在破壞平衡後有一個與末態相同方向的回復力（Recovery Force），則會形成振動效應。在高科技廠中，只要是會轉動（如幫浦（Pump）、機械手臂（Robot）等）、移動（如 OHT、GAV、進出貨門（Load Port）等）、上升下降（如 OHT、產品暫存塔等）、或是使用氣體推動裝置（如氣動幫浦（Pneumatic Pump）、氣動閥（Pneumatic Valves）、空氣槍（Air Guns）等）均會產生一定振動量；而其評估方式主要依據職業安全衛生設施規則第 301 條全身振動及第 302 條局部振動進行評估，針對全身振動部分則關注於時間與加速度量測（Acceleration Measurement），加速度

計算如下 [3-4][15-17]：

$$a_{eq}(T) = \sqrt{\frac{a_1^2 T_1 + a_2^2 T_2 + \cdots}{T_1 + t_2 + \cdots}}$$

T：總暴露時間 = $T_1 + T_2 + T_3$

a_i = 在 T_i 的時段下，局部振動的加速度值

　　噪音從物理角度上看，是聲波（Sound Waves）的頻率、強弱變化無規律、雜亂無章的聲音。從人類的感覺來看是令人生理或心理（Physiological or Psychological）上覺得不舒服，一般讓聽到它的人不悅、不舒服、不想要的，或帶來煩惱的、不受歡迎的聲音，影響人的交談或思考、工作學習休息的聲音。如同振動所述，有振動問題的轉動（Rotation）、移動（Movement）、上升下降（Rise and Fall）或是氣體推動（Gas Propulsion）裝置等亦會產生噪音（如圖5）；噪音評估主要依據職業安全衛生設施規則第 300 條進行評估及第 300-1 條進行管理（管理部分將於後續章節討論），勞工工作場所因機械設備所發生之聲音超過九十分貝時，雇主應採取工程控制（Engineering Control）、減少勞工噪音暴露時間（Noise Exposure Time），使勞工噪音暴露工作日八小時日時量平均不超過表三所列之規定值或相當之劑量值（Dose），且任何時間不得暴露於峰值（Peak）超過一百四十分貝之衝擊性噪音（Impact Noise）或一百十五分貝之連續性噪音（Continuous Noise）；對於勞工八小時日時量平均音壓級超過八十五分貝或暴露劑量超過百分之五十時，雇主應使勞工戴用有效之耳塞（Earplugs）、耳罩（Ear

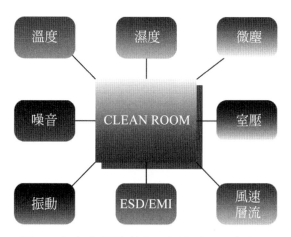

圖 5　無塵室設計考量噪音是重要因素之一

Caps）等防音防護具。其中勞工工作日暴露於二種以上之連續性或間歇性音壓級（Intermittent Sound Pressure Level）之噪音時，其暴露劑量之計算方法如下：

1. 勞工暴露之噪音音壓級及其工作日容許暴露時間如表三。
2. 勞工工作日暴露於二種以上之連續性或間歇性音壓級之噪音時，其暴露劑量之計算方法為：

其和大於一時，即屬超出容許暴露劑量。

3. 測定勞工八小時日時量平均音壓級時，應將八十分貝以上之噪音以增加五分貝降低容許暴露時間一半之方式納入計算。

⬇ 表三　勞工暴露之噪音音壓級及其工作日容許暴露時間對照表

工作日容許暴露時間（小時）	A 權噪音音壓級 dBA
八	九十
六	九十二
四	九十五
三	九十七
二	一百
一	一百零五
二分之一	一百一十
四分之一	一百一十五

　　針對 ISD 策略應用方面可依圖 6 進行，最首要的方案當然是選擇低振動、低噪音之機械設備，而這些設備於設計時即考慮振動與噪音之消除，例如採用較佳軸承（Bearing）、**轉動部眞圓度**（True Roundness）較高、或是移動部能充分潤滑（Lubricating）等措施，如此新品採購即可獲得較低振動或較低噪音。其次若無獲得前述良好新品時，再依 ISD 策略十一項並

圖 6　ISD 策略應用與事故發生架構示意

圖 7　消防幫浦等高振動、高噪音設備應置於專用室內

配合職業安全衛生設施規則第 300 條規定，進行考量，包含工作場所之傳動馬達（Transmission Motor）、球磨機（Ball Mill）、空氣鑽（Air Drill）等產生強烈噪音之機械，應予以適當隔離（Isolation），並與一般工作場所分開為原則；發生強烈振動及噪音之機械應採消音（Silencer）、密閉（Closed）、振動隔離（Vibration Isolation）或使用緩衝阻尼（Buffer Damping）、慣性塊（Inertia Block）、吸音材料（Sound-Absorbing Material）等，以降低噪音之發生（如圖 7）；噪音超過九十分貝之工作場所，應標示並公告（Marked and Announced）噪音危害之預防事項，使勞工周知等措施。

三、採光照明（Natural light and Lighting）

高科技廠房只要有人員活動或是進行作業工作，就需要提供必要採光照明。而採光照明之設計評估（Design Evaluation）主要依據職業安全衛生設施規則第 313 條及第 314 條規定，其中對於勞工工作場所（Labor Workplace）應依下列規定辦理[17-18]：

1. 各工作場所須有充分之光線，但處理感光材料（Photographic Materials）、坑內（Pit）及其他特殊作業（Special Operations）之工作場所不在此限。

2. 光線應分布均勻（Evenly Distributed），明暗比並應適當。

3. 應避免光線之刺目、眩耀（Glaring）現象。

4. 各工作場所之窗面面積比率不得小於室內地面面積十分之一。

5. 採光以自然採光為原則，但必要時得使用窗簾或遮光物（Shade）。

6. 作業場所面積過大、夜間或氣候因素自然採光不足時，可用人工照明（Artificial Lighting），依表四規定予以補足。

7. 燈盞裝置應採用玻璃燈罩及日光燈（Fluorescent Lamp）為原則，燈泡須完全包蔽於玻璃罩中。

8. 窗面及照明器具之透光部分，均須保持清潔（如圖8）。

圖 8　高科技廠房辦公區走道較容易取得採光設計，但無塵室則須依賴照明

針對所需光源之全光通量（Total Luminous Flux）可由以下計算：

$$N*F = E*A*D/U \text{ 或 } N*F = E*A/U*M$$

其中 N 為燈具數，F 為每一燈具所發出之光通量，E 為所需照度（Illumination），A 為被照面面積，D 為減光補償率（Light Compensation Rate），M 為維護係數（Maintenance Factor），U 為照明率（Lighting Rate）。

🔽 表四　人工照明照度表

照度表		照明種類
場別所或作業別	照明米燭光數	場所別採全面照明、作業別採局部照明
室外走道及室外一般照明	二十米燭光以上	全面照明
(1) 走道、樓梯、倉庫、儲藏室堆置粗大物件處所。 (2) 搬運粗大物件，如煤炭、泥土等。	五十米燭光以上	(1) 全面照明 (2) 局部照明
(1) 機械及鍋爐房、升降機、裝箱、粗細物件儲藏室、更衣室、盥洗室、廁所等。 (2) 須粗辨物體如半完成之鋼鐵產品、配件組合、磨粉、粗紡棉布及其他初步整理之工業製造。	一百米燭光以上	(1) 全面照明 (2) 局部照明

照度表		照明種類
須細辨物體如零件組合、粗車床工作、普通檢查及產品試驗、淺色紡織及皮革品、製罐、防腐、肉類包裝、木材處理等。	二百米燭光以上	局部照明
(1) 須精辨物體如細車床、較詳細檢查及精密試驗、分別等級、織布、淺色毛職等。 (2) 一般辦公場所。	三百米燭光以上	(1) 全面照明 (2) 局部照明
須極細辨物體，而有較佳之對襯，如精細組合、精細車床、精細檢查、玻璃磨光、精細木工、深色毛織等。	五百至一千米燭光以上	局部照明
須極精辨物體而對襯不良，如極精細儀器組合、檢查、試驗、鐘表珠寶之鑲製、菸葉分級、印刷品校對、染色織品、縫製等。	一千米燭光以上	局部照明

而對於下列場所之照明設備，應保持其適當照明，遇有損壞（Damage），應即修復（Repair）：

1. 階梯（Ladder）、升降機（Elevator）及出入口（Entrances）。
2. 電氣機械器具操作部分。
3. 高壓電氣、配電盤（Switchboard）處。
4. 高度二公尺以上之勞工作業場所（Work at Height over ZM）。
5. 堆積或拆卸作業（Stacking or Demounting Operations）場所。
6. 修護鋼軌或行於軌道上之車輛更換，連接作業場所。
7. 其他易因光線不足引起勞工災害之場所。

由於法規規範僅為最低標準要求，故從 ISD 策略角度來看，最好是有足夠之全面照明設計，再配合實際作業需要加強局部照明，如此才得以提供足夠照度供勞工安全作業。

四、游離輻射危害（Ionizing Radiation Hazards）

高科技製程中的蝕刻（Etching）、離子植入（Ion implantation）（如圖 9）、洗淨製程設備（Wafer Cleaning Processing Equipment）等均有游離輻射危害；而游離輻射危害為波長短、頻率高、能量高的射線（粒子或波的雙重形式），其從原子或分子裡面電離過程（Ionization）中作用出至少一個電子（如圖 10）。游離輻射若發生一次大量曝露或長期慢性曝露的延遲效應時，可能導致慢性皮膚損傷類似潰瘍（Ulcers）或癌瘤（Cancer）、受照射器官或組織產生萎縮症（Atrophy）或營養不〔〕（Malnutrition）、白內障（Cataract）、骨骼組織受照射引發骨

癌（Bone Cancer）、因吸入放射性物質引發肺癌（Lung Cancer）、因骨髓受傷引發再生不性貧血（Adverse Anemia）、誘發白血病即血癌（Blood Cancer）、 性引發乳癌（Breast Cancer）、不孕症（Infertility）、壽命縮短等危害（如圖 11）[3][19-22]。

　　而游離輻射之防護原理方面包含時間（Time）（例如儘量縮短曝露時間）、距離（Distance）（因為劑量率與距離平方成反比，所以利用遙控操作等方式儘量遠離射源等）、屏蔽（Shielding）（如利用屏蔽物質把輻射擋住）、衰變（Decay）（例如利用休息來等候射源活度衰減）等。在高科技製程中 ISD 策略之應用當然首要考量就是輻射能的產生量縮減，當無法有效縮減時，再考慮屏蔽，最後當然才是作業時間與休息的行政管理。

五、非游離輻射危害（Non-Ionizing Radiation Hazards）

　　非游離輻射指波長較長、頻率較低、能量低的射線（粒子（主要是光子）或波的雙重形式）或電磁波（Electromagnetic Waves）；其大多數無法從原子或分子裡面游離出電子。在高科技

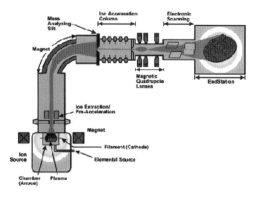

圖 9　離子植入機於作業時也會產生輻射

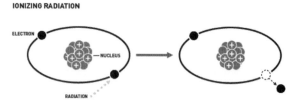

圖 10　電離過程中作用出至少一個電子

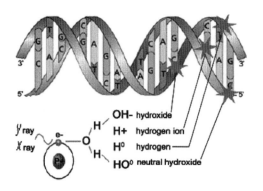

圖 11　游離輻射對 DNA 的傷害情況

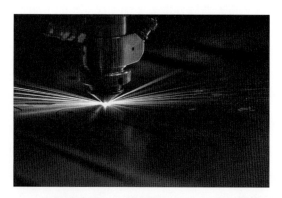

圖 12　具雷射能量源之機臺有高度非游離輻射危害

製程中舉凡有使用或會產生紫外線（Ultraviolet Radiation, UV）、可見光（Visible Light）、紅外線（Infrared, IR）、微波（Microwave）、射頻（Radio Frequency, RF）、極低頻（Extremely Low Frequency, ELF）、以及靜電場（Electrostatic Field）與靜磁場（Static Magnetic Field）、雷射（Laser）等均有潛在非游離輻射危害（如圖 12）[3][23-24]。

決定非游離輻射能量的因素，以電磁場為例，其能量高低由其頻率所決定如下計算：

$$C = quantum\ speed = 3 \times 10^8\ m/sec = \lambda \times f$$

$$E = radiant\ energy\ of\ quantum = h \times f$$

其中 h 為 6.625×10^{-27} erg-sec（Plank's constant）、λ 為波長（m）、f 為頻率（Hz）。

從前述計算式中可發現，頻率愈高非游離輻射能量愈大，其中又以紫外線為非游離輻射中能量最高，此外射頻輻射與極低頻電磁場其能量較低，當然危害性也相對較低；不過非游離輻射的能量與游離輻射相較，仍以游離輻射大得多。一般而言，非游離輻射主要產生人體表面熱效應，其與人體組織接觸時被吸收而產生，或因局部高溫造成身體特定部位的傷害，如皮膚、眼睛等，對於眼睛更可能產生青光眼（Glaucoma）、角膜炎（Keratitis）、結膜炎（Conjunctivitis）、白內障、皮膚紅斑（Skin Erythema）、皮膚癌（Skin Cancer）等眼部病變。

在高科技製程中 ISD 策略應用方面，仍然首要選擇低非游離輻射能量之機臺設備為優先，例如選擇低能量光源或可著重於機臺設備的電磁遮蔽設計（Electromagnetic Shielding Design）檢討；電磁遮蔽設計原理係採用低電阻導電材料，由於導體材料（Conductor Materials）對電磁場具有反射與導引作用，根據金屬材料的電磁場遮蔽理論，金屬材料的電磁屏蔽效果為電磁場的反射損耗、電磁場的吸收損耗與電磁場在遮蔽材料中的損耗三者之總和，因此銅、鎳等具有優異的導電性，其電磁遮蔽效果極佳。

遮蔽材料的有效性可用遮蔽效能（Shielding Effectiveness, SE）來度量。遮蔽效能的定義如下：

$$SE = 20log\ (E1/E2)(dB)$$

其中 E1 為沒有遮蔽時的電磁強度、E2 為有遮蔽時的電磁強度。

若我們可以得知相關損耗亦可自行求出遮蔽效能。其中反射損耗（Reflection Loss）的計算公式如下：

$$R = 20lg \ (ZW/ZS)(dB)$$

其中 ZW 爲入射電磁波的波阻抗、ZS 爲遮蔽材料的特性阻抗、|ZS| 爲 3.68×10^{-7}（f*μr*σr）1/2（此 |ZS| 之 f 爲入射電磁波的頻率、μr 爲相對磁導率、σr 爲相對電導率）。

電磁波在遮蔽材料中傳播時，會有一部分能量轉換成熱量，導致電磁能量損失，損失的這部分能量成爲遮蔽材料的吸收損耗（Absorption Loss），故吸收損耗計算公式如下：

$$A = 3.34t \ (f*μr*σr)1/2(dB)$$

電磁波在遮蔽體的第二個界面（穿出遮蔽體的界面）發生反射後，會再次傳輸到第一個界面，在第一個界面發射再次反射，而再次到達第二個界面，在這個界面會有一部分能量穿透界面，洩漏到空間，這部分是額外洩漏的，應當考慮進遮蔽效能的計算中，稱多次反射修正因子（Reflection Correction Factor）取代號爲 B；因此考慮前述各項因子之遮蔽效能計算如下：

$$SE = R + A + B$$

除了遮蔽外，游離輻射防護的三大方案時間（Time）、屏蔽（Shielding）、與距離（Distance），亦可應用於非游離輻射防護中。不過因爲非游離輻射中的極低頻磁場並不易受建築物及一般金屬的屏蔽，因此對於極低頻（ELF）磁場部分，時間與距離則是較佳的防護原則。以高科技廠多採用 161KV 雙迴路供電的高壓輸電線附近所測得的極低頻磁場強度可以達到 0.4~61 毫高斯（mG），強度大小取決於流經輸電線電流的大小；所以對高科技例如氣體絕緣開關設備（Gas Insulted Switchgar, GIS）室就必須考量此非游離輻射危害（如圖 13）。

圖 13　氣體絕緣開關設備需考量非游離輻射危害

六、感電與灼傷（Electric Shock/Arc Burns）

高科技產業是用電量極高的產業，在物理氣相沉積（PVD）、化學氣相沉積（CVD）、黃光微影（Photo）、乾溼式蝕刻（Etching）、熱擴散（Diffusion）、離子植入（Implant）、

氧化（Oxide）及化學機械研磨（CMP）等製程步驟機臺設備（Process Tools）均使用大量電能，所以從臺電端（Taipower Company, TPC）開始一般採 161KV 供電（如圖 14），而其進入廠房後則會利用雙迴路供電，先經過斷路器（Circuit Breaker, CB），再經過降壓變壓器配送至無塵室（FAB）、辦公大樓、氣體區、CUB 大樓等區域，由於高科技廠大多 24 小時運轉且無法突然停電造成生產中斷，所有製程所需電力耗能將有備用電源（在此例約達 35,000KW），無論是發電機或不斷電供應系統（UPS）均屬大規模（如圖 15）。由於電能分布於整廠四處，感電與灼傷就顯得重要 [1][3-4][17][25-29]。

感電部分主要評估流經人體心臟（Human Heart）之電流量（Current Capacity）（參閱圖 16），可依下計算：

$$I = V / R$$

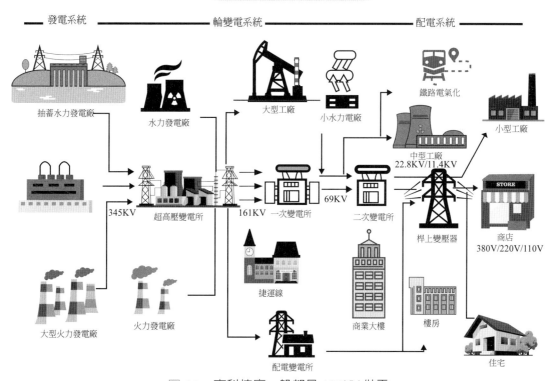

圖 14　高科技廠一般都是 **161KV** 供電

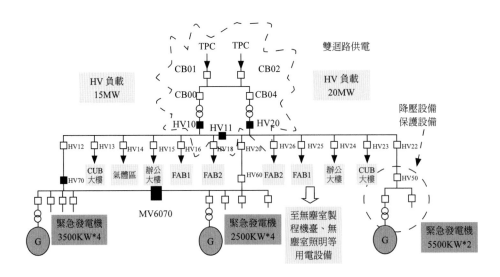

圖 15　高科技廠配電線路結構

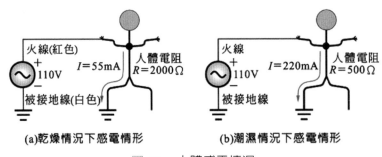

圖 16　人體感電情況

　　其中 I 為流經心臟之電流值（Am），V 為感電迴路電壓（V），R 為感電當時人體電阻值
（Ω）。

　　而從表五可知當人體心臟流過直流電達 100~400mA、交流電達 20~50 mA 時，即可能導
致心臟停止，進而休克死亡；並且從圖 16 可見，人體在乾燥與潮溼情況下感電危害相差甚大，
這也是高科技廠房在進行防護的重點考量。此外，高科技廠房中較可能發生感電危害之情境包
含有作業時碰觸帶電體而感電，例如裝置與拆除製程設備機臺電線作業、碰觸未裝接妥善或絕
緣包覆不良之低壓裸露電線、進行配電箱裝配作業時碰觸保護開關帶電部位、物料或機臺設備
移動之外力磨（刮）破導電體絕緣被覆（Insulation Coating）且同時碰觸其帶電體、操作電源
插頭或開關時碰觸帶電體、又或是因為電氣器具及電線電纜絕緣不良引起漏電情況，例如製程
設備機臺之真空幫浦或馬達等漏電、機臺內照明燈具造成漏電、機臺設備管路配線絕緣包覆處

理不良漏電、反應器加熱器等高電流設備絕緣劣化（Insulation Deterioration）而漏電。

表五　人體流經電流的反應

直流（mA）	交流 60Hz（mA）	人體的反應
5	1	稍有電擊感覺
50	5	感覺痛苦
60-90	10-20	抽筋失去運動技能
100-400	20-50	危險可能致死
400 以上	50 以上	會死亡

電弧灼傷方面，可以依據 IEEE 1584 依短路電流用於推算弧光電流（Arc Current）之公式推算，其根據電壓範圍來區分，分別為 208V~1.0kV 與 1.0kV~15kV，而超過 15kV 以上，則使用 Lee Method 之公式來計算；不同電壓範圍的弧光電流（Ia）計算如下：

1. 當系統電壓為 0.505kV~1.0kV 時

   lgIa = K + 0.662lgIbf + 0.0966V + 0.000526G + 0.5588 (lgIbf) – 0.00304G (lgIbf)

2. 當系統電壓為 1.0kV~15kV 時

   lgIa = 0.00402 + 0.983lgIbf

3. 當系統電壓為 15kV 以上時

   Ia = Ibf

其中 lg 為 log10，Ia 為弧光電流（kA），K 為箱體係數（開放式取 –0.153，密閉式取 –0.097），Ibf 為短路電流（kA）、V 為系統額定電壓（kV）、G 為導體間距離（mm）。

此外再依據 IEEE 1584 依短路電流用於計算弧光能量（Arc Energy）之公式，亦根據電壓範圍來區分，為 0.208kV~15kV 與 15kV 以上，而超過 15kV 以上，則使用 Lee Method 之公式來計算。不同電壓範圍的弧光能量（En）計算如下：

1. 當系統電壓為 0.208kV~15kV 時

   lgEn = K1 + K2 + 1.081lgIa + 0.0011G →整理得 En = 10lgEn

   弧光能量 E = CfEn (t 0.2) (610xDx)

2. 當系統電壓為 15kV 以上時

$$E = 5.12 \times 105(2)$$

其中 lg 為 log10，En 為在弧光持續 0.2 秒且工作距離 610mm 條件下之弧光能量（J/cm²），E 為弧光能量（Incident Energy）（cal/cm²），Cf 為電壓係數（電壓大於 1kV 取 1，電壓小於 1kV 取 1.5），D 為弧光故障點到人接觸面的距離（mm），x 為導體間距離係數，t 為弧光電流持續時間（sec），K1 為箱型係數（開放式取 −0.792，密閉式取 −0.555），K2 為接地系統係數（接地系統為 −0.113，非接地及高阻抗接地系統為 0）。高科技製程機臺用電量大配線複雜感電與灼傷危害性高（如圖 17）。

高科技廠房中較可能發生電弧灼傷危害之情境包含靠近高壓裸電纜線（High Voltage Bare Cable）附近引發電弧而灼傷，例如高科技廠移機（Move-In）時以移動式起重機吊舉物件（Mobile Crane Lifting Objects）碰觸臨廠高壓裸電纜線、外牆清潔伸出或高舉物件時不慎碰觸高壓裸電纜線、高科技廠內之高壓設備（如氣體絕緣開關設備（Gas Insulated Switchgear, GIS）、空斷開關（Air break Switch, ABS）、分段開關（Disconnecting Switch, DS）、負載啓斷開關（Load Break Switch, LBS）、接地開關（Earthing Switch, ES）、空氣斷路器（Air Circuit Breaker, ACB）等））導電部接觸、高壓測試儀器或類似之高壓設備帶電導體之接觸等情況均可能在高科技廠中發生。

此外，在高科技場中經常因為作業上的疏失（Negligence of Operation）或是承攬管理不善（Poor Contract Management），而倒致誤送電（Mis-Transmission）或逆送電（Reverse Transmission）、停電及檢電作業（Power Outage and Electrical Operations）不確實、未穿戴防護具或

圖 17 高科技製程機臺用電量大配線複雜感電與灼傷危害性高

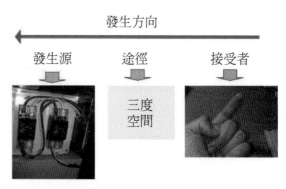

圖 18 高科技廠房感電與電弧灼傷預防架構

使用活線作業（Hot　Line Work）用器具而進行活線作業、未取得電氣人員資格（Electrical Personnel Qualification）私自操作高壓設備而觸電、不正確的啟動電氣開關設備（如潮溼時操作開關或隔離開關及斷路器之操作順序錯誤等）、線路誤接、廠內電焊作業時碰觸電焊條或電焊夾頭帶電部、電焊機之焊接柄或線路漏電、臨時配線線路破皮漏電等情況，均有可能導致感電或是電弧灼傷等事故情況，管理者應特別小心。

　　所以針對高科技廠房之 ISD 策略應用進行感電災害預防方面，最好方式係設法降低整體用電系統耗能，除了符合現今節能減碳（Energy Saving）主流，更可達到強化（Intensification）原則，此為最根本之道；倘若無法達成可再運用 ISD 其他策略並配合圖 18 架構進行思考（建議方案請參考表六），可行方案包括使電氣設備不漏電（No leakage）、人體觸摸不到帶電體、加強各種安全保護裝置和措施、實施電氣設備自動檢查（Automatic Inspection）、訂定妥善安全衛生工作守則（Code of Practice）、加強電氣相關安全教育訓練（Education and Train-ing）、設置具合格電氣認證之人員、緊急應變與急救處理（Emergency and First Aid）等。而圖 19 為高科技廠整體電力供應系統設計考量示意，供讀者參考。

● 表六　感電與電弧灼傷應用 ISD 策略之安全工程方案

方案	方案之具體可行內容
隔離（Isolation）	隔離係使帶電的電氣設備或線路與工作者分開或保持距離，使勞工不易碰觸。如明確劃定標示電氣危險場所，必要時可加護圍（Retaining）或上鎖（Lockout/Tagout），並禁止未經許可之人員進入；電氣機具之帶電部分有接觸之虞時，可加設護圍、護板或架高使人不易碰觸；接近無被覆之高壓架空電線附近件業時，應保持安全距離並置監視人員監視（Personnel Monitoring）、指揮或設置護圍；以及架空高壓線之地下電纜化等。
絕緣（Insulator）	絕緣為保持或加強電氣線路及設備之良好電氣絕緣狀態。如電氣線路及設備採用符合國家標準之規格並依規定施工；防止電氣線路或設備遭受外來因素（如高溫、潮溼、塵埃、紫外線、腐蝕氣體、瓦斯及機械力等）破壞其絕緣性能，應使用適合該場所之電氣線路或設備，或將其裝置在特殊之防潮箱（Cabinets）、防腐蝕箱、防塵箱或金屬管（Metal Tube）內；電氣線路或設備之裸露帶電部分有接觸之虞時，應施以絕緣被覆如橡膠套（Rubber Sets）、絕緣膠帶（Insulation Tape）等加以保護，及使用絕緣臺（Insulation Plafrom）、絕緣毯（Insulation Blanket）；接近架空高壓裸電線作業時，於高壓線上加裝防護線管等。
防護（Protection）	防護是作業者穿戴電氣絕緣用防護具（PPE）或使用活線作業用器具及裝備。如穿戴絕緣手套（Insulated Gloves）、絕緣鞋（Insulated Shoes）、絕緣護肩（Insulated Shoulder）及電工安全帽（Electrical Safety Helmets）等；使用絕緣棒（Insulation Rods）、絕緣工具（Insulation Tools）及絕緣作業用工程車（Engineering Vehicles of Insulation Work）等。

（接續下表）

方案	方案之具體可行內容
雙重絕緣（Double Insulation）	雙重絕緣即強化電氣設備之絕緣。在一般電氣設備上，其帶電部分與金屬製外箱（殼）間必有絕緣，此為功能上之必須，因此稱為功能絕緣（Functional Insulation），而在雙絕緣的設備中，更於設備之金屬製外箱（殼）上再施一層絕緣，則此絕緣稱為保護絕緣（Protective Insulation），也有在保護絕緣之上，再加上金屬外層的情形。所以在雙重絕緣設備中，即使功能絕緣變差劣化，但因有第二層之保護絕緣存在，故亦不會產生漏電事故（Leakage Accident），譬如在日本之電氣用品取締法中對電鑽等某些電動手工具（Electric-Powered Hand Tool）即有此規定。
接地（Grounding）	接地係將電氣設備的金屬製外箱（殼）等目的物以導體與大地作良好的電氣性連接，保持目的物與大地同電位（這也是一般最常見的感電防止方法）。然而實際上當漏電事故 發生時，經常因漏電電流，流經設備接地電阻而產生對地電位湧升（Ground Potential Rise, GPR）的問題，以及一般設備接地（Equipment Grounding）之第三種接地電阻要比電源系統接地（System Grounding）之特種接地電阻低是較困難的，因此有時並不能完全達到人體保安上的要求，如果要使接地能充分發揮防止感電之功能，建議應配合其他安全防護裝置〔如漏電斷路器（Leakage Circuit Breakers）、接地電驛（Grounded Relay）等〕一起使用。但對諸如變電所等高電壓場所，如以適當之接地網（Grounding Grid）來實施接地時，卻是防止因漏電引起感電之有效方法，另外接地亦是防止因高電壓引起靜電感應（Electrostatic Induction）之主要方法。
低電壓（Low Voltage）	使用低電壓為 ISD 策略應用之一，在某些高科技廠房內特殊場所，如在鍋爐（Boilers）、壓力容器（Pressure Vessels）內從事檢修工作時，由於其導電性良好且作業時人體易汗溼，因此其使用電壓必須限制在安全電壓（Safety Voltage）範圍內，以防止觸電時發生感電災害。在職業安全衛生設施規則中規定，雇主對於良導體機器設備內之檢修工作所用之照明燈及工具，其使用電壓不得超過 24 伏特。另外遊樂場所內之遊戲用電車其滑接導線與軌道間電壓限制在 40 伏特以下，以及部分控制電路或電動玩具等，皆使用低電壓方式供電。
非接地系統（Non - Earthed System）	非接地系統係指供電的電源系統為一非接地之供電系統，其一般作法是於接地之低壓電源系統中，再以一具隔離變壓器（Isolated Transformer）將該電源系統轉成二次側為非接地電源系統，以供電給負載使用。但其限制為電路不可太長或電路規模不能太大，以免因線路與大地間之電容量（Capacitance）太大，而破壞其電源系統與大地間之隔離非接地效果。
安全保護裝置（Safety Protection Device）	安全保護裝置泛指一切施加於電路或設備上之保護裝置，其目的主要在於發生漏電時，能自動偵測出漏電而啟斷電路或發出警報訊號。一般常見之漏電斷路器、漏電警報器（Leakage Alarm）、接地電驛及在 TN 供電系統（電源的中性點（Neutral Point）直接接地，負載設備的金屬外殼用接地線與該接地點連接）所使用之過載保護器（如無熔絲開關（No Fuse Breaker）、過載電驛（Overload Relay）、過載斷路器（Overload Circuit Breaker）等）皆是，及裝設於交流電焊機上之自動電擊防止裝置（Automatic Shock Prevention Device），或在接近帶電體（帶電之線路或設備）時能自動 偵測帶電體並發出訊號之預警裝置等。

（接續下表）

方案	方案之具體可行內容
直流或高頻（DC or High Frequency）	由於人體對直流電或高頻率的交流電之耐受力較高，因此在某些允許或特殊的作業情況或工作場合，可考慮以直流電或高頻率交流電的方式供電。

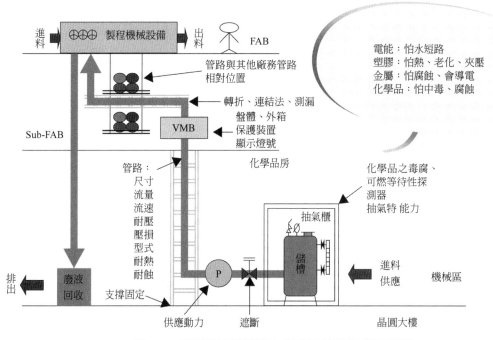

圖 19　高科技廠整體電力供應系統設計考量示意

七、機械性危害（Mechanical Hazards）

　　機械性危害主要由機械元件、工具、或工件的運動所造成；其基本型式有擠壓（Squeeze）、剪斷（Cut）、切斷（Punching）、絞入（Twist）、捲夾（Crimp）、陷入（Sink）、衝擊（Impact）、刺傷（Stab）、磨擦（Friction）、高壓液體噴射（High Pressure Liquid Jet）、絆倒（Trip）或跌倒（Fall）等情況。當製程機臺設備的零組件或機構具尖角（Sharp）、銳角（Acute Angle）；或相關的位置所產生的擠壓、剪斷、或纏繞；又或是重力、位能等存在，其質量和穩定性不平衡時（如質量和速度之動能、質量和加速度之離心力等）；而不適當的機械能量，如過負荷、過壓、破損或破裂等均可能產生機械性傷害。在高科技製程中所有使用之自動化機臺設備均有可能造成機械危害，就算自動製程作業人員不會與機臺接觸，但維

修保養時仍有暴露於各種危害型式的可能（如圖
20）[3][30-34]。

圖 20　開啓蝕刻機臺反應器有可能發生夾壓傷害

對於機械性危害我們可以依據圖 21 架構進行思考，主要機械性危害之能量爲位能與動能；位能部分當出現失控時，大多形成飛落或崩垮等情況；而動能則視往復動作方向或是旋轉等情況，會發生擠壓、剪斷、切斷、絞入、捲夾、飛脫等類似情況，這些均屬危害能量源；而製程機臺設備四周空間與防護有甚大關聯性，護圍、阻隔等方案均十分有效，最後一道當然是人體的肢體防護，不過面對動力過大之機械危害，防護具也甚難達成防護效果，所以最好方案仍以能量限制最佳，這是極重要的本質較完全（ISD）應用觀念。

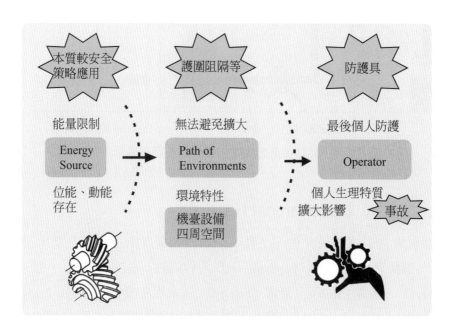

圖 21　機械危害預防聯想圖

針對高科技製程機臺設備運用 ISD 策略來消除或降低機械性危害之順序首重適當的設計方法，對於動件應妥善運用 11 項設計策略，以降低位能與動能，其次再考量各項工程技術性措施（如動作合理化、連動與制動等），接著應使用安全防護（如護罩、安全裝置、護圍等）、

應告知及警告使用者機械所有殘存的危險、該機臺設備之使用說明及警告標示等。此外，針對高科技製程機臺設備之安全措施的選擇可參照以下重點：

1. 在設計階段即納入考量。

2. 確認機械的使用極限及可能產生的危險。

3. 儘可能的消除危險。

4. 若是無法消除危險，應將危險加以限制。

5. 設計護罩和安全裝置，以避免任何殘存的危險。

6. 若是無法避免所有的危險，應告知並警告使用者機械所有尚存在的危險。

7. 考量其他必要的預防措施，如行政管理、標準操作程序等。

此外對於前述安全措施原則應掌握在機械設計階段的安全措施皆優先於使用者施行的安全措施，而安全措施不可以用較低階的方式取代較高階的安全防護，並且安全措施的考量為閉迴路循環，並且必須經過實際的驗證較佳。因此，安全措施的考量因素應著重於優先順序掌握，當然首要機械安全，其次才是機械執行其設計功能、設定、調整、維修等的能力，最後再考慮機械的製造、操作、和維修的成本等因素；並且安全措施必須使得機械容易操作使用，最好不會妨礙機械設計功能的發揮。在 EN392 機械設計安全原則規範中，明確要求製造商應採取最適當方法維持產品之安全衛生包含儘可能消除或減少風險（本質安全）、對無法消除的風險採取必要的防護措施、告知剩餘風險並提供必要訓練及個人防護具與標明。但製程機臺設計上的限制條件主要有以下三項：

1. 使用限制：機械設計時的預期使用範圍及設計功能，如使用電壓、電流、動作方式、製程速度等。

2. 空間限制：機械的可動範圍、位移、行程、安裝機械所需的空間、人機介面、機械與能量源介面等。

3. 時間限制：操作時間與停機時間、機械的預期使用壽命、零組件的預期使用壽命及更換週期等。

製程機臺設備安全防護設計要求方面包含能確實防止操作點的危害、不會引發其他任何型式的安全危害、具有足夠的強度與可靠度、盡可能不會妨礙正常的操作；安全防護的選擇順序也須重視 ISD 策略首要專注降低能量源所產生的能量、隔絕能量的傳遞路徑、增加接受者承受外部能量的能力、以其他的行政手段（如標準作業程序（SOP）、警告標示……等）進行安全控制；安全防護的原則如下：

1. 消除危險（即 ISD 策略應用）。

2. 遠離危險（如自動進出料、使用夾具、冶具或手工具等）。

3. 隔離危險（如護圍、護圍等）。

4. 危險預警（如光電感應式、近接感應式、壓力感應式等安全感測系統）。

5. 避開危險（如拉開式、掃除式、限制式等）。

6. 失效安全（如正向設計、壓縮彈簧等）。

7. 避免受傷（如防護器具等）。

8. 降低受傷程度（如急救或是緊急應變措施）。

由於高科技製程所需之製程機臺設備均為採購得來，所以實務重點上我們只要知道重要機臺設計原則與安全防護原則並了解其設計限制，再配合 ISD11 項策略，最後結合 SEMI S2 相關規範要求（請參考表一）即可獲得相對安全等級之製程機臺設備並消除潛在機械危害。

八、危害物之危害（Hazardous Materials）

在高科技製程由於元件結構需求會使用到多種化學品（如第二章表三），而這些危險物（指易形成高熱、高壓或易引起火災、爆炸之物質（能量釋放））及有害物（指腐蝕、刺激、毒性與致癌等物質（毒性釋放））物質倘若自系統洩漏輕則中斷製程撤廠逃生，重則造成人命財產損失。然而對於相關危害物等化學品安全工程要點仍須依循發生源、途徑、接受者原則（如圖 22）。化學品供應系統組成與危害辨識直接相關，所以進行化學品供應系統危害分析前，應先確認系統組成，以有機溶劑供應系統構成與危害辨識為例（如圖 23），設計規劃程序應由製程機臺開始，先確認製程所需之化學品特性，需求供應量、供應壓力、供應速度、供應溫度等製程參數，再依化學品的物理與化學安全特性，充分考量毒性成分、製程溫度、材質老化、機械衝撞夾壓、腐蝕、帶電能量、耐壓等級、供應系統壓力損失及其他如操作維護等可

圖 22　危害物危害預防聯想圖

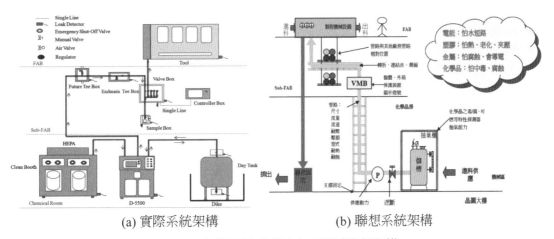

(a) 實際系統架構   (b) 聯想系統架構

圖 23 化學品供應系統安全設計聯想架構

能造成化學品噴濺、洩漏、火災閃火等因素，逐步由輸送管路、閥箱、泵送設備、抽氣櫃等往氣體房與廢氣管路端，進行危害辨識與系統設計[3][26]。

　　化學品供應系統建置檢討完成，隨即進行系統之危害辨識，此階段應充分了解各設備之安全設計要求，此階段為化學品供應系統設計的最重要關鍵階段，表七彙整化學品供應系統構成與安全設計重點。

🔻 表七 高科技廠房化學品供應系統安全設計重點

設備類別	功能	安全設計重點
輸運過程器具	滿桶及空桶於廠內運送過程之器具，如何安全的運送至化學房而不會發生翻倒、溢出等情況，為主要考量。	依桶槽形狀、尺寸、重量、決定器具大小、構造強度、桶槽固定、運送方式與運送路徑等，達成順暢、易控制、可防止意外為主。
化學品儲存槽	用以儲存化學品，分為固定式與移動式，一般中小系統會採用移動式，化學品由供應商運送滿桶至廠內安裝，空桶則回收離廠。	化學品特性會影響桶槽之材質甚大，為最主要考量因素，另外亦應考量容量、泵送裝置、固定等方式。
抽氣櫃裝置	用以二十四小時持續抽除櫃體內化學品所產生之有機溶劑蒸氣，以避免蓄積達爆炸下限或造成操作人員吸入中毒。	應依化學品特性選擇材質，抽氣櫃如有內裝抽氣風扇等用電設備，應選用防爆等級符合者，另外應考慮櫃體之抽風量、構造強度、防爆等級、防震固定等項目，對於洩漏後的洩露探測裝置與消防安全設備亦應考慮。

（接續下表）

設備類別	功能	安全設計重點
化學房	用以儲放抽氣櫃之專用空間，為化學品洩漏的第二道防線。	依化學品儲存量、特性及抽氣櫃尺寸、排列，來決定此空間尺寸、整體換氣裝置、消防安全設備、防爆電器與爆炸洩壓設計等事項，對於洩漏後的洩露探測裝置與消防安全設備亦應考慮。
泵送設備	為系統的主要加壓設備，也是最容易發生洩露或是爆管情況的位置。	應依化學品特性選擇材質，並運用流體力學公式 $Q = VA$ 決定流量、輸出壓力、連接方式、耐熱耐蝕能力，對於洩漏後的洩露探測裝置亦應考慮，特別注意有機溶劑為易燃性液體所以泵送動力建議不採用電氣方式，採用氣動方式較為安全，如採用電氣方式應充分考慮防爆等級。
輸送管線	用以輸送化學品至製程機臺，為確保管路安全性，在輸送管路上不考慮設置任何閥件。	應依化學品特性選擇材質，並運用流體力學公式 $Q = VA$ 決定管徑、耐壓、流量、流速、壓損等，然後管材連接方式、型式（單層、雙套）、耐熱耐蝕能力，對於洩漏後的洩露探測裝置亦應考慮。
閥箱（VMB）	用以分配並輸送化學品至各獨立製程機臺輸入端，多此功能可減少大量流入機臺的化學品量，但是卻增加管路數與管線複雜度。	應依化學品特性選擇材質，並配合輸送管線決定閥件尺寸、形式、連接方式、耐熱耐蝕能力等，另外閥箱本身亦應化學品特性選擇材質、尺寸、耐熱耐蝕能力、閥件固定方式、洩漏排液與蒸氣抽排措施，對於洩漏後的洩露探測裝置亦應考慮。
製程機臺	製程之核心，運用化學品來進行晶圓清洗、黃光光阻塗布、清除等作業，由於機臺內部為傳送晶圓，所以有機械手臂等移動構造，如此亦容易造成化學品在反應器內部與四周噴濺，如此將造成危險性大增，此為設計考慮重點。	依化學品特性選擇材質、尺寸、化學品輸送壓力、流量、流速，另外對於廢液的排放管路與洩漏之偵測探測連動供應停止，應功能良好，製程機臺應具密閉製程，配合二十四小時之排氣設備將有機溶劑蒸氣抽除至有機溶劑廢氣處理系統中，由於機臺內含許多危害源（如電能、化學能、機械能、熱能等）。
廢液排放管路	用以輸送反應後的廢液至廢水處理廠或是廢液儲槽，為確保管路安全性，在輸送管路上亦不會設置任何閥件。	應依化學品特性選擇材質，並運用流體力學公式 $Q=VA$ 決定管徑、耐壓、流量、流速、壓損等，然後管材連接方式、型式（單層、雙套）、耐熱耐蝕能力。

　　而運用 ISD 策略於化學品供應系統之首要重點，即是設法讓危害物使用量、輸送量及儲存量能大幅降低，因為越少量才不會在意外洩後或製程失控時導致巨大傷害，其次才是如何透過完善設計使危害物不會洩漏製作業環境中，最後當然就是作業人員的個人防護有效性。此外，面對危害物仍需注意危害標示（Labeling）與安全資料表（Safety Data sheet, SDS）；前者須確保危害圖式與內容（包含名稱、危害成分、警示語、危害警告訊息、危害防範措施、製造商或供應商之名稱、地址及電話等）之正確性與完整性；後者則應包含物品與廠商資料、危害辨識資料、成分辨識資料、急救措施、滅火措施、洩漏處理方法、安全處置與儲存方法、暴露預防措施／個人防護、物理及化學性質、安定性及反應性、毒性資料、生態資料、廢氣處置方法、運送資料、法規資料及其他資訊等必要內容。

九、火災爆炸危害（Fire/Explosion Hazard）

　　火災係一種人類不希望發生且無法控制的燃燒現象；而燃燒以可燃性氣體而言即可燃性氣體洩漏，與空氣中助燃物充分混合後，遭遇火源開始然後且持續不斷反應之過程稱之；爆炸則是極為激烈之燃燒行為，一般會同時伴隨著大量高溫、聲響與膨脹波，當燃燒傳播速度大於音速時則會稱為爆轟[3][26]。

　　火災爆炸對於高科技廠房而言是十分嚴重的危害情況，我們也在第一章表十八彙整臺灣高科技廠房歷年火災原因與損失統計結果，其中就屬火災爆炸次數最多且影響最為嚴重。以特殊氣體供應為例（例如矽甲烷），由於具有極低燃點，甚至有可能會自燃，所以整體管路設計上須考量雙重保護（即氣瓶櫃與雙套管設計），當特殊氣體不幸洩漏，還不會立即流入作業環境中，導致火災爆炸發生（如圖 24）。

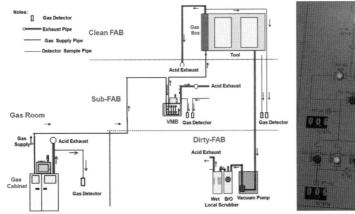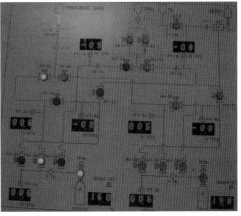

圖 24　特殊氣體供應系統架構

在高科技廠房中其火災爆炸預防措施在結合 ISD 策略後，可從三方向來進行即避免可燃性混合物的形成、避免足夠氧濃度的供應、避免有效火源的產生等；若配合燃燒四要素來討論（如圖 25），針對可燃物部分可採取改變物料（如可燃變為不燃）、改變化學品濃度（越低濃度越不會燃燒）、加入添加劑（使可燃物越不會火災爆炸）、加溼（尤其對於可燃性粉塵更有效）、增大粒徑（粒徑越小接觸表面積越大越易燃燒）等；對於空氣而言可採取特定區域降低氧濃度（如存在有高濃度化學品之機臺外殼內部）、使用惰性氣體（利用置換使氧氣濃度降低或是限制

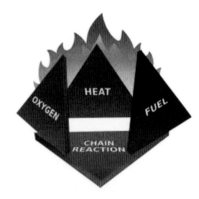

圖 25　燃燒四面體

其爆炸範圍）、真空操作（無氧狀態是無法產生燃燒反應的）；對於火源部分則有消除明火、隔離發火源、控制環境溫度等作法；而連鎖反應部分則需要依賴滅火藥劑方法達成消除目的。

由於高科技製程也是化學反應製程一種，其失控反應控制策略包含如下：

1. 正確地進料（如使用專用容器與接頭等）並確認數量、反應次序、溫度、速率等製程參數。

2. 反應器冷卻能力需正確評估（如二次冷卻系統等）。

3. 製程監控、連鎖設計與緊急電源等須能有效預防累積且速率指示須正確。

4. 智慧型製程安全監控系統（全廠資訊整合）包含高低溫與高壓等警示設定、異常監測、異常預警、失誤源診斷與品質監督等。

5. 操作指示與員工訓練包含標準作業程序、應變作業程序與演練等。

此外製程相關應變安全措施則包含作動系統關閉反應器進料、緊急製程加熱停止控制、氣瓶櫃緊急關斷裝置、緊急稀釋系統、緊急冷卻、緊急排放等措施設計。此外，對於整體廠房也必須設置有效的滅火設備（如圖 26）；如能配合反應更為快速的極早型偵煙警報系統（Very Early Smoke Detection Apparatus, VESDA）（如圖 27）；並且對於建築物本體也應考量耐火能力（如圖 28），對於爆炸而言

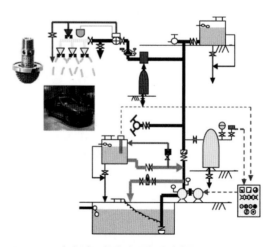

圖 26　由於無塵室有嚴重水損問題故可選擇設置預動式自動灑水系統

242

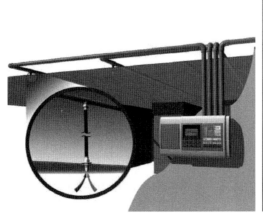
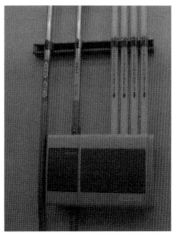

圖 27　極早型偵煙警報系統原理與設置示意

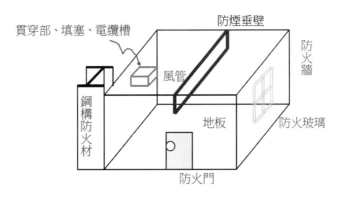

圖 28　建築物耐火能力考量示意

更需要考慮運用弱頂設計、洩爆牆、安全距離等措施來防止不幸爆炸後的爆炸威力影響。

十、人因工程危害（Human Engineering Hazards）

　　人因工程乃是一門應用生理、心理和工業工程等人性績效，來改善人、工作、工具、設備、工作場所、工作責任和周邊環境等工作系統之安全等級，使得高科技廠房作業人員，能在安全、衛生和舒適的情況下，發揮其最大工作效率、及提高工作品質[26][35]。

　　高科技生產特性與企業競爭力考量，目前高科技廠房於運轉時，均採二十四小時連續運轉生產原則，如此各級工程師與作業人員均長時間留置無塵室中，連續性的作業與反覆不停的操作，對於人體的肌肉骨骼均造成傷害，此情況已成為高科技廠房常見傷害情況，尤其是長期進

行搬運晶圓匣作業尤為明顯（如圖 29）。

　　雖然人因工程危害對人體並不會導致立即性傷害，但是如果得以改善人因工程，那必可增進人員的績效、減少能力的浪費與疲勞、減少不必要的訓練和降低訓練成本、減少對特殊技巧和能力的依賴、增進人力的使用、減少人為錯誤所引發的事故，以降低時間和設備的損失，以及改善使用者或操作員的舒適程度等情況。對於高科技製程而言，製程機臺設備進行保養維護作業需要搬運較重物件（Parts），經常造成設備工程師的背／腰酸痛，只要有類似情況經評估確認（有關評估方法將於後續章節討論），即應立即進行工程改善（如圖 30）。

圖 29　蝕刻製程作業人員搬運晶圓匣照片

圖 30　設備工程師進行維護保養

　　在高科技廠房中倘若已發現需進行人因工程危害改善之作業，其工程改善對策實施亦應考量 ISD 策略應用，所以應用方面首重作業抬舉重量之減輕、抬舉物尺寸之縮小等，當無法有效改善前述情況，再配合購置千斤頂抬舉設備、設置吊掛輔助設備、設置作業平臺、與相關人員作業時間管理等均為有效措施（如圖 31）。此外，對於品檢或類似久坐人員之座椅亦應妥善評估購置（如圖 32）。

圖 31 機臺設備人因工程危害增設吊掛輔助措施改善情形

圖 32 品檢或類似久坐人員之座椅亦應妥善評估購置

4.2 高科技廠房衛生工程控制技術

　　高科技廠房內之衛生工程主要可區分為無塵室、辦公區及廠務設施區三大部分，而無塵室目前各界設計方案多採垂直層流無塵室架構（如圖 2），此類似於整體換氣概念，所以當反應物質或特殊氣體／化學品等洩漏至無塵室時，均可運用無塵室空調系統進行濃度稀釋與危害物捕捉、吸附等處理，不過對於無塵室空調就必須詳加考慮新鮮空氣進氣之比例調整及空調過濾系統之處理能力，倘若未詳加考量，危害物質自製程機臺設備或管線洩漏後，將持續循環於無塵室中，對於作業人員的長期健康危害甚大。而國際上認為工業衛生工作有五大原則包含預防、適應、保護、治療復健、健康促進等，本書談論之衛生工程將針對高科技廠房之預防及健

康促進等範疇。

此外，因為高科技製程牽涉許多高危害性物質，所以大部分製程機臺設備多設計為密閉製程（如圖33），製程作業均於密閉機臺內部完成，且各製程機臺設備均設有排氣系統，連接至中央除害裝置，所以只要相關機體開門與護蓋互鎖裝置正常，即可有效控制高危害性物質於機臺內部洩漏亦不至於持續外洩至無塵室環境中，唯實務上的困難是因為經常性的維護保養，常年累月開啟機體護蓋，常導致互鎖裝置失效，或是開啟反應器前未充分迫淨（Purge），導

圖33 高科技製程機臺多採密閉式製程

致反應器內殘存危害性物質外散置無塵室環境，但這是屬於行政管理部分，將於後續章節探討；另外針對高危害之氣態／液態化學品均採取雙套管供應，所以作業中雙層管路同時因老化破損機率甚低，大多事故情況均遭作業人員踩斷或其他力量撞擊斷裂較多，這亦屬行政管理部分。

不過基於勞工作業環境監測實施辦法要求及監控需求，高科技廠房均會採取作業環境監測作業（如圖34），主要係依據前辦法第3條規定針對製造、處置或使用前述法令附表一所列有機溶劑之作業場所，每六個月監測其濃度一次以上；及製造、處置或使用前述法令附表二所列特定化學物質之作業場所，應每六

圖34 高科技製程作業環境監測情況

個月監測其濃度一次以上。此外，安全監控部分則一般會設置完整之局限區域及開放區域之氣體洩漏探測系統（如圖 35），前者針對密閉製程之尾氣或密閉製程機體護蓋內區域，當有高危害性氣體外洩時即動作，後者為對無塵室開放環境區域，以確認是否高危害氣體突破密閉製程機體護蓋或是雙套管部分，這也是自動化之作業環境監測最後一道防線 [36]。

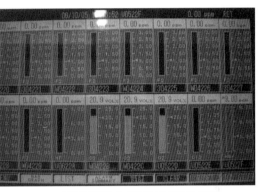

(a) 氣體洩漏偵測器裝置情況　　　　(b) 偵測迴路主機顯示偵測情況

圖 35　高科技製程作業環境監測情況

　　其他針對無塵室外之作業環境之衛生工程控制措施部分，主要包含有進行整體換氣裝置之設置以稀釋有害物濃度、供給必要之新鮮空氣稀釋換氣、擴大發生源與接受者之距離（如自動化、遙控等方案）、設置自動偵測監視裝置並提出警訊、高濃度作業應設置局部排氣裝置或密閉製程（此等設備需確認功能有效性與氣密性）等；此外，依據 5S 措施落實整理（Seiri）、整頓（Seition）、清掃（Seiso）、清潔（Seiketsu）、素養（Shitsuke）亦可大幅降低如砷作業粉塵或是蝕刻機臺的維修保養（Preventive Maintenance, PM）產生之有害微粒，當蓄積在作業環境長期仍會傷害作業人員，影響其身體健康 [37-38]。

 重點提示

> **5S 措施**
>
> 包含落實整理（Seiri）、整頓（Seition）、清掃（Seiso）、清潔（Seiketsu）、素養（Shitsuke）等。

　　自 2000 年開始全球對於職場健康促進開始注重，因此對於工作者針對呼吸道與心臟血管疾病、癌症、聽力損失、骨骼肌肉疾病、生育異常、精神和神經學上疾病、心理壓力、過度勞動等越趨重視，我國職業安全衛生法因此亦於 102 年 7 月 3 日進行修法公布；其中醫療行為等非高科技廠主要業務，故不予以討論。而針對骨骼肌肉痠痛尚未致病、心理壓力、肥胖導致之心臟血管疾病、過度勞動等均可於高科技廠房中設置相關設施來適當降低累積程度，讓工作者

達到身、心、靈之休息。

在目前高科技廠房有設置相關之游泳池（如圖 36）、跑步機（如圖 37）、飛輪、健身中心、籃球場（如圖 38）、羽球場、桌球場、活動中心、遊戲機、投籃機（如圖 39）、遊戲機室、或是休憩花園等設施，這些設備均得以讓工作者在發生前述超過身、心、靈過度負荷情況能藉由運動、休來讓身、心、靈放鬆紓解過高壓力，進而達成健康促進目的。

圖 36　游泳池

圖 37　跑步機

圖 38　籃球場

圖 39　投籃機

>>>>>>>>>>>>>>>>>> 參考文獻 <<<<<<<<<<<<<<<<<<

1. 陳俊瑜、王世煌、張國基（2015），產業製程安全管理與技術實務，臺北：五南。

2. 陳俊瑜、張國基（2007），高科技產業製程風險控制與本質較安全設計應用，化工。54：3，pp.33-48。

3. 維基百科。https://zh.wikipedia.org/wiki. (2016/11/22 摘自網路)

4. 蔡永銘（2002），現代安全管理。臺北：揚智文化。

5. Furr, A.K., 2000. CRC handbook of laboratory safety. CRC Press.

6. 莊侑哲、陳秋蓉和孫逸民（2007），工業衛生。臺北：高立圖書。

7. Facility Standards and Safety Guidelines: SEMI-S2-0706, SEMI, 2005。

8. Facility Standards and Safety Guidelines: SEMI S10-1296, SEMI, 1998。

9. Wen, Zaheeruddin, Cho (2006), "Dynamic simulation of energy management control functions for HVAC systems in buildings", *Energy Conversion and Management*, pp 926-943.

10. 顏登通（2011），高科技廠務。臺北：全華圖書。

11. ASHRAE Standard 62-2001 Ventilation for Acceptable Indoor Air Quality.

12. 工業技術研究院 綠能與環境研究所，無塵室節約能源技術手冊。

13. 顏登通（1995），潔淨室設計與管理。全華科技圖書股份有限公司。

14. Cyril M. Harris (1991), "Handbook of Acoustical Measurement and Noise Control, "McGraw-Hill, New York.

15. 張錦榮、韓光榮編著（2000），噪音振動控制，高立圖書有限公司。p1~p166。

16. 中華民國勞動部（2014）。職業安全衛生設施規則。民國 103 年 7 月 1 日修正版。臺灣：中華民國勞動部。

17. W. J. Smith, "Modern Optical Engineering", McGraw-Hill, 2000.

18. ICRP (2007), "2007 Recommendation of the International Commission on Radiological Protection," ICRP Publication 103, Annals of the ICRP 37(2-4), Elsevier, Oxford.

19. 許彬杰，翁寶山（2006）。游離輻射防護與偵檢。臺北市：合記。

20. G. Langouche and Y. Yoshida. Ion Implantation. https://www.researchgate.net/publication/258843335_Mossbauer_Spectroscopy. (2016/11/22 摘自網路)

21. Effects of Ionizing Radiation. http://www.assignmentpoint.com/science/chemistry/effects-ionizing-radiation.html. (2016/11/22 摘自網路)

22. 朱怡達（2008），非游離輻射安全的探討，國立臺灣大學物理學研究所碩士論文。

23. 程惠生（1996），環境中非游離輻射基本資料建立，行政院環保署委託研究。

24. 張國基、陳俊瑜（2007），高科技製程機臺電力系統本質較安全設計最佳化應用研究，安全衛生技術輔導成果發表會暨論文研討會優選論文。

25. 張國基（2006），高科技廠房本質較安全設計策略應用可行性研究 - 建置本質較安全應用機制，國立交通大學工學院產業安全與防災研究所，碩士論文。

26. 石金福（2003）。最新電工法規。臺北：臺科大。

27. R. F. Ammeman, P. k. Sen, J. P. Nelson (2007), "Arc Flash Hazard Incident Energy Calculations a Historical Perspective Study of the Standards: IEEE 1584 and NFPA 70E," *Proceedings of Petroleum and Chemical Industry Conference*, pp. 1-13, Calgary, Alta., 17-19 Sept.

28. Ralph Lee, The Other Electrical Hazard: Electric Arc Blast Burns, *IEEE Trans. Industrial Applications*, Vol 1A-18, No. 3, May/June 1982, pp.246, 250.

29. 陳俊瑜、廖雁亭、張國基（2008），以本質較安全策略進行機臺安全設計實例分析─以 TFT-LCD 廠為例，勞工安全衛生研究季刊。16 期 3 月號。

30. Council of the European Union. Machinery Directive 89/392/EEC.

31. Council of the European Union. Machinery Directive 98/37/EC.

32. ISO/IEC.SIO/IEC Guide 51：Safety aspects-Guidelines for their inclusion in Standards, 2014.

33. ISO 12100-2: safety of machineryBasic concepts, greal principles for design. Part2: Technical principles, 2003.

34. 簡士鈞、游孟傑、黃泳銓、侯思因、張國基（2009），以本質較安全設計策略探討高科技廠房人因工程危害預防改善與應用研究，健康產業科技與管理研討會。

35. 中華民國勞動部（2016）。勞工作業環境監測實施辦法。民國 105 年 11 月 2 日修正版。臺灣：中華民國勞動部。

36. Ab Rahman, M.N., et al. (2010) 'Implementation of 5S Practices in the Manufacturing Companies: A Case Study' *American Journal of Applied Sciences*, Vol7 No.8) pp1182-1189.

37. Becker J.E. (2001) 'Implementing 5S to promote Safety & housekeeping', *Professional safety*, Vol46 No.8, pp 29-31.

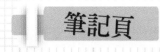
筆記頁

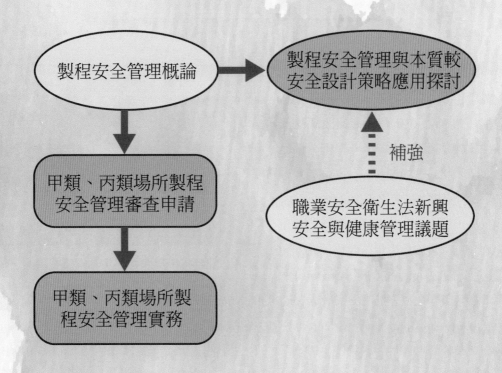

第二篇 製程安全評估案例與管理應用實務
第五章 製程安全管理與應用案例

5.1 製程安全管理概論（PSM）

5.2 甲類、丙類場所製程安全管理審查申請

5.3 甲類、丙類場所製程安全管理實務

5.4 製程安全管理與本質較安全設計策略應用探討

5.5 職業安全衛生法新興安全與健康管理議題

5.1　製程安全管理概論（PSM）

1976 年日本政府即已在勞動安全衛生法第 88 條訂定「化學工廠安全評估指針」，規定石油化工行業在新建工廠期間即應依該法令要求實施設計、操作、設施、管理等方面的安全檢核（Safety Inspection）（如圖 1），並針對潛在高危害事件（Potentially High-Hazard Events）以故障樹分析（Fault Tree Analysis）實施危害風險評估。此外，歐洲議會於 1982 年因義大利 Seveso 事件

圖 1　安全檢核是製程安全管理重要項目之一

制訂「重大意外事故危害控制法案」（Control of Major Accident Hazards, COMAH），就是非常著名的 European Union (Seveso) Directive (82/501/EEC)，該法案在 1997 年修訂，即 Seveso II Directive（96/82/EEC）。不過接連著國際上仍發生多起重大工業災害事件（Industrial Disaster），彙整如表一，其中又以印度 Bhopal UCC 印度公司事故最為嚴重[1-2]。

⬇ 表一　國內外重大工業災害事件摘要表

事件	發生時間	發生地點	原因與簡述	後果與損失
Flixborough	1974 年 6 月	英國 Nypro Ltd.	己內醯胺（Caprolactam）工廠環己酮（Cyclohexanone）製程區第四反應器至第六反應器間旁通（Bypass）管線洩漏，環己烷外洩，蒸氣雲（Vapor Cloud）被引燃爆炸。	28 人死亡，廠內 36 人及廠外 53 人受傷；1800 座以上的設備損壞，財務損失美金一億六仟一百萬。
Seveso	1976 年 7 月	義大利 Meda Icmesa 化學公司	批式反應器（Betch Process）停機但未供應冷卻，反應器高溫造成放熱分解反應導致破裂盤（Rupture Disc）破裂，戴奧辛（2,3,7,8-tetrachlorodibenzo-	沒有人員死亡，但超過 5000 個廠外居民就醫；用於除毒及去除汙染的費用不明。

（接續下表）

事件	發生時間	發生地點	原因與簡述	後果與損失
			p-dioxin, TCDD）外洩。製程產生少量之毒性戴奧辛（TCDD），但濃度已高於分解反應所需之濃度。估計外洩擴散的氣雲約 2 公斤。	
Bhopal	1984 年 12 月	印度 Bhopal UCC 印度公司	清洗過濾器未上盲板，水由隔離閥洩漏至異氰酸甲酯（MIC）儲槽，發生失控反應，洗滌系統被關掉，有毒排放氣由此外洩。	2000 人立即死亡，4000 人陸續死於中毒，17000 人受傷；印度政府及聯碳公司財務損失及賠償美金四億七仟萬。
Piper Alpha	1988 年 7 月	英國北海石油平臺	冷凝液泵浦在沒有安全閥（Safety Valve）的情況下，應盲封的法蘭未鎖死即啓動該泵浦，約 45 公斤的碳氫化合物被引燃產生爆炸。	167 人死亡，受傷人數不明；財務損失超過美金二十億。
摩根頓	2006 年 1 月	美國北卡羅萊納州 Synthron，LLC	此公司為利用 1500 加侖反應器生產聚合塗層和塗料添加劑丙烯酸類產品之企業。事故當日工廠經理依比例放大配方來提高產量。然而此反應卻產生超過正常一倍能量釋放的速率，此時製程條件也超過反應器之冷凝器的冷卻能力進而造成失控隨後即發生蒸汽雲爆炸。	1 人死亡，2 人重傷，12 人受傷，摧毀工廠，及損壞社區附近的機構。
CAI/Arnel	2006 年 11 月	美國馬薩諸塞州 CAI/Arnel 火災爆炸	2000 加侖的反應器其加熱器導致易燃液體過熱的開放蒸汽閥釋放由高度易燃液體的氣體燃料。此蒸氣洩出累積達爆炸範圍並遭遇未知的點火源進而引燃易燃大氣，引起爆炸。爆炸壓力波震碎剛性磚牆結構體進而點燃相鄰建築物儲存的溶劑和 51000 磅工業級硝酸纖維素材料，進而導致更大傷損。	10 個人受傷，24 座房子，6 家企業遭受損害。

（接續下表）

事件	發生時間	發生地點	原因與簡述	後果與損失
T2 化工	2007 年 12 月	美國佛羅里達州 T2 化工股份公司反應失控	T2 Laboratories 為小型民營為溶劑混合及甲基環戊二烯基三羰基錳（MCMT）製造業務的公司。事故當日係利用加侖化學間歇式反應器生產 MCMT，下午製程出現多次散熱警報問題，幾分鐘後因 MCMT 失控反應即發生反應器爆炸。	4 個人死亡，32 人受傷。
Imperial	2008 年 8 月	美國喬治亞州 Imperial 製糖廠粉塵火災爆炸	製糖廠之皮帶輸送機之機箱內外均堆積大量糖粉塵且濃度達爆炸範圍，未知火源點燃皮帶輸送機下方粉塵，導致強大爆炸。第一次塵爆再次揚起累積在各處地面的糖塵致引發二次粉塵爆炸發生，導致填料的建築物、煉油廠的部分和本體糖裝載建築物全數炸毀。	14 個人死亡，36 人受傷。

1984 年 12 月 3 日凌晨子夜時分印度 Bhopal 發生了一件舉世震驚的工業災難事件，造成 2,000 人立即死亡，4,000 人陸續死於中毒，17,000 人受傷。該事件發生起因是印度政府與聯碳化學公司（Union Carbide Chemical CO.）的合資公司在歲修（Annual Maintenance）期間，清洗過濾器（Filter）時未依標準操作程序（SOP）作業，在製程的所有安全防護設計（Safety Protection Design）都失效的情況下，未加裝盲板（Blankoff Flange），大量的水由故障失效的隔離閥（Isolation Valve）洩漏至異氰酸甲酯（Methyl Isocyanate, MIC）儲槽，而與禁水性（Water Repellent）的 MIC 發生化學失控反應（Runaway Reaction），產生大量毒氣外洩（Toxic gas leakage），這是化學工業界史上最大的災難事故。回顧該事件的始末，聯碳公司對於毒化物 MIC 是有多重的安全設計，包括預防 MIC 與水發生不預期化學反應與洩漏的措施：(1)MIC 地下儲槽（Underground Storage Tank），及陰極防蝕系統設計（Design of Cathodic Corrosion Protection System）；(2)MIC 儲槽冷凍循環系統（Refrigeration Cycle System）設計，且採用非水冷媒換熱；(3) 系統的氮氣密封（Nitrogen Sealed）採用高品質的乾氮氣，避免水氣侵入；(4) 管道隔離盲封（Isolation Blind Closure）採用雙隔離設計（Double Iisolation Design），隔離閥外再加盲板。及萬一 MIC 與水發生不預期化學反應的消減措施（Mitigation）：(1) 設置 MIC

緊急卸料槽（Blow Down Tank）；(2)MIC 儲槽安全閥洩放至鹼洗滌塔（Caustic Scrubber）；(3) 洗滌塔洩放（Vent）至燃燒塔（Flare Tower）；(4) 燃燒塔外側設有水幕系統（Water Curtain System）。在層層的安全保護下為何還是發生了令人震驚遺憾的事故呢？事實上聯碳印度公司在 70 年末期即已完成建設並投產，且早期的經營也得到了良好的成效和安全績效。但在 1981 年至 1982 年間印度部分地區發生了乾旱，影響到屬於農業化學事業部的聯碳印度公司營收，合資公司的經營階層採取了一系列的降低支出（Cost Down）的行動，包括了製程工程師與操作人力的刪減，與安全設計措施相關的包括停止 MIC 儲槽冷凍循環及鹼洗滌塔的運轉，以節省成本。

　　1984 年 10 月工廠進入歲修，後來燃燒塔也停止運轉，又失去了一層保護系統。事故調查小組發現在燃燒塔停止運轉的五天後緊急排放管網（Emergency Vent Header）與製程排放管網（Process Vent Header）在不明原因（工廠交接班的問題）下連通，提供了後來的水有機會流入 MIC 儲槽的管道。事件的直接原因是 1984 年 12 月 2 日早班維修人員依大修（Overhaul）行程清洗過濾器，但糟糕的是他們並沒有完全遵守 SOP，僅關斷了隔離閥，卻未在該隔離點加裝盲板。該作業開始進行不久後即因為隔離閥密封失效，水開始漏入 MIC 儲槽，儲槽的溫度計即已顯示異常溫升（Abnormal Temperature Rise），但因進入的水量還不夠多，沒有明顯的化學反應（Chemical Reaction）。一直到夜間 24：00 時大夜班接班後，這時候累積在 MIC 儲槽中的水足夠多了，水與 MIC 的反應速率突然快速上升導致失控，並且分解出大量的有毒氣體。操作主管趕到現場想要進行緊急處理，卻發現緊急卸料槽（Discharge Chute）不是空槽，無法洩料；（鹼洗滌塔和燃燒塔已經停用了）；想要啟動水幕系統，但因此系統的泵不是直接與生產相關的設備，維修不良無法啟動，所以最後所有的措施都失效了。不幸的是當時 Bhopal 工廠附近有一個貧民窟，當然談不上任何廠外人員的緊急應變計畫（Emergency Response Plan, ERP），因而釀成了巨災。

　　此事件反映出工廠製程安全管理諸多問題，包括管理階層的安全認知與承諾（Cognition and Commitment）、公司的安全文化（Safety Culture）、人員的能力與訓練（Ability and Training）、標準操作程序（SOP）、設備維護及完整性（Maintenance and Integrity of Equipment）、變更管理（Management of Change, MOC）、緊急應變計畫（ERP）……等等。因為聯碳是美國籍的化學公司，此事件引起美國政府及工業界的高度重視，促使美國政府將製程安全管理（PSM）訂入聯邦法，也是至今最完善的 PSM 法規。

　　Bhopal 事件後，美國政府於 1986 年提出製程安全管理法案的草案，該法案 1992 年正式公告成為聯邦法規（29 CFR Part 1910.119 Process Safety Management of Highly Hazardous Chemicals）並開始施行，製程安全管理（Process Safety Management, PSM）自此建立法源依據。製程安全管理法規的目的是預防火災、爆炸、外洩等重大災害事故之發生，及／或使其發生時之影響減至最小。其適用的範圍包括運作易燃物達 10,000 磅的製程單元（Process Unit），及其規範表列的 138 種危害物，運作量達美國政府勞工部職業安全衛生署（OSHA）規定限量的製程單元；表二為製程安全管理重要發展里程碑；PSM 與 PDCA 管理循環整合示意圖請參考第三章圖 40。製程安全管理法規內容計有 14 項，概述如下 [1-5]：

 重點提示

《製程安全管理法》14 項

包含員工參與、製程安全資訊、製程危害分析、操作程序、訓練、承攬管理、開前安全審查、機械設備完整性、動火許可、變更管理、事件／事故調查、緊急應變計畫、符合性稽核、商業機密等。

一、員工參與（Employee Participation）

包含以下：

1. 製程安全管理的程序和標準，應由負責及操作各製程區域的人員參與制定。
2. 各製程區域的製程危害分析（Process Hazard Analysis）應由了解製程及實際負責操作的人員參與。

二、製程安全資訊（Process Safety Information）

製程工廠應建立及維護管理以下三類資訊：

1. 製程中高危害性化學物質相關之資訊：包含毒性、腐蝕性資料、容許曝露濃度、熱及化學安定性資料、物理性資料、反應性資料、可預期誤混合時會發生之危害影響等。

2. 製程設計技術資訊：包含方塊流程圖、製程化學、最大存量、安全操作條件、製程偏離之危害評估等。

3. 製程設備資訊：包含構造材質、管線儀器圖（P&ID）、電氣分類防爆區域等級、釋壓系統設計及其基準、通風系統、設計規範與標準、質能平衡、安全系統（含聯鎖、關斷、警報系統）等。

而現有依據之規範、標準或工程實務之設備設計與建造記錄已不再使用時，應重建設備之設計、維護、檢測及操作安全資料。

三、製程危害分析（Process Hazard Analysis）

可以採用之製程危害分析方法包括以下：

1. What-if 腦力激盪。

2. 檢核表分析（Checklist）。

3. What-if 與檢核表分析（What-If / Checklist）。

4. 危害與可操作性分析（Hazard and Operability Study, HAZOP）。

5. 失效模式與影響分析（Failure Mode and Effect Analysis, FMEA）。

6. 故障樹分析（Fault Tree Analysis）。

7. 其他具同等效力的方法。

其中製程危害分析應評估下列事項：

1. 辨識危害。

2. 由類似製程曾發生之事故研究所發現之工作場所潛在危害。

3. 工程及管理控制措施。

4. 工程及管理控制失效之後果或影響設備設施配置。

5. 人因工程考量。

6. 對人員安全與健康之可能影響的評估。

　　危害分析應由對工程、操作及製程有經驗的人員組成評估小組來完成；評估小組中至少須有一人熟悉評估方法；又針對評估小組之發現與建議應有追蹤系統；時間方面至少五年再評估一次；且只要製程繼續存在，PHA 相關資料均應保存。

四、操作程序（Operating Procedure）

　　應建立製程開俥、停俥、緊急停俥……等各種操作階段或操作狀況的標準操作步驟。

　　其操作程序應涵蓋操作限制如下：

1. 製程偏離之影響說明。

2. 避免或修正製程偏離的必須步驟。

　　操作程序應涵蓋安全與衛生考量說明；其操作程序應涵蓋安全系統與功能說明；至少每年須檢討一次；並建立必要之安全工作規範，如：入槽、上鎖／掛牌、設備管線開封……等。

五、訓練（Training）

　　初期或到職訓練，包括：製程介紹、操作方法、安全工作規則或規範；且至少每三年接受一次再訓練；訓練記錄應包括受訓人員簽名、日期；訓練成效評估文件。

六、承攬管理（Contractor Management）

雇主的責任包含以下：

1. 評估承攬人安全記錄及安全計畫以作爲選擇之參考。

2. 告知承攬人工作場所潛在危害。

3. 照會承攬人緊急應變計畫。

4. 發展並要求承攬人應遵守之安全工作規範，並執行承攬人員工出入廠管制。

5. 稽核承攬人承攬期間安全表現，如有違規應即令停工。

6. 定期與承攬人開會或溝通。

7. 保存承攬人之職災記錄。

承攬人的責任包含以下：

1. 對其雇用員工有施以訓練使其能安全工作之責任。

2. 對其員工有告知工作區域中潛在危害與緊急應變動作之責任。

3. 保存訓練記錄。

4. 確認每一員工遵守工作區域之安全工作規範。

5. 告知或建議雇主作業期間所發現的危害與安全事項。

七、開俥前安全審查（Pre-startup Safety Review）

適用於新設置或經修改之區域或設施開始運轉使用前需確認以下事項：

1. 依設計規範完成建造與安裝。

2. 安全、操作、維修及緊急操作程序皆已建立完成。

3. 操作人員之訓練已完成。

4. 危害分析所發現之問題與改善建議在開俥前已解決或執行。

八、機械設備完整性（Mechanical Integrity）

辨識出適用設備完整性計畫的關鍵性設備；並發展及建立標準程序，包括設備之設計或選用、安裝、檢查、測試、修復等以維持製程設備之運作完整；且訓練維修人員。

檢查與測試包含如下：

1. 根據製造商之建議或採用良好的工程實務規範。

2. 記錄檢測結果。

執行設備故障或超出容許偏差之校正程序；及品保計畫（包含：備品系統）。

九、動火許可（Hot Work Permit）

動火作業許可單或工作程序須包含：

1. 動火作業的目的與工作說明。
2. 核准執行動火的時間。
3. 許可證置於動火現場直到作業完成。
4. 危害辨識欄位。
5. 火災預防措施。
6. 警戒與看火。
7. 作業許可之核准簽發授權須加以管理。

十、變更管理（Management of Change）

建立變更之申請、管理及授權程序及相關表單；其中包含製程技術、原物料、設備、操作方法之非同型替換。

而變更管理內容須包含以下：

1. 變更之目的與技術基礎。
2. 風險評估。
3. 核准與授權範圍定義。
4. 修改部分之人員操作訓練與告知。
5. 必要之作業程序更新。
6. 必要之技術資料、圖樣更新。
7. 開俥前安全審查。

並建立緊急變更管理程序；與暫時性變更管理程序；且允許偏離標準程序之申請。

十一、事件／事故調查（Incident Investigation）

災害事故與高潛在危害之虛驚事故皆須調查；且由熟悉製程及曾有事故調查與分析經驗的人員組成調查小組進行調查；並儘速展開（事故發生四十八小時內）調查；期中調查報告應包含：

1. 事故發生時間。
2. 開始調查時間。
3. 事故描述與損失。

4. 事故發生原因（Root Causes Failure Analysis）。

5. 改善建議。

建立事件／事故調查結果及改善建議的追蹤系統；並進行調查報告之保存。

十二、緊急應變計畫（Emergency Response Planning）

發展並建立緊急狀況之應變與行動規劃；並建置警報系統；及建置緊急應變組織；建置緊急控制中心；包括：

1. 個人在緊急應變行動計畫中的角色。

2. 訓練與演練。

十三、符合性稽核（Compliance Audit）

至少每三年進行一次前述所有 PSM 項目符合相關規範之執行狀況稽核；而稽核小組應由至少一人熟悉製程的人員組成；且須完成稽核報告；稽核中的發現、缺失、改善建議須加以追蹤；保留最近兩次之稽核報告。

十四、商業機密（Secrecy）

業主應建立商業機密管理程序，以提供相關員工在執行製程安全管理相關工作時必要的製程技術資訊，並可要求相關員工遵守必要的保密協定。

 表二　製程安全管理重要里程碑

時間	議題	目的	內容
～1992	制訂產業標準	遵循產業標準	利用產業標準確保製程和設備設計、運作安全
1992	美國政府頒布製程安全管理	遵守法令要求	遵守和滿足相關法令的要求
1993/94	勞檢法 26 條頒布	遵守法令要求	遵守和滿足相關法令的要求
2006	英國 HSE 頒布製程安全績效指標指引	改善製程安全執行績效	利用主動式和被動式績效指標發揮改善功能
2007	CCPS 出版 Risk Based Process Safety	以製程風險管理取代危害管理	延伸製程危害鑑別至風險評估並據以控制
2010	英國能源協會（Energy Institute）頒布高階製程安全管理架構	強調製程風險管理架構和執行步驟	利用高階管理架構、單元期望和執行步驟達到操作完整性的目標

臺灣參酌美國 PSM 規定，於 1993 年制訂公告實施的《勞動檢查法》，該法第 26 條規定危險性工作場所須經勞動檢查機構審查或檢查合格，才可以使勞工進入作業。〈危險性工作場所審查暨檢查辦法〉規範的與化學類相關的危險性工作場所計有[6-7]：

1. 甲類：指下列工作場所：

   (1) 從事石油產品之裂解反應，以製造石化基本原料之工作場所。

   (2) 製造、處置、使用危險物、有害物之數量達本法施行細則附表一及附表二規定數量之工作場所。

2. 乙類：指下列工作場所或工廠：

   (1) 使用異氰酸甲酯、氯化氫、氨、甲醛、過氧化氫或吡啶，從事農藥原體合成之工作場所。

   (2) 利用氯酸鹽類、過氯酸鹽類、硝酸鹽類、硫、硫化物、磷化物、木炭粉、金屬粉末及其他原料製造爆竹煙火類物品之爆竹煙火工廠。

   (3) 從事以化學物質製造爆炸性物品之火藥類製造工作場所。

3. 丙類：指蒸汽鍋爐之傳熱面積在五百平方公尺以上，或高壓氣體類壓力容器一日之冷凍能力在一百五十公噸以上或處理能力符合下列規定之一者：

   (1) 一千立方公尺以上之氧氣、有毒性及可燃性高壓氣體。

   (2) 五千立方公尺以上之前款以外之高壓氣體。

前述依據「高壓氣體勞工安全規則」第 19 條本規則所稱處理能力，係指處理設備或減壓設備以壓縮、液化或其他方法一日可處理之氣體容積（換算於溫度在攝氏零度、壓力為每平方公分零公斤狀態時之容積值）。前述處理能力之計算如下：

1. 壓縮機：壓縮機吐出口側之高壓氣體處理能力計算公式：

$$一日之處理能力（m^3/day）=\pi/4 \times d2S \times n \times N \times 60(min/hr) \times 24(hr/day) \times P$$

其中 d 為氣缸直徑（cm）、S 為活塞衝程（cm）、n 為每分鐘回轉數（rpm）、N 為氣缸數、P 為使用狀態下壓力（絕對壓力 kgf/cm^2）。

2. 氣化器：可氣化高壓氣體之能力計算公式：

$$一日之處理能力（m^3 /day）= C \times 24(hr/day) \times 22.4(m^3/kgmole)/M$$

其中 C 為保證公稱能力加以計算（kg/hr）、M 為氣體之分子量（kg/kg-mole）。

3. 冷凝器：可液化之高壓氣體能力。但附屬於塔類為緩衝槽之冷凝器，此時有關處理能力為最大通過之液化氣體量（液態處理能力 m³/day）。

4. 反應器計算如下：

(1) 高壓氣體之莫耳數不變時，其處理能力取決於製造時之壓力、溫度與反應器前後之處理能力。

(2) 高壓氣體之莫耳數有改變時，其處理能力以反應器出口側之處理設備之處理能力為反應器之處理能力。

(3) 高壓氣體於輸入反應器後，因反應作用致有高壓氣體被「消費」時，除部分高壓氣體瞬間成為非高壓氣體者外，以高壓氣體之入口側處理設備能力為反應器之處理能力。

5. 精餾、分餾塔：依前述氣化器及冷凝器之方法計算。若單體之塔內同時有蒸發、冷凝反覆處理者，任何一次之蒸發、冷凝之操作均要計算一次之處理量以累計處理能力。

6. 其他：

(1) 以減壓閥為處理設備，當以減壓行為從事該高壓氣體之製造時，減壓閥之處理能力以 0 m³/day 計算。但以減壓閥以外之設備為減壓行為之高壓氣體之製造，則應累計其處理能力。

(2) 熱交換器中，相未變化，且入口側與出口側之壓力差很少者，此熱交換器不計其處理能力。

(3) 包括控制閥之閥類均不計算其處理能力。

(4) 處理設備中，同一處所設置複數之設備做為備用設備時，備用設備之處理能力於計算處理能力時可不予累加計算，但備用設備於平常運轉亦須同時使用時，則應併入計算。

(5) 附屬冷凍設備之壓縮機、蒸發器、冷凝器等之處理能力依前述計算方法分別累加計算。

(6) 高壓氣體與高壓氣體以外物質之混合物，只以其中之高壓氣體為處理能力之計算對象。

事業單位向檢查機構申請審查及檢查危險性工作場所時應檢附下列資料[7]：

1. 安全衛生管理基本資料包含以下：

(1) 事業單位組織系統圖。

(2) 危害性化學品之管理。

(3) 勞工作業環境監測計畫。

(4) 危險性機械或設備之管理。

(5) 勞工健康服務與管理措施。

(6) 職業安全衛生組織、人員設置及運作。

(7) 職業安全衛生管理規章。

(8) 自動檢查計畫。

(9) 承攬管理計畫。

(10) 職業安全衛生教育訓練計畫。

(11) 事故調查處理制度。

(12) 工作場所之平面配置圖並標示危險性之機械或設備所在位置及名稱、數量，危害性化學品所在位置及名稱、數量，控制室所在位置，消防系統所在位置，可能從事作業勞工、承攬人及所僱勞工、外來訪客之位置及人數等規定事項，其比例尺以能辨識其標示內容為度。

2. 製程安全評估報告書包含以下：

(1) 製程說明（包含工作場所流程圖、製程設計規範、機械設備規格明細、製程操作手冊、維修保養制度等）。

(2) 實施初步危害分析（Preliminary Hazard Analysis, PHA）以分析發掘工作場所重大潛在危害，並針對重大潛在危害實施檢核表（Checklist）、如果 - 如何（What-If）、如果 - 結果分析 / 檢核表（What-If/ Checklist）、危害及可操作性分析（HAZOP）、失誤模式與影響分析（FMEA）、故障樹分析（FTA）及其他經中央認可同等功能安全評估方法（如蒙氏指數（Mond Index）、陶氏火災爆炸指數（Dow F & EI）或化學暴露指數（CEI）等），並記錄過程。

(3) 製程危害控制。

(4) 參與製程安全評估人員應於報告書中具名簽認（應註明單位、職稱、姓名、蓋技師執業圖記）及證明、資格文件。

3. 製程修改安全計畫包含以下：

(1) 製程修改程序。

(2) 安全衛生影響評估措施。

(3) 製程操作手冊修正措施。

(4) 製程資料更新措施。

(5) 職業安全衛生教育訓練。

(6) 其他配合事項。

4. 緊急應變計畫：

(1) 緊急應變運作流程與組織（包含應變組織架構與權責、緊急應變控制中心位置與設施、緊急應變運作流程與說明等）。

(2) 緊急應變設備之置備與外援單位之聯繫。

(3) 緊急應變演練計畫與演練紀錄（包含演練模擬一般及最嚴重危害狀況）

(4) 緊急應變計畫之修正。

5. 稽核管理計畫包含以下：

(1) 稽核事項（包含製程安全評估、正常操作程序、緊急操作程序、製程修改安全計畫、職業安全衛生教育訓練計畫、自動檢查計畫、承攬管理計畫、緊急應變計畫等）。

(2) 稽核程序（包含稽核組織與職責、稽核紀錄與追蹤處理等）。

雖然製程安全管理（PSM）機制是針對化工產業，但事實上高科技產業仍有許多關鍵製程亦屬於化工產業，也因此在高科技廠房進行安全管理時仍有許多適用前述製程安全管理部分，後續將深入探討相關實務。

5.2 甲類、丙類場所製程安全管理審查申請

在高科技廠中，由於使用多樣且大量之危害物，所以一般無塵室均屬於甲類危險性工作場所，而供應製程用的大量氣體供應廠務系統（Bulk Gas）則多屬於高壓氣體類壓力容器（如圖 2），故為丙類危險性工作場所，所以將針對此等部分進行討論[8-9]。

所以高科技廠房依據危險性工作場所審查及檢查辦法第 5 條規定，該事業單位應填具申請書（格式如表

 重點提示

申請甲類或丙類工作場所審查

資料包含安全衛生管理基本資料、製程安全評估報告書、製程修改安全計畫、緊急應變計畫、稽核管理計畫等。

三），並檢附下列資料（資料內容請參閱本書 5.1 內容）各三份向檢查機構申請甲類或丙類工作場所審查：

(1) 安全衛生管理基本資料。

(2) 製程安全評估報告書。

(3) 製程修改安全計畫。

(4) 緊急應變計畫。

(5) 稽核管理計畫。

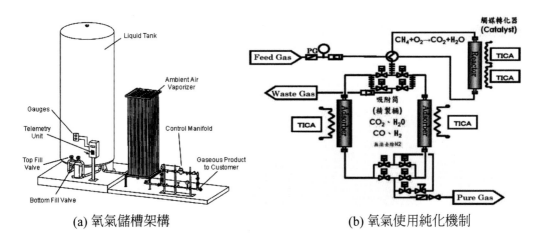

(a) 氧氣儲槽架構　　　　　　　　　　(b) 氧氣使用純化機制

圖 2　高科技廠使用之氧氣（O_2）當儲量達規定多屬丙類危險性工作場所

又依同法第 6 條，亦規範事業單位應依作業實際需要，於事前由下列人員組成評估小組實施評估（如圖 3），其實施評估之過程及結果，應予記錄：

(1) 工作場所負責人。

(2) 曾受國內外製程安全評估專業訓練或具有製程安全評估專業能力，並有證明文件，且經中央主管機關認可者（簡稱製程安全評估人員）。

(3) 依職業安全衛生管理辦法設置之職業安全衛生人員。

(4) 工作場所作業主管。

(5) 熟悉該場所作業之勞工。

🔽 表三　甲、丙類工作場所審查申請書格式

格式三

丙類（高壓氣體類壓力容器）
蒸氣 鍋 爐
工作場所審查及檢查申請書

營利單位名稱及地址	
營利事業統一編號（八碼）	
雇主（名稱或姓名）	
事業經營負責人職稱及姓名	
主辦人職務及姓名	
危險性工作場所類別（依勞動檢查法第二十六條第一項分類，適用二種以上應分別填寫）	危險性工作場所 所在地
	工廠登記號碼（十碼）
	事業登記號碼（九碼）（無工廠登記者，填營利事業登記證號；均無者，填目的事業主管機構核准文號）
	預定作業日期
	電話
	傳眞

申請審查時，應檢附本辦法第十五條規定之資料。
申請檢查時，本辦法第十五條規定之設施應設置完成。
（受理日期：）

此致
（勞動檢查機構全銜）
中華民國　　　年　　　月　　　日　　雇主　（簽章）

格式一

甲類工作場所審查申請書
蒸 器 鍋 爐

營利單位名稱及地址	
營利事業統一編號（八碼）	
雇主（名稱或姓名）	
事業經營負責人職稱及姓名	
主辦人職務及姓名	
危險性工作場所類別（依勞動檢查法第二十六條第一項分類，適用二種以上應分別填寫）	危險性工作場所 所在地
	工廠登記號碼（十碼）
	事業登記號碼（九碼）（無工廠登記者，填營利事業登記證號；均無者，填目的事業主管機構核准文號）
	預定作業日期
	電話
	傳眞

申請審查時，應檢附本辦法第十五條規定之資料。
（受理日期：）

此致
（勞動檢查機構全銜）
中華民國　　　年　　　月　　　日　　雇主　（簽章）

圖 3　製程安全評估小組的成員影響評估成果甚高　　圖 4　工業安全技師執業圖記範例

　　倘若事業單位未置前述製程安全評估人員者，得以在國內完成製程安全評估人員訓練之下列執業技師任之：

1. 工業安全技師（如圖 4 執業圖記範例）及下列技師之一：

    (1) 化學工程技師。

    (2) 工礦衛生技師。

    (3) 機械工程技師。

    (4) 電機工程技師。

2. 工程技術顧問公司僱用之工業安全技師及前款各目所定技師之一；又前述人員兼具工業安全技師資格及前項第一款各目所定技師資格之一者，得為同一人。

　　危險性工作場所審查之政府部門檢查流程（如圖 5）主要步驟包含備齊所需文件、送件、書面文件初審、審查小組審查、判定是否現場檢查、函知審（檢）查合格、合格案件查核、程序結束等，對於高科技廠商而言，備齊所需文件事最重要階段，其中從各種機臺設備規格（如表四）至相關操作手冊或 SOP 均為影響危害存在的關鍵（如表五），也決定著後續危害風險評估的有效性，實務上需特別注意 [10]。

　　高科技製程進行製程危害分析程序（請參考第二章圖 44），如前述將決定危險性工作場所安全評估成果，當然最後也就影響著風險控制措施與有效性。在第二章圖 44 中包含程序為依工程或製程實務劃分出製程區或次系統，接著進行初步危害分析（PHA），然後依據 PHA 成果進行判斷是否具重大潛在危害？若判定為否則可直接提出改善建議或計畫，但若判定為是則應再運用 Checklist/HAZOP/FMEA/FTA 等方法繼續執行詳細風險評估，而在第二章我們亦提到目前化工製程在運用 HAZOP 進行分析時，若有更重大潛在危害區域會進一步進行 LOPA 分

析，所以以下將列舉部分化工製程與高科技製程之危害風險評估實例，供讀者參考，針對這些
危害風險評估方法請參閱本書第二章說明 [1-2][11-26]。

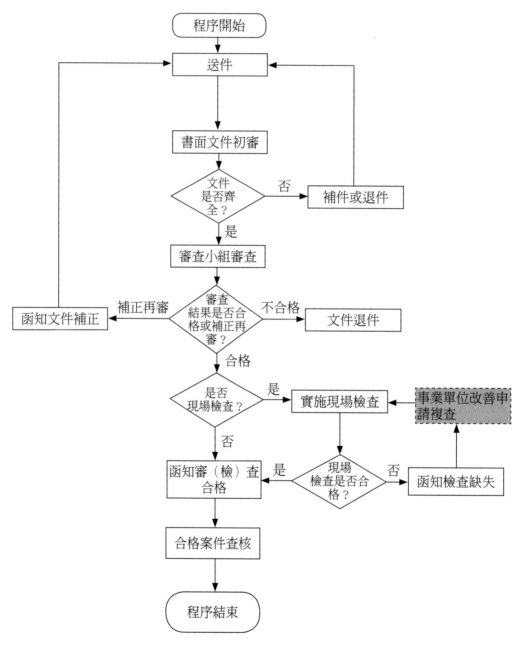

圖 5　危險性工作場所審查、檢查流程圖

⬇ 表四　機臺設備規格明細表

設備名稱＼操作系統	設備編號	內容物（註明固體、液體或氣體）	設計壓力	操作壓力	設計溫度	操作溫度	設計流量	操作流量	容積	備註

⬇ 表五　機臺設備操作手冊名稱或相關 SOP 目錄

文件編號	操作手冊或相關標準作業程序之名稱

一、初步危害分析（Preliminary Hazard Analysis, PHA）實例

　　PHA 所需資訊一般包含有製程中化學品物質之安全資料表（SDS）、化學反應、製程描述、製程流程圖（PFD）、操作量、儲存量、主要操作條件、社區平面圖（Commuity Map）、廠區位置圖（Site Plot）、工廠配置圖（Plant Layout）等；PHA 評估步驟與評估標準建議如下：

1. 依製程工場實務劃分製程區／次系統，如：反應區、高壓分離區、低壓分離區、蒸餾區、儲槽區等。

2. 針對各製程區以下列原則進行檢核，符合以下任一條件即為重大潛在危害區域：

(1) Q > 20%TQ（其中 Q 為製程區域中瞬間可能出現之危險物或有害物的最大量，概估該製程區內塔槽與管線中的總量，單位為 kg。TQ 為勞動檢查法施行細則危險物或有害物的法定

重點提示

PHA 評估檢核內容

包含 Q > 20%TQ、高放熱反應、製程中組成濃度、100℃ 以下熱不安定性、T > AIT 或為易燃性氣體、P ≥ 20kg/cm² 或 P ≤ 500mmHg、高低壓差 4 倍以上等。

限量，或以 PSM 危害物 TQ 為基準）。

(2) 高放熱反應：包含氧化（Oxidation）、硝化（nitration）、鹵化（halogenation）、有機金屬化（organmetallics）、偶氮化（diazotization）、氫化（hydrogenation）、裂解／熱分解（thermal decomposition）、聚合（polymerization）、磺化（sulphonation）、縮合（condensation）等。

(3) 製程中之組成在爆炸下限（LEL）以上，爆炸上限（UEL）以下，或濃度在此範圍附近者（操作條件於正常操作變化 25% 時會達爆炸範圍）。

(4) 具有在 100℃ 以下熱不安定性，或與一般物質，如空氣、水、其他可能汙染物接觸後起反應之物質，P ≥ 10psig（1.75atm.Abs）。

(5) T > AIT 或為易燃性氣體（其中 T 為製程區中的最大操作溫度。AIT 為可燃性或易燃性液體的自燃溫度）。

(6) P ≥ 20kg/cm^2 或 P ≤ 500mmHg（其中 P 為製程區中的最大操作壓力）。

(7) 製程中有明顯之高低壓差，高壓端高於低壓端壓力達 4 倍以上。

以下我們以化工之異丁烷製程為例說明製程安全評估；異丁烷製程係以正丁烷為進料，與氫氣工場生產的氫氣在異構化反應觸媒催化下反應生成異丁烷，為維持觸媒的活性，進料中的微量雜質都必須去除（如圖 6）。氫氣經除氯、除硫、除一氧化碳、除水，並加壓至 36.55kg/cm^{2}G，與同樣被除水的正丁烷會注入反應促進劑，再進入異構化反應器。反應產物在穩定塔

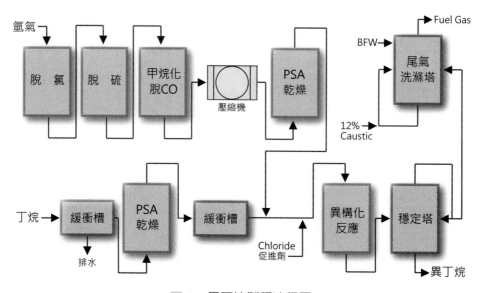

圖 6　異丁烷製程流程圖

中分離，塔底重質成份爲產品，塔頂輕質成分因爲可能含有氯離子與酸氣，所以送至洗滌塔，以 12wt% 氫氧化鈉溶液碱洗及水洗，塔頂潔淨氣體回燃料氣管網。

　　將異丁烷製程區劃爲氫氣前處理區、正丁烷前處理區、異構化反應區、穩定塔／洗滌塔區等進行 PHA，分析彙總表如表六。由表六可知其中前三個區域都具有重大潛在危害，應進一步實施 HAZOP。

⬇ 表六　異丁烷製程初步危害分析（PHA）彙總表

製程區／次系統	設計目的	是否具重大危害	重大潛在危害說明
氫氣前處理區	氫氣工場氫氣經除氯、除硫、甲烷化反應器將一氧化碳轉化爲甲烷，壓縮機加壓至 36.55kg/cm²G 後，以分子篩乾燥除水	□ Q > 20%TQ ■ 高放熱反應 □ 正常操作變化 25% 時會達爆炸範圍（LEL～UEL） □ 熱不安定性 ■ T > AIT 或爲易燃性氣體 ■ P≥20kg/cm² 或 P ≤ 500mmHg □ 製程中有明顯之高低壓差，高壓端高於低壓端壓力達 4 倍以上	1.甲烷化反應器入口加熱器 F-301 燒毀造成氫氣外洩火災爆炸 2.上游工場氫氣來源含一氧化碳濃度過高致甲烷化反應器 R-303 反應失控
正丁烷前處理區	正丁烷以分子篩乾燥除水	□ Q > 20%TQ □ 高放熱反應 □ 正常操作變化 25% 時會達爆炸範圍（LEL～UEL） □ 熱不安定性 ■ T > AIT 或爲易燃性氣體 □ P ≥ 20kg/cm² 或 P ≤ 500mmHg □ 製程中有明顯之高低壓差，高壓端高於低壓端壓力達 4 倍以上	再生過熱器 F-302 燒毀造成丁烷外洩火災爆炸
異構化反應區	正丁烷與氫氣異構化反應生成異丁烷，反應溫度約 171℃，壓力 33.2kg/cm²G	□ Q>20%TQ ■ 高放熱反應 □ 正常操作變化 25% 時會達爆炸範圍（LEL～UEL） □ 熱不安定性 ■ T>AIT 或爲易燃性氣體 ■ P ≥ 20kg/cm² 或 P ≤ 500mmHg □ 製程中有明顯之高低壓差，高壓端高於低壓端壓力達 4 倍以上	1. 反應器 R-306A/B 觸媒結焦，嚴重時可能熱失控 2. 反應器 R-306A/B 壓力控制異常，超壓外洩

（接續下表）

製程區／次系統	設計目的	是否具重大危害	重大潛在危害說明
穩定塔／洗滌塔區	分離純化產品，洗滌酸氣	☐ Q > 20%TQ ☐ 高放熱反應 ☐ 正常操作變化 25% 時會達爆炸範圍（LEL～UEL） ☐ 熱不安定性 ☐ T > AIT 或為易燃性氣體 ☐ P ≥ 20kg/cm² 或 P ≤ 500mmHg ☐ 製程中有明顯之高低壓差，高壓端高於低壓端壓力達 4 倍以上	

二、化工製程危害與可操作性分析（HAZOP）實例

氫氣前處理區的甲烷化去除一氧化碳節點 HAZOP 分析記錄實例如表七。此節點包含進料管線、電加熱爐、電加熱爐與甲烷化反應器間管線、及甲烷化反應器和相關的儀控系統。主要危害為低流量，原因來自於上游氫氣供應不足，可能的危害／後果是電加熱爐乾燒，嚴重時燒毀造成氫氣外洩火災爆炸。電加熱爐 F-301 進口端設有 FT-303A~C 三選二邏輯低低流量警報與聯鎖，及多組溫度警報聯鎖（同一個 PLC，非獨立的警報／聯鎖）。我們以第二章表十五評估嚴重性等級為 5，可容忍風險目標如第二章表十六，需控制在 1×10^{-5}/year 以內。另一個主要的危害是上游工廠一氧化碳來源濃度過高，原設計可以處理的一氧化碳是 50ppm，如果氫氣工場異常供應了含有 5% 一氧化碳的氫氣，可能的危害／後果是甲烷化反應器反應過度劇烈，高溫失控導致洩漏，氫氣引起局部火災。此部分涉及不同工場／製程單元間系統介面的問題，所以我們建議增設聯鎖關停電加熱爐及關斷氫氣進料壓力控制閥。

⬇ 表七　甲烷化去除一氧化碳節點 HAZOP 案例

製程偏離	可能原因	危害／後果	既有防護措施	嚴重性	可能性	風險等級	改善建議
高流量	無具危害之發現						
低／無流量	氫氣來源供應不足	F-301 燒毀造成氫氣外洩火災爆炸	1.F-301 設有 TAHH-307，TI-305/306/307 高溫警報	5	2	3	1.CHECK FALL-303 操作範圍是否符合低低流量需求

（接續下表）

製程偏離	可能原因	危害／後果	既有防護措施	嚴重性	可能性	風險等級	改善建議
			2.F-301 進口端設有 FT-303A~C（2oo3）低低流量警報與聯鎖 IS-309 關停 F-301				2.FT-303A~C（2oo3）低低流量警報與聯鎖 IS-309 關停 F-301 安全儀錶功能規格需達 SIL 1
流動方向錯誤	無具危害之發現						
逆流	無具危害之發現						
錯誤組成	無具危害之發現						
高濃度	上游工廠一氧化碳來源濃度過高	R-303 高溫失控導致洩漏，氫氣引起局部火災	1.由 S31/32 取樣分析判斷是否挾帶過多雜質 2.要求上游工廠建立聯繫機制 3.TI-309 監測溫度	4	4	4	R-303 出口 TE-309 改為 TT-309，增加兩個 TT 及 IS（2oo3）作動 IS-309 關停 F-301 並同時關斷進料閥 PV-334 設置高溫及高高溫警報，安全儀錶功能等級需達 SIL 1
錯誤物質	無具危害之發現						
高壓	外界環境火災	造成系統壓力過高	此段管線設有 PSV-303A/B	3	2	1	
低壓	氫氣來源供應不足	造成本區停俥	1.R-301 進口設有 FI-301 流量顯示，PIC-334 壓力顯示 2.R-301 出口設有 PI-335 壓力顯示 3.PI-301 壓力指示	3	3	2	FI-301 增設低流量警報
高溫	1.TT/TIC/JC-303 故障 2.電熱器故障 3.同低／無流量	1.F-301 燒毀造成氫氣外泄火災爆炸 2.造成 R-303 觸媒結焦	1.F-301 設有 TE-307A/B 及 TE-305A/B 高高溫警報與聯鎖 IS-309 關停 F-301 2.F-301 出口端設有 TT-368A~C（2oo3）高高溫警報與聯鎖 IS-309 關停 F-301	5	2	3	

（接續下表）

製程偏離	可能原因	危害／後果	既有防護措施	嚴重性	可能性	風險等級	改善建議
低溫	無具危害之發現						
高反應	同高濃度						
低／無反應	觸媒活性衰退或失活	影響 R-306A/B，觸媒永久中毒或失效	R-304A/B 出口設有 AI-306A/B（CO/CO_2）高濃度警報	4	3	3	
副反應	無具危害之發現						
錯誤反應	無具危害之發現						
洩漏	法蘭洩漏	引起局部火災	1.人員定期巡視（法蘭包覆金屬網） 2.設備定期檢查維護保養	4	2	2	
其他	維修卸換觸媒	$Ni(CO)_4$ 造成人員中毒	更換觸媒由專業人員執行	4	2	2	

三、化工製程 HAZOP 結合 LOPA 的案例分析

我們仍以異丁烷製程／甲烷化去除一氧化碳節點為例說明 HAZOP 結合 LOPA 的分析方法（如表八）。引用表七 HAZOP 記錄，低／無流量製程偏離事件後果為「F-301 燒毀造成氫氣外泄火災爆炸」，嚴重性「5」，起始失效事件（即 HAZOP 分析的原因）為「氫氣來源供應不足」。決定起始失效事件可能性的考慮為氫氣來源供應為上游的氫氣流量控制，所以選擇基本程序控制系統（Basic Process Control System, BPCS）失效率為 0.1/year。保護層分析如下：

1. 一般製程設計：0.1；異丁烷製程區為 Zone 2 以上防爆等級設計，降低引燃機率。

2. 基本程序控制系統：0.1；電加熱爐 F-301 為成套設備，具有獨立的溫度控制系統並且將訊號送至 DCS（TIC -303）。

3. 警報：1；TAHH-307、TI-305/306/307 高溫警報，但同來自 F-301 成套設備，非獨立警報。

4. 額外消減措施：無。

5. 獨立保護層：無。

6. 中間事件可能性：$0.1/year \times 0.1 \times 0.1 \times 1 \times 1 \times 1 = 1 \times 10^{-3}/year$。而嚴重性 5 的可容忍風險目標（請參考第二章表十六）需控制在 $1 \times 10^{-5}/year$ 以內，所以安全儀錶系統完整性需求是 1×10^{-2}，其所對應的安全完整性等級爲 SIL 1（請參考第二讓步表十三備註）。經驗證此安全儀錶功能符合 SIL 1，事件後果可能性爲 $1 \times 10^{-5}/year$，依據第二章表十四決定可能性等級爲 2，嚴重性如前述爲 5，故在查第二章表十三決定風險等級爲 3（如表七 HAZOP 記錄）。

7. 另一個主要的危害是上游工廠一氧化碳來源濃度過高，甲烷化反應器反應過度劇烈，高溫失控導致洩漏，氫氣引起局部火災。起始失效事件可能性數據表不提供此類特殊情況數據，但此情況仍與控制有關，發生機會較少，故評估小組討論後給定 0.01/year，除防爆等級設計外無其他獨立保護層，中間事件可能性 $1 \times 10^{-3}/year$。嚴重性 4 的可容忍風險目標（請參考第二章表十六）需控制在 $1 \times 10^{-4}/year$ 以內，所以安全儀錶系統完整性需求是 1×10^{-1}，其所對應的安全完整性等級爲 SIL 1。因爲原來的設計沒有安全儀錶系統，評估小組建議 R-303 出口 TE-309 改爲 TT-309，增加兩個訊號傳送器及聯鎖（2oo3）設置高溫及高高溫警報，作動 IS-309 關停 F-301 並同時關斷進料閥 PV-334。而目前的事件後果可能性爲 $1 \times 10^{-3}/year$，可依第二章表十四決定可能性等級爲 4，嚴重性爲 4，再依第二章表十三決定風險等級爲 4（如表七 HAZOP 記錄）。

⬇ 表八　甲烷化去除一氧化碳節點 LOPA 案例

1	2	3	4	5	6	7	8	9	10	11	12
事件後果	嚴重性	起始失效事件	起始失效事件可能性	一般製程設計	基本程序控制系統	警報	額外消減措施	獨立保護層	中間事件可能性	安全儀錶系統完整性等級	消減後的事件可能性
F-301 燒毀造成氫氣外泄火災爆炸	5	氫氣來源供應不足	0.1/yr	0.1 防爆區	0.1 TIC-303	1 TAHH-307, TI-305 / 306 / 307 高溫警報	1	1	$1 \times 10^{-3}/yr$	1×10^{-2} SIL 1	$1 \times 10^{-5}/yr$
R-303 高溫失控導致洩漏，氫氣引起局部火災	4	上游工廠一氧化碳來源濃度過高	0.01/yr	0.1 防爆區	1	1	1	1	$1 \times 10^{-3}/yr$	1×10^{-1} SIL 1	$1 \times 10^{-4}/yr$

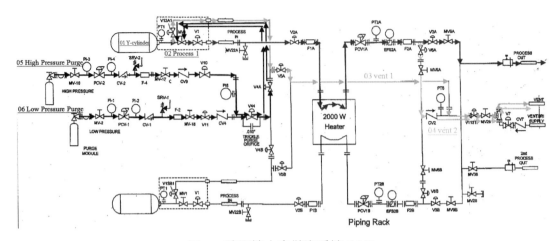

圖 7　矽甲烷大宗供應系統 P&ID

四、高科技製程 HAZOP 評估實例

　　矽甲烷（SiH₄）為高科技廠房使用量極高的反應氣體，而其供應系統目前多採大宗氣體供應方式（Bulk Special Gas System, BSGS），此處將以矽甲烷氣體供應為例進行 HAZOP 評估。圖 7 為矽甲烷大宗供應系統 P&ID，於此 P&ID 共可考慮六個節點（詳如表九節點對照表），各分析節點並標註圖 7 中。本文選擇節點 210102 詳細說明如表十。

表九　SiH₄_ BSGS HAZOP 評估節點對照表

項次	節點	製程／操作程序名稱	研討節點描述	管線／設備編號	設計目的	圖號
1	210101	SiH₄ BSGS 供應系統	SiH₄ Y-Cylinder 本體線	SiH₄ Y-Cylinder 本體	提供 SiH₄ 進行相關製造流程	A-01
2	210102	SiH₄ BSGS 供應系統	SiH₄ Y-Cylinder 本體至 VMB 管線	Y-Cylinder 鋼瓶本體、Shut-off Valve，PT1，MV1，V1（氣動隔離閥），V2A，F1A，Heater，PCV1A，PIS10A，PCV3A，PT2A，EFS2A，F2A，MV9A，V3A，	採雙 Y-Cylinder 供應方式；壓力：1200 psig，經調壓閥一次調壓後為 70psig 經 VMB 供應至機臺，淨壓力低於 100psig 時自動切換至另一鋼瓶，溫度：Y-Cylinder 至 Pigtail 為室溫；第一／二調壓閥前加熱至 75 度；調壓閥後回復至室溫	A-01

（接續下表）

項次	節點	製程／操作程序名稱	研討節點描述	管線／設備編號	設計目的	圖號
3	210103	SiH₄ BSGS 供應系統	Vent 1 管線	Vent 1 管線	進行 Y-Cylinder 更換前後管線之 Vent。	A-01
4	210104	SiH₄ BSGS 供應系統	Vent 2 管線	Vent 2 管線	進行 Rack 閥件更換前後管線之 Vent。	A-01
5	210105	SiH₄ BSGS 供應系統	High Pressure Purge 管線	High Pressure Purge 管線	進行 Y-Cylinder 更換前後管線之 High Pressure Purge。	A-01
6	210106	SiH₄ BSGS 供應系統	Low Pressure Purge 管線	Low Pressure Purge 管線	進行 Y-Cylinder 更換前後管線之 Low Pressure Purge。	A-01

　　此處再舉一例，以高科技廠房蝕刻製程廠務系統利用作業程序之 HAZOP 進行關鍵性作業評估（如表十一），分析項目包含系統新設工程、更換化學品與氣體鋼瓶、故障排除、維修保養、機臺增加或移動之管路修改、製程變更或原物料改變及緊急應變等。在表十一中判定為風險等級 3 以上之項目，均建立安全衛生管理改善方案，包含操作紀律加強、使用掛牌再確認、測試壓力不得低於製程氣體壓力、加強供應商管理、落實區域聯防等有效措施。

五、高科技製程檢核表評估

　　檢核表是相當方便且有效地評估工具，其由具有運轉、設計經驗及安全訓練的資深工程師，以提供檢核者（Inspector）一些標準性及一般性的安全考慮。一般而言檢核表應注意重點要項包含人員安全（如廠址位置選定、建築物及結構、操作地區、槽區等）、製程安全（如物料、反應、設備、儀器控制、操作、機能故障、位置與配置計劃等）、電氣安全與設計、鍋爐及機械安全（如鍋爐、配管及閥、壓力及真空釋放系統、機械裝置）、防火檢核等，此處列舉三種檢核表供讀者參考（如表十一）。

六、高科技化學品供應系統風險矩陣分析案例

　　化學品供應系統組成與危害辨識直接相關，所以進行化學品供應系統危害分析前，應先確認系統組成（請參考第四章圖 23(b)），設計規劃程序應由製程機臺開始，先確認製程所需之化學品特性，需求供應量、供應壓力、供應速度、供應溫度等製程參數，再依化學品的物理與化學安全特性，充分考量毒性成分、製程溫度、材質老化、機械衝撞夾壓、腐蝕、帶電能量、耐壓等級、供應系統壓力損失及其他如操作維護等可能造成化學品噴濺、洩漏、火災爆炸等因

● 表十 SiH$_4$_BSGS HAZOP 評估節點 210102 成果

項目	製程偏離	可能原因	可能危害/後果	防護措施/補充說明	嚴重性	可能性	風險等級	改善建議
210102.01	高流量	製程超用	因製程超用導致氣體管路低壓造成CVD機臺當機致生產中斷，衍生財產損失。	A-1. 系統設計容量（100 % Capacity）：6支Y-Cylinder（3*(1+1)），單組之製程最大需求量約90 slm，Y-Cylinder經EFS限制之最大提供量為430 slm，因此系統不會因為製程機臺超用或產能擴充造成機臺因低流量而停機。	F2	E	4	
210102.02	低/無流量	1. Regulator 故障 2. Filter 阻塞 3. Y-Cylinder 氣動閥失效 4. 手閥誤關。 5. Y-Cylinder 自動切換系統失效。(1) 控制器故障 (2) 氣源不足 (3) 趨動氣動閥的 N$_2$ 不足 6. 供應管線上的氣動閥失效	導致機臺停機，造成製程中斷，衍生財產損失。	1. 手閥有掛牌標示 A-1.Y-Cylinder 出口設有PT1，當壓力低於100 Psig時，系統會自動切換至備用之Y-Cylinder進行SiH$_4$氣體之供應。 A-2. 系統二次側設有PT2（正常供應壓力：70Psig），當壓力低於60 Psig時，系統會 Warning，訊號會傳至中控室中控至 Alarm，訊號會傳至中控室：自動切換至備用之 Y-Cylinder 進行 SiH$_4$ 氣體之供應。 A-3.VMB設有Main PT（正常供應壓力：70 Psig/調壓前），當壓力低於60 psig時，系統會 Warning，訊號會傳至中控室：當壓力力低於50 Psig時，系統會 Alarm，訊號會傳至中控室。 A-4. VMB 內（調壓後管線）設有PG，正常供應壓力約30 Psig時，值班人員定期進行檢視。	F2	E	4	

（接續下表）

項目	製程偏離	可能原因	可能危害／後果	防護措施／補充說明	嚴重性	可能性	風險等級	改善建議
210102.03	流動方向錯誤	人員或控制系統將 High Pressure Purge 或 Low Pressure Purge 之氣動閥開誤開（V13a）或內漏。	A. 會導致 SiH_4 流入 N_2 管線上混合，最後管路會影響製程品質，衍生品質、財產損失。	補充說明： A-1.High/Low Pressure Purge 管線上設有 PI8（95 Psig），人員定期進行檢視。 A-2.Purg 管線上設有逆止閥，以避免流動方向錯誤。 A-3.Rack 的控制面板設有密碼管理，並有確認功能。 A-4.送氣前會進行管線保壓測漏（1200 Psig N_2），以確認氣動閥（V13A）之功能完整性。	F2	E	4	
210102.04	錯誤組成	於此節點無具危害原因之發現。						
210102.05	雜質	於此節點無具危害原因之發現。						
210102.06	錯誤物質	於此節點無具危害原因之發現。						
210102.07	高壓	1.調壓閥故障、導致開度過大。 2.人員操作錯誤	A. 導致管線洩漏，導致火災爆炸致人員傷亡、反財產損失及環境危害、衝擊（主要為財產損失）	A-1. 系統二次側設有 PT2（正常供應壓力：70 Psig），當壓力高於 80 Psig 時，系統會 Warning，訊號會傳至中控室：當壓力力高於 90 Psig 時，系統會 alarm，並連鎖 Shutdown SiH_4 供應，訊號會傳至中控室；值班人員進行檢視。 A-2.VMB 設有 Main PT（正常供應壓力：70 Psig / 調壓前），當壓力高於 80 Psig 時，系統會 Warning，訊號會傳至中控室：當壓力力高於 90 Psig 時，系統會 Alarm，訊號會傳至中控室值班人員進行檢視。	F1	E	4	

（接續下表）

項目	製程偏離	可能原因	可能危害/後果	防護措施/補充說明	嚴重性	可能性	風險等級	改善建議
				A-3.VMB 內（調壓後管線）設有 PG，正常供應壓力約 30 psig 時，值班人員定期進行檢視。 A-4.Rack 出口 SiH_4 管線採用 Double Tube，並進行負壓管控，當壓力到達 0 Psig 時，系統會 Warning，值班人員進行檢視。 A-5.Pig Tail Panel 及 Rack 各設有一組 Gas Detector，當濃度高於 1TLV，系統會 Warning，訊號送至中控室，人員進行處理；當濃度高於 2TLV，系統會 Alarm 並連鎖 Shut Down 系統停止氣體供應，訊號送至中控室，人員進行處理。 A-6.Pig Tail Panel 及 Rack 各設有 UV-IR Detector，當作動時系統會 Alarm，並連鎖 Shut Down SiH_4 供應，訊號送至中控室，人員進行處理。 A-7.Rack 系統設有 Sprinkler（74°C）/臘封，配合消防系統水流及壓力監測，聯鎖將訊號送至中控室和消防監控系統，人員進行處理。 A-8.BSGS 區設有定溫偵測器，當溫度高於 57°C，訊號送至中控室火警系統，人員進行處理。 A-9.BSGS 區設有 Sprinkler（68°C）/酒精頭，並配合水力壓降及 Pump 啓動連鎖啓動送出 Alarm 訊號，並連鎖啓動細水霧消防系統。				

（接續下表）

（接續下表）

項目	製程偏離	可能原因	可能危害/後果	防護措施/補充說明	嚴重性	可能性	風險等級	改善建議
				A-10.BSGS 區戶外區設有消防栓。 A-11.Y-Cylinder 與 Y-Cylinder 之間設有防火牆（2小時）。 A-12.BSGS 區區電器防爆設計皆為 Zone 2 防爆等級，並有洩爆口。 A-13.Rack 區設有一組 CCTV。				
210102.08	低壓	1.Regulator 故障 2.Y-Cylinder 自動切換系統失效 (1) 控制器故障 (2) 氣源不足 (3) 趨動氣動閥的 N_2 不足 3.人員操作錯誤	A．造成機臺停機，導致製程中斷，衍生財產損失。	A-1.Y-Cylinder 出口設有 PT1，當壓力低於 100 Psig 時，系統會自動切換至備用之 Y-Cylinder 進行 SiH_4 氣體之供應。 A-2.系統二次側設有 PT2（正常供應壓力：70Psig），當壓力低於 60 Psig 時，系統會 Warning，訊號會傳至中控室：當壓力低於 50 Psig 時，系統會 Alarm，訊號會傳至中控室：自動切換至備用之 Y-Cylinder 進行 SiH_4 氣體之供應。 A-3.VMB 設有 Main PT（正常供應壓力：70 psig／調壓前），當壓力低於 60 psig 時，系統會 Warning，訊號會傳至中控室：當壓力力低於 50 Psig 時，系統會 Alarm，訊號會傳至中控室。 A-4.VMB 內（調壓後管線）設有 PG，正常供應壓力約 30 Psig 時，值班人員定期進行檢視。	F2	E	4	
210102.09	高溫	1.Themal Couple 失效 2.加熱器故障 3.人員操作錯誤	A．導致設備毀損，導致火災爆炸造成人員傷亡、及財產損失。	A-1.加熱器上設有溫度控制器（TICA），JT 正常控制溫度約 75°C，當溫度超過 85°C時，會連鎖停止加熱器加熱，系統會 Warning，並將訊號傳回中控室，人員進行處理。	F1	E	4	

項目	製程偏離	可能原因	可能危害／後果	防護措施／補充說明	嚴重性	可能性	風險等級	改善建議
			損失及環境衝擊危害（主要為財產損失）	A-2. 加熱器上設有溫度顯示警報器（TIA），當溫度超過 95℃時，會連鎖停止加熱器加熱，系統會 Warning，並將訊號傳回中控室，人員進行處理。 A-3. Rack 出口 SiH₄ 管線採用 Double Tube，並進行負壓管控，當壓力到達 0 Psig 時，系統會 Warning，值班人員進行檢視。 A-4. Pig Tail Panel 及 Rack 各設有一組 Gas Detector，當濃度高於 1TLV，系統會 Warning，訊號送至中控室，人員進行處理；當濃度高於 2TLV，系統會 Alarm 並連鎖 Shut Down 系統停止氣體供應，訊號送至中控室，人員進行處理。 A-5. Pig Tail Panel 及 Rack 各有 UV-IR Detector，當作動時系統會 alarm，並連鎖 Shut Down SiH₄ 供應，訊號送至中控室，人員進行處理。 A-6. Rack 系統設有 Sprinkler（74℃）／鹽封，配合消防系統水流及壓力監測，聯鎖將訊號送至中控室知消消防監控系統，人員進行處理。 A-7. BSGS 區設有定溫偵測器，當溫度高於 57℃，訊號送至中控室火警系統，人員進行處理。 A-8. BSGS 區設有 Sprinkler（68℃）／酒精頭，並配合水力壓降及 Pump 啟動送出 Alarm 訊號，並連鎖啟動細水霧消防系統。				

（接續下表）

項目	製程偏離	可能原因	可能危害／後果	防護措施／補充說明	嚴重性	可能性	風險等級	改善建議
210102.10	低溫	1.Themal Couple 失效 2.加熱器故障 3.人員操作錯誤	A.SiH$_4$因減壓絕熱膨脹吸熱，導致溫度降低，使得 SiH$_4$ Gas冷凝，進而供應流量不足，造成生產中斷，衍生財產損失。	A-1.加熱器上設有溫度控制器（TICA），JT 正常控制溫度約75°C，當溫度低於70°C時，加熱系統會Warning，並將訊號傳回中控室。 A-2.系統二次側設有PT2（正常供應壓力：70Psig），當壓力低於60 Psig時，系統會Warning，訊號會傳至中控室；當壓力低於50 Psig 時，系統會Alarm，訊號會傳至中控室，訊號會備用之 Y-Cylinder 進行 SiH$_4$氣體之供應。 A-3.VMB設有Main PT（Before Regulation／正常供應壓力：70Psig），當壓力低於60 Psig 時，系統會Warning，訊號會傳至中控室；當壓力低於50 Psig 時，系統會 Alarm，訊號會傳至中控室，人員進行處理。 A-4.VMB 內設有 PG（After Regulation），正常供應壓力約30 Psig時，值班人員定期進行檢視。	F2	E	4	
				A-9.BSGS 區戶外區設有消防栓。 A-10.Y-Cylinder 與 Y-Cylinder 之間設有防火牆（2小時）。 A-11.BSGS 區區區電器防爆器設計皆為 Zone 2 防爆等級，並有洩爆口。 A-12.Rack 區設有一組 CCTV。					

（接續下表）

項目	製程偏離	可能原因	可能危害／後果	防護措施／補充說明	嚴重性	可能性	風險等級	改善建議
210102.11	破裂／洩漏	1.閥件腐蝕／鬆脫 2.外力撞擊 3.Gasket變形 4.人員更換不當 5.地震	A.造成SiH₄外洩，導致火災爆炸造成人員傷亡、及財產損失及環境危害。（主要為人員傷衝擊危害。）	1.更換Y-Cylinder後會進行兩種正壓測試，第一種SPT壓力需在於95Psig且持續10分鐘（Leak Rate：小於5 Psia/10Min.），第二種Spt壓力需在大於1200Psig且持續30分鐘（Leak Rate：小於5 Psia/30min.），以確認元件完整性。 2.更換Y-Cylinder後會進行負壓測漏，以PT1進行負壓測漏，壓力需在於-10 Psig且持續10分鐘（Leak Rate：小於5 Psia/10 min.），以測試Y-Cylinder閥完整性。 3.Vent管線上設有PT5、管線進行Vent之前、會進行管線負壓測漏，當管線壓力無法抽至-10 Psig以下時，系統會Warning；當Pt1壓力無法低於-10 Psig時（Sequence：15 Sec），系統會Alarm，並連鎖Shut Down系統。 4.承攬員進行施工前需進行教育訓練（承攬員施工前需召開安全會議）。 5.設有操作SOP及教育訓練。 A-1.系統與主結構結合以降低地震造成之危害。 A-2.廠區內設有三架地震偵測儀，當一點同時作動（80 gal）時，系統會警報並連鎖切斷供氣系統。 A-3.Rack出口SiH₄管線採用Double Tube，並進行負壓管控，當壓力到達0 Psig時，系統會Warning，值班人員進行檢視。	H1	E	4	

（接續下表）

項目	製程偏離	可能原因	可能危害／後果	防護措施／補充說明	嚴重性	可能性	風險等級	改善建議
				A-4.Pig Tail Panel 及 Rack 各設有一組 Gas Detector，當濃度高於 1TLV，系統會 Warning，訊號送至中控室，人員進行處理；當濃度高於 2TLV，系統會 Alarm 並連鎖 Shut Down 系統停止氣體供應，訊號送至中控室，人員進行處理。 A-5.Pig Tail Panel 及 Rack 各設有 UV-IR Detector，當作動時系統會 Alarm，並連鎖 Shut Down SiH₄ 供應，訊號送至中控室，人員進行處理。 A-6.Rack 系統設有 Sprinkler（74℃）／膠封，配合消防系統水流及壓力監測，聯鎖將訊號送至中控室知消防監控系統，人員進行處理。 A-7.BSGS 區設有定溫偵測器，當溫度高於 57℃，訊號送至中控室火警系統，人員進行處理。 A-8.BSGS 區設有 Sprinkler（68℃）／酒精頭，並配合水力壓降及 Pump 啟動送出 Alarm 訊號，並連鎖啟動消防細水霧消防系統。 A-9.BSGS 區戶外區設有消防栓。 A-10.Y-Cylinder 與 Y-Cylinder 之間設有防火牆（2 小時）。 A-11.BSGS 區區電器防爆設計皆為 Zone 2 防爆等級，並有洩爆口。 A-12.Rack 區設有一組 CCTV。				

（接續下表）

項目	製程偏離	可能原因	可能危害/後果	防護措施/補充說明	嚴重性	可能性	風險等級	改善建議
210102.12	Y-Cylinder 更換/管線卸及拆卸及安裝	1. 管內氣體未排放完全 2. 切錯管線 3. 管路沖淨不完全 4. 管線標示錯誤 5. 接錯管線	A. 造成 SiH₄ 外洩，導致火災火爆炸造成人員傷亡、及財產損失及環境衝擊危害。（主要為人員傷亡）	1. 施工前會召集相關單位，擬訂施工計畫。 2. 施工完工後，會有測試報告。 3. 承攬員進行施工前需進行教育訓練（承攬員施工前需召開安全會議）。 4. 設有操作 SOP 及教育訓練。 5. 人員有專人訓練。 6. 更換管件後會進行兩種正壓測試，第一種 SPT 壓力需在於 95Psig 且持續 10 分鐘（Leak Rate：小於 5 Psia/10min.）、第二種 SPT 壓力需在大於 1200Psig 且持續 30 分鐘（Leak Rate：小於 5 Psia/30min.），以確認元件完整性。 7. 更換管件後會進行負壓員/保壓測測試，以 PT1 進行負壓測漏，壓力需在於 -10 Psig 且持續 10 分鐘（Leak Rate：小於 5 Psia/10 min.），以測試 Y-Cylinder 閥完整性。 8. Vent 管線上設有 PT5，管線進行 Vent 之前，會進行管線負壓測漏，當管線壓力無法抽至 -10 Psig 以下時，系統會 Warning：當 PT1 壓力無法低於 -10 Psig（Sequence：15 Sec），系統會 Alarm，並連鎖 Shut Down 系統。 A-1. 系統與主結構結合以降低地震造成之危害。 A-2. 廠區內設有三架地震偵測儀，當二點同時作動（80 gal）時，系統會一警報並連鎖切斷供氣系統。	H1	D	3	1. 建議 Y-Cylinder 與管線接頭處之 Connector 增設 Autoguard，以提升人員更換 Y-Cylinder 之安全性。 2. 建議 Y-Cylinder 進行固定（須滿足 0.5 G 規範計算書）。 3. 建議於 BSGS 區組增設一組 CCTV，以涵蓋人員作業空間。 4. 請提供 Y-Cylinder 更換之 SOP，並完成 JSA 及 Check list。

（接續下表）

項目	製程編號	可能原因	可能危害／後果	防護措施／補充說明	嚴重性	可能性	風險等級	改善建議
				A-3.Rack 出口 SiH$_4$ 管線採用 Double Tube，並進行負壓管控，當壓力到達 0 Psig 時，系統會 Warning，值班人員進行檢視。 A-4.Pig Tail Panel 及 Rack 各設有一組 Gas Detector，當濃度高於 1TLV，系統會 Warning，訊號送至中控室，人員進行處理；當濃度高於 2TLV，系統會 Alarm 並連鎖 Shut Down 系統停止氣體供應，訊號送至中控室，人員進行處理。 A-5.Pig Tail Panel 及 Rack 各設有 UV-IR Detector，當作動時系統會 Alarm，並連鎖 Shut Down SiH$_4$ 供應，訊號送至中控室，人員進行處理。 A-6.Rack 系統設有 Sprinkler（74°C）/鹽封，配合消防系統水流及壓力監測，聯鎖將訊號送至中控室知消防監控系統，人員進行處理。 A-7.BSGS 區設有定溫偵測器，當溫度高於 57°C，訊號送至中控室火警系統，人員進行處理。 A-8.BSGS 區設有 Sprinkler（68°C）/酒精頭，並配合水力壓降及 Pump 啟動送出 Alarm 訊號，並連鎖啟動細水霧消防系統。 A-9.BSGS 區戶外區設有消防栓。 A-10.Y-Cylinder 與 Y-Cylinder 之間設有防火牆（2 小時）。 A-11.BSGS 區區電器防爆設計皆為 Zone 2 防爆等級，並有洩爆口。 A-12.Rack 區設有一組 CCTV。				

（接續下表）

項目	製程偏離	可能原因	可能危害／後果	防護措施／補充說明	嚴重性	可能性	風險等級	改善建議
210102.13	停電	1. 廠務跳電 2. Breaker 誤閉 3. 臺電瞬間壓降 4. 人員操作錯誤	A. 嚴重時造成系統受損及製程中斷之財產損失。	1. 氣體之氣動閥件皆為 N.C.，當停電時，立即關閉氣體供應。 2. 系統設有 UPS，提供穩定供電。 3. 配電盤均有上鎖並有供應機臺編號之詳細標示。	F2	C	3	
210102.14	其他	無其他具危害之發現。						

● 表十一　蝕刻製程利用作業程序之 HAZOP 進行關鍵性作業評估

步驟／節點	製程偏離	可能發生原因	可能危害／後果	防護措施／補充說明	嚴重性	可能性	風險等級	改善建議
氣體鋼瓶更換	外漏	更換鋼瓶接頭未鎖牢	火災、中毒、腐蝕	鋼瓶自動更換程序之壓力測試	4	B	4	使用固定扭力之扭力扳手
氣體鋼瓶頻更換	外漏	更換鋼瓶時動作太大忽略其餘接點、閥件	火災、中毒、腐蝕	1. SOP 作業指導書 2. 人員教育訓練 3. 個人防護用具	3	D	4	無
氣體鋼瓶更換	外漏	拆錯鋼瓶	火災、中毒、腐蝕	1. SOP 作業指導書 2. 人員教育訓練 3. 個人防護用具 4. 雙人作業	2	C	3	使用掛牌再確認
氣體鋼瓶更換	外漏	鋼瓶傾倒	火災、中毒、腐蝕	1. 鋼瓶閥帽固鎖 2. 人員教育訓練 3. 鋼瓶推車	4	B	4	無
氣體鋼瓶更換	外漏	鋼瓶閥未完全關閉	火災、中毒、腐蝕	1. 鋼瓶自動更換程序之壓力測試 2. 個人防護用具	3	C	4	無

（接續下表）

步驟/節點	製程偏離	可能發生原因	可能危害/後果	防護措施/補充說明	嚴重性	可能性	風險等級	改善建議
氣體鋼瓶更換	外漏	未使用自動程序進行鋼瓶更換迫淨	火災、中毒、腐蝕	1.SOP作業指導書 2.人員教育訓練 3.個人防護用具	3	B	3	操作紀律
氣體鋼瓶更換	外漏	鋼瓶更換迫淨次數不足	火災、毒氣洩漏	1.SOP作業指導書 2.個人防護用具	3	C	4	無
氣體鋼瓶更換	高流量	迫淨排氣不慎，局部過度排氣未部除乾穭至未及時處理完全	火災、中毒、腐蝕	1.高溫/氣體偵側聯鎖 2.SOP作業指導書	3	C	4	無
氣體鋼瓶更換	錯誤的動作	姿勢不正確	肌肉拉傷	1.SOP作業指導書 2.人員教育訓練 3.個人防護具	4	B	4	無
氣體鋼瓶更換	部分動作未執行	氣瓶櫃門自動關閉	夾傷	雙人作業	4	B	4	無
氣體鋼瓶更換	外漏	鋼瓶接頭墊片未安裝安當	火災、中毒、腐蝕	鋼瓶自動更換程序之壓力測試	3	C	4	無
氣體鋼瓶更換	外漏	鋼瓶接頭測試壓力設定過低	火災、中毒、腐蝕	1.SOP作業指導書 2.人員教育訓練 3.個人防護用具	3	B	3	測試壓力不得低於製程氣體壓力
氣體鋼瓶更換	錯誤的物質流動	安裝不正確鋼瓶	火災、爆炸	1.標籤/條碼確認 2.鋼瓶雙接頭型式區分 3.雙人作業 4.人員教育訓練 5.SOP作業指導書	2	D	4	無
液能氯桶充填	外漏	破真空度	物理性爆炸	定期實施壓力檢查	1	E	4	無

（接續下表）

步驟/節點	製程偏離	可能發生原因	可能危害/後果	防護措施/補充說明	嚴重性	可能性	風險等級	改善建議
液態氮桶槽充填	部分動作未執行	未妥善接地	感電	1.SOP作業指導書 2.人員教育訓練 3.個人防護具	2	D	4	無
液態氮桶槽充填	錯誤的動作	人員跨越充填軟管	絆倒	1.SOP作業指導書 2.人員教育訓練 3.區域隔離	4	B	4	無
液態氮桶槽充填	錯誤的動作	接觸到充填軟管	凍傷	1.SOP作業指導書 2.人員教育訓練 3.個人防護具	4	B	4	無
液態氮桶槽充填	外漏	未脫離充填軟管，即開車駛離	窒息、凍傷	1.SOP作業指導書 2.人員教育訓練 3.輪檔 4.車輛鑰匙託管	2	D	4	無
液態氮桶槽充填	外漏	管路銜接不確實	窒息、凍傷	1.SOP作業指導書 2.人員教育訓練 3.個人防護具	3	C	4	無
化學品更換	外漏	接頭鬆脫	火災、中毒、腐蝕	1.定期檢查 2.測漏裝置 3.SOP作業指導書 4.人員教育訓練 5.個人防護用具	3	C	4	無
化學品更換	錯誤的流動物質	安裝不正確化學品	火災、爆炸	1.標籤/條碼確認 2.雙人作業 3.人員教育訓練 4.SOP作業指導書	3	C	4	無

（接續下表）

步驟/節點	製程偏離	可能發生原因	可能危害/後果	防護措施/補充說明	嚴重性	可能性	風險等級	改善建議
機臺增加或移動之管路修改 協力廠商施工	外漏	1.切錯管路 2.未完成掛牌上鎖 3.未通風換氣完全 4.管內殘留物質	火災、中毒、腐蝕、墜落	1.管路標示 2.安環巡管確認 3.雙人作業 4.有害物質偵測 5.人員教育訓練 6.承攬商管理程序 7.個人防護用具	2	C	3	變更管理
緊急應變	錯誤的動作	1.對環境、鋼瓶、設備等不了解 2.對危害物質特性不了解	火災、中毒、腐蝕、災情擴大	1.緊急應變計畫 2.雙人作業 3.有害物質偵測 4.SOP作業指導書 5.人員教育訓練/定期演練 6.個人防護用具	2	C	3	1.外部訓練 2.供應商聯防
緊急應變	動作未執行	1.對環境、鋼瓶、設備等不了解 2.缺乏工具、設備 3.缺乏個人防護用具	火災、中毒、腐蝕、災情擴大	1.緊急應變計畫 2.雙人作業 3.有害物質偵測 4.SOP作業指導書 5.人員教育訓練/定期演練 6.個人防護用具	2	C	3	1.外部訓練 2.供應商聯防
緊急應變	未依照規定程序執行各項應變步驟或執行邏輯相反	1.對環境、鋼瓶、設備等不了解 2.緊急應變操作不熟悉	火災、中毒、腐蝕、災情擴大	1.緊急應變計畫 2.SOP作業指導書 3.定期演練	2	C	3	1.外部訓練 2.供應商聯防

🔽 表十一　檢核表格式範例

檢核表 A：物質危害檢核表

危害查核表	危害之潛在性　　　　　參考註解號數	查核表 A
場　　所： 日　　期： 化學之危害性質如下：	✓重大 ?可能　　　?　　　1　→如：註解 1 —無	有關化學物質危害性質之詳細資料，是否都已做了確認？

品名	狀態	總量 （庫存量／生產量）	火災爆炸之危害			反應性／安定性之危害	毒性危害			其他健康之危害					
			火災	爆炸	靜電		急性	慢性	致突變性	燙傷／凍傷	窒息	腐蝕性	放射性	臭味	其它
液氮 （LIN）	L		—	—	—	—	—	—	—	✓ 2	✓ 1	—	—	—	—
氮氣 （GAN）	G		—	—	—	—	—	—	—	—	—	—	—	—	—

註：
1. 氮氣、液氮、氬氣、液氬、氦氣、氦氣有窒息危害。應備有完善之局限空間作業管制程序。
2. 液氮、液氧、液氬有凍傷危害。現場作業人員需穿戴適當 PPE。
3.……。

檢核表 B：物質相容性檢核表

物質相容性查核表	危害之潛在性　　　　參考註解號數	查核表 B
場　　所： 日　　期： 考量化學品與化學品或與結構材質間所有可能反應之情況	✓重大 ?可能　　　?　　　2　→如：註解 2 —無	有關化學物質危害性質之詳細資料，是否都已做了確認？

反應特性 ＼ 化學物質	氮氣	氧氣	氫氣	氬氣	氦氣	尼龍	人造橡膠	鑄鐵	A1	SS 304	SS 316	C.S	結構材質 ＼ 化學物質
氮氣／液氮	—	—	—	—	—	—	—	—	—	—	—	—	氮氣／液氮
氧氣／液氧	—	—	✓ 2	—	—	✓ 1	✓ 1	✓ 1	✓ 1	✓ 3	✓ 3	—	氧氣／液氧

註：
1. 氧氣、液氧不可使用鑄鐵、人造橡膠、尼龍。
2. 氫氣應與氧氣隔離。
3.……。

檢核表 C：處理方法檢核表

處理方法查核表

場　　所：

日　　期：

化學品處理方法之相關性質如下：

危害之潛在性	參考註解號數
✓ 重大	?
? 可能	3
一 無	→如：註解 3

查核表 C

有關化學物質危害性質之詳細
資料，是否都已做了確認？

品名	狀態	總量 (庫存量／生產量)	儲存	運輸	處理	制程條件	工廠配置	區域分極	氣體排放	液體排放	噪音控制	品質控制	應變程序	公用設施	法規標準
液氮 （LIN）	L		—	—	✓ 3	—	✓ 4	—	✓ 5	—	✓ 7	✓ 1	✓ 6	—	—
氮氣 （GAN）	G		—	—	—	—	—	—	—	—	✓ 7	✓ 1	✓ 2	—	—

註：

1. 氮氣純度要符合本氣體場產品品質需求規範要求。

2. 氮氣洩漏之緊急應變需穿戴空氣呼吸器（SCBA）、攜帶氧氣偵測器。

3.……。

素，逐步由輸送管路、閥箱、泵送設備、抽氣櫃等往氣體房與廢氣管路端，進行危害辨識與系統設計，依化學品供應系統的組成分析項目主要有輸運過程器具、化學品儲存槽、抽氣櫃裝置、化學房、泵送設備、輸送管線、閥箱（VMB）、製程機臺、廢液排放管路等，項目的判斷可參考各高科技廠房歷年之事故調查統計報告，經常發生洩漏、故障的項目，必定是高風險項目，當然這也就是我們要特別注意的危害項目。

六、高科技化學品供應系統風險矩陣分析案例

化學品供應系統組成與危害辨識直接相關，所以進行化學品供應系統危害分析前，應先確認系統組成（請參考第四章圖 23(b)），設計規劃程序應由製程機臺開始，先確認製程所需之化學品特性，需求供應量、供應壓力、供應速度、供應溫度等製程參數，再依化學品的物理與化學安全特性，充分考量毒性成分、製程溫度、材質老化、機械衝撞夾壓、腐蝕、帶電能量、耐壓等級、供應系統壓力損失及其他如操作維護等可能造成化學品噴濺、洩漏、火災爆炸等因素，逐步由輸送管路、閥箱、泵送設備、抽氣櫃等往氣體房與廢氣管路端，進行危害辨識與系統設計，依化學品供應系統的組成分析項目主要有輸運過程器具、化學品儲存槽、抽氣櫃裝置、化學房、泵送設備、輸送管線、閥箱（VMB）、製程機臺、廢液排放管路等，項目的判斷可參考各高科技廠房歷年之事故調查統計報告，經常發生洩漏、故障的項目，必定是高風險項目，當然這也就是我們要特別注意的危害項目。

依據第四章圖 23(b) 進行有機溶劑化學品供應系統危害情境分析，如表十一所示。接著依據 SEMI S10 規範原則（請參考 2.3 內容）進行化學品供應系統各系統組成發生頻率評估如表十二，其中量化數據可藉由各高科技廠房運轉情況統計或業界事故數據推估獲得；接著再進行發生嚴重度評估，如表十三所示；最後進行風險等級評估，屬中度風險等級以上之項目，應採取適當風險控制措施以降低其現有風險至中度以下，經營者須特別注意，如表十四。

⬇ 表十一　化學品供應系統危害情境分析

系統組成	危害情境	可能受害者
輸運過程器具	洩漏中毒、火災、爆炸、腐蝕	1.化學品供應商 2.倉管人員 3.廠務工程師
化學品儲存槽	洩漏中毒、火災、爆炸、腐蝕	1.化學品供應商 2.廠務工程師
抽氣櫃裝置	洩漏中毒、火災、爆炸、腐蝕	1.化學品供應商 2.廠務工程師
化學房	洩漏中毒、火災、爆炸、腐蝕	1.化學品供應商 2.廠務工程師
泵送設備	洩漏中毒、火災、爆炸、腐蝕	廠務工程師
輸送管線	洩漏中毒、火災、爆炸、腐蝕	全廠人員
閥箱（VMB）	洩漏中毒、火災、爆炸、腐蝕	1.設備工程師 2.廠務工程師
製程機臺	洩漏中毒、火災、爆炸、腐蝕	1.機臺操作人員 2.設備工程師 3.廠務工程師
廢液排放管路	洩漏中毒、火災、爆炸、腐蝕	1.化學品回收商 2.廠務工程師

⬇ 表十二　化學品供應系統各系統組成發生頻率評估

系統組成	關鍵危害情境	量化評估	定性評估
輸運過程器具	洩漏中毒、火災、爆炸、腐蝕	$2.773*10^{-3}$	也許的
化學品儲存槽	洩漏中毒、火災、爆炸、腐蝕	$3.012*10^{-4}$	稀少的
抽氣櫃裝置	洩漏中毒、火災、爆炸、腐蝕	$3.590*10^{-5}$	極不可能的
化學房	洩漏中毒、火災、爆炸、腐蝕	$8.085*10^{-6}$	極不可能的

（接續下表）

系統組成	關鍵危害情境	量化評估	定性評估
泵送設備	洩漏中毒、火災、爆炸、腐蝕	$1.630*10^{-2}$	可能的
輸送管線	洩漏中毒、火災、爆炸、腐蝕	$4.903*10^{-4}$	稀少的
閥箱（VMB）	洩漏中毒、火災、爆炸、腐蝕	$5.226*10^{-4}$	稀少的
製程機臺	洩漏中毒、火災、爆炸、腐蝕	$9.545*10^{-2}$	可能的
廢液排放管路	洩漏中毒、火災、爆炸、腐蝕	$3.798*10^{-4}$	稀少的

🔻 表十三　化學品供應系統各系統組成發生嚴重度評估

設計階段	關鍵危害情境	量化評估	定性評估
輸運過程器具	洩漏中毒、火災、爆炸、腐蝕	$1.884*10^{-5}$	輕度的
化學品儲存槽	洩漏中毒、火災、爆炸、腐蝕	$5.650*10^{-3}$	中度的
抽氣櫃裝置	洩漏中毒、火災、爆炸、腐蝕	$2.732*10^{-3}$	中度的
化學房	洩漏中毒、火災、爆炸、腐蝕	$3.331*10^{-6}$	輕度的
泵送設備	洩漏中毒、火災、爆炸、腐蝕	$6.093*10^{-2}$	嚴重的
輸送管線	洩漏中毒、火災、爆炸、腐蝕	$1.735*10^{-2}$	嚴重的
閥箱（VMB）	洩漏中毒、火災、爆炸、腐蝕	$3.356*10^{-3}$	中度的
製程機臺	洩漏中毒、火災、爆炸、腐蝕	$7.918*10^{-2}$	嚴重的
廢液排放管路	洩漏中毒、火災、爆炸、腐蝕	$2.367*10^{-4}$	輕度的

🔻 表十四　化學品供應系統各系統組成風險等級判定

設計階段	關鍵危害情境	風險等級
輸運過程器具	洩漏中毒、火災、爆炸、腐蝕	可接受風險
化學品儲存槽	洩漏中毒、火災、爆炸、腐蝕	可接受風險
抽氣櫃裝置	洩漏中毒、火災、爆炸、腐蝕	輕微風險
化學房	洩漏中毒、火災、爆炸、腐蝕	輕微風險
泵送設備	洩漏中毒、火災、爆炸、腐蝕	高度風險
輸送管線	洩漏中毒、火災、爆炸、腐蝕	可接受風險
閥箱（VMB）	洩漏中毒、火災、爆炸、腐蝕	可接受風險
製程機臺	洩漏中毒、火災、爆炸、腐蝕	高度風險
廢液排放管路	洩漏中毒、火災、爆炸、腐蝕	輕微風險

七、高科技製程蝕刻機臺 What-If 風險評估分析實例

蝕刻設備系統通常包含晶圓傳輸裝置、反應器（Chamber）、電極板、晶座、線圈磁鐵、真空裝置、RF 產生器、氣體控制及供應、接地、冷卻水系統、配管、配線、監控等組件，圖 8 為蝕刻區機臺設備；而以乾式蝕刻為例，其廠務系統與蝕刻機臺關聯性如圖 9 所示。

圖 8　蝕刻區機臺設備

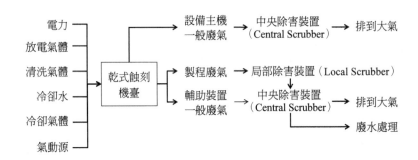

圖 9　乾式蝕刻廠務系統構成

對於蝕刻機臺 What-If 分析，首要建立機臺作業及危害物質清單，如表十五所示，其中危害物質欄，應依據安全資料表（Safety Data Sheet, SDS），將危害物質之種類、用途、特性、爆炸範圍、容許濃度、外觀、氣味、不可共存物質、健康危害等訊息詳盡整理完成，以利後續分析使用。

⏷ 表十五　蝕刻機臺設備高風險作業清單範例

項次	機臺種類	製程種類	作業名稱	危害物質	危害情境說明	作業頻率

　　完成前述作業清單後，即可進行 What-If 分析，需運用評估小組的經驗及各自的專長針對蝕刻設備機臺設備有關氣體／化學品作業、機械設備及作業手法等危害性較高及具有潛在風險的項目進行分析，藉此激發出更多被忽略的問題，並提出改善的建議，What-If 分析表格式如表十六。

⏷ 表十六　蝕刻機臺設備 What If 分析表範例

系統／作業	項次	如果…會怎麼樣？	可能危害／後果	現有防護措施	改善建議

八、高科技廠房電纜分配室 FMEA 案例

　　此例探討高科技廠房電纜分配室之 FMEA 分析，有別一般 FMEA 分析表此範例最後增加 ISD 策略考量，並核算本質改善後風險值，如表十七，供讀者參考。

⬇ 表十七　電纜分配室之 FMEA 分析範例

系統/硬體	失效模式	失效原因	影響	防護措施	本質風險			本質較安全策略	本質改善後風險		
					嚴重度	發生頻率	風險指數		嚴重度	發生頻率	風險指數
電纜分配	配電箱火災	1.電纜線短路 2.保養不當導致元件線路發熱 3.消防偵測系統失效 4.Interlack Fail 5.Fire Cut Fail	1.迴路供電異常影響生產 2.燒焦異味 3.火災 4.人員傷亡	1.Safety in-Terlock 2.偵熱式消防偵測器 3.CO_2 滅火系統	1	C	2	1.避免骨牌效應： - 加裝 VESDA 偵測器 - 加裝箱體內 CO_2 滅火系統 2.限制：Fire Stop Design	1	D	2
	電纜線火災	1.施工不短致導線破損或短路 2.布線不當導致線路發熱及現場易燃材存放 3.消防偵測系統失效 4.Interlack Fail 5.Fire Cut Fail	1.迴路供電異常影響生產 2.燒焦異味 3.火災	1.Safety In-Terlock 2.偵熱式消防偵測器 3.CO_2 滅火系統	1	B	2	1.避免骨牌效應：加裝 VESDA 偵測器 2.限制： -Fire Stop Design -纜線噴耐燃漆	1	C	2

九、工作安全分析（JSA）評估方法範例

利用 JSA 進行風險評估，亦是業界適宜的方法，相同以高科技廠房歲修配電工程為例，首先進行歲修配電工程執行風險評估如表十八，當結果屬於重大風險等級時，進一步再進行作業安全分析方法風險評估如表十九所示。

⬇ 表十八　歲修配電工程執行風險評估結果

作業名稱	原物料	環境／作業位置	作業週期	機率	人員損傷	設備損傷	風險等級
歲修配電工程 - 充電器移位	電纜線	廠務區	年度歲修	經常發生（>=5 次/年）	極嚴重（失能或死亡）	嚴重（次系統停止生產）	重大風險

🔽 表十九　歲修配電工程作業安全分析（JSA）方法風險評估結果

作業狀態		風險評估				風險等級	
作業名稱	原物料	暴露頻率（F）	發生機率（P）	嚴重度（S）	風險評分 = −2.5548 ＋（0.99×F）＋（0.81×P）＋（1.00×S）	代碼	Class 2
歲修配電工程 - 充電器移位	電纜線	1	6	6	−2.5548 ＋（0.99×1）＋（0.81×6）＋（1.00×6）= 9.31	描述	高度風險
危害鑑別				現有的防護措施			
步驟／節點		危害	嚴重度	教育訓練	操作程序	防護具	
1	配管電纜盒施作	PH2 墜落	6	✓	✓	✓	
2	布線	PH5 撞擊	2	✓	✓	✓	
3	拉線	PH2 墜落	6	✓	✓	✓	
4	配合廠務結線	PH3 感電	2	✓	✓	✓	
5	量阻抗	CH7 爆炸	2				
6	量電壓	CH7 爆炸	2	✓	✓		
7	送電	CH7 爆炸	2	✓	✓		

十、事件樹分析（Event Tree Analysis, ETA）

　　ETA 與 FTA 同樣的可作為定性及定量分析，而此處以高科技廠 LPG 儲槽發生大量外洩為例，並結合發生機率可獲得頂端事件之事故機率（如圖 10）；而表二十為一般設備失誤頻率參考數據，讀者可於平日廠房運作時自行統計適合各自廠房之失誤頻率數據。

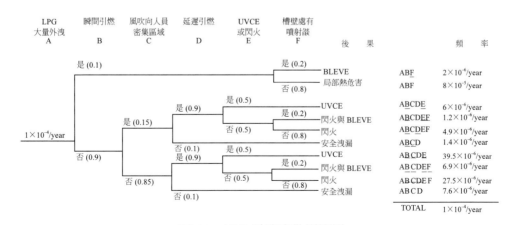

圖 10　LPG 外洩事件樹範例

表二十　一般設備失誤頻率參考數據（此數據若能在各工廠自行統計更佳）

設備儀器	失誤頻率 （次數／10^6 小時）	設備儀器	失誤頻率 （次數／10^6 小時）
馬達	10.0	氣／液相儀	3,493.2
變壓器（＜15 千伏）	0.6	液面指示器	194.1
（132~400千伏）	7.0	固面指示器	783.1
壓力容器：一般	3.0	氧器分析儀	645.0
高標準	0.3	壓力計	161.0
管線	0.2	溫度計	3.1
管線接頭	0.5	熱偶（溫度測量）	59.4
氣密墊	0.5	防爆盤	22.8
疏解閥：洩漏	2.0	熱交換器	127-1477
阻塞	0.5	蓄電池供電系統	0.125
手動閥	15.0	柴油引擎	12.5
控制閥	30.0	柴油發電系統：無法起動	1,250
球閥	0.5	緊急情況	125
線圈閥	30.0	控制器	33.1
過濾器：阻塞	1.0	流量計：液體	130.1
洩漏	1.0	固體	428.1
鍋爐	1.1		
鍋爐進水泵浦	1,012.5		
起重機	7.8		

5.3　甲類、丙類場所製程安全管理實務

　　製程安全管理在高科技廠房之無塵室（甲類）及廠務系統（丙類）中，其管理重點仍必須依據圖 38 PSM 與 PDCA 管理循環圖進行；由於良好的管理系統必須著重於承諾、能力及危害風險評估，所以對於 PSM 而言當然政策階段就必須專注於承諾與領導及員工參與；接著進入規劃階段（P）則應思考如何有效進行危害風險評估，此階段應注意製程安全資訊及製程危害分析；下個階段進入實施與運作（D），此階段為管理系統成敗關鍵，若未確實依規劃實施，管理系統將失去功能，故應包含操作程序、訓練、承攬管理、開俥前安全審查、設備完整性與品保、工作許可、變更管理、緊急應變計畫等要項；接著為查核與矯正（C）階段，應著重於事故調查及稽核等；而管理系統最後即為管理階層審查（A），如此持續改善，此為製程安全

管理系統重要運作實務觀念；此外，實務上應配合本章 5.1 所述之各項內容確實執行。由於目前有關安全衛生管理系統眾多，故彙整比較各製程安全管理系統主要執行要項如表二十一供讀者參考 [1-2][9][27-38]。

⬇ 表二十一　各製程安全管理系統要項比較

API 750 Management of Process Hazard	CCPS/AIChE Technical Management of Chemical Process Safety	OSHA Process Safety Management of Highly Hazardous Chemincals	CMA Responsibe Care	中華民國 危險性工作場所審查暨檢查辦法
1.製程安全資訊 2.製程危害分析 3.變更管理 4.操作程序 5.安全工作實務 6.訓練 7.關鍵性設備之品保及機械完整性 8.開車前安全審查 9.緊急應變及控制 10.製程意外事故調查 11.製程危害管理系統稽核	1.管理階層之責任與承諾 2.製程原理及文件記錄 3.建廠設計及審核程序 4.製程風險管理 5.變更管理 6.製程及設備完整性 7.事故調查 8.訓練及執行成效 9.人因工程 10.標準、規範及法令 11.稽核及改善計畫 12.製程安全知識之增進	1.員工參與 2.製程安全資訊 3.製程危害分析 4.操作程序 5.訓練 6.承攬管理 7.開俥前安全檢查 8.機械完整性 9.動火工作許可 10.變更管理 11.事故調查 12.緊急應變計畫 13.執行狀況稽核 14.商業機密	1.領導與管理 　－責任與承諾 　－績效量測 　－事故調查 　－資訊分享 　－CAER 計畫完整性 2.技術 　－設計文件 　－製程危害 3.資訊 　－製程危害分析 　－變更管理 4.設施 　－選址 　－規範及標準 　－安全審查 　－維修及保養 5.檢查 　－多重防護 　－緊急處理程序 6.人員 　－工作技能 　－安全工作實務 　－職前訓練 　－員工熟練度 　－適任及配工 　－承攬管理	1.安全衛生基本資料 　－事業單位組織系統圖 　－危險物及有害物之管理 　－勞工作業環境測定及堅督計畫 　－危險性機械設備之管理 　－醫療衛生服務及勞工健康保護措施 　－勞工安全衛生組織、人員設置及運用 　－勞工安全衛生管理規章 　－自動檢查計畫 　－承攬管理計畫 　－勞工教育訓練計畫 　－事故調查處理制度 　－工作場所現況報告調查 2.製程安全評估報告書 3.製程修改安全措施 4.緊急應變計畫 5.稽核管理制度

實務重點本書此處將深入探討變更管理（Management Of Change, MOC）、製程機臺設備完整性（Mechanical Integrity, MI）、事故調查（Incident Investigation）、工作許可（Work Permit）、承攬管理（Contractor Management）、採購作業（Procurement Operations）、維護保養作業（Period Maintenance, PM）等重要議題。

 重點提示

PSM 實務重點

包含變更管理（MOC）、製程機臺設備完整性（MI）、事故調查、工作許可、承攬管理、採購作業、維護保養作業（PM）等重要議題。

一、變更管理（MOC）

MOC 的定義為：「工作現場管理者必須制定、執行與管理包含影響所有製程的廠房設施硬體變動與執行過程之書面程序。本標準要求工作現場管理者在勞工僱用時，即要開始進行管理、告知及教育。並且執行過程的安全資訊和作業程序必須適時提供更新。」。圖 11 為某高科技廠房變更安全管理系統現況流程，其中作業流程由提

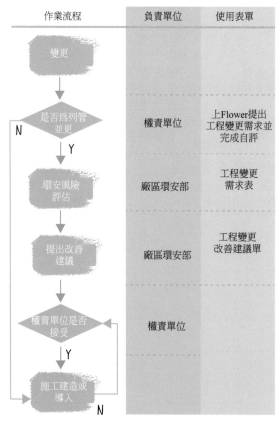

圖 11　高科技廠房變更安全管理流程

出變更開始，經由是否列管變更項目判定後，即進入變更管理應辦事項的範圍，此時環安單位介入進行風險評估，並提出改善建議，辦理變更管理之權責單位則依專業判斷是否接受環安單位所提改善建議，如有修正意見應反饋回環安單位重啟會議，再一次針對風險評估結果另提改善建議，最後獲致共識後，進行施工建造或導入的各項作為。

高科技廠房變更安全管理流程重點說明如下：

1. 是否列為變更管理範圍

於高科技廠房中對於變更管理的判定，亦採用廠務相關人員定性評估，由會議或個人認定並決定為變更管理之管理項目，此部分目前各高科技廠房均於平時即列舉項目，實務管制表如表二十二所示。

⬇ 表二十二　目前高科技廠房變更作業流程管制表

變更作業流程管制表

填表日期：　　　年　　　月　　　日　　　　　　　提案編號：

變更目的：☐安全　☐品質　☐環保　☐操作　☐設備維修　☐節省成本　☐工程試驗　☐其他＿＿＿＿＿＿
變更形態： ☐ 1. 新增及變更化學原物料。 ☐ 2. 新增機臺設備。 ☐ 3. 變更後會產生新的有害事業廢棄物。 ☐ 4. 製程或設備排氣、排液管路之變更。 ☐ 5. 變更後有高壓電產生之風險。 ☐ 6. 會影響現有氣體偵測／警報之有效性（偵測不到或不適用）之變更。 ☐ 7. 新增有輻射危害之元件之變更。 ☐ 8. 可能造成增加火災爆炸風險之變更（例如防爆區新增電器設備等）。 ☐ 9. 可能減弱或影響原有防火功能或逃生路線之變更（例如：防火區劃變更、在防火牆／門開口、消防系統永久被移除等。） ☐ 10. 任一製程機臺及廠務設備之安全連鎖裝置功能及型式變更。 ☐ 11. 其他無危害者。（勾選此項者，免填製程變更初步風險分析評估表。）
變更目的：☐永久性：所需時間：　　　年　　　月　　　日　　　時　　前變更完成 ☐暫時性　　　年　　　月　　　日　　　時起，迄　　　年　　　月　　　日　　　時止

2. 環安風險評估與提出改善建議

當高科技廠房決定進行變更作業後，環安衛部門會同有關設備、廠務等部門進行變更管理風險評估。此外，高科技廠中對相當金額的專案計畫和修建維護上的更新事項會進行正式的檢討審核。也有很多的製程改善計畫必須經過此種正式的檢討和審核程序。但是在製程工廠中，

倒經常有一些小小的修改，不被認為是一種更新的項目，經常出現在操作第一線上，卻被認為是可暫時解決操作問題的行為。其實這些小小的改變，有的反而會造成大大的麻煩！這些極微小的改變事項，也極可能包含著對操作步驟的了解不夠、訓練不足或是對現有規範未經查對等等的錯誤。現在我們舉出一些實例，並對如何防止這些夢魘，一一加以說明。

(1) 特氣管路變更

特殊氣體管路變更，對於高科技廠是常見但十分危險的作業，由於高科技廠內管線複雜，任何管路接續、管路材質、管路高程布置、管路走向、甚至管路編號錯誤，都有可能造成施工期間的大量洩漏，並且管路銜接之製程機臺也必須同步停機上鎖，否則施工中截斷管路也可能產生具動力之大量洩漏情況發生，如圖 12 作業情況。

圖 12　特氣管路變更施工

(2) 製程與機臺變更

因應元件線寬縮小，約每兩年製程須進行調整變更，除需先移除舊機臺外，構造更複雜的製程機臺也同步進入無塵室，但是複雜的廠務管線此時配合舊機臺移除而暫時關閉與盲封，新機臺進入後與舊系統的銜接經常出線洩漏情況，而大量承攬商人員進入無塵室作業，對無塵室環境不熟悉，更容易發生事故，如圖 13 機臺變更移機情況。

圖 13　機臺變更移機情況

事實上變更管理的範圍非常廣泛，包括所有非同型的替換都應納入，當然其所應為之變更風險評估的方法及複雜程度也因其變更的規模而有所不同，一般變更管理的範圍有包含：

■ 製程化學物質：用來控制製程或處理原料、產品、設備或排放物等之化學物質。例如：化學原物科、添加劑、抑制劑、乾燥劑、水處理藥品、潤滑油等。

■ 製程技術：對產率、原物料、試驗、設備可用性、新增設備、新產品、觸媒、製程控制

策略及操作條件有影響之製程領域。例如：修改管線、調整流量、壓力、溫度、液位等
操作參數或其警報值。

- 製程設備：係指製程設備或裝置之本體及其配件、電腦軟硬體及監控儀器等。例如：化
  學設備、管閥、管件、儀錶、警報裝置、分析儀器、監控系統程式、廢油水槽、走道、
  平臺、安全閥及連鎖系統等。
- 操作程序：係指製程之操作與維修有關方法及步驟，包括標準操作程序、緊急應變程序
  及工作說明書。
- 安全設施：包括消防設施、氣體監測器、槽車安全閥等非製程而與工業安全、災害預防
  和抑制有關之設備或裝置。

但其實一個工廠的變更管理要能落實，欲在短時間內滿足前述五大類的製程變更是幾乎做
不到的，我們建議業者在建立此制度時，應慎重定義管制的範圍，以免形同文書作業，造成員
工的困擾甚至誤解，則以後再想要進一步推動將更加困難，更難說服員工並要求員工。我們建
議初期推動時可將適用範圍侷限在最關鍵的部分，例如：反應系統、廢氣處理系統等。

高科技廠房變更管理管理程序範例，如圖 14 所示。而高科技廠房實務上變更管理於執行
送電送氣前，應確實依據圖 15 程序進行方可確保安全，而製程機臺改造（Retrofit）變更管理
的檢核表（Check List）範例如表二十三所示。

表二十三　高科技製程機臺 Retrofit 變更管理 Check List

位置／機臺：　　　　　　　　　　　　　目的：

	名稱／位置	retrofit 前		復歸前	
Valve（機臺內部）	1.	☐ close ☐ open	☐掛牌標示	☐ close ☐ open	☐取下標示
	2.	☐ close ☐ open	☐掛牌標示	☐ close ☐ open	☐取下標示
	3.	☐ close ☐ open	☐掛牌標示	☐ close ☐ open	☐取下標示
	4.	☐ close ☐ open	☐掛牌標示	☐ close ☐ open	☐取下標示
	5.	☐ close ☐ open	☐掛牌標示	☐ close ☐ open	☐取下標示
Interlock & Sensor	1.	☐ bypass		☐復歸	
	2.	☐ bypass		☐復歸	
	3.	☐ bypass		☐復歸	
	4.	☐ bypass		☐復歸	
	5.	☐ bypass		☐復歸	
執行人員簽名					
設備主管					

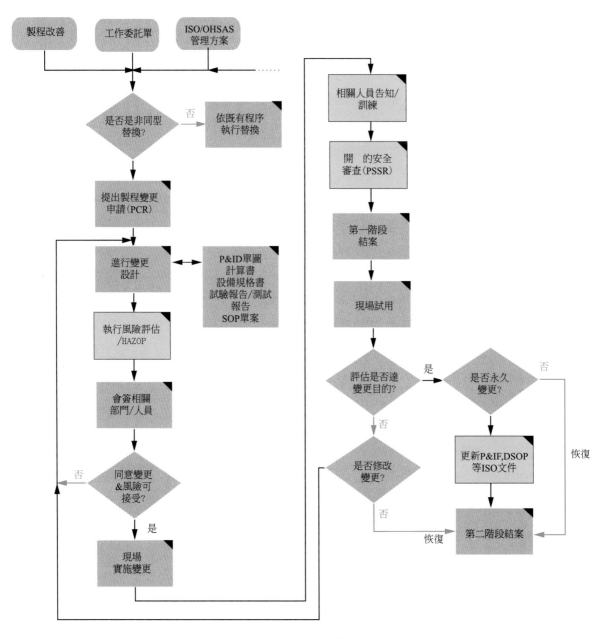

圖 14　變更管理流程範例

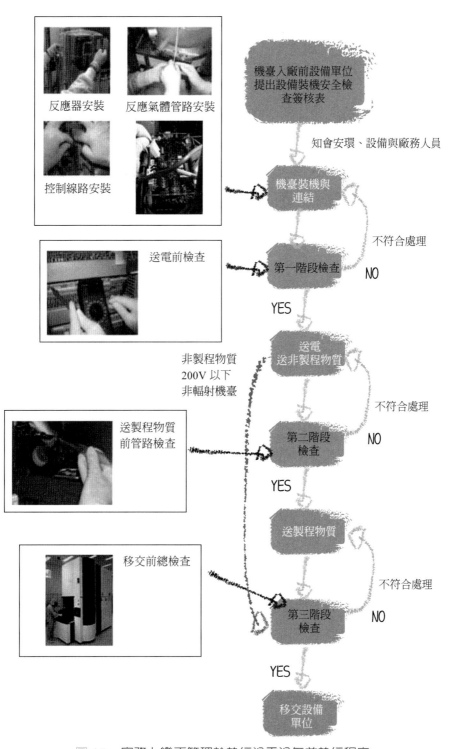

反應器安裝　　反應氣體管路安裝

控制線路安裝

送電前檢查

非製程物質
200V 以下
非輻射機臺

送製程物質
前管路檢查

移交前總檢查

機臺入廠前設備單位
提出設備裝機安全檢
查簽核表

知會安環、設備與廠務人員

機臺裝機與
連結

第一階段檢查　　不符合處理　NO

YES

送電
送非製程物質

第二階段
檢查　　不符合處理　NO

YES

送製程物質

第三階段
檢查　　不符合處理　NO

YES

移交設備
單位

圖 15　實務上變更管理於執行送電送氣前執行程序

實務上我們建議可參考下列步驟，循序漸進的建立變更管理程序：

① 使管理階層了解並認同變更管理的需求與重要性。

② 組織 MOC 小組或推行委員會，由各功能部門的代表人員參與。

③ 指派 MOC 小組或推行委員會的主席或負責人。

④ 準備可能需 MOC 的「變更」表列，來源包括：

　　A. 針對什麼是「變更」進行腦力激盪。

　　B. 檢討廠內因變更而產生的意外事故／虛驚事故。

　　C. 檢討因變更而產生意外事故／虛驚事故的文獻或報告。

　　D. 以設施／設備的單元分類或零組件去定義「變更」。

⑤ 將「變更」歸類為工廠人員所了解的種類，例如：

　　A. 操作與維修變更（作業程序）。

　　B. 轉動機械、分離器、儲槽變更（設備）。

　　C. 易燃性、爆炸性、毒性危害變更（化學物質）。

　　D. 製程技術與設備變更（設計）。

⑥ 訂定審查／核准變更的管理位階和權責。何種位階的人與何種位階的權限可以審查、安裝或執行？權責的定義必須到可負責並有權的位階，才不致延遲整個程序的運作。

⑦ 設計變更申請表。

⑧ 制定 MOC 程序或修正既有的變更申請程序，並整合步驟 (4) 至步驟 (7) 的結果，需包括下列原則：

　　A. 不同類型變更所需的製程危害分析的程度。

　　B. 結案前的審查程序。

　　C. 相關之檢查與測試程序。

　　D. 追蹤變更案件。

　　E. 更新文件資料。

⑨ 訓練工廠人員去辨認變更及了解變更管理的重要性，及正確使用「變更申請表」。

⑩ 稽核變更管理的執行情況，包括下列事項需加以驗證：

　　A. 人員是否了解哪些變更已納入 MOC？

　　B. 人員是否了解如何去依循 MOC 制度並運作之？

　　C. 人員是否了解那些文件資料必須更新，已作了那些更新？

並定期檢討稽核結果，修正制度的可行性，考慮實務面的問題與必要的安全標準相結合，才能逐步落實執行。

二、製程機臺設備完整性（Mechanical Integrity, MI）

　　本節針對高科技製程機臺設備完整性之有關規範主題及談論內容詳列如表二十四。由規範要求來看，機械設備完整性首要重點就是關鍵性設備與其相關危害特性的了解，這必須從製程機臺設備切入，對高科技製程而言，高科技製程機臺設備的主要構成包含電力供應系統、電腦監控設備、氣體或化學品供應系統、反應器、眞空系統、產品傳送裝置、產品進出貨裝置、加熱設備、冷卻設備及其他射頻產生器、烘烤裝置、塗布裝置等，其可能危害源包含高溫、洩漏中毒、腐蝕、火災、爆炸、感電、捲夾等（請參閱第二章表三及表五內容）。

⬇ 表二十四　　高科技製程機臺設備完整性規範彙整

規範主題	談論內容
辨識出適用於日後機臺設備完整性計畫之關鍵性設備與危害特性	依不同特性之化學反應製程關鍵性設備會有不同，但是可能包含有壓力容器、儲槽、輸送危害性物質管線、其他重要管線與危害性物質之加熱系統、冷卻系統、壓縮機、輸送幫浦、關鍵性控制迴路、警報系統、監控（Monitoring）系統、連鎖系統、安全閥、偵測器（Sensing）等，確認此等設備危害與失效結果，並獲得機臺設備之完整性細節資訊，並且最好能配合風險評估技術，確認各項設備之風險等級，如此可讓安全人員更能專注於核心設備功能。
依前述關鍵性設備項目以發展及建立標準程序	主要內容應包括機臺設備之設計、選用、安裝、檢查、測試及修復等標準程序，以維持製程機臺設備之運轉安全完整性，此部分極爲重要，因爲有完善之機臺設備的危害了解，仍必須配合完善之安裝、操作與維護保養程序，才能讓各個環節不致發生錯誤或失誤。
對裝機、操作與維修等相關人員進行機臺設備完整性教育訓練	主要希望能正確教導裝機、操作與維修等相關人員依循標準維修程序執行檢裝機、操作與維修的技能，並且教授相關人員對工作場所危害與製程基本技術與危害認知的必要訓練，如此可降低不安全行爲的發生。
機臺設備之檢查與測試方法確立	可根據製造商之建議或者由其他先進廠商所採用較佳的工程實務規範，運用具體有效的方式來紀錄相關機臺設備情況之檢測結果，並且經常應用維修實務經驗及最新的檢測技術與儀器發展新的檢測方法，如超音波檢測、熱影像顯像、材料分析等先進技術，由相關具體數據進行機臺設備完整性判斷，除具說服力外，更可提高管理精確度。
執行機臺設備故障或超出容許偏差之校正程序	當機臺設備發生故障情況或製程超出容許偏差時，應有良好精確之校正程序，運用校正程序來使機臺設備回歸至原先較佳之設定值，以避免連續失控情況發生，進而導致製程火災、爆炸或大量有害物質外洩的情況發生。

（接續下表）

規範主題	談論內容
完善之機臺設備完整性品保計畫	運用品質管理之品質管理循環（PDCA），來防止持續運作，人員日久鬆懈，所導致之不安全狀態或不安全行爲，此品保計畫應包含新機臺設備上線前之機臺設備完整性評估，新機臺設備與既有製程系統之相容性評估，並且確認新機臺設備零組件符合既有之標準規範，以避免不相容或錯誤安裝的情況發生，最後備品系統之建置也同樣重要，尤其是發生故障將造成重大事故的連鎖反應起點設備，備品更是不容出錯。

機臺設備完整性（MI）之實務應用機制如圖 16 所示，對於高科技製程機臺首要任務當然是辨識出適用於日後機臺設備完整性計畫之關鍵性設備與危害特性，圖 17 係機臺設備完整性之機臺構成與危害源聯想圖，讀者可由機臺開始，依循熱能、電能、機械能、位能、化學能、

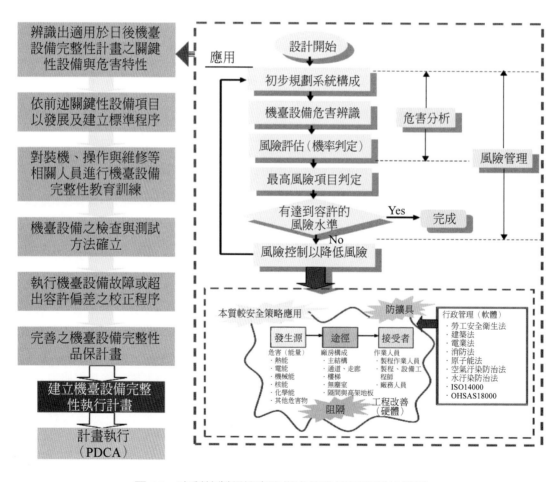

圖 16　高科技製程機臺設備完整性管理機制架構圖

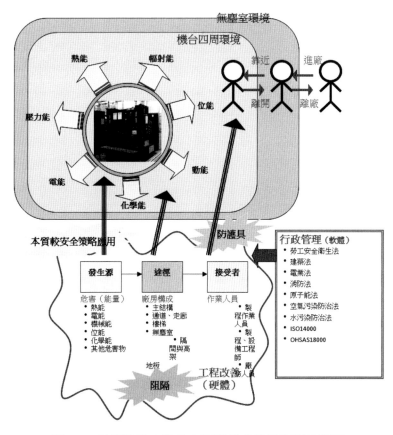

圖 17　機臺設備完整性之機臺構成與危害源聯想圖

幅射能及其他危害物，再思考危害源可能的傳播方式與途徑，最後考慮作業相關人員與機臺設備接近程度並配合 SEMI-S2 規範（請參考第四章表四）要求逐項探討。

　　其次依前述關鍵性設備項目以發展及建立標準程序（SOP），則需要依據機臺設備危害特性與關鍵點建立，實務上除建立標準程序外，亦可善用品質管制（Quality Control, QC）觀念，建立機臺設備自主檢核表，如表二十五所示，逐項依機臺構程項目與規範標準查對是否符合，相關內容應妥善記錄表中，以備查驗，當高科技製程機臺設備完整性（MI）達到工廠運轉安全等級時，操作人員將可更安心作業。

▼ 表二十五　機臺設備自主檢核表

機臺用途描述					
機臺編號	項目	機型	規範	符合	備註
機臺軟體版本					
製程操作面板					
反應器尺寸					
系統型式					
主要交流電源					
直流電源供應					
加熱裝置用電規格					
射頻產生器					
製程機臺選擇裝置					
氣體控制閥箱					
溫度控制裝置					
真空度測試元件					
傳輸用機械手臂機構					
緊急遮斷裝置					
漏液探測裝置					
氣體偵測裝置					
安全互鎖裝置					
危害標示					
檢查人：			日期：		

機臺設備完整性評估實務案例探討，包含機臺設備供應商應提供之 MI 文件、MI 技術資訊確認實務、SEMI-S2 結合 MI 之檢核機制實務三個主題，分別說明如下：

1. 機臺設備供應商應提供之 MI 文件

機臺設備供應商對於自家產品應當熟悉，雖然設備使用者可採取信賴專業，由機臺設備供應商自行決定產品供應方式，但是由於高科技廠房構造複雜，管理不易，如果未事先確認機臺設備供應商應提供之 MI 文件，當機臺 Move-In 或安裝時將一團混亂（如圖 18），相關人員亦無從確認安全

圖 18　機臺設備防震基座也是影響安全因素之一

性,故表二十六提供機臺設備供應商應提供之 MI 文件實務範例,供讀者參考。

⬇ 表二十六 供應商應提供之文件

	項目	內容
1.	SEMI S2 0706 評估報告	· 設備製造型號 · 被評估單元的序號 · 設備的評估日期 · 系統／設備的敘述包括基本圖示、選擇項目及構造 · 評估單位檢查合格的陳述。須由滿足 SEMI S7 條件的內部團體、獨立實驗室或產品安全顧問公司(第三者團體)提供本文件。
2.	設備危害評估報告	風險分析方法有 PHA, What-If, FMEA, MOSAR, FTA and HAZOP,並依據 SEMI S10 辨識其風險
3.	危害警告標示	依據 SEMI S1 內容,提供中、英文(甚至日文)之標示

4.	安裝及操作、維護手冊	應有下列資訊:
		· 系統敘述(包括硬體圖示及功能,電力需求、電力輸出及其他需要的資訊)
		· 緊急關閉按鈕 EMO 的敘述
		· 安全互鎖(Safety Interlocks)的清單與其功能(包括啟動互鎖的偵測器、啟動條件、被啟動的裝置、啟動後的狀態、及互鎖型式(硬體、軔體或軟體)。
		· 如果安全互鎖裝置是可潰式的,維護手冊應該說明其管理控制
		· 所需化學物質之清單,及其物質安全資料表 MSDS
		· 火災滅火藥劑,以及測試火警偵測或滅火系統的化學物質
		· 第四類型式電氣工作的指引
		· 設備主要電力線切斷的電流中斷能力(亦稱為安培中斷能力 AIC)
		· 若提供 UPS,UPS 位置及線路應該明的描述
		· 設備內的危害性能量(例如電能、儲存電力、化學物質、熱／冷凍、儲存壓力、懸掛重量、儲存機械能、產生的壓力),及:
		  － 如何以步驟的方式將設備停機
		  － 如何放置及操作所有設備的危害能量隔離元件(如上鎖／標示)
		  － 如何安裝能量隔離(如上鎖／標示)裝置
		  － 如何確認設備已經被隔離及去除電能,及釋放任何儲存的能量
		  － 如何將設備由隔離狀態適當地釋出
		· 由操作、維護及服務而造成的固態事業廢棄物清單
		· SEMI S12 建議的執行除汙及除役的程序
		· 潛在環境影響的維護程序
		· 游離輻射的危害與工程控制,及輔助用的管理控制方法(如果需要的話)
		· 非游離輻射的危害與工程控制,及輔助用的管理控制方法(如果需要的話)

(接續下表)

項目	內容
	· 3a，3b 或是 4 的崁入式雷射系統的資訊與雷射源位置，以及：（如果需要的話） 　– 在操作、維護、或服務時與雷射有關的危害的敘述，以及將危害降至最低的方法 　– 對於需要雷射控制的區域及危害區域的尺寸大小的程序 　– 用於操作、維護、或服務作業時的管理控制方法 　– 所需個人防護具之說明 · 如果量測的音壓位準大於 75 分貝，應該描述音壓的位準及位置。（如果需要的話）

2. MI 技術資訊確認實務

一部安全性完整的製程機臺，應該確認各項軟硬體設備特性，尤其部分零組件更應於製造階段即確認安全功能，當機臺設備組合完成後，整體安全性能方可確保，所以實務方面 MI 技術資訊確認項目應於進廠前要求供應商具備（如表二十七），而組裝測試階段亦應逐項測試確認，並防止整體機臺安全完成測試卻無法測試特定零組件安全功能情況發生。

表二十七　MI 技術資訊確認項目

項目	一般資訊	測試報告
電氣設計	銘牌： · 製造商的名字 · 設備的序列號碼 · 供應電壓 · 相位 · 頻率 · 設備在全載下的電流	· 漏電流測試 · 接地線接續性測試 · 起始電流測試 · 輸入測試 · 介電測試 · 應變解除測試 · 安全電路功能測試 · 接點器／腳拆除測試（緊急關機／安全互鎖／安全感測器） · 溫度測試
火災防護	· 火災風險評估報告 · 火災防護報告的總結報告（包含測試） · 火災減輕的選擇方案的敘述（建議應該在採購前完成） · 火警偵測系統的操作、維護及測試手冊 · 滅火系統的操作、維護及測試手冊	· 實際消防系統測試

（接續下表）

項目	一般資訊	測試報告
	· 由有執照的設計者及安裝者所提供的驗收文件 · 火警偵測及滅火系統測試所需要的特殊設備清單。	
人體工學 / 人因工程	· 人體工學評估報告資料	· 運轉前模擬作業情況
地震保護	防震設計資料 · 設備的圖面、其支援設備、與其連接的部分（例如排氣、水、真空、氣體）及固定位置。 · 使用腳座的型式以及他們在基座結構平面圖上的位置。 · 每支腳座的重量分配。 · 物理尺寸，包括每個結構上單獨模組的寬度、長度及高度。 · 每個結構上單獨模組的質量中心之重量及位置。 · 設備骨架上固定用的可接受位置。	· 核對圖面與現場施作符合度
環保考量	環境資料 · 考量節約資源 · 考量多使用可以回收及整修的設備及零件，或是在除役後可以回收的設備。 · 考量資源回收或是再利用 · 化學物質選擇的方法及條件 · 由設備出的整合性放流水及逸散控制 · 減少廢棄物、放流水及逸散物及副產物。	· 安排安裝作業之作業觀察
通風排氣	排氣評估資料 · 排氣管內風速 · 體積流率（Q） · 捕集速度 · 面速度（如果可行） · 風罩入口損失係數 Fh 或是 K · 入口係數 Ce · 氣罩的靜壓值 SP h · 與廠務管路連接點處的管路管徑在氣罩或是風管上所有的排氣量測位置	· 設計核算與安裝現場實測

（接續下表）

項目	一般資訊	測試報告
化學物質	·化學物質計量及危害分析（可被包含於設備之風險分析中）	·直讀式儀器之量測報告；或 ·整合性採樣之量測報告；或 ·追蹤氣體（見 SEMI F15）之測試報告
游離輻射	N/A	·游離輻射量測報告
非游離輻射及場	N/A	·非游離輻射量測報告
雷射	N/A	·雷射量測報告
聽覺音壓位準	N/A	·音壓位準量測報告

3. SEMI-S2 結合 MI 之檢核機制實務

依據 SEMI-S2 要求結合 MI 之檢核機制是最完整的設備檢查機制，也最能確保機臺設備安全性，不過執行上將耗費較多時間與人力，表二十八即前述完整機臺設備檢查表，在表中包含該機臺是否經第三方認證，認證版本與報告，及安全連鎖系統、化學物質等與 MI 有關之安全項目均應詳細列項確認，供讀者參閱。

⬇ 表二十八　SEMI-S2 結合 MI 之完整機臺設備檢查表

	機臺 1	機臺 2	機臺 3	機臺 4	機臺 5
型號					
製程					
認證第三者					
認證版本					
報告型式（1. 電子檔 2. 文件）					
報告出版日期					
進度（1. 審查 2. 討論 3. 追蹤）					
會議紀錄完成					
報告符合					
安全連鎖系統（Safety-Related Interlocks）					
化學物質（Chemicals）					
游離輻射（Ionizing Radiation）					
非游離輻射（Non-Ionizing Radiation）					

（接續下表）

	機臺 1	機臺 2	機臺 3	機臺 4	機臺 5
音壓位準（噪音 Noise）					
排氣通風（Ventilation and Exhaust）					
電氣設計（Electrical）					
緊急停機（Emergency Shutdown）					
加熱式化學槽（Heated Chemical Baths）					
人體工學及人因工程（Human Factors Engineering）					
自動物質處理（機械人手臂）（Robotic Automation）					
危害警告標示（Hazard Warning）					
地震保護（Earthquake Protection）					
文件（Documentation）					
消防系統（Fire Protection）					
環保考量（Environmetal Guidelines）					
危害性能量的隔離（Energy Isolation）					
機械設計（Mechanical Design）					
雷射（Laser）					
測試報告（Test Reports）					
危害分析報告（Hazard Analysis Reports）					
其他					

三、事故調查（Incident Investigation）

　　事故調查各種產業原則上大同小異，原理與基本程序請參閱第五章說明。在高科技廠房事故調查實務方面，除現場了解情況外，進行調查時應先行準備各項必要器具與資料（如圖 19），如此才可迅速、精準掌握事故發生真因，表二十九說明高科技產業事故調查實務程序架構，主要包含通報、調查、填寫調查表、追蹤、確認改善措施及結案等階段，而表二十九所述安全衛生環保事故調查表實務範例如表三十，調查表填寫說明如表三十一所示，供讀者參考應用。

圖 19　事故調查應先備齊必要調查器具與資料

◉ 表二十九　　高科技廠意外事故調查程序

項次	項目	內容	備註
1	通報	由事故單位發出，方式有： 1.電子郵件（E-Mail） 2.電話 3.口頭 4.網路系統登入通報	可留下紀錄之方式較佳。
2	調查	由事故單位組成調查小組 1.事故單位需負責調查，其他有關單位應協助調查如環保部門、安全衛生部門、人資部門或總務部門等。 2.儘速協同相關單位／當事人，現場了解。 3.必要時，請責任單位召開會議討論。 4.事故報告製作並隨時更新以維持最新資料。 5.事故發生當下立即完成案例宣導，並宣導周知。 6.調查結果與進度於經營會議中說明。	調查人負責整件案子之進行，包括追蹤及改善措施確認。 1.調查小組成立條件與成員。 2.拍照、紀錄等資料備存。 3.結案後定期追蹤改善成效。 4.製作事故調查報告並確認內容。
3	填寫調查表	1.傷害事故應立即回報，其他非傷害事故24小時進行事故通報，3日內提送事故調查表。 意外事故範例： 8/2 蕭○○進行年度更換鏈條測試鏈條張力時夾傷，請填寫「安全衛生環保事故調查表」，並於8/5前傳至安全衛生部門。 傳簽流程：事故部門＞事故部門主管＞安全衛生部門 虛驚事件範例： 3/23 熱交換器管路破裂造成液漏，屬於虛驚事故，請填寫「異常狀況通報表」，並於3/26前傳至安全衛生部門。 傳簽流程：事故部門＞事故部門主管＞安全衛生部門	「異常狀況通報表」內容需包括：發生經過及災害情形、原因分析、改善措施及計劃、預計完成日期等。
4	追蹤	第7天跟催事故部門主管通報情形。 若特殊事件改善結果尚未有結論，可視狀況延後跟催，唯應事先告知原由。	由調查人負責。
5	確認改善措施	1.是否依規定時限提出事故通報。 2.改善狀況（需提出證據：現場了解、書面報告、照片等） 3.上述狀況需登錄在調查表上並存檔相關證據 4.評估平行展開的可行性，若有類似問題需平行展開調查並確認改善狀況	由調查人負責。
6	結案	改善措施全部完成後，登錄在年度通報紀錄上	由調查人負責，並有特定人員審核

● 表三十　安全衛生環保事故調查表

※ 事故件號：＿＿＿＿＿＿＿＿＿＿＿＿＿＿＿．

事故類型：□傷害事故□財產、設備或環境汙染損失事故□虛驚事件□其他＿＿＿＿＿＿＿＿．

事故部門				發生時間		年		月		日		時		分	發生地點		
部門	工號	姓名	性別	到職日	出生年月日		職稱		身分證字號			受傷部位		失能種類		損失工時	
														※			
														※			
														※			

發生經過及災害情形（由事故單位填寫，可附件之）

□生產中斷損失工時＿＿＿＿＿□金額＿＿＿＿＿（含設備、生產環境、外界汙染、處理成本）

事故原因分析（由事故單位或改善權責單位填寫，可附件之）

防止再發生對策（由負責改善之改善權責單位填寫，可附件之）

是否含工程改善類措施：□是，風險評估日期：＿＿＿＿＿＿＿＿＿＿；□否。

改善措施及計畫

	改善措施及計畫	負責單位	計畫完成日	備註
1				
2				
3				

會簽意見欄

廠區工安衛環保委員會		事故發生部門	
主任委員	幹事	廠處主管	部門主管

本表流程：事故發生部門→廠區工安→事故改善權責部門→廠區工安衛環保委員會→廠區工安
標註 ※ 欄由工安環保管理單位填寫
本表存工安環保管理單位，保存期限三年　　　　　表單編號：

🔵 表三十一　事故調查表編號填寫說明

項次	說　明
(1)	處理單編號由缺失判定人填寫，填寫方式如下： XXXX　XX　XX 填寫年份如：2015 填寫月份如：09 填寫當月事故序號：第一次寫 01，02---
(2)	依據失能傷害定義填寫，10（死亡）、20（永久全失能）、30（永久部分失能）、40（暫時全失能）四種，未結案的案件不可填寫失能傷害種類、結案日及損失日
(3)	填寫事故及事件發生經過及災害情形，可以附件說明，若有生產中斷及財務金額損失，請予以勾選並填入損失工時及損失金額
(4)	填寫事故原因分析結果，可附件說明
(5)	填寫依據原因分析等所訂定之防止再發生對策，若有具體之改善計畫，則將計畫內容、負責單位及計畫完成日填入，改善計畫是否屬工程類請與勾選，工程類並填寫風險評估日期。

四、工作許可（Work Permition）

工作許可是重要的安全管制機制，也是管理系統中的作業管制（如圖 20 所示），在高科技廠中除平日執行必要維護保養作業外，如有遭遇變更管理情況更讓安全管理大幅提升難度，而每個高科技廠動輒千人同時作業，如果再加上承攬商人員，危害處處顯見，而工作許可對於高科技廠安全衛生管理是第一線重要機制。

圖 20　工作許可制度是重要的安全管制機制

高科技廠房工作許可申請實務範例表單如表三十二所示，申請許可項目應包含施工日期／時段、工作廠區／樓別、本日作業內容敘述／作業機臺編號、本日施工項目申報、是否需要其他相關部門會簽、開工檢查防護設施檢查項目、其他事項等，完善的申請內容除了容易各部門事前審查外，更得以充分提供各項安全衛生管理協助。當確認工作許可申請後，安全衛生部門必須針對各細項作業進行安全檢查，表三十三以機臺 Move-In 為例說明檢查實務重點項目。

● 表三十二 工作許可申請單包含項目與各項目內容說明

項目	說明
施工日期／時段	應註明施工年月日，並勾選日間或夜間作業並明確說明作業時間，如為夜間施工需全程有監督人員在場。
工作廠區／樓別	由於高科技廠有無塵室內（黃光區、擴散區、蝕刻區、離子植入區、薄膜區、CMP 區、SEM 測試區、化學房等）、辦公區、倉儲區、廠務區等，故作業區及樓層等精確位置必須詳細註記，除管理可以確實外，若遭遇緊急應變需求，也才得以立即進行協助處理。
本日作業內容敘述／作業機臺編號：	例如進行 A-21 蝕刻機臺保養調整作業。
本日施工項目申報：	有時作業會有特殊需求，故必須詳細勾選。 一般作業申報項目包含測試、組裝、機臺改造、電力系統配／切管、純／自來水配／切管、勘圖、查錶、現場預置、搬運、清潔、攝影等。 需會簽安全衛生部門之特殊作業則包含焊接作業（限氬焊、焊錫（焊錫作業應事先申請 VESDA 系統隔離）、自動焊接、PVC 管焊接作業）、鑽孔作業、切削作業、有機溶劑作業（EPOXY、油漆、矽膠……等可能產生異味之作業應事先申請廣播）、腳座設置作業、高架作業、氣體配管／切管作業、化學品配管／切管作業、化學品採樣、氣體採樣等。
是否需要其他相關部門會簽	如果工作項目與範圍影響製程且關聯 2 個部門以上，應於作業前進行會簽，相關部門才可事先了解，並進行適當協助。
開工檢查防護設施檢查項目：	開工前應檢查以下內容，方可確保安全衛生。 1.所有作業之基本安全防護：包含施工內容標示、圍欄、三角錐、安全帽（限附屬無塵室工作區域使用）、工作區域已經舖設 PVC 塑膠地墊、一般用電電源線線徑為 2.0mmx3C、工作區域設置妥當不會影響通道安全、攜入物品全部符合無塵室使用、現場有監工人員等。 2.焊接作業安全防護：包含有防護面罩、有 CO_2 滅火器（焊錫作業不需要）、鋼瓶直立且用鐵鍊固定於專用推車（焊錫作業不需要）、氬焊機用電電源線線徑為 3.5mmx3C、電線充分絕緣沒有裸露部分、工作區域內沒有易燃物、承辦人員已經通知製造部主任完成對施工區域的 VESDA 系統隔離作業（焊錫作業）。 3.鑽孔與切削作業之安全防護：包含已備有無塵室專用吸塵工具及電線充分絕緣沒有裸露部分等。 4.有機溶劑作業之安全防護：包含已經備有防毒面具、工作區域為通風狀態、有申請異味通知廣播等。 5.基礎座設置作業之安全防護：包含已經做好安全圍籬與施工標示、已經備有無塵室專用吸塵工具。 6.高架作業之安全防護：包含已備有安全帶掛勾、A 字梯作業為 2 人作業。 7.氣體、化學品配管／切管作業：已向廠工安部門申請作業許可。
其他事項	例如會產生粉塵或火源、煙霧..等可能引發 VESDA 系統產生警報及夜間假日施工之特殊作業時，應提出無塵世警報系統隔離申請單並配合廣播作業等。

⬇ 表三十三　Move-In 安全檢查項目與檢查說明

檢查項目	檢查說明
1. 消防火警系統（偵煙／偵熱／偵燄）功能正常，可提出測試報告。 2. VESDA（極早期偵煙系統）功能正常，可提出測試報告。 3. 液漏或氣漏偵測器及警報裝置功能正常。 4. 設備中央監控系統連線已完成。 5. 換氣設備功能正常（通風） 6. 防爆電器設施已安裝 7. 管線穿牆防火填塞已完成 8. 有防溢流設計（防溢堤／溝） 9. 溢流排放設備（Drain Pump）功能正常 10. 設備防震裝置已安裝 11. 主要出入口有逃生避難動線 12. 逃生避難動線確認無障礙 13. 逃生避難方向指示燈／指標／緊急出口門燈正常 14. 緊急照明燈功能正常 15. 防火門已安裝，且有危害標示及該區名稱 16. 附近之沖身洗眼設備功能正常 17. 有適度照明	應註明檢查結果，如符合、不符合或不適用等，並勾選重要性，如應設置或必設置。整體項目應進行可接受或不可接受之評比，不可接受者應列項進行改善追蹤。

　　而高科技廠房工作許可制度最重要的一道防線即機臺設備送酸送氣，因為如果有任何閃失，輕則全廠撤離，重則造成人員傷亡，所以再最後送酸送氣前應確實進行安全檢查，表三十四說明目前實務上高科技機臺設備送酸送氣安全檢查重點項目，圖 21 係高科技廠房送電送酸送氣作業情況供讀者參考。

⬇ 表三十四　機臺設備送酸送氣前檢查表

項目	檢查項目
1. 基本資訊	1. 機臺編號 2. 檢查日期 3. 檢查者（應包含設備單位人員、設備供應商等）
2. 主機臺檢查	以下項目應註明檢查結果 1. 機臺編號已標註 2. 危害警訊中文標示已張貼 3. 機臺內火警偵測系統已安裝（VESDA, UV/IR，煙霧偵測器）（須附報告） 4. 機臺內火警偵測系統現場測試會作動（須附報告） 5. 滅火系統（CO_2）訊號已接上，現場測試訊號傳輸正常（須附報告）

（接續下表）

項目	檢查項目
	6. 機臺 Vender 已完成 Interlock（含 Emo）測試 7. 機臺 Interlock 處於可動作狀態，蜂鳴器會響，警示燈會閃爍，未被 By-pass. 8. 特殊氣體管路閥件，接點均被包覆在 Gas Box 內 9. Gas Box Exhaust 開啓 10. 靜壓表監控點應位於機臺至調節閘門之間 11. Gas Box Exhaust 低於下限會警報（蜂鳴器會響，警示燈會閃爍），機臺會處於安全狀態 12. 在抽排氣失效後，如要再繼續進行製程，機臺應有設置重新啓動之保護裝置 13. Gas Box Door 開啓會連動關斷氣動閥 14. 使用 Chemical 機臺，防溢盤已安裝 15. 使用 Chemical 機臺，Leak Sensor 已安裝 16. Leak Sensor 功能測試正常 17. 機臺若設有有機溶劑容器，已以惰性氣體加以封壓 18. 機臺若設有有機溶劑容器，容器已連結導地線去除靜電 19. Exhaust 管已銜接 20. Exhaust 管材符合需求 21. Exhaust 進入廠務管路分類符合需求 22. Exhaust 靜壓表已標示上下限 23. Drain 管已銜接 24. Drain 管材符合需求 25. Drain 進入廠務管路分類符合需求 26. Pm 用之眞空系統應已具備 27. Vacuum Pump 幫浦已固定 28. Vacuum Pump 前後管路已銜接並固定 29. Local Scrubber 已開啓
3. 眞空幫浦檢查	以下項目應註明檢查結果 1. 氣體管路標示已張貼並註明流向 2. 有過壓偵測器 3. 該幫浦及風扇有過溫保護 4. 氮氣及冷卻水之流量標示裝置功能正常 5. 能從該機臺操作系統中偵測該幫浦之異常 6. 管路材質符合需求之規格 7. 眞空幫浦旋轉方向正確 8. 機臺使用自燃性氣體之幫浦逆止閥能防止回流 9. 如果稀釋自燃性氣體的氮氣系統中斷，幫浦能連鎖機臺暫停製程自燃性氣體供應

（接續下表）

項目	檢查項目
4.機臺尾氣處理設備檢查	以下項目應註明檢查結果 1.Local Scrubber 已固定 2.前後端 Exhaust Pipe 已銜接 3.管路材質符合需求之規格 4.Local Scrubber 異常會送訊號到機臺端 5.Local Scrubber 無法正常運作會自動切換至另一臺處理設備或連線機臺 Idle 6.Local Scrubber 內部偵測器有出廠校驗報告（須附報告）。 7.處理系統被開啟會連鎖關斷製程尾氣再進入 8.廠務端 Exhaust 掛當，Local Scrubber 會處於 Idel 狀態 9.如果有液體系統，設有漏電斷路器 10. 如果有液體系統，設有防溢盤與 Leak Sensor. 11. 如果有液體系統，循環是否順暢 12. 如果有 pH Sensor，是否在正常規格
5.個別氣體／化學品檢查	以下項目應註明檢查結果 1.管路已接上（如為雙套管，雙套管需接上） 2.機臺內管路壓力測試已符合規格 3.機臺端管路均有標註名稱，流向及來源 4.氣體偵測器已安裝且開啟 5.氣體偵測器取樣管已插入 Gas Box Exhaust Port. 6.極易燃氣體（SiH_4, DCS, AsH_3, PH_3, B_2H_6），氣動閥使用 N_2

(a) 送電　　　　　　　(b) 送酸　　　　　　　(c) 送氣

圖 21　高科技廠房送電送酸送氣作業情況

五、承攬管理（Contractor Management）

術業有專攻，在高科技廠房中更是如此，由於高科技製程生產管理重點係產品良率及品質、準時出貨、良好成本控管、無事故的安全衛生管理等，所以許多如製程機臺整改維修、動火焊接、吊掛等作業均外包承攬商協助，亦因此談論承攬管理有其重要性，如圖22所示。

圖22　營建施工是高科技廠房常見的委外承攬作業

從法規來看，職業安全衛生法第25條規定承攬商應負責任以及原事業單位之連帶補償與賠償責任、第26條規定則工作環境危害告知及應採取措施、第27條規定共同承攬之相關責任、第28條規定二個以上之事業單位分別出資共同承攬工程時，應互推一人為代表人，該代表人視為該工程之事業雇主，負本法雇主防止職業災害之責任。勞動基準法第62條規定事業單位與承攬商之間，發生職災之連帶補償責任、第63條規定事業單位需督促承攬人需合法，違法需負連帶責任，所以在法令要求下，承攬管理也就成高科技廠房重要管理項目之一。

高科技產業具有技術密集和資本密集的特性，且擴充快速、例行保養維修繁多，本書依據高科技產業承攬作業性質及危害或風險區分為以下種類：

1. 廠房及附屬設施之土木建築工程。
2. 機臺設備裝置作業、製程系統裝配及廠務系統裝置等。
3. 日常維修保養、廠房清潔、物料運送（如起重機具作業）等。
4. 生活或事業廢棄物，製程下腳料等清除作業。
5. 化學危害物品、原物料供應商或有害事業廢棄物清除商之作業。
6. 一般辦公室庶務業務、儀器校正調整、辦公室清潔整理、人力物品搬運、辦公室內裝工程、作業環境監測、供膳飲食作業與一般原物料零件供應等作業。

而在前述各項作業裡，實務上又以表三十五為承攬事故發生最多的作業細項，此等項目可作為訂定日後高科技廠承攬管理作業之核心關鍵項目。

⬇ 表三十五　高科技廠承攬管理作業之核心關鍵項目

1. 已使用之危害性氣體（含 O_3）或危害性化學管路（含危害性排放管）之切斷，脫離或維修工程
2. 進行化學桶槽殘液排空（須接臨時管時）或管路維修
3. 未使用之危害性氣體或危害性化學管路（含危害性排放管）之切斷，脫離
4. 一般氣體管路拆除
5. 有機溶劑室之動火作業
6. 柴油儲存區動火作業
7. 可燃性／自燃性氣體房之動火作業
8. 已使用之可燃性氣體管路動火
9. 已使用之溶劑管路動火作業
10. 進入桶槽、人孔、地下儲槽等之侷限空間
11. 高壓電活電施工作業
12. 活電匯流排安裝開關箱作業
13. 柴油槽及柴油管路動火
14. 揮發性有機物轉輪清洗
15. 已使用之瓦斯系統及管路切斷，脫離或動火
16. 臭氧分解器更換修改
17. 有機排氣風管動火（含明火、暗火）
18. 酸鹼（主／次）風管切斷或脫離／有機排氣（主／次）風管脫離
19. 廢氣處理系統酸鹼供應管路（一次側）拆管
20. 吊籠（如清理玻璃帷幕）、移動式或固定式荷重 3 噸以上（含）之起重機之作業
21. 自動氣體滅火系統既設系統修改或擴充
22. 自動氣體滅火系統年度功能測試
23. 自動氣體滅火系統電盤內 CO_2 溫度監測器功能測試

　　當了解高科技廠承攬管理作業之核心關鍵項目，應即建立承攬管理事項，最好也能一併將安全衛生要求列項，如此便於管理控制，如表三十六所示。其中實務上之高科技廠承攬商管理規範重點彙整如表三十七供讀者參考。此外無塵室內作業內容與一般承攬作業不同，當然安全管理內容也略有不同，表三十八係補充無塵室內之危害告知重點事項。最後工具箱會議是每日作業前重要執行事項，會議參與人員必須清楚了解自身責任（如表三十九所示），並再會中充分進行危害告知與應有安全衛生預防作為項目。

⬇ 表三十六　高科技廠承攬管理事項與安全衛生要求

工程管理階段	管理事項	安全衛生要求事項
詢議價 & 設計階段	1. 施工內容設計與步驟確認 2. 報價 3. 發 PR & PO	1. 施工承攬商應依「承攬商管理規範」考量報價 2. 施工內容有安全疑慮時承攬商應主動提出

（接續下表）

工程管理階段		管理事項	安全衛生要求事項
施工期間	前	啟始會議（Kick off Meeting）召開，要求承攬商提供以下資料： 1.施工進度計畫。 2.施工方法說明。 3.施工過程注意事項，與應變程序與危害告知。 4.施工過程個人安全防護。 5.施工人員教育訓練。 6.施工人數與相關支援需求。 7.監工人員設置與特殊作業訓練。	Kick off Meeting 安全衛生部門人員得參加並告知承攬商注意事項包含： 1.施工申請核可 2.施工安全方法告知 3.承攬商安全講習
	中	1.作業進度管理。 2.共同作業協調與管制（跨部門或廠商）。 3.現場監督，缺失要求立即改善。 4.每日要求承攬商與工程師召開工具箱會議並留記錄。	1.特殊作業要求簽核。 2.作業安全管理。 3.共同作業協調。 4.Retrofit工程不定時查核。
	後	1. 現場復原。 2. 隔離復歸。 3. 環境安全確認。	1.系統及環境安全確認。 2.隔離復歸。
完工 / 驗收		施工內容品質確認	-

⬇ 表三十七　高科技廠承攬商管理規範重點彙整

一、一般注意事項	1. 承攬商無配戴識別證，該員立即停工，並洽承辦工程師。 　1.1 完成工程安全講習（核對識別證）。 　1.2 已簽危害因子告知單（核對資料）。 2. 施工現場無施工許可證，立即停工，拍照存證罰款。 3. 特殊作業（動火、吊掛、高架等作業）必須申請許可證，且必須有廠商工地負責人在場，否則停止施工，拍照存證罰款。 4. 走道、通道、安全門不應堆積雜物、安全門不得上鎖。 5. 工程廢棄物應於當天施工完畢後清除乾淨或堆放整齊。 6. 工作範圍內不可吃東西、吸煙、嚼檳榔，經由規勸不聽者，拍照存證罰款。 7. 施工期間，應配戴必要之安全防護器具，（如安全帽、防護衣、手套、口罩等）。經由規勸後不聽者，拍照存證罰款。 8. 電線需充分絕緣，不得勾搭、裸露，並不得散亂或影響通道安全，經勸導不聽者，拍照存證罰款。 9. 臨時配電箱有無設置漏電斷路器。 10. 使用 A 字梯作業時，需配戴安全帶，底下需有夥同作業人員在場。

（接續下表）

二、機臺 move in	1. 堆高機作業。 　1.1 堆高機有無頂棚（沒有則立即停工） 　1.2 堆高機人員有無證照（沒有則立即停工） 　1.3 有無人員站立堆高機貨叉上施工 2.（吊車、吊卡、吊掛機具）作業已完成起重升降作業申請。 　2.1 吊車、吊卡有無證照 　2.2 吊車、吊卡人員有無證照 　2.3 吊掛機具無過捲揚裝置，掛勾無防滑舌片等裝置，立即停工 　2.4 嚴禁人員站立或通過吊物下方，並不得隨吊具升降。否則立即停工，經勸導不聽者，拍照罰款 3. 動線規劃有無影響交通動線及人員正常進出（通道）。 　3.1 有無派人員在場疏導交通 　3.2 有無設置施工警告標示、圍籬 　3.3 走道、通道、安全門不應堆積雜物 4. 配戴必要之安全防護器具。 　4.1 安全帽、安全鞋
三、管路配接	1. 動火作業未申請動火許可證者，立即停工，並拍照罰款。 2. 施工現場必須自備滅火器，置於作業位置方便取得處，不得使用本廠滅火器，經勸導不聽者，拍照存證罰款。 3. 切割、研磨、焊接作業等需有下列措施，否則立即停止動火，經勸導不聽者，拍照存證罰款。 　3.1 動火範圍內易燃物品有無隔離，且無失火之虞 　3.2 有無火星飛濺之預防措施（如防火毯） 4. 氣體鋼瓶瓶身務必直立固定，否則停止動火，經勸導不聽者，拍照存證罰款。 5. 施工前有無使用異味預防措施。 　5.1 抽風機 　5.2 吸塵器 　5.3 打開窗戶 　5.4 膠帶帆布區隔 　5.5 有無對區域樓層告知 　5.6 其他 6. 管線有無使用管路支撐架固定。 7. 管線試壓（Air、水）。 　7.1 有無派人員在場監看 　7.2 有無設置警告標示、圍籬 8. 因施工需暫時移除區域現有設施蓋板等（如天花板、高架地板等），施工結束後有無覆歸。 9. 穿牆施工會動到現有防火結構進行施工，有無做必要之防火填塞。
四、管道間施工	1. 高架作業未申請高架許可證者，立即停工，並拍照罰款。 2. 未使用適當安全防護具（如安全帽、安全帶、安全索、……）該員立即停工。經勸導不聽者，拍照存證罰款。 3. 高處作業無防止工具、材料落下傷人之設備，立即停工。經勸導不聽者，拍照存證罰款。 4. 使用 A 字梯作業時，需配戴安全帶，底下需有夥同作業人員在場，否則立即停工。經勸導不聽者，拍照存證罰款。

（接續下表）

	5. 若使用施工架時必須設置下列預防措施。 　5.1 高於 75cm（最好是 105cm）以上之護欄 　5.2 施工區域設工作圍籬及施工標示，並注意下方行人安全，否則立即停工 6. 施工前有無使用異味預防措施。 　6.1 抽風機 　6.2 吸塵器 　6.3 打開窗戶 　6.4 膠帶帆布區隔 　6.5 其他 7. 穿牆施工會動到現有防火結構進行施工，有無做必要之防火填塞
五、開口作業	1. 樓板開口處作業（評估有墜落疑慮）有無申請高架許可證。 2. 有無防止工具、材料落下傷人之設備。 3. 高架地板掀啓作業有無圍籬及施工標示。 4. 天花板掀啓作業有無下列預防措施。 　4.1 有無圍籬及施工標示 　4.2 有無申請高架許可證者 　4.3 有無使用適當安全防護具（如安全帽、安全帶、安全索、……） 　4.4 有無防止工具、材料落下傷人之設施 5. 若使用施工架時必須設置下列預防措施。 　5.1 高於 75cm（最好是 105cm）以上之護欄。 　5.2 施工區域設工作圍籬及施工標示，並注意下方行人安全，否則立即停工。
六、機臺送電	1. 有無送電前協調會議確認。 2. 有無設備、廠務、人員共同執行。 3. 作業區有無派人在旁管制。 4. 有無機臺送電前安全檢查表確認。 （下列 4.1~4.7 有異狀應立即停止送電，待再次確認無誤方可進行送電）。 　4.1 有無確認導線絕緣包覆 　4.2 有無確認導線顏色 （導線 R：紅、S：白、T：藍、E：綠） 　4.3 有無確認接地（接地線沒接……）。 　4.4 有無確認相序。 （RST 三相轉向正轉（順時鐘）為正常。RST 三相轉向逆轉（逆時鐘）為不正常） 　4.5 有無確認 Breaker 規格 &Capacity。 　4.6 有無確認導線固定。 　4.7 有無確認（電纜和供應至何機臺）標示（正式標示未完成前應先貼臨時標示）。

⬇ 表三十八　無塵室承攬作業危害告知重點事項

1. （化學）維修 Chemical 槽時，需先穿戴防護面罩、長膠質手套及穿戴防酸圍，再用吸酸棉／索將酸槽四周之殘水、殘酸擦拭乾淨，以避免被殘酸濺到而發生危險。
2. （化學）清潔、維修機臺時，所使用之有機溶劑應遠離熱源、引燃源及不相容物（氧化劑、強酸、強鹼）。
3. （化學）未經申請核可，嚴禁於任何機臺附近進行動火或產生火花／靜電之作業。
4. （化學）化學槽管件拆卸及 Robot、組件作業嚴禁單人操作。
5. （化學）沾附強酸（H_2SO_4、HCl、49%HF、HNO_3）氧化性物（H_2O_2）之擦拭布／吸液棉，於作業結束時，送至 3/4 F Buffer 區指定位置存放。
6. （化學）緊急狀況：若眼睛或皮膚接觸到有機溶劑或酸液，應立刻以大量清水沖洗至少十五分鐘，並施以適當之緊急醫護，嚴重時應送醫治療。
7. 化學）緊急狀況：施工期間遇到本公司緊急狀況時請勿慌張，先靜聽廣播後再依現場逃生方向指示燈或逃生路線圖疏散。
8. （電）勿將安全連鎖裝置跳接（Interlock By-Pass）或使其失效。過負荷電驛或其他保護設備之額定電流不得隨意調整加大（保險絲亦同）。
9. （電）進行高低壓電氣設備保養、修繕、維護、增設、改善等工程時，若會碰觸電氣導體，須先會同本廠相關人員進行必要的轉供電程序及停電確認，並以有效電表量測確認已停電或用絕緣毯（板）將電氣導體加以適當區隔後，方可施工。
10. （電）緊急狀況：人員觸電時，立即按下緊急停止按鈕，確定遭電擊人員已與電源隔離方可營救。
11. （輻射）植入機臺運轉中會產生游離輻射，機臺本身已利用鉛板外殼隔絕來阻斷危害，不可將機臺門板或鉛板移開。
12. （溫度）於高溫區作業時，需待溫度降至常溫以下才能進行作業。以加熱帶纏繞之零件，應遠離可能引起燃燒危險之物體，並做好防護措施。
13. （機械）備有 Pump 及傳送機構之機臺，需預防機械性之傷害。維修前，將電源關閉，且勿將身體任一部分伸進任何可移動物件中。
14. （機械）緊急狀況：身體任一部分被機械夾入或捲入時，另一人迅速按下緊急停止按鈕並要求他人協助。
15. （工作環境）維修時請盡量利用推車、起重機具等工具搬運重物。若空間不足無法使用機具時，應由 2 人或多人共同搬運，以分擔重量。
16. （工作環境）於噪音區內工作應配戴耳塞或耳罩。
17. （工作環境）裝機、維修機臺需開啟 Clean Room（C/R）高架地板時，需由本公司同仁或得到允許後依適當工作程序及使用適當工具開啟 C/R 高架地板。於高架地板掀開後需做好圍籬及標示，工作完成後需馬上回復。
18. （工作環境）施工現場施工用相關工具需集中擺放，電線應安置固定妥當。如因散布雜亂，而導致人員絆倒或造成傷亡時，一切之損失賠償與法律責任，概由承攬商自行負責。

🔻 表三十九　工具箱會議責任說明

項目	承攬商責任	負責單位責任
施工前	1.告知今日預計工作進度。 2.告知工作內容（拆管，電力，化學品，特殊作業等……）。 3.工作危害預防措施說明。 4.告知工作人數，是否已全部了解。	1.了解進度內容。 2.安全要求事項告知。 3.確認工作人員皆了解安全要求，及公司規定。 4.確認特殊作業安全管制措施申請。
執行方式	1.每日工作前，現場工作負責人召開，所有作業人員參加。 2.相關工作進度及安全注意事項會議記錄，所有人員簽名。	1.參與工具箱會議。 2.告知安全管制措施及現場施工安全要求。

　　無論承攬商是首次參與或多次參與，高科技廠在考量承攬商選擇時，可依過去安全衛生執行實績再配合表四十建議事項進行評選，良好的承攬商容易合作且能符合安全衛生管理需求，故亦為承攬管理作業的重要考量事項。

🔻 表四十　承攬商評選建議事項

評選項目	評選內容
技術部分	應考量供應商所需之檢修儀器是否完善？過去經驗中維修作業能正確且一次修好、設備相容性佳、產品設計開發能力良好、有高科技現代化設備、可提供客戶有關維修花費之解說與諮詢服務、技術人員具備足夠專業知識等。
信用部分	應考量供應商承諾事項均能及時完成、過去經驗已建立客戶信任、過去經驗保密能力佳、產品良率高、可靠度佳等。
財務部分	應考量供應商獲利能力較同業高、績效獎勵方案卓越、設施外觀吸引人、資本額大且無太多負載債等。
服務部分	應考量供應商面對所有客戶均一視同仁、提供保固期免費維修、服務人員禮貌、服務時間符合客戶需求等。
制度部分	應考量供應商具品質管理制度、安全衛生管理等相關制度。
競爭力部分	應考量供應商設備價格較其他競爭對手低、設備安全條件高、售後服務收費便宜、設備符合環保議題與規定、能符合客戶端需求並且客製化等。
經驗部分	應考量供應商在過去經驗中能迅速有效處理客戶抱怨、交期準確性高、過去經驗中信用記錄良好等。
永續性部分	應考量供應商設備符合社會趨勢潮流且能持續發展、過去經驗中能化解意見對立、具企業社會責任報告等。

六、採購作業（Procurement Operations）

　　採購管理（Procurement Management, PM）是包含規劃與計畫公告、採購單建立、採購單執行、原料／貨品接收、原料／貨品檢驗入庫、採購發票收集彙整、採購活動結算等整體採購活動之全過程，且企業對於採購過程中物流運動的各個環節狀態進行嚴密的跟蹤、監督，實現對企業採購活動執行過程的科學管理稱之（如圖 23）。而一般採購管理主要進行自行生產或外購兩大主要方案，前者需看企業自身之業務主體與專業技術能力，例如銀行業之業務主體係銀行金融處理，對於興建新銀行大樓之營建機電技術則難有專業技術能力，故此項目大多會採取外包方式（即承攬管理），不過當採購案件規模與數量較小，則有可能忽略安全衛生應注意事項，這也是經常導致重大事故的主因之一，故不得輕忽；一般而言採購管理包括採購計劃、訂單管理及發票校驗等三個組成要件。

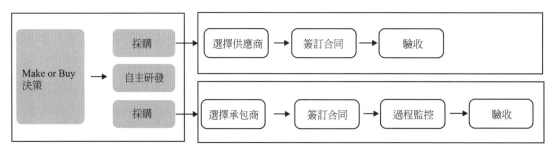

圖 23　採購管理程序

　　倘若高科技廠有新建廠房或大型採購時，最好先建立採購計劃管理制度，其對企業的採購計劃進行制定和管理，這可以是全公司的整體制度亦可針對特定專案推動，如此可爲企業提供及時準確的採購計劃和執行程序；原則上採購計劃種類包括有定期採購計劃（如周、月度、季度、年度、多年度等方案）及非定期採購任務計劃（如系統根據銷售、生產需求、或業務擴增需要產生等情況）；而通過針對多個對象與多種元素的採購計劃進行編製與分解，如此可將企業的採購需求變爲直接之採購任務，再運用管理系統得以支持企業各種以銷定購、以銷定產、以產定購的多種採購應用模式，支持多種設置靈活的採購單生成流程，並且採購規劃中即可適當融入必要安全衛生規定（例如安全衛生設施規格數量、防護具種類數量、施工圖說與流程等）（如圖 24），於發包前即可掌握安全衛生等級，協助未來生產或營建作業時的品質、成本、進度及安全衛生，此觀點十分重要。

圖 24　無論模板支撐、鋼筋組立或施工架裝配均應於採購前繪製施工圖納入契約中

　　對於高科技廠而言，採購訂單管理以採購單為源頭，應從供應商確認訂單開始到發貨、到貨、檢驗、入庫等採購訂單流轉的各個環節進行準確追蹤，實現完整程序管理。通過流程配置，可進行多種採購流程選擇，例如訂單直接入庫，或經過到貨質檢環節後再檢驗入庫等；整體採購流程中，可以實現對採購存貨的計劃狀態、訂單在途狀態、到貨待檢狀態等的監控和管理；由於目前通訊系統已十分健全發達，是故採購訂單與必要過程階段建議直接通過電子商務系統發向對應的供應商、採購人員、監督單位人員、使用單位人員、亦或是安全衛生管理人員，除得進行線上採購外，更可隨時掌握真實情況，方可獲得管理先機消除事故發生。

七、維護保養作業（Period Maintenance, PM）

　　高科技製程機臺與廠務系統在新安裝及剛開始使用階段均無太大問題（除非原設計錯誤或採購不確實），但是無論採用多好材料構成，經過長年累月使用，材料構造仍會逐漸老化，所以在製程機臺的生命週期裡（如圖 25），大量生產階段必須定期進行維護保養作業（PM）。

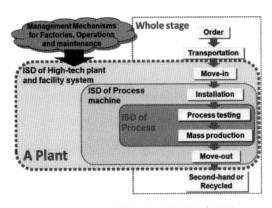

圖 25　高科技製程機臺的生命週期

圖 26　高科技製程機臺設備配電系統 PM 作業

　　一般高科技製程機臺設備 PM 作業（如圖 26 所示），可區分為設備規劃檢修、設備及零組件準備、機臺設備拆卸、機臺設備保養及檢修、機臺復機檢點等作業階段，各階段可能之實務危害情況，彙整說明如表四十一所示。

⬇ 表四十一　高科技製程機臺設備維護保養作業可能危害彙整

---

1. 設備規劃檢修階段
　(1) 機臺出貨壓力致無法停機進行保養
　(2) 機臺停機保養無法於預定時間內完成
　(3) 機臺保養人力不足或工作超過負荷
　(4) 設備／零組件發生故障必需立即停機檢修
　(5) 設備／零組件發生故障致氣體探測器偵測到氣體讀值
2. 設備及零組件準備階段
　(1) 零組件備貨不及且與規格、材料不符
　(2) 供應商無法在所需日期進行交貨
　(3) 缺乏適宜供應商
　(4) 採購部門備貨太慢，無法及時供應生產機臺需求
　(5) 設備人員搬運零件危害
3. 機臺設備拆卸作業階段
　(1) 打開製程機臺反應器殘氣未排空致洩漏至作業環境
　(2) 使用無塵布沾水或 IPA 清潔製程機臺反應器內壁附著之製程副產物
　(3) 打開製程機臺反應器內壁附著副產物與氧或水份行反應產生危害性氣體洩漏至環境
　(4) 拆卸機臺零組件（可能有附著化學物質時）未立即包覆，造成氣體警報系統動作
　(5) Clean Vaccum 抽氣量不足致危害性氣體未能完全抽除
　(6) 未使用 CV Hood 抽氣致製程機臺反應器內滯留殘氣洩漏至環境
　(7) 氣體偵測器偵測到環境危害性氣體讀值 > 1TLV
4. 機臺設備保養／檢修作業階段
　(1) 擦拭去離子水之無塵布未丟棄於垃圾桶內，影響環境潔淨度
　(2) 擦拭過 IPA 之無塵布未丟棄於垃圾桶內，造成氣體警報作動
　(3) 垃圾桶未接 CV Port，造成環境汙染
　(4) 垃圾桶抽氣量不足，造成氣體警報作動
　(5) 未使用 CV Hood 抽氣，致製程機臺反應器滯留殘氣洩漏至環境
　(6) 氣體偵測器偵測到環境危害性氣體讀值 > 1TLV
5. 機臺復機檢點作業階段
　(1) 擦拭過 IPA 之無塵布未丟棄於垃圾桶內，造成氣體警報作動
　(2) 機臺組裝程序錯誤，未依照標準作業程序
　(3) 機臺零組件品質不佳，影響機臺精度（良率）
　(4) 復機檢查未確實，機臺開機發生故障
　(5) 未於預定時間內復機，造成生產延期
　(6) 進行關鍵性作業辨視

　　高科技製程機臺維護保養作業（如圖 27 乾式蝕刻機臺 PM 作業），最主要即依據標準作業程序進行，但實務上最常遭遇的安全衛生困境就是作業人員未確實依照 SOP 進行作業，亦

或可能原先制訂之 SOP 在製程變更後也因適當調整，所以實務上最佳的維護保養作業之安全衛生管理除一般承攬管理、變更管理等外，安全作業觀察也是極佳的管理機制。此外維護保養作業完成進行各項送電送酸送氣作業，則參考表三十四內容執行即可。

表四十二係乾式蝕刻反應器 PM 工作安全觀察實例，安全觀察乃依據現行作業程序進行，觀察者需具備對此作業的了解並且亦

圖 27　乾式蝕刻機臺 PM 作業

需具備充分安全衛生技術能力，觀察重點就是依據各個程序，逐項探討其潛在危害分析，並由此潛在危害比對現行作業程序是否有不足之處，如有不足之處，需建議改善之安全作業程序，工作安全觀察看似複雜，但對於維護保養作業有顯著提升安全性功能。

● 表四十二　乾式蝕刻反應器 PM 工作安全觀察實例

現行作業程序	現場觀察	潛在危害	改善建議
清機作業前置程序 1.1Chamber Parts Lifetime List	先準備所要更換零件及工具，並用 IPA 擦拭零件，人員會穿戴防酸／有機手套及濾毒罐。設備人員會把 IPA 或 DI Water 直接倒入擦拭布內。	在執行零件擦拭時，若未配戴防護具，人員會有機溶劑曝露。直接將 IPA 倒入擦拭布中會造成大量曝露危害。	建議防護器具寫入規範內，改變做法，若要擦拭時，再沾溼擦拭布，不可直接將 IPA 倒入擦拭袋內，以求取方便。
1.2 執行 S F$_6$ CLEANING. 使用 SIO$_2$ WATER 1 片（11000 °A）	依作業程序執行。	無	無

（接續下表）

現行作業程序	現場觀察	潛在危害	改善建議
1.3 執行 Cycle purge 100 次.	依作業程序執行。使用氮氣清除腔體，每次 60 秒總共執行 100 分鐘。	若未執行此步驟，在打開腔體後，人員在保養會有較多危害物曝露。	無
1.4 上電極與 Chamber wall 降溫. →選擇 [Select screen] →選擇 [Shift mode] →選擇 [Process module 1] 或 [Process module 2] →選擇 [Temperature rise], [Wall temperature], [Lower temperature] 將溫度設定 20℃至 30℃ 之間.	大部分依作業程序執行。但在設定溫度時，未設定在 20℃至 30℃ 之間.設定在 50~60℃之間。	若在較高溫執行保養，人員可能會受到燙傷。	加強人員安全觀念，並要求人員需依規範執行，如此，可確保人員安全及腔體受汙染。
1.5 Chamber ATM Release. →選擇 [Select screen] →選擇 [Shift mode] →選擇 [Process module 1] 或 [Process module 2] →選擇 [Vent] 使 Process chamber 至 ATM 狀態	依作業程序執行。另外此時會通知廠務某機臺在進行 PM。廠務人員會關掉警報，並持續監控。	若通報廠務未寫入規範內，對作業人員會有盲點。若人員於作業時未告知，可會發生氣體警報事故。	建議告知廠務此步驟寫規範內。（本機臺所用化學品包含 NF_3、SF_6、HBr、O_2）
Chamber parts 拆移 2.1 上電極拆移→鬆開上電極上方螺絲並將螺絲取起→鬆開 Rollette 螺絲→ OPEN Chamber →使用 T 形板手將上電極取起→將上電極面朝上，鬆開石英板上螺絲取下石英板	依作業程序執行。人員開始作業前，先穿戴個人防護具（PM 專用手套、全罩式輸氣管面罩），才進行機臺保養。PM 時機臺面板控製，由維修區面板控制，無法由機臺前端控制，如此可必免人員誤觸。另外，本機臺高壓電部分有裝置連鎖裝置，在未執行程式時，高壓電是被自動斷電，人員在拆除時不會有感電之虞。	清機作業規範內，未明定作業時，穿著個人防護器具，若人員未穿戴防護具，當打開 Vacuum Chamber 時，會有化學品曝露，並危害工作人員。	建議防護器具寫入規範內。

（接續下表）

現行作業程序	現場觀察	潛在危害	改善建議
2.2 Deposit shield（Quart 2）拆移→ OPEN Chamber →將手伸入 Deposit shield 內緣，緩伸將 Deposit shield 移起→鬆開 Support shield Deposit 上之螺絲，將 Support shield Deposit 拿起。	依作業程序執行。 在此同時，把拆下零件，先用水擦拭過再用異丙醇擦拭零件，若在擦拭時直接用 IPA 擦拭會造成粉未凝固，反而較不異清除，因此會先用水先進行擦拭，水無此因素存在。在拆除時人員會使用 Low Vacuum 把粉未清除。 	無	無

（接續下表）

現行作業程序	現場觀察	潛在危害	改善建議
2.3 Chamber 內部 Parts 移除→拿起 Focus rin→拿起 Ring insulator A→拿起 Ring insulator B→夾起 ESC 上之 Teflon cap→用 T 形板手鬆開 Cover bellow A 之螺絲→拿起 Cover bellow A。	依作業程序執行。人員在清理零件，因個人習慣，會把擦拭後之擦拭布丟入垃圾袋或直接丟在地上。	若垃圾直接丟在地上，會汙染環境及危害人員安全。	建議在規範內，直接寫入使用過擦拭布必須直接放入垃圾袋內。
3.先用 DI Water 將 Chamber 內擦拭一遍	依作業程序執行。在清除時人員會使用氮氣鎗及 Low Vacuum 把粉末清除。	無	無
4.用無塵布沾 IPA 仔細擦拭 Chamber 內部	依作業程序執行。	無	無
5.Clean Transfer & Casstte chamber	未執行。依機臺 Particle 決定是否須 PM。	無	無
6.Reinstall 6.1 依反順序組裝即可.	依作業程序執行。	無	無
6.2 Check 各 O-RING 狀況是否需更換	依作業程序執行。	無	無
6.3 Chamber Wall O-Ring 需每次更換	依作業程序執行。	無	無

（接續下表）

現行作業程序	現場觀察	潛在危害	改善建議
7.善後處理 7.1 Vacuum chamber：在 P1/P2 Malntenance Page Õ Press "Vacuum".	依作業程序執行。	無	無
7.2 將 Upper electrode ,Lower electrode & chamber wall 升溫 .UPPER TEMP 60°C LOWER ELECTRODE TEMP　40°C CHAMB　60°C ER WALL	依作業程序執行。	無	無
8.將 RF TIME 歸零 .Path// Select screen Õ system Õ P1 exchange time Õ P2 exchange time	依作業程序執行。	無	無

　　所以綜合前述各項製程安全管理實務重點，各高科技廠房欲獲得有效之系統執行成效，最好能定期進行製程安全管理系統符合性稽核，建立組織內管理人員必要之稽核專業能力將可有效提升整體管理系統運作，表四十三為製程安全管理系統符合性稽核檢核表，供讀者參考。

◉ 表四十三　製程安全管理系統符合性稽核檢核表

稽核問項	稽核指引	稽核方式
員工參與		
1.是否有相關員工參與製程安全評估？	製程安全評估或 HAZOP 小組中應有對於製程熟悉人員或實際操作該製程的人員	文件記錄、人員訪談
2.公司在制定製程安全管理相關程序及標準時，是否有相關製程區域的員工參與制定？	(1) 雇主擬訂執行勞工參與計畫之情形。 (2) 雇主與勞工及其代表，就製程危害分析之實施，及製程安全管理的其他要項，進行協商之情形。 (3) 雇主提供勞工及其代表，取得製程危害分析和其他必要資料之情形。	文件記錄、人員訪談

（接續下表）

稽核問項	稽核指引	稽核方式
製程安全資訊		
1.是否有高危害性化學物質相關資訊？	(1) 毒性資訊。 (2) 容許暴露濃度。 (3) 物理數據。 (4) 反應性數據。 (5) 腐蝕性數據。 (6) 熱和化學安定性數據。 (7) 可能發生的不慎與其他物質混合危害後果。	文件記錄
2.是否有製程技術相關資訊？	(1) 方塊流程圖或簡化製程流程圖。 (2) 製程化學反應資料。 (3) 預期最大存量。 (4) 溫度、壓力、流量或組成等的安全上、下限。 (5) 製程偏離後果評估，包括可能影響員工安全和健康事項。	文件記錄
3.是否有製程設備相關資訊？	(1) 建造材料。 (2) 管線與儀錶圖（P&ID）。 (3) 防爆區域劃分。 (4) 釋壓系統設計及設計依據。 (5) 通風系統設計。 (6) 使用的設計規範和標準。 (7) 質能平衡資料。 (8) 安全系統如安全連鎖、偵測或抑制系統。 (9) 製程設備之設計、製造及操作符合相關法令規定之證明文件。	文件記錄
4.當上述製程安全資訊已不再使用或與現場實際狀況不一致，是否有更新與操作、維修、安全相關之資訊？	與變更管理案件（記錄）相互勾稽	文件記錄、人員訪談
製程安全評估		
1.是否有組織製程安全評估小組執行製程安全評估？	製程安全評估小組應符合危險性工作場所審查暨檢查辦法第六條之規定，包括下列人員： (1) 工作場所負責人。 (2) 勞工安全衛生人員。 (3) 工作場所作業主管。 (4) 熟悉該場所作業之勞工。 (5) 曾受製程安全評估訓練合格之人員。	文件記錄、人員訪談
2.是否有製程安全評估小組訓練計畫？	訓練計畫書及實施記錄	文件記錄

（接續下表）

稽核問項	稽核指引	稽核方式
3.是否有製程安全評估訓練合格人員之訓練記錄？	製程安全評估合格人員證照及在本廠的相關訓練記錄	文件記錄
4.是否有實施初步危害分析？	針對工作場所中，製造、處置、使用危險物、有害物之易燃性、安定性、毒性及製程系統之操作條件，如溫度、壓力、流量等，實施初步危害分析，以發掘工作場所重大潛在危害，並完整記錄分析過程。	文件記錄、人員訪談
5.是否有採用 HAZOP 或下列與其具有同等功能之安全評估方法實施製程安全評估？ (1)檢核表（Check-list）。 (2)如果-結果分析（What If）。 (3)故障樹分析（Fault Tree Analysis）。 (4)失誤模式與影響分析（Failure Modes and Effects Analysis）。 (5)其他經中央主管機關認可具有上列同等功能之安全評估方法。	製程安全評估應包括下列事項： (1) 製程危害辨。 (2) 確認工作場所曾發生具有潛在危害之事故。 (3) 製程危害管理及工程改善等控制措施。 (4) 危害控制失效之後果。 (5) 設備、設施之設置地點。 (6) 人為因素。 (7) 控制失效對勞工安全及健康可能影響之定性評估。	文件記錄、人員訪談
6.各製程系統實施製程安全評估，是否留有製程安全評估報告書？參與製程安全評估人員是否於報告書中均已具名簽認？	驗證製程安全評估報告書	文件記錄
7.各製程系統最近一次實施製程安全評估日期？是否已超過 5 年期限？	驗證製程安全評估報告書或相關記錄	文件記錄
8.各製程系統每次製程修改時，是否重新實施製程安全評估？是否已超過 5 年期限？是否留有製程安全評估報告書？參與製程安全評估人員是否於報告書中均已具名簽認？	(1) 驗證製程安全評估報告書或相關記錄 (2) 與變更管理案件（記錄）相互勾稽	文件記錄、人員訪談

（接續下表）

稽核問項	稽核指引	稽核方式
標準作業程序		
1.為了作為各製程單元之員工操作遵循之依據，是否已建立各製程單元之操作標準作業程序，並已經審核同意後發行？ 為了作為各製程單元之員工保養遵循之依據，是否已建立各製程單元之保養標準作業程序，並已經審核同意後發行？	簡述標準作業程序內容（包含製程、機械、設備、作業內容、訂定時間、修正版次及時間等），相關資料可用附件（表）呈現，並將執行情形留存事業單位備查。	文件記錄、人員訪談
2.各製程單元之操作或保養標準作業程序，應包含下列內容： 初始開俥操作程序？ 緊急操作程序？ 緊急停俥條件及程序？ 正常停俥操作程序？ 歲修或緊急停車後之重新開俥作程序？ 製程偏離矯正程序？ 預防暴露危害之相關控制措施及勞工個人防護裝備？ 化學品性質、危害特性及其品質控制與庫存量管制？ 安全系統及其功能之說明？ 員工交接班程序？	完整記載實施內容，相關資料可用附件（表）呈現。	文件記錄、人員訪談
3.各製程單元之操作或保養標準作業程序，是否已實施勞工教育訓練及評核，並留有訓練記錄？	完整記載實施內容，相關資料可用附件（表）呈現。	文件記錄、人員訪談
4.各製程單元之操作或保養標準作業程序，是否留有文件修改記錄？ 各製程單元之操作或保養標準作業程序，是否符合實際操作狀況？	完整記載實施內容，相關資料可用附件（表）呈現。	文件記錄、人員訪談

（接續下表）

稽核問項	稽核指引	稽核方式
5.各製程單元之操作或保養標準作業程序，是否已實施員工遵守標準作業程序之查核，並留有查核記錄？	完整記載實施內容，相關資料可用附件（表）呈現。	文件記錄、人員訪談
教育訓練		
1.是否有員工本職安全衛生訓練需求表？ 新進員工是否依據員工本職安全衛生訓練需求表，完成安全衛生教育訓練，並留有教育訓練及評核記錄？ 在職勞工於變更工作前，是否依據變更工作後，員工本職安全衛生訓練需求表，完成安全衛生教育訓練，並留有教育訓練及評核記錄？	訓練需求分析（Training Needs Survey）應針對法規要求、製程特性、危害風險等級、操作需求及員工回饋對各職位、工種進行必要的訓練科目、內容、時數進行分析，並將結果表列。	文件記錄
2.是否有員工安全衛生在職教育訓練計畫？ 是否依據員工安全衛生在職教育訓練計畫，完成安全衛生教育訓練，並留有教育訓練及評核記錄？	至少包括相關教育訓練課程實施內容、時間、地點、實施訓練對象、參加勞工人數等，並將相關執行紀錄留存事業單位備查。	文件記錄
3.設備更新再開俥前，是否已對相關員工實施安全衛生教育訓練？並留有教育訓練記錄？ 製程改善再開俥前，是否已對相關員工實施安全衛生教育訓練？並留有教育訓練記錄？ 規章制度增（修）訂等情形時，是否已對相關員工實施安全衛生教育訓練？並留有教育訓練記錄？	至少包括相關教育訓練課程實施內容、時間、地點、實施訓練對象、參加勞工人數等，並將相關執行紀錄留存事業單位備查。	文件記錄、人員訪談

（接續下表）

稽核問項	稽核指引	稽核方式
4.上述教育訓練記錄，內容應包括受訓人員、訓練日期及測驗情況。	(1) 確認訓練記錄與測驗記錄 (2) 驗證訓練成效分析記錄	文件記錄
承攬管理		
1.是否有選擇合格承攬人的相關程序或標準？	(1) 承攬人應就安全衛生管理能力、職業災害通報、危險作業管制、教育訓練、緊急應變及安全衛生績效評估等事項，訂定承攬管理計畫。 (2) 選擇承攬人時，應審查承攬人之安全衛生管理程序或計畫，並留有審查記錄。 (3) 選擇承攬人時，應審查承攬人先前的安全績效，並留有審查記錄。 (4) 選擇承攬人時，應審查承攬人之經驗及工作技能符合工作安全評估記錄並留有審查記錄。	文件記錄
2.是否於事前告知承攬人有關其事業工作環境、危害因素暨勞工安全衛生法及有關安全衛生規定應採取之措施？	(1) 承攬合約中應已載明就其承攬工作環境、危害因素暨勞工安全衛生法及有關安全衛生規定應採取之措施。 (2) 承攬人每次入廠時，應已進行危害告知並留有記錄。 (3) 承攬人每日作業前，應已進行危害告知並留有記錄。	文件記錄
3.是否有與承攬人、再承攬人分別僱用勞工共同作業時，為防止職業災害之措施？	(1) 承攬作業中，與承攬人、再承攬人分別僱用勞工共同作業時，為防止職業災害，應召開與承攬人、再承攬人共同作業協議組織會議並留有記錄。 (2) 承攬作業中，與承攬人、再承攬人分別僱用勞工共同作業時，為防止職業災害，應指定工作場所負責人，擔任指揮及協調之工作並留有記錄。 (3) 承攬作業中，與承攬人、再承攬人分別僱用勞工共同作業時，為防止職業災害，應進行工作場所之巡視並留有記錄。 (4) 承攬作業中，分別交付二個以上承攬人共同作業，而未參與共同作業時，應指定承攬人之一負起原事業單位之責任並留有記錄。	文件記錄
4.是否對承攬人實施危險作業之管制？	(1) 對承攬人動火作業工作，應進行安全工作管制並留有記錄。 (2) 對承攬人高架作業工作，應進行安全工作管制並留有記錄。 (3) 對承攬人局限空間作業工作，應進行安全工作管制並留有記錄。	文件記錄

（接續下表）

稽核問項	稽核指引	稽核方式
	(4) 對承攬人有害物質作業環境作業工作，應進行安全工作管制並留有記錄。 (5) 對承攬人電氣機具入廠，應進行進廠檢查及管制並留有記錄。 (6) 對承攬作業之變更管理，應進行審查及管制並留有記錄。	
5.是否有定期對承攬人進行安全稽核？	(1) 對承攬人之承攬作業應定期評核並留有記錄。 (2) 對承攬人之對其所屬勞工提供適當的教育訓練等定期評核並留有記錄。 (3) 承攬人應提供之對其所屬勞工適當的教育訓練記錄。	文件記錄
開俥前安全審查		
1.是否有開俥前安全審查程序，並對新建設備及製程單元重大修改時，要求實施製程危害分析作業，並確認無潛在危害？	(1) 開俥前安全審查適用於新製程、變更管理、及長期停用的系統再復工。 (2) 完整記載實施內容，相關資料可用附件（表）呈現。	文件記錄、人員訪談
2.是否確認新建設備及製程單元重大修改時，在開俥前，已完成下列各項作業？ (1) 完成標準作業程序。 (2) 已對相關勞工實施教育訓練。 (3) 完成保養、檢查、安全及緊急應變程序。 (4) 製程危害分析之建議事項已改善。	完整記載實施內容，相關資料可用附件（表）呈現。	文件記錄、人員訪談
3.是否對於所有設備在開俥前須執行檢查，並確認所有設備已依照設計規格及製造商建議完成安裝？ (1) 設備在每一製造階段均有正式之檢查報告。 (2) 設備檢查發現之缺失已改善。	完整記載實施內容，相關資料可用附件（表）呈現。	文件記錄、人員訪談、現場觀察

（接續下表）

稽核問項	稽核指引	稽核方式
4.是否在執行開俥前安全審查時，檢查確認以下各項？ (1)在引入危害性流體前，應檢查確認所有製程設備氣密試壓正常無洩漏現象，且法蘭墊片材質使用正確。 (2)控制設備應正常操作。 (3)所有之安全設施（如安全閥、安全聯鎖及設備洩漏偵測等）應正確安裝及正常操作。	完整記載實施內容，相關資料可用附件（表）呈現。	文件記錄、人員訪談、現場觀察
5.是否將前述各項開俥前之處理過程及檢查確認結果，做成紀錄？	完整記載實施內容，相關資料可用附件（表）呈現。	文件記錄
設備完整性		
1.是否訂定設備完整性計畫或程序，對關鍵設備及製造、儲存或處置危險物或有害物之設備實施檢測維修？ (1)計畫應明確劃分執行設備完整性人員之責任。 (2)辨識關鍵設備。 (3)計畫應明確訂定設備檢查之方法、檢查部位、檢查頻率及檢查程序。 (4)計畫應明確訂定檢查人員資格。 (5)計畫應規定設備檢查報告內容。	(1)運用 HAZOP、FMEA/CA、LOPA、RBI、腐蝕環路圖等方法辨識關鍵設備。 (2)檢查人員應具備相關法規標準要求資格，例如：焊接人員、API510 壓力容器檢查人員、API570 管道檢查人員。	文件記錄、人員訪談
2.從事設備保養及檢測之勞工是否都已受過完整的製程安全教育訓練，並知悉各製程之危害性？	訓練應包括： (1)檢測維修相關技術 (2)製程相關危害性	文件記錄、人員訪談

（接續下表）

稽核問項	稽核指引	稽核方式
3.是否根據設備完整性計畫實施檢查？	(1) 針對內容物、微量汙染物、操作條件（溫度／壓力）、材質、是否保溫（冷）等因素決定腐蝕劣化機制及檢測方法。 (2) 管線或設備檢測標準應考慮： 　A. 檢測部位之選定，應能反映管線或設備整體使用情形。 　B. 檢測部位之選定，應考慮局部腐蝕及沖蝕之問題。 　C. 檢測部位應清楚標示於設備或管路上及其檢查圖面或立體配管圖上，以確保下次檢測時檢測同一部位。 　D. 應訂定厚度檢測週期。（參考 API570 建議實施管線分級並決定檢查週期） 　E. 厚度檢測之結果應用於預測設備或管線剩餘使用壽命，並作為調整下次檢測週期之參考。 (3) 依據設備檢查計畫實施外部檢查： 　A. 針對所有設備之外部情況、保溫、油漆塗層、支撐及配件等，實施外部檢查，以鑑別設備是否有損傷、腐蝕、震動、洩漏或有組裝不當或修復不當之情況。 　B. 具高揮發性、可燃性、毒性、酸性、鹼性等流體之管線，應訂定檢查週期並進行外部檢查。 (4) 應訂定安全閥檢查或測試計畫，由有受過專業訓練並具有安全閥保養相關經驗之人員確實執行及完整記錄，對未符合規定者持續追蹤及改善。 (5) 對於重要之安全設施（釋壓和排放系統、緊急遮斷和停俥系統及線上監控、感知、聯鎖系統）應訂定完整預防保養維修計畫，並確實執行、完整記錄、持續追蹤及改善。	文件記錄、人員訪談、現場觀察
4.為確保設備操作安全，是否鑑別設備缺失，並予以矯正？	(1) 每一項設備查核應由受過完整訓練之勞工執行，以鑑別出可能導致損害或失效之危害因子。 (2) 在建立設備檢查方法、檢查部位、檢查週期及預防保養措施時，應參考前項鑑別之結果。 (3) 基於符合設備正常運轉狀態下，應建立設備缺失之可容忍上下限管制值。 (4) 針對檢測之結果應納入風險分析及管理。 (5) 依據使用設備及管線規格、操作條件，建立最大容許操作壓力，並依據厚度檢測結果及腐蝕速率情況，對超出容許限值之設備執行修復，以確保操作安全。	文件記錄、人員訪談

（接續下表）

稽核問項	稽核指引	稽核方式
5.對設備所有之檢測、測試及修復，是否有詳實之書面紀錄資料？	檢測、測試及修復紀錄內容至少應包含下列項目：(1) 檢測日期。(2) 執行檢測人員姓名。(3) 檢測設備或管線之編號。(4) 檢測或測試之過程。(5) 檢測之結果。(6) 對檢測結果之處理情形。(7) 設備之保養日期及保養作業內容。	文件記錄
6.是否訂定設備檢測發現缺失處理之標準作業程序，並確認經過安全評估後才能繼續操作該設備？	(1) 建立設備修復允收標準（即設備缺失之可容忍上下限管制值）。 (2) 參考 API579 適用性評估（FFS）、API682 PUMPS 密封、……等標準。	文件記錄、人員訪談
7.對所有設備之檢測程序及報告，是否建立完整及即時更新的資料庫，並使從事相關之作業勞工均能取得該資料庫之資訊？	(1) 導入並維護電腦化維修管理系統（CMMS）。 (2) 進一步實施設備可靠度分析，並運用可靠度數據進行系統回饋，調整完整性計畫。	文件記錄、人員訪談、現場觀察
8.對設備之建造、組裝及保養，是否訂定品質保證計畫？	品質保證計畫應包括下列事項： (1) 採用正確的材質及備品，並確認適用於製程。 (2) 採用適當的製造及檢查程序。 (3) 依照相關法規及標準實施保養。 (4) 正確組裝及鎖固。 (5) 備品應妥善標示、檢查及存放。檢查備品倉庫及領料程序。 (6) 實施主動式材料鑑認計畫（Positive Material Identification, PMI）。	文件記錄、人員訪談、現場觀察
工作安全許可		
1.是否建立及落實執行工作安全許可制度，以預防勞工操作或保養時可能造成之危害，相關作業至少應包含： (1) 明火作業。 (2) 管線關斷程序。 (3) 上鎖及掛籤。 (4) 局限空間入口管制。 (5) 製程設備或管線開啟後之管制。 (6) 人員進入管制。 (7) 車輛進入管制。 (8) 起重吊掛作業。	至少包括左列實施內容之時間、地點、製程、機械、設備、作業內容、執行結果等，相關資料可用附件（表）呈現，並將相關執行紀錄留存事業單位備查。	文件記錄

（接續下表）

稽核問項	稽核指引	稽核方式
(9)特殊危害物作業（如毒化物、輻射物質等）。 (10)運轉中設備之檢查或保養作業。		
2.前述各項作業在作業開始前是否先經過申請授權，其許可程序至少應包含下列項目： (1)適當涵蓋作業區域之申請表格。 (2)工作安全許可單應經現場作業及製程主管確實查核及簽認。 (3)工作安全許可申請應事先經權責單位核准。 (4)工作結束時之簽認程序。 (5)工作交接或延長工時申請之許可單重新申請程序。	(1)至少包括左列實施內容之時間、地點、製程、機械、設備、作業內容、執行結果等，相關資料可用附件（表）呈現，並將相關執行紀錄留存事業單位備查。 (2)工作安全許可依據應包括： 　A. 作業現場環境量測及記錄，或相關安全確認記錄 　B. 相關危險預防措施，例如：警戒及看火、消防設備、對高溫熱面灑水、使用防火毯。	文件記錄、人員訪談、現場觀察
3.前述各項工作許可（發證）管制人員是否施予完整的教育訓練？	驗證教育訓練記錄	文件記錄
4.對勞工遵守工作安全許可情形，是否進行查核？	驗證稽核／查核記錄	文件記錄
5.工作安全許可程序是否定期審查並適時修正？	驗證審查及修正記錄	文件記錄
變更管理		
1.對製程化學品、技術、設備、操作程序及影響製程之設施的變更，是否建立並執行變更管理程序？	變更管理範圍應包括： (1)具危害性之製程化學物質 (2)製程技術 (3)非同型（Not-In-Kind）之設備更換 (4)作業程序／操作方法 (5)廠務設施	文件記錄

（接續下表）

稽核問項	稽核指引	稽核方式
2.執行變更前，是否已考慮下列事項： (1) 執行變更之技術依據。 (2) 安全衛生影響評估措施。 (3) 操作程序之修改。 (4) 執行變更之必要期限。 (5) 執行變更的授權要求。	(1) 確認進行任何變更前先提出申請，且明述變更之技術基礎或依據。技術文件可能包括：計算書、變更的 P&ID 圖紙、變更的設備及其零組件規格書等。 (2) 因製程修改所產生新的風險或對安全衛生的衝擊應被提出，或須進行必要之危害分析／風險評估。 (3) 定義核准變更的權限。例如：製程技術變更由一級主管核准；操作方法或警報變更可由二級主管核准。 (4) 確認任何變更之時間期限已被考慮。（特別是針對暫時性變更必須回復系統原先狀態，於暫時變更期間可能產生不符合規範之安全防範措施） (5) 標準操作程序因製程修改而須更新時，於修改後操作前應被提出。	文件記錄、人員訪談、現場觀察
3.是否於變更程序後或受影響之製程啓動前，對製程操作、維修保養勞工及承攬人勞工等相關人員，辦理勞工教育訓練？	確認當變更會影響人員的工作時，有通知他們變更的範圍，並有提供訓練。（必須知會變更涉及的所有人員（含員工及承攬人），若此變更影響到其工作，則必須提供訓練，使其了解原先指定之工作將被影響或改變）	文件記錄、人員訪談
4.變更程序後，是否更新受影響之製程安全資訊、操作程序或規範等？	確認當需要時，受變更所影響之製程技術文件、資料、圖面於適當時機有被更新，以維持製程資訊，以便能提供人員有用的資訊。 變更程序後，應修正下列文件： (1)P&ID。(2) 設備建造圖。(3)Data Book。(4) 操作手冊。(5) 維修程序。(6) 緊急應變程序。(7) 訓練手冊。(8) 標準作業程序（SOP）。(9) 操作規範。(10) 設計規範。	文件記錄
5.變更後啓用前，是否實施開俥前安全審查？	抽樣變更管理案件，驗證開俥前安全審查記錄。	文件記錄
6.是否有對特殊狀況之變更，如夜班值班期間、假日值班期間作業現場所爲之必要的緊急變更進行必要之管理與追蹤？	緊急變更管理原則： 由值班主管與技術主管和安全主管電話會談並留下記錄，即可逕行變更。並於下一個上班日，對所有變更管理應完成的文件記錄進行補件。	文件記錄、人員訪談

（接續下表）

稽核問項	稽核指引	稽核方式
事件／事故調查		
1.是否訂定事件／事故調查標準作業程序，實施意外事故及虛驚事故調查？	(1) 除火災、爆炸、外洩、失能以上的受傷，應針對所有製程異常事件及高潛在危害之虛驚事件進行調查。 (2) 成立調查小組，至少有一位小組成員熟知發生事故的製程，如該事件涉及承攬作業，則小組成員應包括一位承攬商員工，調查小組其他成員應具備適當的知　和經驗。	文件記錄、人員訪談
2.事件／事故調查報告是否至少包含下列項目，紀錄並保留五年以上？ (1) 事故發生日期。 (2) 調查開始日期。 (3) 事故發生經過描述。 (4) 事故發生原因。 (5) 根據調查結果研擬的改善建議。	確認事件／事故原因分析，已找到根本原因（Root Causes Failure Analysis），根本原因指的是公司內的價值觀、安全文化、製程安全管理的程序、標準等系統上的原因。唯有找到根本原因，進行系統改善才能防止事故的再發生。	文件記錄、人員訪談
3.是否對事件／事故調查小組人員及相關管理人員提供調查方法和技能的相關訓練？	驗證事件／事故調查訓練實施情況	文件記錄、人員訪談
4.是否建立迅速處理事故調查報告結果與建議的系統，解決和矯正措施須予以記錄？	驗證事故／事件調查追蹤管理系統	文件記錄、人員訪談
5.事件／事故調查報告是否與事故發生相關作業人員進行檢討（包含承攬人勞工在內）？	驗證事故／事件調查處理程序，及事故／事件調查報告宣導情況。	文件記錄、人員訪談
緊急應變		
1.是否訂定緊急應變計畫？	內容至少應包含下列項目： (1) 緊急應變運作流程與組織： 　A. 緊急應變組織架構與權責。 　B. 緊急應變控制中心位置與設施。 　C. 緊急應變運作流程與　明。 (2) 緊急應變程序應指派一人擔任應變協調指揮者，並明確規定其責任。 (3) 緊急疏散程序及疏散路徑設定。 (4) 執行重要操作之勞工在疏散前必須遵守之程序。 (5) 完全疏散以後人員再集合清點之程序。	文件記錄

（接續下表）

稽核問項	稽核指引	稽核方式
	(6) 執行搶救及醫療之勞工其搶救及醫療之責任。 (7) 火災及其他緊急事件之通報方式。 (8) 各項危害物質之控製程序。 (9) 急救處理及搜救計畫。 (10) 緊急應變設備之置備與外援單位之聯繫。 (11) 災後復原（清空及再進入之程序）。	
2.是否建立救災資訊？	內容至少應包含下列項目： (1) 廠內所有之危害物質安全資料表。 (2) 廠內所有危害物質清單。 (3) 緊急應變救災資源位置圖。 (4) 緊急事故應變處理步驟。 (5) 廠內製程、公用、消防等配管配置圖與設備及儀器流程圖（P&ID）。	文件記錄、現場觀察
3.是否成立緊急應變中心？	緊急應變中心至少具備下列事項： (1) 緊急電源及其它應變救災資源器材（含消防設備、搶救設備、急救器材、通訊設備、偵測器材、照明、防護器具）之整備與統計表。 (2) 適當的聯繫設施。 (3) 所有製程的 P&ID 圖、標準作業程序、物質安全資料表、廠區設備配置圖及其他重要的安全資訊。	文件記錄、現場觀察
4.是否定期實施緊急應變演練？並評估、檢討其演練情況，據以修訂及強化緊急應變計畫內容？	(1) 緊急應變演練的場景情境（Scenario）應依據製程安全評估的分析結論，特別是針對後果嚴重性較高的情境。 (2) 至少包括實施內容之時間、地點、執行成果等，並將相關執行紀錄留存事業單位備查。	文件記錄、人員訪談
符合性稽核		
1.是否至少每三年須確認依製程安全評估所發展之各項程序及規範，是適當的且被遵守？	確認符合性稽核的計畫（程序）、標準、相關人員職責、稽核員訓練等事項	文件記錄
2.是否至少有一位熟知製程的人員執行符合性稽核？	確認符合性稽核的計畫（程序）、標準、相關人員職責、稽核員訓練等事項	文件記錄、人員訪談
3.是否製作符合性稽核結果報告？	驗證或查驗稽核報告	文件記錄
4.是否迅速採取並記錄對符合性稽核結果之因應措施？	驗證追蹤管理系統	文件記錄

（接續下表）

稽核問項	稽核指引	稽核方式
5.是否保留最近兩次符合性稽核報告？	驗證或查驗稽核報告	文件記錄
商業機密		
1.是否建立商業機密管理程序，對商業機密至少採取下列事項？ (1)須提供必要的資訊，以 製程安全資訊彙整人員、製程危害辨 人員、操作程序制訂人員、參與事故調查人員、緊急狀況規劃與應變人員、符合性稽核人員執行製程安全相關作業。 (2)可要求前述人員，遵守保密協議。 (3)勞工及其指定代表可獲知製程安全評估相關文件中之商業機密。	驗證商業機密管理程序	文件記錄、人員訪談

5.4 製程安全管理與本質較安全設計策略應用探討

　　在前述表二十一各製程安全管理系統要項比較中可知管理要項，並且經由 5.3 節詳細深入說明管理實務，有效掌握行政管理（作者稱之為軟體）應有作為；此外 ISD 11 項策略則可結合第一章圖 83 保護層分析（LOPA）原則及第四章圖 1 高科技廠房安全工程改善聯想模式從製程核心開始逐步向外擴展，至整體社區安全，這是安全衛生技術的改善與實踐（作者稱之為硬體）。

　　前述思維，恰好亦符合我國職業安全衛生法第二章安全衛生設施（硬體）及第三章安全衛生管理（軟體）規範架構，只不過法規係執行安全衛生管理之最低標準，高科技廠房如欲獲得

更高安全等級，仍必須積極思索如何完整且有效進行管理，方可消除事故發生。

圖 28 係高科技廠房軟體／硬體整合架構，整體高科技廠房係由製程決定其系統，而一般而言系統將由桶槽利用輸送動力經由輸送管線送達製程機臺設備，然後再進行廢氣液之排出處理，而設計上若欲探討火災爆炸等安全議題，則可參考我國職業安全衛生設施規則或 NFPA 318（或類似之 CE/UL 等）規範再結合 ISD 11 項策略進行安全設計檢討（如表四十四），如此整廠將可獲得安全等級高的廠房硬體設施；然而誠如先前所述，再好的設施有需完善行政管理制度方可維持其效能，所以對於整體企業組織而言，運用 PDCA 的 PSM 14 項管理要項，則能順利達成行政管理要求，這就是高科技廠房的軟體強化作為；當前述硬體與軟體均得以同步提升，日積月累工作者必能理解安全衛生管理執行的重要性與價值，自然組織安全文化亦可建立，以上思維即製程安全管理與本質較安全設計策略應用探討重點，供讀者參考應用 [39-40]。

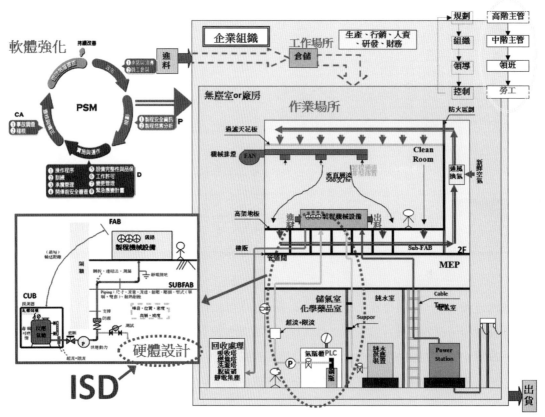

圖 28　高科技廠房軟體／硬體整合架構

🔻 表四十四　NFPA 318 反應氣體供應系統安全設計彙整

設施或裝置	防火區隔	自動撒水	自動水霧	通風換氣	洩漏保護	火警感知	自動遮斷	手動遮斷	地震連動遮斷	超流保護	限流裝置	材質	防震	設置位置	標示	電氣防爆
供應裝置（鋼瓶）	●						●	●	●	●	●	●	●	●	●	
氣瓶櫃		●	●	●	●	●						●	●	●	●	●
氣體房		●	●	●	●	●						●	●	●	●	●
供應管路					●							●	●	●	●	
製程設備	●	●	●	●	●	●	●	●			●	●	●	●	●	●
廢氣管路	●	●			●							●	●	●	●	

5.5　職業安全衛生法新興安全與健康管理議題

　　目前國際上認為工業衛生工作有五大原則包含預防、適應、保護、治療復健、健康促進等；而若以疾病發生發展過程及干預過程來討論（如圖 29），則健康管理即著重於處於健康狀態、處於低危險狀態、進入疾病危險狀態與發生早期改變等階段之相關作為；若再依據 PDCA 精神討論健康管理，則可以建立如圖 30 架構包含健康評量、職業醫學專科醫師之健康評量分析報告、健康管理諮詢服務、健康促進計劃、健康管理等，而自 2000 年開始全球對於職場健康促進開始注重，對於工作者針對呼吸道與心臟血管疾病、癌症、聽力損失、骨骼肌肉疾病、生育異常、精神和神經學上疾病、心理壓力、過度勞動等越趨重視，在 4.2 節內容中我們已經說明許多現今高科技廠房所提供之休憩設施；此處將以職業安全衛生法為基礎針對高科技廠房健康管理預防及健康促進等範疇進行探討 [41-47]。

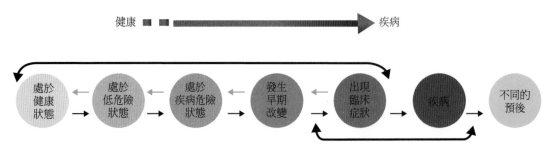

圖 29 疾病發生發展過程及干預過程

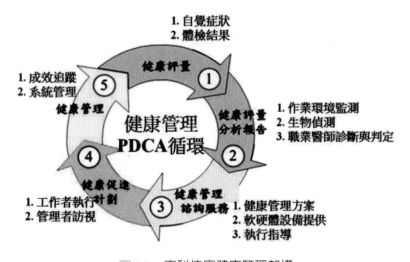

圖 30 高科技廠健康管理架構

　　我國職業安全衛生法於 102 年 7 月 3 日進行修法公布四大計畫，包含重複性作業等促發肌肉骨骼疾病之預防，輪班、夜間工作、長時間工作等異常工作負荷促發疾病之預防，執行職務因他人行為遭受身體或精神不法侵害之預防及母性健康保護計畫等，分別說明執行重點如下：

一、重複性作業等促發肌肉骨骼疾病之預防計畫

　　依職業安全衛生設施規則第十二章之一勞工身心健康保護措施之第 324-1 條規定，雇主使勞工從事重複性之作業，為避免勞工因姿勢不良、過度施力及作業頻率過高等原因，促發肌肉骨骼疾病，應採取下列危害預防措施，作成執行紀錄並留存三年，人因工程改善流程如圖31：

1. 分析作業流程、內容及動作。
2. 確認人因性危害因子。

　　3. 評估、選定改善方法及執行。

　　4. 執行成效之評估及改善。

5. 其他有關安全衛生事項。

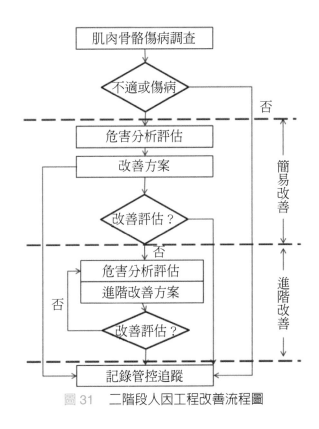

圖 31　二階段人因工程改善流程圖

　　前述危害預防措施，當事業單位勞工人數達一百人以上者，雇主應依作業特性及風險，參照中央主管機關公告之相關指引，訂定人因性危害預防計畫，並據以執行；又勞工人數未滿一百人者，得以執行紀錄或文件代替。

二、輪班、夜間工作、長時間工作等異常工作負荷促發疾病之預防計畫

　　依職業安全衛生設施規則第十二章之一勞工身心健康保護措施之第 324-2 條規定，雇主使勞工從事輪班、夜間工作、長時間工作等作業，為避免勞工因異常工作負荷促發疾病，應採取下列疾病預防措施，作成執行記錄並留存三年，預防執行流程如圖 32：

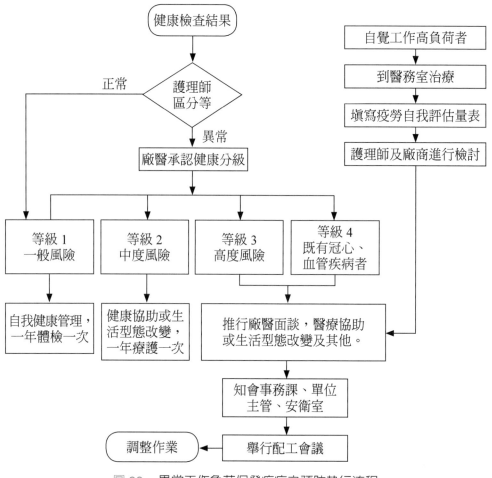

圖 32　異常工作負荷促發疾病之預防執行流程

1. 辨識及評估高風險群。
2. 安排醫師面談及健康指導。
3. 調整或縮短工作時間及更換工作內容之措施。
4. 實施健康檢查、管理及促進。
5. 執行成效之評估及改善。
6. 其他有關安全衛生事項。

　　前項疾病預防措施，事業單位依規定配置有醫護人員從事勞工健康服務者，雇主應依勞工作業環境特性、工作形態及身體狀況，參照中央主管機關公告之相關指引，訂定異常工作負荷促發疾病預防計畫，並據以執行；依規定免配置醫護人員者，得以執行記錄或文件代替。

三、執行職務因他人行為遭受身體或精神不法侵害之預防計畫

依職業安全衛生設施規則第十二章之一勞工身心健康保護措施之第 324-3 條規定，雇主為預防勞工於執行職務，因他人行為致遭受身體或精神上不法侵害，應採取下列暴力預防措施，作成執行紀錄並留存三年，執行流程如圖 33：

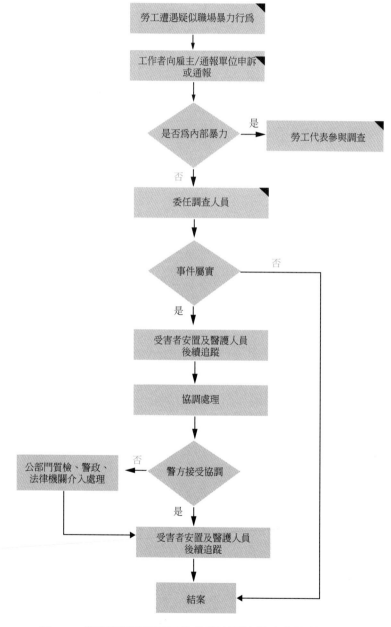

圖 33　執行職務遭受身體或精神不法侵害處置執行流程

1. 辨識及評估危害。

2. 適當配置作業場所。

3. 依工作適性適當調整人力。

4. 建構行為規範。

5. 辦理危害預防及溝通技巧訓練。

6. 建立事件之處理程序。

7. 執行成效之評估及改善。

8. 其他有關安全衛生事項。

前項暴力預防措施，事業單位勞工人數達一百人以上者，雇主應依勞工執行職務之風險特性，參照中央主管機關公告之相關指引，訂定執行職務遭受不法侵害預防計畫，並據以執行；於僱用勞工人數未達一百人者，得以執行記錄或文件代替。

四、母性健康保護計畫

依女性勞工母性健康保護實施辦法第 3 條至第 5 條規定，應實施母性健康保護者包含：1. 事業單位勞工人數在 300 人以上，使於妊娠中或分娩後未滿 1 年之女性勞工，從事可能影響胚胎發育、妊娠或哺乳期間之母體及嬰兒健康之工作者；2. 具有鉛作業之事業中，雇主使女性勞工從事鉛及其化合物散布場所之工作者；3. 雇主使妊娠中或分娩後未滿 1 年之女性勞工，從事或暴露於職安法第 30 條第 1 項或第 2 項之危險性或有害性工作者。另依該辦法第 6 條規定，雇主對於母性健康保護，應使職業安全衛生人員會同從事勞工健康服務醫護人員，辦理辨識與評估工作場所環境及作業之危害、依評估結果區分風險等級，採取工作環境改善、危害預防及健康指導等分級管理措施，以落實母性健康保護之相關措施（如圖 34）。

對於健康管理及健康促進推動而言，工作者的認知、態度與自我效能最為重要，圖 35 為 Pender 提出之健康促進模式，影響工作者對於健康促進認知／感受之影響因素主要包含人口統計學因素、生物和生理因素、人際關係因素、情景因素及行為因素等，從原理來看雖然在前述已提供執行流程建議，但是對於工作者而言其認知、態度及執行與否之自我效能嚴重影響健康促進執行成效，所以在此建議除依循法令規範外，安全衛生管理人員應針對前述影響因素更深入掌握無法發揮執行成效工作者，找出是否為該工作者人際關係不佳，所以不願意主動配合執行，又或是企業所規畫之健康促進活動對工作者而言無感，其改善有效性情境不足故無法觸發動力等等，才能持續強化健康管理之綜效。最後表四十五提供一些不錯的健康促進活動想法，供讀者參考。

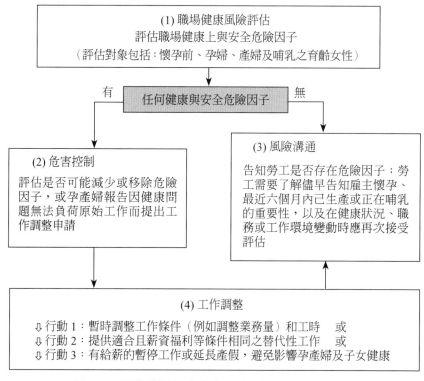

圖 34　母性職場健康安全風險評估及管理流程圖

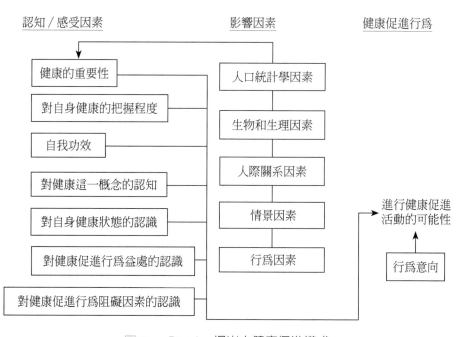

圖 35　Pender 提出之健康促進模式

⬇ 表四十五　健康促進活動

活動名稱	活動內容
戒菸、戒酒、戒檳榔、戒毒等	主要希望戒除工作者特定危害健康習慣，如菸、酒、檳榔、毒品等，此類活動一般從工作者願意主動參與爲起點，再運用問卷評估其上癮現況，接著提供適當之諮詢與活動建議，然後執行戒除，最後評估成效，此流程可依循 PDCA 進行；而活動期間建議不超過半年，並且應持續追蹤三年以上，方可視爲達成目標；此外活動之推行可搭配適當獎勵措施（如禮券、禮品、獎狀等），來提升工作者參與動機。
減重與三高降低	肥胖與三高有著顯著正相關，所以透過適當減重活動，將可有效降低三高，一般而言減重的活動規劃依舊可以依循 PDCA 進行；不過執行重點應掌握：1.飲食 2.有氧運動兩者兼併，並且最好每日進行體重自主計測，所以如何進行計量與計測？並且提供適當計量與計測機制、器具就成了安全衛生管理人員重點；當然此外活動之推行可搭配適當獎勵措施（如禮券、禮品、獎狀等），來提升工作者參與動機。
體適能提升	有良好體適能必定能提升工作效率，所以依循 PDCA 規劃各種有氧及無氧運動，均能提升體適能並增強肌耐力，可行方案有健走計步、爬階登高、登山健行、慢跑、飛輪、球類運動（如籃球、羽球、棒壘球、排球、保齡球等）、游泳、自行車、投籃機、遊戲機、舉重、有氧動作（如拳擊、跳舞、引體或拉伸等）、跳躍（如跳繩）等，對於安全衛生管理人員而言應考量如何善用既有廠內設施或器材進行體適能提升，而不用令工作者額外負擔費用與時間，如此更容易推動達成目標；此類活動之推行可搭配適當獎勵措施（如禮券、禮品、獎狀等），來提升工作者參與動機。
壓力紓解	過度壓力可能引發心血管疾病並使工作者效能降低，故適當壓力紓解活動將有效解決此問題，計畫建立仍可依循 PDCA 原則；可行方案部分則有電影欣賞分享、書報閱讀分享、團康活動、旅遊、登山健行、棋類遊戲、家庭日、親子互動、員工參與、遊戲機、益智遊戲、前述體適能提升活動等均爲有效方案；規劃方面必須考量工作者是否有意願，或是如何有效提升參與意願；此類活動之推行亦可搭配適當獎勵措施（如禮券、禮品、獎狀等），來提升工作者參與動機。
其他	例如發放購物禮券、招待券、提供夜市逛街禮金、夜市活動（如彈珠檯、射氣球、套圈圈等）、尾牙活動、員工表演、團康表演、工作競賽、藝文競賽、球類競賽、參訪（如友廠、博物館、圖書館等）、古蹟巡禮等均屬可行方案，不過安全衛生管理人員在進行選定時，最好考量人、事、時、地、物、成本等因素，再依據 PDCA 循環妥爲規劃，如此才得以發揮綜效。

參考文獻

1. 陳俊瑜、王世煌、張國基（2015），產業製程安全管理與技術實務。臺北：五南圖書。

2. 王世煌（2002），工業安全風險評估。臺北：揚智文化，220~230。

3. 製程安全管理法（Process safety management of highly hazardous chemicals, PSM）（29CFR Part 1910.119）

4. Occupational Health & Safety Administration, Department of Labor (US) (2007). PetroleumRefinery Process Safety Management National Emphasis Program. CPL 03-00-004.Washington, DC.

5. 于樹偉（2012），製程安全管理績效指標，化工技術。第20卷，第7期，162~173頁。

6. 中華民國勞動部（2015）。勞動檢查法。民國104年2月4日修正版。臺灣：中華民國勞動部。

7. 中華民國勞動部（2016）。危險性工作場所審查及檢查辦法。民國105年8月11日修正版。臺灣：中華民國勞動部。

8. Dan Kay, Piping Atmosphere-gas to a Brazing Furnace. https://vacaero.com/information-resources/vacuum-brazing-with-dan-kay/1386-piping-atmosphere-gas-to-a-brazing-furnace.html. (2016/11/22 摘自網路)

9. 維基百科。https://zh.wikipedia.org/wiki. (2016/11/22 摘自網路)

10. 事業單位製作甲、乙、丙類危險性工作場所送審文件參考手冊，行政院勞工委員會編印，中華民國98年6月。

11. FAA. (2000). FAA System Safety Handbook, Ch 15: Operation Risk Management: Federal Aviation Administration, USA.

12. Tixier J, Dusserre G, Salvi O, Gaston D, "Review of 62 Risk Analysis Methodologies of Industrial Plants", *Journal of Loss Prevention in the Process Industries*, Vol. 15, pp.291-303, 2002.

13. 行政院勞工委員會（2002），機械設備危害評估方法。

14. 工業技術研究院，危險性工作場所製程安全評估訓練教材，工業技術研究院，2001。

15. AIChE, Guidelines for Hazard Evalution Procedures, Second Edition, American Institute of Chemical Engineers, NewYork,1992.

16. 行政院勞工委員會（2009），危害辨識及風險評估技術指引，行政院勞工委員會，1-15 頁。

17. 張一岑（1997），化工製程安全管理，揚智文化事業股份有限公司，102-137 頁。

18. 黃清賢（1996），危害分析與風險評估，三民出版社，23-27 頁，一版。

19. Center for Chemical Process Safety (CCPS), 1997, CCPS Conference and Workshop Proceedings, Layer of Protection Analysis: A New PHA Tool After Hazop, Before Fault Tree Analysis, American Institute of Chemical Engineers, N.Y.

20. 陳俊瑜、張國基、呂志誠（2011），先進薄膜製程材料與技術之安全性評估 - 以本質較安全設計策略觀點分析。化工技術，217 期，頁 74-87。

21. 張國基（2006），「高科技廠房本質較安全設計策略應用可行性研究 - 建置本質較安全應用機制」，國立交通大學工學院產業安全與防災研究所，碩士論文。

22. 張國基、陳鴻猷、陳俊瑜、呂志誠（2014），本質較安全設計策略於高科技蝕刻製程及廠務安全管理效能提升之研究。化工技術。250，頁 111-125。

23. AIAG. (2008), Potential Failure Mode and Effects Analysis (FMEA), 4th Edition.

24. Cassanelli, G., Mura, G., Fantini, F., Vanzi, M., & Plano, B. (2006), Failure analysis-assisted FMEA. *Microelectronics Reliability*, V.46 (9), pp.1795–1799.

25. AIChE (1992), Guidelines for Hazard Evaluation Procedures, Second Edition, American Institute of Chemical Engineers, NewYork.

26. Nigel Hyatt, Guide for Process Hazards Analysis, Hazards Identification &Risk Analysis, First Edition, Dyadem Press, Canada, 2003.

27. 陳俊瑜（2009）。以本質較安全設計策略－探討高科技製程安全與製程設備完整性。化工，56(1)，61-72。

28. 張國基、陳俊瑜（2009），高科技製程有機溶劑化學品供應系統本質較安全設計應用與研究，第十六屆海峽兩岸及香港澳門地區職業安全健康學術研討會。

29. 半導體製造設備協會（Semiconductor Equipment Manufacture Institute；SEMI），SEMI-S2（07-12），SEMI，http://www.semi.org/ch/. (2016/11/22 摘自網路)

30. Arain, F.M.,"IT-based approach for effective management of project changes: A change management system (CMS)", *Advanced Engineering Informatics*, Vol.22, No.4, pp.457-472, October, 2008.

31. 變更管理技術指引，勞動部職業安全衛生署 104 年 12 月 11 日勞職綜 1 字第 1041042422 號函。

32. SEMI S10-96 Risk Assessment Guidelines, SEMI International.

33. SEMI S2-93A & SEMI S2-0200 Semiconductor Manufacturing Equipment Safety Guidelines, SEMI International.

34. 丁振國（2010），採購管理實務，憲業企管。

35. Dyson, R. G. (2004). Strategic development and SWOT analysis at the University of Warwick. *European journal of operational research*, 152(3), 631-640.

36. 張國基、陳俊瑜（2007），「高科技產業製程本質較安全設計與應用之研究」，工業安全科技季刊，63 期 6 月號，p18-33。

37. Chen, C.Y., Chang, K.C., Huang, C.H., Lu, C.C. (2014). Study of chemical supply system of high-tech process using inherently safer design strategies in Taiwan. Journal of Loss Prevention in the Process Industries, 29, 72-84.

38. Chen, C.Y., Chang, K.C., Lu, C.C., & Wang, G.B. (2013a). Study of high-tech process furnace using inherently safer design strategies (II). Deposited film thickness model. Journal of Loss Prevention in the Process Industries, 26, 225-235.

39. NFPA 318 Standard for the Protection of Cleanrooms 2000 Edition。

40. 內政部消防署（2005），潔淨區消防安全設備設置指導綱領。

41. Chen, C.Y., Chang, K.C., & Wang, G.B. (2013b). Study of high-tech process furnace using inherently safer design strategies (I) Temperature distribution model and process effect. *Journal of Loss Prevention in the Process Industries*, 26, 1198-1211.

42. 健康管理的定義。http://www.shzhiyuan.com.cn/cn/Idea/。(2016/11/22 摘自網路)

43. 人因性危害預防計畫指引（初版），中華民國：勞動部職業安全衛生署 103 年 8 月。

44. 異常工作負荷促發疾病預防指引（2004）（第一版），勞動部職業安全衛生署中華民國 103 年 9 月。

45. 執行職務遭受不法侵害預防指引（第一版），勞動部職業安全衛生署中華民國 103 年 9 月。

46. 工作場所母性健康保護技術指引，勞動部職業安全衛生署中華民國 105 年 3 月。

47. 王文玲、王琪珍、董旭英、彭若瑄（2007）。從 Pender 健康促進模式探討青少年避二手菸行為之研究。實證護理，3(4)，280-288。

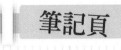

筆記頁

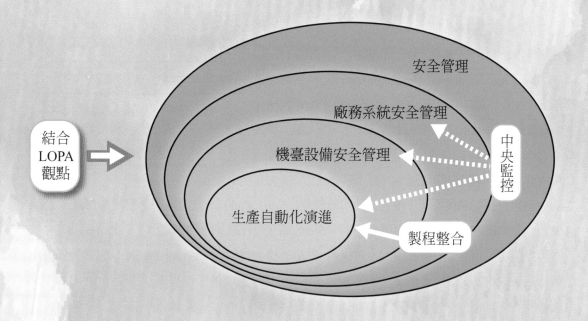

第六章　機臺設備與廠務系統安全管理案例與應用（含監控系統）

6.1 生產自動化演進與安全管理

高科技廠房生產管理（Production Management）是有計劃（Planning）、組織（Organization）、指揮（Command）、監督調節（Supervision/Regulation）的針對高科技製程必要生產活動；其管理目的係希望以最少的資源損耗（Resource Depletion），獲得最大的產能（Results）與良率（Yield）（如圖1）。對於高科技製程而言（請參考第二章內容並以半導體製程為例（如第二章圖4），主要

重點提示

生產管理

是有計劃、組織、指揮、監督調節的針對高科技製程必要生產活動組成。

從晶柱開始，經切割為晶圓片後，送入前段製程（Front End），此過程則會依據第二章圖11 MOSFET 電晶體的主要截面結構從 Si 底材（Substrate）進行磷（P）的擴散製程（Diffusion），接著再進行場氧化層下方較高濃度之磷（P）的離子植入製程（Ion Implantation），其後即為場氧化層（FOX）、閘極（Gate）與間隙壁、高濃度通道區（P+）、硼磷矽玻璃（BPSG）、金屬接觸（Contact）、垂直與水平金屬連線（M1~Mn/V1~Vn）、保護層製作，此過程在 12" 晶圓將達 400 道以上，完成後再送入後段製程（Back End），包含測試、晶粒切割、貼附、金屬連線、封裝等製程，如此完整程序複雜步驟若無完善生產管理機制將無法有效維持預期產能及良率 [1-5]。

圖1　高科技製程生產管理效能將嚴重影響產能與良率

　　目前一般生產管理架構如圖2所示，從接獲訂單開始，即開始進行生產計劃與估算（Master Production Schedule, MPS），此時將同步進行存貨管理（Inventory Management）及採購管理（Purchasing Management），並且形成廠內製造指令，若無法在廠內進行製造部分再行委外製造（Manufacturing Outsourcing）；而在MPS完成後，再執行物料需求估算（Material Requirement Planning, MRP），此時製程已能順利展開，安全衛生管理亦與製程同時進行運作，管理的最後階段即產銷的協調作業（Coordination）；目前對於製造工廠管理機制而言，最受到實務廣泛應用者即為企業資源規劃（Enterprise Resource Planning, ERP），主要包含工程數據管理（Engineering Data Management）、生產管理（Production Management）、項目管理（Project Management）、客戶服務管理（Customer Service Management）、物資管理（Materials Management）、及財務管理（Financial Management）等六項核心管理功能；而在高科技製程生產管理而言，目標與其他產業相同，唯獨最大差異是由於產品構造複雜，為確保產能與良率，在生產前更需有完善的製程整合（Production Integration and Control）過程，並且在廠房整體硬體設備達成高可靠要求下，才能達成預期的低成本、高產能、高良率、快速交貨、無事故與傷病的目標；此外，再依據第三章圖8之安全管理歷程來看，早期安全管理亦著重於安全工程技術，其後才慢慢演進至管理系統與安全文化上，這與生產管理從硬體設備開始到管理機制也具相輔相成效果，所以安全衛生管理絕非自成一套，實務上應與生產管理結合[4][6-9]。

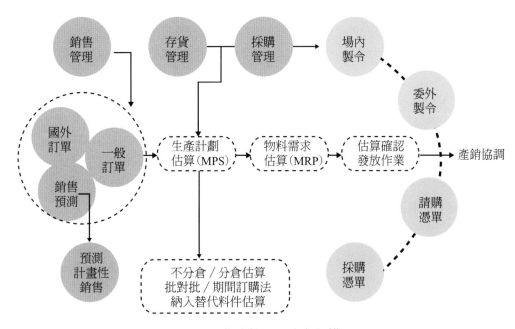

圖2　生產管理程序與架構

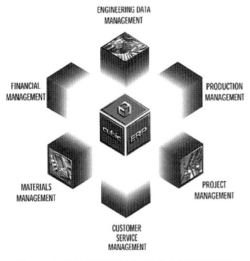

圖3　企業資源規劃六項核心管理功能　　　圖4　製程機臺內有應用到大量機械手臂裝置

　　然而近代影響生產管理的最重大變革即是自動化技術（Automation Technology, AT），AT係一門綜合性技術和控制理論（Control Theory）、資訊理論（Information Theory）、系統工程（Systems Engineering）、計算機技術（Computer Technology）、電子學（Electronics）、液壓氣壓技術（Hydraulic/Pneumatic Technology）、自動控制（Automatic Control）等專業有密切關聯，其中又以控制理論和計算機技術對生產自動化技術的影響最大。而生產自動化優勢包含節省勞動力、節約能源、材料減量與減廢、改善品質、提高準確度、提高精度、提升良率等，因此現今的高科技製程幾乎無不全面自動化，因為要完全利用工作者來維持高水準良率是極難達成的目標[10-11]。

　　目前主流之自動化工具包含人工神經網絡（Artificial Neural Network, ANN）、分布式控制系統（Distributed Control System, DCS）、人 - 機用戶界面（Human-Machine Interaction, HMI）、數據採集與監控系統（Supervisory Control and Data Acquisition, SCADA）、編程邏輯控制器（Programmable Logic Controllers, PLC）、機器人學（Robotics）等；應用方面則。現今生產自動化具體運用有計算機輔助設計（Computer Aided Design, CAD）、計算機輔助製造（Computer Aided Manufacturing , CAM）、門禁或稽核等綜合辦公自動化（Office Automation, OA）、製程控制（Process Control）、自

 重點提示

> **主流自動化工具**
>
> 包含人工神經網絡（ANN）、分布式控制系統（DCS）、人 - 機用戶界面（HMI）、數據採集與監控系統（SCADA）、編程邏輯控制器（PLC）、機器人學等。

動化儀器儀表（Automation Instrumentation）、人工智慧技術（Artificial Intelligence, AI）等，在高科技製程中幾乎都運用上前述技術；此外自動化對高科技製程的影響主要係以自動設備取代高危險（High Risk）、單調性（Monotonicity）、高頻率的人力行為（如過去作業人員手持晶圓匣運送（如第一章圖88）），而自動化設備投入協助高科技廠管理階層解決如工資上漲、人力技術斷層、提高良率等問題；評估自動化導入與否，建議應掌握如年產量、加工時間、產品形狀、製造步驟等；不過在導入自動化技術前需準備之工作則應包含標準化作業、風險性評估、效能評估等必要事項[4]。

　　高科技廠房自動化（High-Tech Plant Automation）應用方面，可包含製程自動化、廠務自動化、辦公室自動化、機械設備自動化、資訊自動化、廢氣處理自動化、汙水處理自動化、及其他工業自動化應用等等；自動化技術的未來趨勢將會更廣泛地與其他現代化技術領域相結合，特別是與雲端技術（Cloud Technology）、計算機技術（Computer Technology）、控制理論（Control Theory）及人工智慧（Artificial Intelligence, AI）等，這已與工業4.0、大數據等主題已經相關聯在一起，就算是學習安全衛生管理的人員也應多有琢磨，才能有效應用此等新科技強化安全衛生管理績效（Safety and Health Management Performance）；以下列述相關自動化的發展趨勢，其中有關工業4.0部分將於後續章節討論[4][12-14]。

 重點提示

> **自動化的發展趨勢**
>
> 包含機械功能多元化、控制智能化、結構設計標準化及模組化、人工智慧等。

　　1. 機械功能多元化（Mechanical Function Diversification）：高科技產品已趨向精緻化及多元化，在大環境變化下，多元化、彈性化且具有多種切換功能的製程機臺設備（Process Tools）方能適應市場需求，但功能方面仍以能達成製程產能與良率為主要考量。

　　2. 控制智能化（Control Intelligence）：許多高科技製程機臺普遍使用可程式控制器（PLC），再配合微電腦系統，如此分別進行大電力與微電力監控，功能非常強大，不過未來發展趨勢首重於大數據及雲端運算技術之應用，再連結PLC進行控制，此等科技除滿足製程需求外，對於安全衛生管理亦能有效協助如風險評估、管理數據化統計等作業，除大幅降低管理負擔外，更能有效達成預防災害的目標。

　　3. 結構設計標準化、模組化（Structural Design Standardization, Modularization）：由於高科技製程已趨向客製化（Customized），若採購選用之製程機臺具有機型模組化設計，可在短時間且較低成本情況下進行新世代製程（New Generation Process）規劃與轉換，不過由於目前臺灣大多數先進製程機臺設備多為國外設計製造，故採購選擇上應特別注意未來擴充機制。

4. 人工智慧（Artificial Intelligence, AI）：主要係智能主體（Intelligent Agent）的研究與設計，而智能主體係指一個可以觀察周遭環境並作出行動以達致目標的系統；AI 的核心問題包括推理（Reasoning）、知識（Knowledge）、規劃（Planning）、學習（Learning）、交流（Communication）、感知（Perception）、移動（Move-

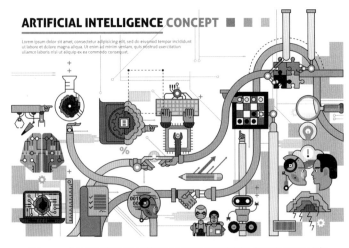

圖 5　人工智慧未來將協助高科技製程成為智能工廠

ment）和操作物體（Manipulation of Objects）的能力等；AI 主要運用大量演算法（Algorithm）工具如搜索（Searching）、邏輯推演（Logical Deduction）、數學優化（Mathematical Optimization）、仿生學（Bionics）、概率論（Probability Theory）、認知心理學（Cognitive Psychology）、經濟學（Economics）等；由於高科技製程已全面自動化，所以進一步即著重於人工智慧的製程能力發展，另一方面也隨著潮流邁向工業 4.0 的智能工廠（Intelligent Factory）進行，這是未來發展的重要趨勢。

對於未來工業應用之自動化發展趨勢（如圖 6）原則上包含有物流（Logistics）、管材彎曲加工（Tube Bending）、液壓和氣動系統（Hydraulics & Pneumatics）、品質保證 / 品質控制（Quality Assurance / Quality Control, QA/QC）、產品目錄型資訊系統（Product Meta-Representation）、無線智能化製造廠房配置（iFAB Foundry Configuration）、製造機臺指令（Machine Instructions）、動力計量計（Dynamometter）、鉸接作業（Articulating）、計算機數值控制（簡稱數控）/ 三次元測量儀（CNC（Computer Numerical Control）/ CMM（Coordinate Measuring Machine）、數控彎管機（CNC Tube Bender）、自動導向搬運車（Automated Guided Vehicle, AGVs/OHT）、金屬型鍛製程（Metal Swaging Process）、燃料電池測試裝置（Fuel Cell Test Set）、自動存儲和檢索（Automated Storage & Retrieval）、組裝（Assembly）、6 軸機器人陽極氧化箱（6-Axis Robots Anodizing Tank）、噴漆房（Paint Booth）、焊接機器人（Welding Robots）、雷射燒結（Laser Sintering）、激光切割機（Laser Cutter）、3D 列印（3D Printer）、數控制動系統（CNC Brake）、油漆和塗裝作業（Paint & Finish）、焊接（Welding）、生產擴增與減量作業（Additive/Subtractive Manufacturing）、金屬板料製造（Sheet Metal Fabrica-

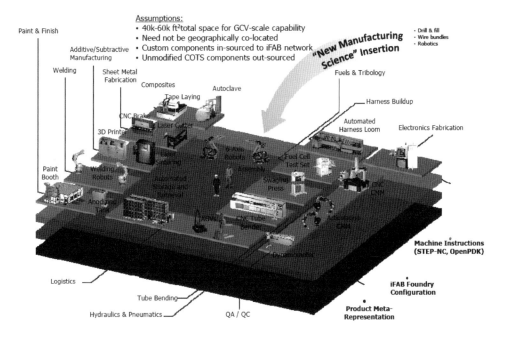

圖 6　工業製程自動化發展趨勢

tion）、複合材料（Composites）、帶式分層鋪設（Tape Laying）、高壓釜（Autoclave）、自動機械紡織機（Automated Harness Loom）、電子製造（Electronics Fabrication）、線束集結作業（Harness Buildup）、燃料和摩擦技術（Fuels & Tribology）、3D 雷射掃描（3D Laser Scanning）、無線射頻技術應用（RFID Application）、人工智慧（Artificial Intelligence, AI）、雲端運算（Cloud Computing）、大數據（Big Data）、物聯網（Internet of Things, IoT）、或其他製程需要之作業等；然而，在全面自動化或者更進一步進入智能工廠時，安全衛生管理的重點將由原先的操作接觸（Operating Contact），進而轉移至保養（Maintenance）、維修（Repair）、故障排除（Troubleshooting）及緊急應變處理（Emergency Response）等階段，這些情況工作者可能必須進入機臺內部，倘若因未確實進行作業許可（Work Permit）或是隨意進行安全互鎖旁通（Interlock Bypass）時，即進入機臺內部就可能發生危險（如表一），這是安全衛生人員因應製程自動化特別注意的情況。在高科技廠中就發生過許多事故情況，如工程師講電話不注意時，腳遭自動車輛傳送設備（AGV）壓傷；裝機階段（Installed Stage），自動車輛傳送設備（AGV）進行測試，工程師於作業區內遭自動車輛傳送設備壓傷腳部；大型機臺維修時承攬商工程師（Vendor Engineer）控制失誤，造成機臺維修人員壓傷頭部死亡事故；維修工

程師欲清理破片又不想停機影響產能而開門將上半身伸進機臺，此時機械人（Robot）瞬間升起，將上半身壓擠在門邊而氣絕身亡；機械手臂（Mechanical Arm）緊急關斷開關（Emergency Off, EMO）使用 PLC，但因 PLC 故障，生產操作員（Operator）因撞擊事故，當場死亡；維修工程師欲量測面板背面靜電（Static Electricity），自行旁路（By-Pass）機臺護蓋安全連鎖，當場死亡等；在自動化程度越高類似危害情境將大幅增加，安全衛生管理人員應於新製程規劃即運用第一章圖 84 之 ISD 策略消除危害[4][15-17]。

表一　臺灣 2011 年職業殘廢傷害類型統計（不含交通）

傷害類型	件數	百分比
被捲被夾	1535	48.59%
墜落滾落	463	14.66%
被刺割擦傷	367	11.62
跌倒	139	4.41%
物體飛落	135	3.58%
被撞	113	2.25%
其他	89	2.82%
物體倒塌崩塌	61	1.93%
感電	43	1.36%
溺水	36	1.14%
爆炸	33	1.04%
與高溫低溫之接觸	31	0.98%
無法歸類者	28	0.89%
與有害物接觸	27	0.85%
衝撞	20	0.63%
不當動作	16	0.51%
火災	12	0.38%
物體破裂	9	0.28%
踩踏	2	0.06%
總計	3159	100.00%

　　我們在了解未來製程自動化發展後，必須要思考安全衛生管理機制與製程生產管理如何結合。圖 7 為職業安全衛生管理系統（Occupational Health and Safety Management System, OHSAS）架構，從 4.2 安全衛生政策（Policy）開始應結合企業發展之願景（Vision），並展現最高管理階層的承諾決心，由於安全衛生管理主要是製程生產管理的一環，所以依循 PDCA 管理循環精神針對 4.3（規劃）就變得十分重要，規劃階段包含危害鑑別（Hazard Identification）、風險評估（Risk Assessment）及風險控制（Risk Control）之規劃、法令規章（Laws and Regulations）與其他要求事項、目標（Target）、安全衛生管理方案（Management Program）等重點範圍，並且實務上規劃階段之事項最好都能具體化（Concreteization）與數量化（Quantification），如此才得以成為未來執行控制之良好關鍵績效指標（Key Performance Index, KPI）；完成規劃後即進入 4.4（實施與運作），此階段包含架構與責任（Organization and Responsibility）、認知（Cognitive）、教育訓練（Educational and Training）及能力（Ability）、諮詢與溝通（Consulting and Communication）、文件化（Documentation）、文件及資料管制（Document and Data Control）、作業管制（Operational Control）及不幸失控後的緊急事件準備與應變（Emergency Preparedness and Response）；接著是 4.5（查核與矯正措施）階段，包含績效量測與監督（Performance Measurement and Monitoring）、事故（Accident）、虛驚（Near Miss）、不符合（Incompatible）與矯正（Correction）及預防措施（Preventive Measures）、紀錄及記錄管理（Records and Management）、稽核（Auditing）；當整體管理系統運作發現困難必須進行調整時，即進入 4.6 管理階層審查階段，這也是最高管理階層展現承諾的重要階段。其中危害、風險評估及風險控制之規劃，作業管制及不幸失控後的緊急事件準備與應變階

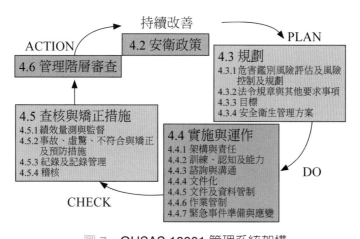

圖 7　OHSAS 18001 管理系統架構

與工程自動化有著密切關連,並且再依據第三章圖 8 安全管理演進(Safety Management Evolution)歷程可知,安全技術發展也是從技術階段開始,這當然與製程自動化習習相關,所以面對未來將朝更高階的智能工廠發展趨勢,身為安全衛生管理人員的我們,必須有認知如何運用相關自動化與資訊技術協助提升安全衛生管理效能之能力[18-20]。

6.2　機臺設備安全管理與自動化理論

　　經由前述討論,我們知道自動化程度指系統或物體在無人操作(No Operation)的情況系統或物體在無人操作的情況下完成任務的能力。當然自動化程度的最低等級即是完全人工操作(Manual Operation);中等級別則需要人工編程(Manual Programming)、人工觀察(Manual Observation)或半自動感知(Semi-Automatic Sensing)正在進行的製程操作、改變正在進行的製程操作及重新編程(Reprogramming)等作業;最高等級則是機臺設備(Process Tolls)能自動感知(Auto-Sensing)所需的操作、自動編程和對操作自動監控、甚至是達到自我思考的智能化(Intelligent)程度。一般而言自動控制系統規模和控制手段複雜程度可區分自動化為四級[21-22]:

　　1. 初級自動化(Level 1 Automation)主要是製程循環的自動化,即採用自動機械設備和半自動機械設備來實現生產過程的自動化,又稱為單機自動化(Stand-Alone Automation),在此階段,製程自動化僅包括特定加工(Specific Processing)作業,而裝配、檢驗或成品包裝等均以手工進行,或採用機械化工具進行。

　　2. 二級自動化(Level 2 Automation)指機臺設備系統的自動化,即建立自動化生產線;在此階段中,將各種特定加工、檢驗、裝配、包裝等製程,按照必要順序進行配置,再應用輸送和控制設備進行適當聯結,自動地完成除了調整以外的複合程序(Complex Program);亦稱為自動生產線(Automatic Production Line)。

　　3. 三級自動化(Level 3 Automation)指生產過程的綜合自動化(Integrated Automation)。採用電子電路、電腦軟硬體、自動控制、系統工程等技術建立的自動化生產線、自動化廠務系統和自動化工廠均屬此級自動化,要求在生產過程的全部環節中能解決產品的儲存、自動線之間的輸送、廢物的排除、品質控制和調度檢查等綜合問題。

4. 四級自動化（Level 4 Automation）即指智能生產工廠（Intelligent Production Plant），依據德國的工業 4.0 報告，未來的智能工廠在每個生產環節、每個操作設備都具備獨立自主的能力，可自動化完成生產線操作。且每個設備都能相互溝通、即時監控周遭環境，隨時找到問題加以排除，也具有更靈活、彈性的生產流程，因應不同客戶的產品需求。

而自動化製造系統包含許多組件包含加工設備（如手動式（Manually Operated）、半自動式（Semi-Automated）、全自動式（Fully Automated）等）、搬運設備、儲存設備、工業機器人、整合與控制以上元件之電腦系統等。又自動化勝過勞力節省（Saving Labor），並且實現更高獲得效益、增加人工生產力、減輕人力短缺的影響、增加設備利用率、製程周期減少、減少或排除例行公事的干擾、確保勞工安全、改善生產品質、縮減製造前置時間、執行無法以人力完成的工作、避免無自動化所造成的成本等優勢，所以自動化勢必是所有製程工廠追求的目標之。而且面對產品精細程度提升（如半導體製程已準備進入 10nm 製程），機臺設備將採用高精度的導向（Orientation）、定位（Positioning）、進給（Feeding）、調整（Adjustment）、檢測（Inspection）、視覺（Vision）或其他系統零組件，自然在進行接觸操作、保養、維修、故障排除及緊急應變處理等作業時，工作者將暴露於高危害風險中 [4][21-24]。

所以若能了解製程機臺目前自動化架構，將有助於讀者未來對於投入高科技製程的應用程度，在第二章圖 43 CVD 製程機臺完整功能聯想圖中即清楚呈現先進高科技製程機臺架構（Advanced High-Tech Process Machine Structure），包含全場自動產品傳輸系統、產品進出貨機構、產品傳送裝置、電力供應、監控設備、氣體或化學品供應系統、真空系統等，其製程控制架構如圖 8 所示；依據 SEMI 所提供 300mm 晶圓生產設備界面標準（Interface Standard of Production Equipment）（如圖 9），此為目前先進高科技製程設備之自動化共用語言，包含高速通訊標準、廠務介面標準、設施服務及終止矩陣標準、半導體設備通訊標準、可靠度、可利用度、可維護度之查驗標準、典型製程設備模式標準、免除跳電之標準、E-23 通訊互動標準、設備占地面積及高度標準、迷你環境承接標準、前開介面機械標準、開放卡匣及置放標準、運動學耦合標準、承接標準、搬運車入塢標準等；又針對單一機臺之主控制系統（Main Control System）則包含有 E3.71 快速訊息服務標準、E94 控制工作標準、E40 製程管理標準、E84 加強型平行輸出入標準、E87 承接裝置管理、E90 基材追蹤標準、E30 代表性設備模式標準、E5 SECS-11 及 E39 OSS 等共同自自動化介面標準（Automation Interface Standard）（如圖 10）；而圖 11 係主要 SEMI 半導體設備自動化軟體標準應用狀況及相互關係；前述相關自動化規範對於安全衛生管理人員在進行危害分析及風險評估等作業時，將有巨大影響與幫助 [4][21-24]。

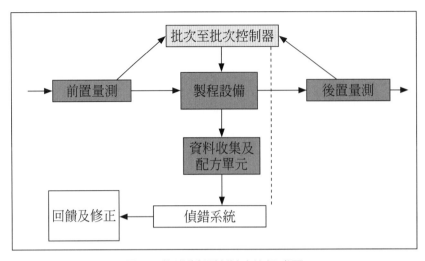

圖 8　先進製程控制功能組成圖

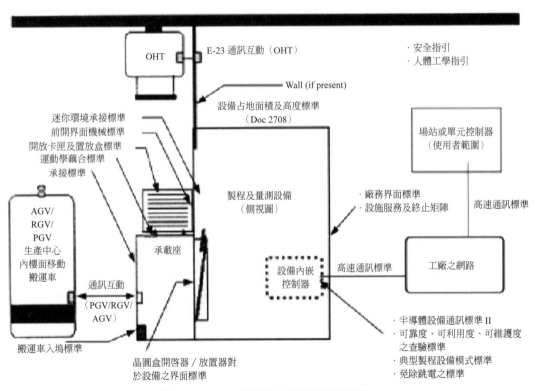

圖 9　300mm 晶圓生產設備界面標準

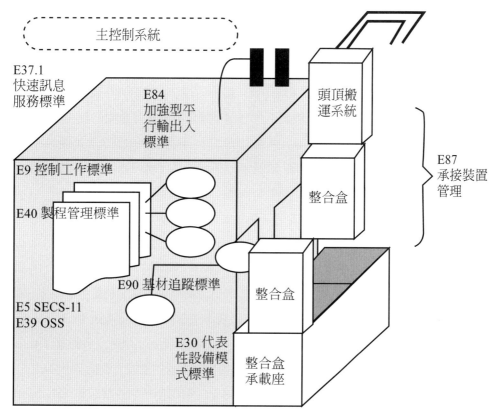

圖 10 主要半導體設備使用之 SEMI 設備自動化軟體標準功能關係

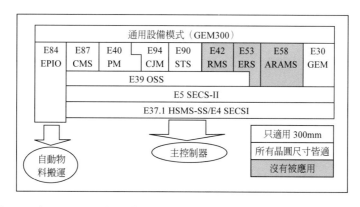

圖 11 主要 SEMI 半導體設備自動化軟體標準應用狀況及相互關係

對於自動化製程系統，所有控制信號起點就是特性功能之感測器（Sensors），從製程部分則可能接收溫度（Temperature）、振動（Vibration）、噪音（Noise）、壓力（Pressure）等

信號（Signal），透過放大器（Amplifiers）等電子電路傳送至控制器與顯示器端，另一方面由於製程使用許多高毒性、高危險性反應物質，所以如果前述反應物質供應系統出現失效而導致洩漏，將可能從製程反應器、製程機臺內部管路或機臺外部無塵室廠務管路洩漏，此時環境感測器（Environmental Sensors）也必須爲了安全監控而存在，由於高科技製程細微，各項反應物質極可能無色無味，在人員無法辨識下，感測器就成爲關鍵且重要的製程安全監控起點（Process Safety Monitoring Starting Point），所以稱之爲「高科技廠房安全火車頭」並不爲過，高科技製程機臺感測器整合概念架構如圖 12 所示。感測器動作原理基本架構（如圖 13），而高科技製程機臺之感測器種類有氣壓式感測器（Pneumatic Sensors）、氣體感測器（Gas Sensors）、溫度感測器（Temperature Sensors）、流量感測器（Flow Sensors）、電感式感測器（Inductive Sensors）、光電式感測器（Photoelectric Sensors）、壓力感測器（Pressure Sensors）、磁簧式感測器（Reed Sensors）等（如表二）；控制迴路設計雖然有分開迴路控制（Open Loop Control）及閉迴路控制（Closed Loop Control），但目前幾乎均爲閉迴路控制爲主；感測器獲得相關物理信號後，將會送至處理單元進行運算與決策（Processing Unit for Computing and Decision-Making）（如可程式化邏輯控制器（PLC）等），並送出信號至致動器（Actuator）以利將控制器的命令訊號轉換成實體參數，又根據使用放大器的型態，致動器可分成三大類包含電力型（如馬達、繼電器開關（Relay Switch）等）、液壓型（如液壓活塞（Hydraulic Piston）等）、氣動型（如氣動汽缸（Pneumatic Cylinder））等 [4][25-27]。

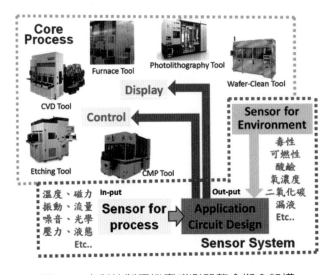

圖 12　高科技製程機臺感測器整合概念架構

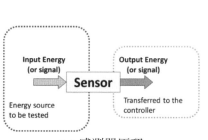

(a) 感測器原理

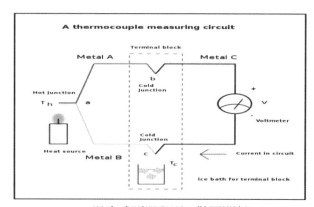

(b) 溫度感測器與顯示裝置關係

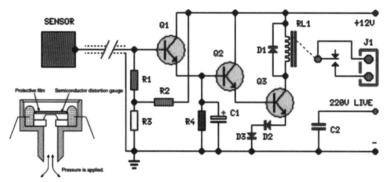

(c) 電容式壓力感測器與其放大電路

圖 13　感測元件結構與基本信號放大電路

⬇ 表二　列舉感測器種類、基本功能及相關應用案例

感測器	基本功能	應用案例
影像感測器	視覺呈現週遭範圍	以視覺辨識軟體來辨識物體（如臉）；為遠端控制中心提供視覺影像
調控／壓力感測器	偵測與實體的接觸	阻止與其它物體碰撞，以維護安全；也用於拾取需審慎處理的物體
加速度計	三輪加速計	協助機器人平衡；用於運動控制
麥克風	偵測與錄音	支援人機互動
陀螺儀	偵測傾斜、搖動與捲動	協助機器人平衡；用於無人駕駛的飛機
光速（雷射測距儀）	偵測反射雷射光	用於機器人導航；並避免碰撞
紅外線感距儀	偵測反射紅外線波	用於機器人導航；並避免碰撞

（接續下表）

感測器	基本功能	應用案例
雷達	偵測反射無線波	部署於空中威脅偵測；並避免飛機碰撞
聲納	偵測反射聲波	部署於航海威脅偵測；並避免潛艇碰撞
超音波測距儀	偵測反射超音聲波	協助地面與空中機器人，避免相互碰撞
電子羅盤	根據磁極而局域化	用於導航與繪製區域地圖
光感測器	偵測光線	用於礦坑探勘與基本導航
溫度計	偵測溫度變化	傳送內部與外在所讀取的溫度
化學感測器	偵測流體（氣體／液體）的化學成分變化	廣泛用於各種不同的感測器，通常用於感測沼氣、氧氣或一般大氣的組成

以氫檢測（Hydrogen Detection）（空氣中氫濃度 0.2%）之感測器研製為例，其以矽基材上設計載體鉑加熱器（Platinum Heater）和溫度傳感器的結構的薄介電膜（Dielectric Film），其中膜加熱器尺寸的變化，會影響感測器的影響力（Influence）、靈敏度（Sensitivity）、功耗（Power Consumption）和熱響應（Thermal Response）等感測特性，此感測器結構如圖 14 所示；此探測器之耗能以公式 (1) 評估，感測器效率以公式 (2) 評估，感測器熱響應以公式 (3) 評估，最後整體感測器可以公式 (4) 及公式 (5) 進行驗證效能 [28]。

$$P = G_{gas}\lambda_{gas}\Delta T + G_{mem}\lambda_{mem}\Delta T \tag{1}$$

$$\eta = \frac{G_{gas}\lambda_{gas}}{G_{gas}\lambda_{gas} + G_{mem}\lambda_{mem}} = \frac{\Delta P / P}{\Delta\lambda_{gas}/ \lambda_{gas}} \tag{2}$$

$$\tau = R_{therm}C_{therm} \tag{3}$$

$$\frac{d^2T(r)}{dr^2} + \frac{1}{r}\frac{dT(r)}{dr} - \gamma^2[T(r) - T_{amb}] = 0 \quad \text{with}$$

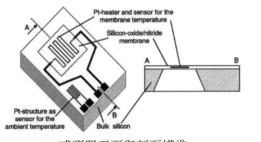

(a) 感測器平面與剖面構造

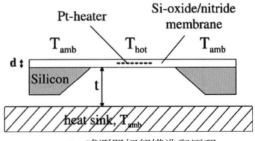

(b) 感測器細部構造與原理

圖 14　氫檢測（空氣中氫濃度 0.2%）感測器構造

$$\gamma^2 = \frac{\alpha}{\lambda_{\mathrm{mem}}d} \tag{4}$$

$$T(r_{\mathrm{i}}) = T_{\mathrm{hot}} \quad \text{and} \quad T(r_{\mathrm{a}}) = T_{\mathrm{amb}} \tag{5}$$

而針對感測器一般也會採用逆向工程（Reverse Engineering）方法進行分析（如圖 15），此法也容易讓安全衛生管理人員更容易熟悉相關感測器元件結構與原理（Element Structure and Principle），當理解感測器特性、功能與結構，對整體安全監測系統（Safety Monitoring System）更容易檢討與調整。又針對製程機臺設備方面，首先應運用 ISD 策略從機臺內部感測（Closed Area）開始，針對各項物理量進行設計評估，並建立現況可行之改善建議，進一步延伸至高科技廠房作業環境安全感測器系統（Open Area），使得作業環境得以達成我們想要的安全監控程度，如此才能有效掌握整廠安全等級（如圖 16），避免高科技製程作業人員遭受傷害，此系統觀念也是安全衛生管理人員對於自動化系統應有的知識。因此，若以高科技化學加熱清洗製程為例（如圖 17），需考量消防自動警報感測、液位感知、過溫保護、洩漏感知等感測裝置與系統，其功能與標準即應列入送氣送電檢核表中，以利送機前之 ISD 查核（ISD Checking）[25-27][29]。

高科技製程機臺自動化方案，此處以爐管（Furnace）為例詳細說明其架構；在 8 吋以下之半導體製程爐管機臺多採用水平式（如圖 18(a)），而 8 吋以上之爐管機臺則為求節省無塵室空間則多採垂直式（如圖 18(b)），而在圖 19(a) 中顯示 12 吋 LPCVD 製程爐管加熱系統控制流程，主要信號由主控制模組（Main Control Module, MCM）開始，當作業人員（Operator）輸入製程參數（Process Recipe）後控制信號將傳遞至元件控制單元（Element Control Unit, ECU）及溫度控制單元（Temperature Control Unit, TCU）中，此二單元即進行動力供應單元

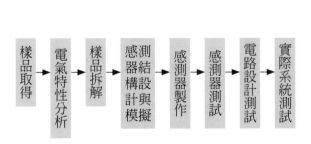

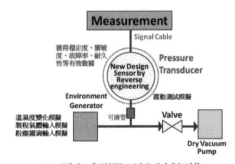

(a) 感測器逆向工程程序　　　　　　　　(b) 壓力感測器可行分析架構

圖 15　感測器之逆向工程分析流程

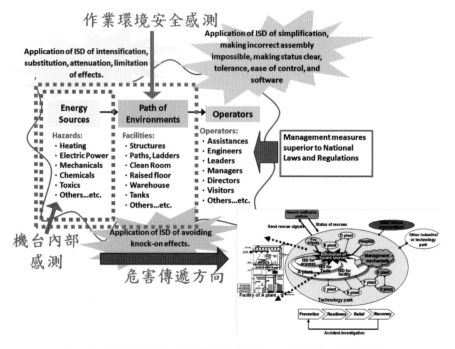

圖 16　製程機臺安全監測系統運用 ISD 策略之思維架構

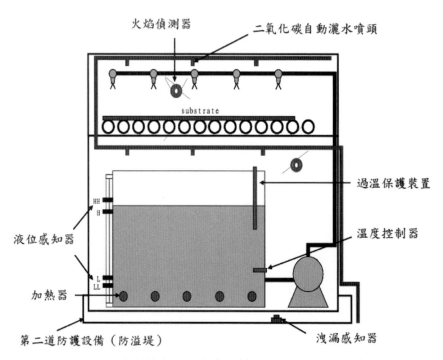

圖 17　高科技化學加熱清洗製程相關感測裝置示意

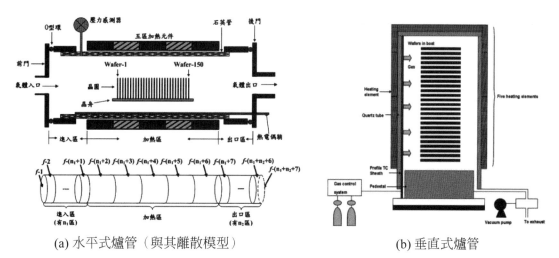

(a) 水平式爐管（與其離散模型）　　　　　　(b) 垂直式爐管

圖 18　半導體製程用先進製程爐管構造

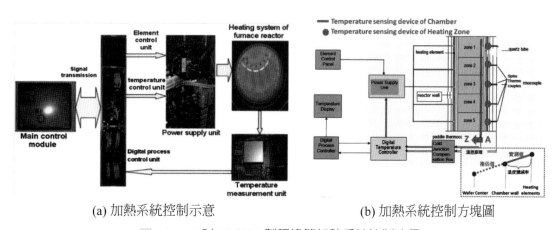

(a) 加熱系統控制示意　　　　　　　　(b) 加熱系統控制方塊圖

圖 19　12 吋 LPCVD 製程爐管加熱系統控制流程

（Power Supply Unit, PSU）控制動作，此時爐管反應器加熱系統將開始動作，進行加熱或停止加熱等動作，由於此溫控系統為自動化控制，所以在爐管內外均設置有溫度感測元件（Thermocouple 或 Temperature Measurement Unit, TMU），此訊號將回傳給數位製程控制單元（Digital Process Control Unit, DPCU），此單元經由運算後再將控制訊號傳遞給 ECU 及 TCU，如此反覆循環控制，製程反應器即可維持在我們設定的溫度值下；而其溫度感測原理（請參考圖19(b)）即利用爐管內部石英管壁（Quartz Wall）及加熱器兩者之 TMU 依距離核算溫度梯度（Temperature Gradient），進而推估晶圓中心溫度而進行溫度控制，圖 20 係 12 吋 LPCVD 製程爐管加熱系統溫控模式，圖 21 係溫度控制電路迴路；主要控制原理係依據圖 18(a) 水平爐

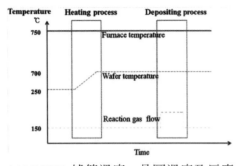

(a)LPCVD 爐管溫度、晶圓溫度及反應氣體溫度比較

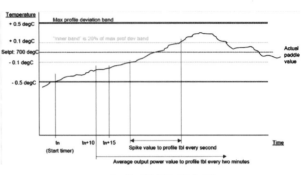

(b) 加熱系統溫控曲線

圖 20　12 吋 LPCVD 製程爐管加熱系統溫控模式

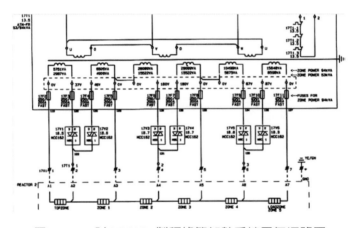

圖 21　12 吋 LPCVD 製程爐管加熱系統電氣迴路圖

管離散模型（Discrete Model）中，在僅考慮熱輻射（Themal Radiation）影響下之晶圓溫度（Tw）與爐管溫度（Tf）之線性關係如下式 [25-26][30-31]：

$$T_w^4 = CT_f^4 = A_1^{-1} A_2 T_f^4$$

其中

$$A_1 = [I_m - F_{w\text{-}w} - F_{w\text{-}f} E_f (E_f' - F_{f\text{-}f} E_f)^{-1} F_{f\text{-}w}]$$

$$A_2 = F_{w-f}[I_m - E_f(E'_f - F_{f-f}E_f)^{-1}(I_n - F_{f-f})]$$

$$C = A_1^{-1}A_2$$

又 Tw 為晶圓溫度，C 為濃度，Tf 為石英內管溫度，F_{w-w} 為晶圓對晶圓的熱輻射，F_{w-f} 為晶圓對爐管的熱輻射，F_{f-w} 為爐管對晶圓的熱輻射，F_{f-f} 為爐管對爐管的熱輻射，E_f 與 E'_f 均為考量晶圓表面對石英管壁表面之形狀因子矩陣，Im 為 m 個晶圓溫度總和矩陣，In 為 n 個石英管離散量總和矩陣。

6.3　廠務系統安全管理與自動化理論

我們在具備自動化知識後，接著依據第二章圖 39 之高科技廠房生產管理聯想模式進行思考，舉凡建築結構、無塵室、電力系統、緊急電力供應系統、空調系統、消防系統、給水系統、供氣系統、供化學品系統、供固態材料系統、廢氣處理系統、廢液處理系統、廢棄物處理系統、監視保全系統等均為全自動化供應，方可自動化之製程；本書將列舉重要廠務系統及其自動化架構。

在離開單一機臺後即進行各機臺之整合（如圖 22），雖然仍屬製程管理，但這些都在無塵室中完成，包含無塵室標準（如環境、溫度、溼度、設備高度、最大重量及尺寸等）、無塵室邊牆（Partition）介面標準、無塵室地板（Raised Floor）介面標準、排氣（Exhaust）介面標準、跨生產中心物料搬運系統、批量識別標準、頭頂搬運系統（OHT）、晶圓及儲存盒（Cassette）標準、排液（Drainage）介面標準、生產中心內搬運車標準（AGV）、操作人員與設備介面互動標準、維護及耗材（Consumable Materials）標準、化學液及氣體介面及標準、廠務及連通標準、廠務介面（Facility Interface）標準、操作人員對於全廠自動化系統及介面標準、安全反制標準（如氣體洩漏、化學液體洩漏、火災等）、其他對於地震及異常如電力、排氣、壓縮氣體、製程及冷越水等異常之防護等。而典型半導體廠跨製程區自動物料傳送系統及製程設備互動應用例如圖 23 所示 [4][21-24]。

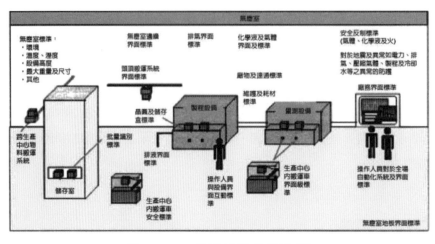

圖 22　12 吋晶圓製造廠標準 [10]

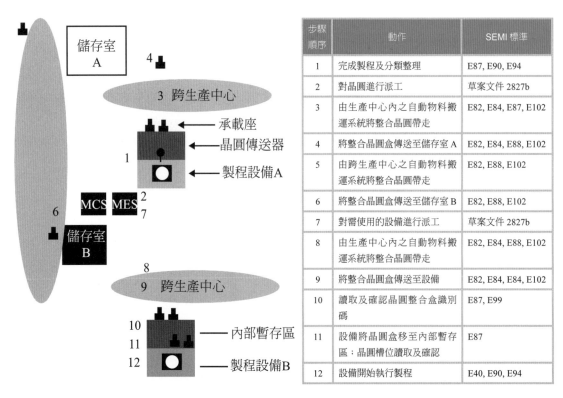

步驟順序	動作	SEMI 標準
1	完成製程及分類整理	E87, E90, E94
2	對晶圓進行派工	草案文件 2827b
3	由生產中心內之自動物料搬運系統將整合晶圓帶走	E82, E84, E87, E102
4	將整合晶圓盒傳送至儲存室 A	E82, E84, E88, E102
5	由跨生產中心之自動物料搬運系統將整合晶圓帶走	E82, E88, E102
6	將整合晶圓盒傳送至儲存室 B	E82, E88, E102
7	對需使用的設備進行派工	草案文件 2827b
8	由生產中心內之自動物料搬運系統將整合晶圓帶走	E82, E84, E88, E102
9	將整合晶圓盒傳送至設備	E82, E84, E84, E102
10	讀取及確認晶圓整合盒識別碼	E87, E99
11	設備將晶圓盒移至內部暫存區；晶圓槽位讀取及確認	E87
12	設備開始執行製程	E40, E90, E94

圖 23　典型半導體廠跨製程區自動物料傳送系統及製程設備互動應用例

　　經由前面討論，我們知道高科技製程在無塵室中建立各製程生產線，主要布置方法目前仍以「非」字型為主流（如圖24(a)）；而其為垂直層流構造（如第四章圖2），而布置上主要就是總面積向下層流系統（Total Area Down Flow System）設計（如第四章圖4(a)）或迷你環境系統（Mini Environment System）設計（如第四章圖4(b)）；其中無塵室之恆溫恆溼中央空調系統控制亦為自動化控制系統，在圖24(b)中可知空氣調節箱（Air Handling Unit, AHU）送風經高效率空氣微粒子過濾網（High-Efficiency Particulate Air, HEPA）出風後（Supply Air, SA）進入無塵室，由於正負壓設計，氣流呈垂直層流（Vertical Laminar Flow）由回風（Return Air）管道回到AHU，由於無塵室內具危害氣體故需要外氣補氣，在圖24(c)為中央空調外氣補氣系統，其程序由預熱控制開始，經降溫控制、加溼控制、除溼控制、回溫控制及潔淨度控制，最後送至HEPA至無塵室中，而前述各種控制其源頭仍為相關感測器，包含溫度及溼度等，然後由於是自動控制，所以感測器將訊號送回至比較器，若與設定有差異時則會送至控制器，接著溫度、溼度將受控調整至需求值，如此自動循環[4][32-33]。

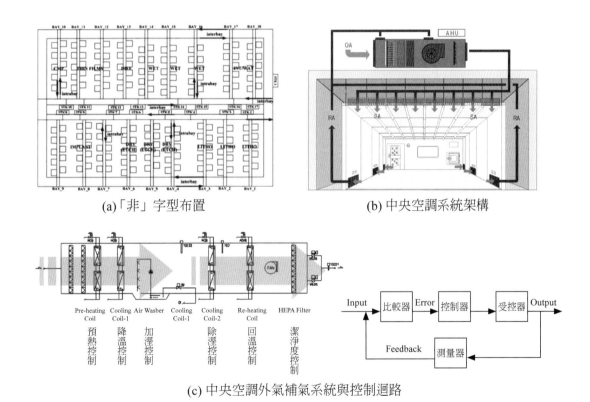

(a)「非」字型布置　　　　　　　　(b) 中央空調系統架構

(c) 中央空調外氣補氣系統與控制迴路

圖24　無塵室布置及中央空調系統架構

又以特殊氣體供應系統為例（如圖 25），單一機臺反應器特殊氣體供應系統一般設置為雙迴路供應，由於氣體均為加壓液化（Pressurized Liquefaction）或直接高壓供應（Direct High Pressure Supply），所以供應方面大多免需動力源（Power Source），該供應程序先經過濾器（Filter），再經控制閥（Valve）與質量流量控制器（Mass Flow Controller, MFC），再至手動關斷閥，即送達反應器（Reactor）內，而 MFC 則感應供應特殊氣體之質量流量，並控制控制閥使質量流量符合製程需要，如此程序亦為自動控制迴路，此外氣瓶櫃至 VMB 管路，為有效供應反應器使用，會設計雙迴路供應且具備存容量，及相關緊急遮斷控制（如表三 NFPA 318 設計規範），也需要自動控制方可實現 [26][32][34]。

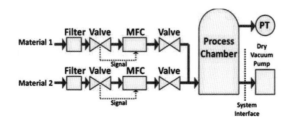

圖 25　單一機臺反應器特殊氣體供應系統圖

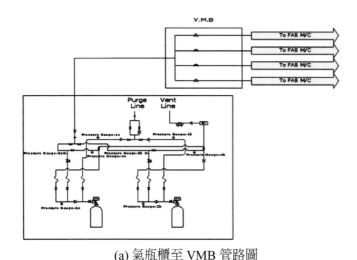

(a) 氣瓶櫃至 VMB 管路圖　　　　　　　　　(b) 氣瓶櫃實務設置情況

圖 26　特殊氣體供應系統

⬇ 表三　NFPA318 反應氣體供應系統設計規範

設施或裝置	防火區隔	自動撒水	自動水霧	通風換氣	洩漏保護	火警感知	自動遮斷	手動遮斷	地震連動遮斷	超流保護	限流裝置	材質	防震	設置位置	標示	電氣防爆
供應裝置（鋼瓶）	●						●	●	●	●	●	●	●	●	●	
氣瓶櫃		●	●	●	●	●						●	●	●	●	●
氣體房	●	●	●	●	●	●						●	●	●	●	●
供應管路					●							●	●	●	●	
製程設備	●	●	●	●	●	●	●			●		●	●	●	●	
廢氣管路	●	●			●							●	●	●	●	

6.4　製程整合與中央監控之安全管理機制

　　製程整合（Process Integration）係將必需且適當的製程步驟（Process Steps）依正確的順序（Sequence）組合起來，以獲得電路設計者所預期的電特性（Electrical characteristics）及功能（Function）；所以製程整合必需能避免多餘的步驟，以降低成本，減少製程循環時間（Cycle Time）及出錯機率（Error Rate），此外亦應能符合製程參數要求且極力達成製程最佳化，當然製程整合後的結果一定是符合製程正確順序；所以對於高科技製程流程（Process Flow），就必須考量不同的情況，例如對於前段（Front-End）製程階段而言，其為完成 MOSFET 所有的必要條件與過程，若無法整合，勢必產品良率不足，成本也就大幅增加，又如後段（Back-End）製程階段而言，主要進 MOSFET 間的連線及 ICs 對外的連結開口等金屬連線製製程，當然也與前段製程有著相同製程整合需求 [35-36]。

圖 27　產品良率的維持與提升是製程整合人員重要工作

製程整合工作內容以高科技產業為例列舉如下（如圖 27）：

1. 應能整合各製程組（Module）建立最佳化製造程序（Process Flow），來符合客戶產品需求。

2. 應能確實執行全方位製程掌控，來符合客戶產品需求，以提高客戶滿意度。

3. 客製化（Customized）及新製程開發（New Process Development），來滿足客戶需求品質問題（Issues）分析與解決，並能即時改善異常。

4. 產品良率的維持與提升，以降低客戶死貨成本（Die Cost），如此才得以提高客戶滿意度。

5. 晶圓接受檢測（Wafer Accept Test, WAT）之電性參數的統計製程管制（Statistical Process Control, SPC）即時監控（Real Time Monitoring），以維持製程品質。

另一方面，中央監控系統（Central Monitoring System）目前常見有製程生產線（Production Line）管理與狀態監控、自動化傳送（Automated Delivery）系統監控、化學品供應（Chemical Supply）系統監控、電力供應（Power Supply）監控管理、獨立型電能（Independent Power Supply）管理監控系統、空調（Air Condition）監控管理與節能（Energy Saving）控制、消防排煙火警（Firefighting/Exhaust/Alarm system）系統監控、照明（Illumination）設備監控、給排水（Water Supply/Drain）系統監控、局部除害系統（Local Scrubbers）監控、中央除害系統（Central Scrubbers）監控、廢水處理（Sewage Disposal）系統監控、廢氣處理（Emissions Treatment）系統監控、保全與安全（Security and Safety）監控等，而中央監控系統及相關子系統功能重點要求主要希望能有效掌握必要的製程或狀態物理條件，並且透過適合的運算、處理、決策等進而提供控制系統命令，此系統在目前的技術亦需要有強大伺服器（Server）（如圖 28），協助運算及記憶功能。

圖 28　中央監控系統伺服器室

中央監控系統在規劃建置時應考慮表四各項重點。而圖 29 顯示不同的設計方案，對於系統穩定性有顯著影響，在圖 29(a) 為 PLC 與 SLC 直接切換控制，當控制出現問題即失去控制功能，又圖 29(b) 為 PLC 與 SLC 分二階段控制，此時當 PLC 控制異常（如 PLC Fault/PLC Communication Fault/PLC Power Failure 等）任何一項發生時可自動切換到 SLC 控制，而且切換不同控制系統控制時，雖不同 PID 切換，但不會影響系統穩定，此外 PLC/SLC 控制模式架構為分散式，各別獨立運作，電源（Power Source）也分別獨立，前述情況發生不會導致系統同時失效（Fault），所以從安全管理角度來看，中央監控系統及相關子系統功能將影響安全管理效能，這與過去 ISD 研究所應用的軟體策略相符 [4][37-38]。

⬇ 表四　中央監控系統規劃建置時考量重點彙整

項目	考量重點
盡可能讓系統穩定運轉	1.器材選用方面，例如感測器（Sensor）的特性／安裝位置等，或控制閥件（Control Valve）的規格／特性等，亦或是幫浦／風機（Pump/Fan）的選用需考量其特性曲線／變頻曲線等要項。 2.控制器材廠牌選用重點包含詢問使用者風評、取得是否容易、代理商是否專業、價錢是否公道等事項。
使系統控制自動化	1.當主控制使用感測器發生異常時，可自動切換至備用感測器控制。 2.當可程式控制（PLC）發生異常時（例如 PLC Fault/PLC Communication Fault/PLC Power Failure 等情況任何一項發生），可自動切換到軟體定義控制器（Software Defined Networking, SDC）控制，並且 PLC 切換至 SDC 控制時，不會因不同之 P.I.D 參數設定而造成系統控制不穩定。 3.假設數據採集與監控系統（Supervisory Control And Data Acquisition, SCADA）或 PLC 網路異常時亦不會造成控制系統之當機，各系統之 PLC or SDC 乃正常運作，不過 SCADA 系統具有完全掌控所有狀況及復機時間極短特性，對於工程師的工作效率可顯著提升。 4.PLC／用戶線控制器（Subscriber Line Controller, SLC）控制模式架構屬分散式，系統維修容易且風險低。
系統操作簡易及有防愚功能	中央監控系統及相關子系統之操作模式應簡易及統一，如此新人訓練時間可縮短，並且如有操作錯誤時也不會影響生產。
系統節約能源	中央監控系統及相關子系統所使用之感測器可提供資訊以利運轉成本計算，且具有分析系統運轉及使用特性，使其在最佳狀況運轉，以達節約能源及安全運轉的能力，此外系統控制用與節約能源分析用及系統異常分析用感測器盡量考慮能共同應用。
系統維護保養簡易	由於儀控人員培養不易，所以可設計 SDC 作為備用功能，並且中央監控系統及相關子系統便於隨時檢修或修改系統，不需等歲修方可執行，還有需修改單一設備時相關設備（如 MCC/MCP/BCP 等）可停電修，改並不會影響該系統運轉。

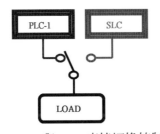 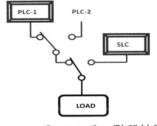

(a) PLC 與 SLC 直接切換控制　　(b) PLC 與 SLC 分二階段控制

圖 29　顯示不同的中央監控系統設計方案

若再以高科技廠無塵室的空調控制系統為例討論，常用感測器種類包含溫度（Temp.）、相對溼度（RH%）、露點（Dew-Point）溼度、DP（氣水）、DPT（氣水）、酸鹼值（Level PH）、流量計（FL）、導電度（Conductiuity）、水洩漏（Water leakage）等；感測器之選用規格則包含廠牌、感測範圍（Range）、準確性（Accuracy）、可擴展性（Rangeability）、操作電壓值、信號（如為 1~5VDC 或 0~10VDC 或 4~20 m A 等）、線數型是（如 2-Wire、3-Wire、4-Wire 等）；感測器安裝方面則彙整如表五，其電路設計方面應注意事項如表六[4][37-38]。

 重點提示

常用感測器種類

包含溫度、相對溼度、露點溼度、DP、DPT、酸鹼值、流量計、導電度、水洩漏等。

🔻 表五　中央監控系統之感測器安裝方面重點彙整（以無塵室空調為例）

項目	考量重點
溫度（Temp.）、流量計（FL）	在入口端在管路 5D 以上，出口端在管路 3D 以上。
一般 Sensor	禁止裝置在管路下方，因會結露，容易短路。
露點（Dew-Point）溼度	係量測風管內溼度，不能裝錯。
溫度（Temp.）、DP、DPT	如有高溫需加裝導壓管。
DPT（氣水）	正壓或負壓端不能裝在無塵室內。
水路系統控制用感測器	建議裝在系統末端（如 PCW 系統）。
排氣管（Exh.）	系統建議裝在系統前端。
感測器裝置在屋外時	需注意風和水。

⬇ 表六　中央監控系統之感測器線路設計重點彙整（以無塵室空調為例）

電路設計重點
1.感測器本身內部裝有電感，如電流大於 0.1A，電感會自動燒毀，而迴路裝置電感目的在隔離外部干擾。
2.感測器與控制器接地，只能接單獨一側，建議接地於控制器端，若兩側均接地，有可能產生電位差，而造成環流情況。
3.如選用電壓輸出（1～5V 或 0～10V）受干擾或電壓衰減現象發生時，建議加裝轉換器（Converter）將信號轉為 4～20mA。
4.感測器負載阻抗（Sensor Load Resistance）（Ω）與感測器電壓關係需注意。
5.感測器電源供應電壓最好用 1 組 DC Power 對應 1 組感測器。
6.感測器電源如使用 AC Powe 而不能單一電源供應 2 組以上感測器（並聯）使用時，會造成感測器燒毀情況發生。
7.以系統氣動閥電源改善為例（如下圖），改善後之電路更能進行感測器之保護。

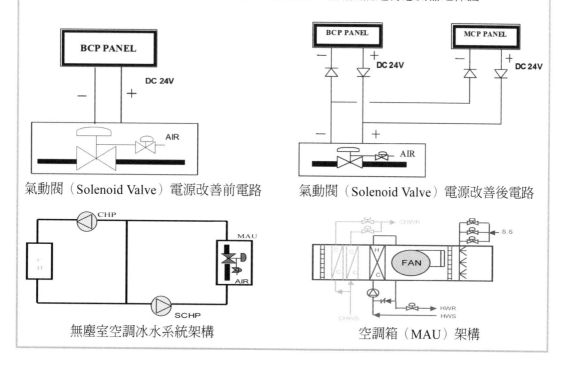

氣動閥（Solenoid Valve）電源改善前電路　　氣動閥（Solenoid Valve）電源改善後電路

無塵室空調冰水系統架構　　空調箱（MAU）架構

　　若再以高科技廠硫酸（H_2SO_4）化學品供應系統為例（請參閱第四章圖 23(b)），主要應能監測槽車（Tanker）狀態、槽車液位（Liquid Level）、供應管路流量（Flow）、供應管路壓力（Pressure）、管路自動閥件之啟／閉狀態（ON/OFF of Automatic valve）、雙套管（Double pipe）外管洩漏狀態、閥箱（VMB）、管路液體流向、儲槽液位、儲槽壓力、輸送過濾器（Filter）狀態、限流裝置（Limiting Hole）狀態、製程過濾器狀態等，其中央監控系統架構如圖 30 所示，圖 31 之廢有機溶劑回收系統之中央監控系統亦可如此思考應用[4][37-38]。

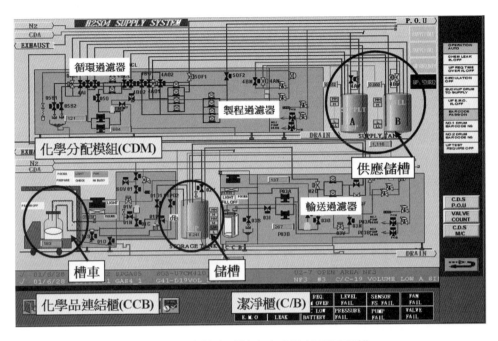

圖 30　硫酸供應系統之中央監控系統架構

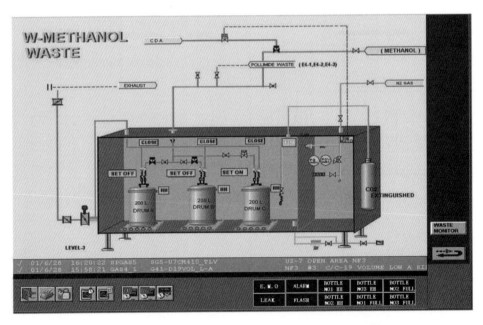

圖 31　廢有機溶劑回收系統之中央監控系統架構

6.5　結合 LOPA 觀點的機臺設備與廠務系統安全管理機制

　　我們在第二章已說明 LOPA 觀點與 HAZOP 的應用實例，對於安全管理而言（請配合第一章圖 83），在既有的製程設計下，我們會對於整體製程系統進行基本程序控制系統設計（Deasign of Basic Program Control System），這也是前述自動化架構，然而當不幸的在基本程序控制系統中若發生關鍵零組件失效（Critical Component Failure），則此程序控制系統也將失效，所以若要讓製程立即停止反應或變成安全狀態，關鍵警報（Critical Alarm）與操作人員干預（Personnel Intervention）就是必要性的安全設計，如此觀念就是中央監控系統與安全管理最重要的關聯架構（Associated Architecture），我們可以從機械設備完整性的觀點來結合安全管理與相關硬體設備關聯，如此將可提升安全等級。

　　依據 29CFR Part 1910.119(j)，機械設備完整性（Mechanical Integrity, MI）的管理原則如下 [39-42]：

1. 辨識出適用設備完整性計畫的關鍵性設備；
2. 發展及建立標準程序（SOP），包括設備之設計（Design）或選用（Selection）、安裝（Installation）、檢查（Inspection）、測試（Testing）、修復（Repairing）等以維持製程設備之運作完整；
3. 訓練維修人員；
4. 根據製造商之建議或採用良好的工程實務規範實施檢查與測試；
5. 執行設備故障或超出容許偏差（Allowable Deviation）之校正程序（Calibration Procedure）；
6. 品保計畫（包含：備品系統）。

　　所以從設備之設計或選用、安裝、檢查、測試、到修復，完整性（Integrity）具有設備全生命週期（Life Cycle）的概念，維持製程設備之運作完整以避免失效及洩漏，更是完整性的目標。而對於前述生命週期中當強調「關鍵性設備」和「良好的工程實務規範」時，則為此處說明的重點。關鍵性設備的分析辨識、評估、及據以決定檢測計畫，建立基於風險（Risk Base）的設備管理制度是設備完整性的核心觀念。而「良好的工程實務規範」在美國等工業先進國家即指 ANSI、ASME、API、IEC、……等相關標準規範，對於高科技廠則可運用 SEMI-

S2 規範執行。

　　以製程設備的硬體角度而言（圖 32），設備完整性包含設備本體（Machine Structure）、管線與管架（Pipeline and Pipe Rack）、基座（Fundation）、安全閥（Safety Valve）、安全儀錶（Safety Instrument）系統、及雷擊防護（Lightning Protection）、靜電防護（Electrostatic Protection）等附屬設施。以時間而言，包括從設備啓用以後的運轉歷史資料、目前的狀況、預訂下次內部／外部檢查的時間規劃等。以管理的角度來說，則包括了以設備完整性作爲中心，與其相關的危害風險評估、檢修標準程序（SOP）、訓練維修人員、檢修作業外包管理、新設備開俥前安全審查（Prestartup Safety Review）、設備變更管理、設備文件管理、設備異常事件／事故調查矯正與預防等（如圖 33）。

　　設備完整性做得好的表徵是採用國際標準、資料完整（建立資料庫（Database））、預防重於矯正（Correction）、指標化管理、風險管控、缺陷評估、變更管理（Management of Change），這些工作都有賴電腦化、網路化的維修管理平臺，對於目前大數據（Big data）、雲端技術（Cloud Computing）、物聯網（Internet of Things, IoT）等技術而言，安全管理更應考量納入。而相關聯的技術包括以下：

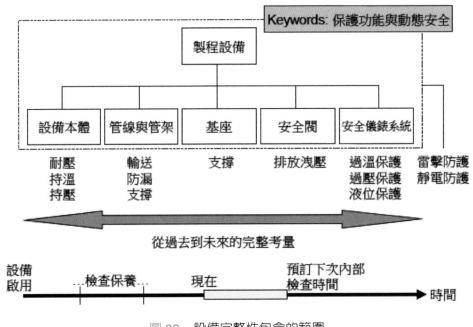

圖 32　設備完整性包含的範圍

圖 33　設備完整性管理

1. 設備損壞評估：有失效模式與影響分析（FMEA/CA）、風險基準檢查規劃（RBI）、安全儀錶系統風險評估（IEC 61511）、檢測有效性評估、結構適用性評估（Fitness for service, FFS）等。

2. 可靠度相關技術：如平均失效時間（MTBF）、平均維修時間（MTTR）、總和稼動率等。

3. 電腦化維修管理：如定期保養計畫、工單管理、物料管裡／備品系統、績效評估等。

而傳統上對於固定設備的維護採用定期檢查（Periodic Inspection）的管理方式，例如各國法規規範的壓力容器或高壓設備大多規定每三年或每兩年須停止運作開放檢查，這種檢查方式容易流於形式，失去重點，且造成龐大的停工及檢查資源浪費，對於某些特殊設備如液化天然氣（LNG）、液氨儲槽、冷箱等甚至可能因開放檢查曝露安全風險。基於風險的檢查計畫（Risk-Based Inspection, RBI）的觀念則是對所有相關的設備管線進行系統性分析，評估設備失常或故障所造成的可能風險，以風險指標進行設備排序，以風險排序規劃設備檢查計畫，並有效的運用檢查預算（Cost-Effectiveness）。因此 RBI 計畫的目的是合理分配檢查的投入，對於高風險設備提供嚴密的檢查計畫（Inspection Plan），並可以減少低風險設備的檢查經費。圖 34 是檢測活動與潛在風險的示意圖。API 關於 RBI 的兩個標準是 API 580 和 API 581。API 580 在說明什麼是 RBI 及如何實施 RBI；API 581 Risk-Based Inspection Technology 則提供了評

估設備失效風險、各類腐蝕劣化機制的失效可能性分析、設備失效後果分析、及評估檢測規劃和檢測有效性的方法。圖 35 是 API 580、API 581 與其他 API 檢查標準 API 510、API 570、API 653 的關聯圖，經 RBI 評估後，必要時依 API 579 進行結構適用性評估，如果設備剩餘壽命（Equipment Remaining Life）還在堪用基準內可以替代檢查方案取代 API 510、API 570、API 653，否則還是要回到傳統的 API 510、API 570、API 653 的檢查模式。圖 36 是 RBI 的執行流程，主要包含有前置準備工作及鑑認腐蝕劣化機制 [43-44]。

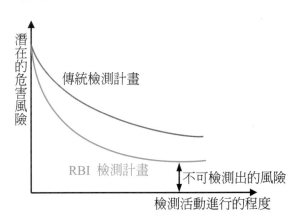

圖 34　檢測活動與潛在風險

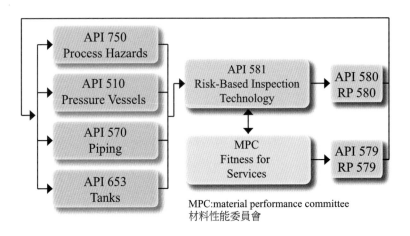

圖 35　API 檢查標準關聯圖

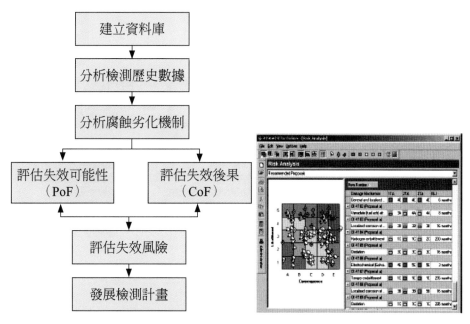

圖 36　RBI 的執行流程

　　前置準備工作方面包含收集包括製程流程圖（PFD）、操作條件、材質選用資料／圖（MSD）、設備構造詳圖、3D 管線立面圖、檢測歷史數據等作業；鑑認腐蝕劣化機制方面則應考慮內容物組份／微量汙染物、操作條件、材質、保溫（冷）等因素鑑認腐蝕劣化機制並在 PFD 或 MSD 上製作腐蝕環路圖。

　　安全儀錶系統（Safety Instrument System, SIS）或安全聯鎖系統是製程工業另一種專業領域的關鍵設備，主要的國際標準是 IEC 61508 與 IEC 61511。IEC 61508 標準全名是「電氣／電子／可程式電子安全相關系統功能安全」，這裡所謂「功能安全」（Functional Safety）的概念是針對系統風險而言，如欲控制系統風險在可接受的或可容忍的風險狀態，可能可以採用的安全功能方式包括電氣／電子／可程式電子系統（E/E/PES）、其他安全相關技術、外部風險降低措施。E/E/PES 即是後續要談的安全儀錶系統或安全聯鎖系統，基本上安全儀錶迴路包含三個部分，感測器、邏輯處理器、終端元件或執行機構，如圖 37 所示；其他安全相關技術是指 SIS 以外的本質安全設計、DCS、機械式控制元件如硬線邏輯迴路（Hard-Wired Logic Circuits）、調壓閥（Pressure Regulating Valve）等；外部風險（External Risk）降低措施則指製程控制系統以外的物理、機械、結構、管理措施，例如安全釋壓閥、防溢堤（Spill Embankment）、安全作業規程等。

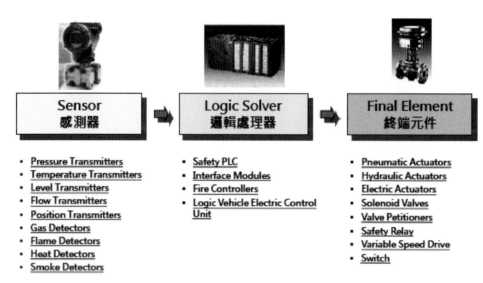

圖 37　安全儀錶系統

　　IEC 61508 是一個系列的標準，對於不同領域，國際電工委員會（IEC）先後分別制訂了適用於該行業的標準。例如適用於機械設備的 IEC 62061，適用於一般製程工業的 IEC 61511，特殊製程工業（核能電廠）的 IEC 61513，適用於軌道交通的 EN 50128，適用於汽車的 ISO 26262 等 [45-46]。

　　IEC 61511 是「製程工業安全儀錶系統功能安全」標準。IEC 61511 所強調的也是 SIS 全生命週期（Life Cycle）的管理，如圖 38。導入 IEC 61511 的基礎工作仍然是危害風險評估，對於石油化工行業最佳的評估方法就是 HAZOP，而高科技製程亦應用到許多石油化工產業技術，當然也適合運用 HAZOP，其分析了系統危害、現有防護措施、目前的風險及公司可容忍的風險，然後分配安全功能至各保護層，因此 LOPA 是最佳的技術實務工具。所以通過 HAZOP/LOPA 分析即可確認安全儀錶功能（Safety Instrument Function, SIF）的定義，及該 SIF 的安全等級。此安全等級就是安全完整性等級（Safety Integrity Level, SIL）。例如有一座壓力設備 D-202 操作中如達到製程系統上所定義的高壓 2.6bar，製程系統上設計了 UV-2036 應在 2 秒內開啟，以避免 D-202 超壓洩漏，此即 SIS 的 SIF 描述；如果該 SIF 的等級是 SIL 1，此即 SIS 的安全等級。SIF 描述與安全等級構成了安全儀錶系統完整的功能安全要求。IEC 61508 做了安全完整性等級的基本定義，如表六；表中有兩類動作模式，低需求模式與連續／高需求模式。低需求（Low Demand）模式在 IEC 61508 的定義是平均一年作動一次以下的 SIF，例如製程工場中的緊急停俥系統，低需求的系統由需求作動時之平均失效機率決定 SIL 等級；連續／

⬇ 表六　安全完整性等級定義

安全完整性等級	低需求模式操作 （需求時之平均失效機率，PFDavg）	連續／高需求模式操作 （每小時危險失效率，PFH）
4	$1 \times 10^{-5} \leq PFDavg < 1 \times 10^{-4}$	$1 \times 10^{-9}/hr \leq PFH < 1 \times 10^{-8}/hr$
3	$1 \times 10^{-4} \leq PFDavg < 1 \times 10^{-3}$	$1 \times 10^{-8}/hr \leq PFH < 1 \times 10^{-7}hr$
2	$1 \times 10^{-3} \leq PFDavg < 1 \times 10^{-4}$	$1 \times 10^{-7}/hr \leq PFH < 1 \times 10^{-6}/hr$
1	$1 \times 10^{-2} \leq PFDavg < 1 \times 10^{-1}$	$1 \times 10^{-6}/hr \leq PFH < 1 \times 10^{-5}/hr$

高需求（Continuous Mode／High Demand）模式的定義是平均一年作動一次以上的 SIF，例如離心式壓縮機的防喘振控制系統（Anti-surge Control），連續／高需求的系統由系統的每小時危險失效率決定 SIL 等級。SIL 等級愈高，發生失效的可能性或機率愈低，即可靠度愈高，所以也可以說 SIL 等級是衡量 SIS 對於風險減降能力的準則，SIL 1 可以減降風險 10 到 100 倍，等級愈高，風險減降能力愈高 [43-46]。

　　以上是 SIS 的分析階段，定義了安全儀錶系統完整的功能安全要求。然後是實現階段，也就是 SIS 的設計、組構、SIL 等級驗証驗算、安裝、調試、確效（Validation），在這些工作之前應該要編製一份文件詳述 SIS 的規格，即安全需求規範（Safety Requirement Specification, SRS），在 IEC 61511 第 10 及第 12 章中有完整的要求，共有 27 個項目。最後是 SIS 的運轉階段，涵蓋了操作及維護、系統修改（應該依循變更管理程序及前述 IEC 61511 的相關要求）、系統除役。

　　安全完整性包括硬體安全完整性（Hardware Integrity）和系統安全完整性（Systematic Integrity）。硬體安全完整性為與隨機硬體失效有關的安全相關系統安全完整性的一部分，例如：繼電器無法開啟或關閉；二極體、電晶體正極／負極／發射極斷線、短路；電池老舊；接線耗損；接觸腐蝕造成無法導電；組件隨機失效。系統安全完整性為與系統失效有關的安全相關系統安全完整性的一部分，例如：系統設計錯誤；換上不正確的備品；錯誤的配置；軟體病毒；錯誤的軟體版本；操作員關錯開關等。

　　失效率（Failure Rate）的數據來源有工廠實際運行的統計數據、資料庫的數據、元件供應商所提供的數據等三種來源，不論是哪種數據都是基於統計的結果。失效率與平均失效時間（Mean Time between Failure, MTBF）有關，失效率是單位時間發生的失效次數；而 MTBF 是兩次失效間的時間總和除以全部失效次數的算數平均數，所以失效率與 MTBF 有互為倒數的數學關係。舉例來說，100 個相同型式的訊號傳送器（Transmitter）進行了安裝和操作，直到他們故障，MTBF 可由加總直到失效前的操作時間，再除上安裝的總數求出。

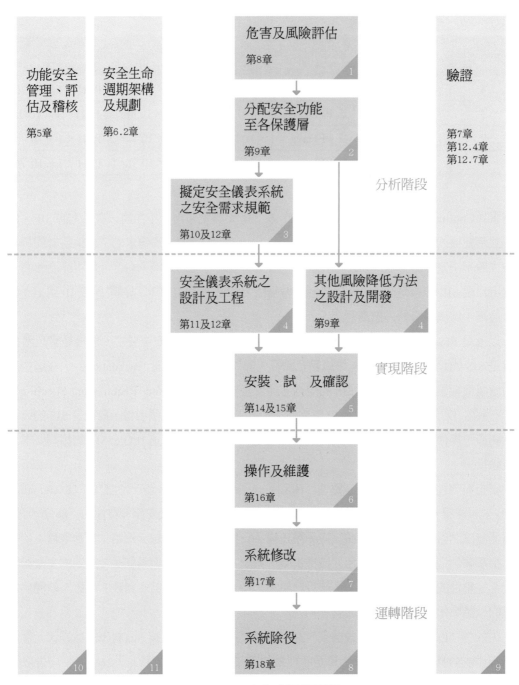

圖 38　SIS 全生命週期管理

若有一案例之操作過程如下：

1. 有 10 個零組件在 3 年內故障 3 年 ×10 = 30 年；

2. 有 20 個零組件在 5 年內故障 5 年 ×20 = 100 年；

3. 有 30 個零組件在 7 年內故障 7 年 ×30 = 210 年；

4. 有 30 個零組件在 9 年內故障 9 年 ×30 = 270 年；

最後有 10 個零組件在 10 年內故障 10 年 ×10 = 100 年；

則 MTBF = (30 + 100 + 210 + 270 + 100)/100 = 710/100 = 7.1 年；失效率 λ = 1/ MTBF = 1/7.1 = 14.1×10^{-2}/year。

系統作動失效機率也是時間函數，與失效率的關係如圖 39，平均失效機率 PFDavg 是 1/2 檢驗測試週期所對應的瞬間失效機率。

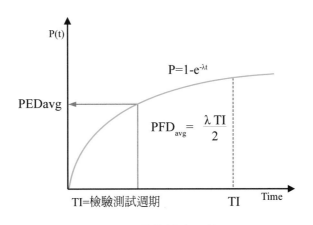

圖 39　失效機率函數

又影響 PFDavg 或 SIL 等級的因素包括：

1. 組件選用：直接影響失效模式與失效率 λ，其他需考慮的因子還包括安全失效分數、診斷覆蓋率。

2. 檢驗測試週期 TI。

3. 硬體故障裕度：回路結構設計，考慮組件的冗餘（Redundant）設計以提高可靠度。

4. 共因失效係數 β：因為系統未隔離、冗餘設計、環境因素、人為因素產生共因失效（Common Cause Failure）。安全儀錶迴路與 DCS 控制迴路在起始失效事件與 DCS 迴路元件相關時，兩者的架構應該「隔離」，也就是

重點提示

> 影響 PFDavg 或 SIL 等級的因素
>
> 包含組件選用、檢驗測試週期、硬體故障裕度、共因失效係數等。

安全儀錶迴路要有獨立的感測器、訊號傳送器、邏輯處理器（Safety PLC）、終端元件。

失效率包括安全失效率（Safe Failure Rate）λ_S 及危險失效率（Dangerous Failure Rate）λ_D，安全失效是指 SIS 失效時製程處於安全狀態的失效，一般最多的情況是誤動作；危險失效是指 SIS 失效時製程處於危險狀態的失效。安全失效率包括了可被偵測的安全失效率（Detected Safe Failure Rate）λ_{SD} 及不可被偵測的安全失效率（Undetected Safe Failure Rate）λ_{SU}。危險失效率也包括了可被偵測的危險失效率（Detected Dangerous Failure Rate）λ_{DD} 及不可被偵測的危險失效率（Undetected Dangerous Failure Rate）λ_{DU}。如圖 40 示意圖。而安全失效分數（Safe Failure Fraction, SFF）的定義是安全失效率與可被偵測的危險失效率在總失效率中所占的比率如下式：

$$SFF = (\lambda_{SD} + \lambda_{SU} + \lambda_{DD}) / (\lambda_{SD} + \lambda_{SU} + \lambda_{DD} + \lambda_{DU})$$

因此 SFF 是一項重要的指標，SFF 愈高表示組件的 λ_{DU} 愈小，可靠度愈高。λ_{DU} 是我們計算 PFDavg 時最關切的一種失效率，$\lambda_{DU} = (1 - SFF)\lambda$。

硬體故障裕度（Hardware Fault Tolerance, HFT）是子系統在一個（或多個）硬體危險失效的情況下，仍能繼續維持安全功能的容錯能力，亦即子系統配置能夠容忍的危險失效數目，詳如表七說明。

關於子系統的結構約束，即硬體的最高安全完整等級會受到子系統的複雜度類型、SIL 聲明限制（SIL claim limit）、安全失效分數（SFF）及硬體故障裕度（HFT）等因素的限制。IEC 61511 做了一些適度的簡化，感測器、終端元件不考慮 SFF，系統達到不同 SIL 等級所需的最小硬體故障裕度如表八，但在標準條文解釋上維持了一些彈性，如 IEC 61511-1：

1. 11.4.3 條 - 若感測器、終端元件和非可程式電子邏輯處理器的主要失效模式是安全失效或可被偵測的危險失效，則適用表八的最小硬體故障裕度。反之，最小硬體故障裕度數值將被增加 1。

2. 11.4.4 條 - 若感測器、終端元件和非可程式電子邏輯處理器符合以下所有條件，最小硬體故障裕度數值可被減少 1：

設備硬體的選用符合「基於使用經驗」（Prior use）；僅允許調整製程相關參數（如量測範圍、失效方向），且以跳線或密碼保護；需求 SIL 等級小於 4。而可程式電子邏輯處理器的 SIL 等級與硬體故障裕度的關係如表九。

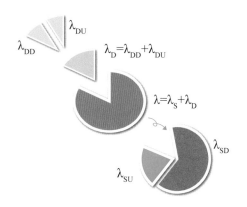

圖 40　失效率分類

⬇ 表七　冗餘設計與硬體故障裕度

冗餘架構	說明
1oo1	只有 1 個通道，當此通道失效，即無法執行安全功能，造成危險失效，亦即 HFT = 0。
1oo2	具備 2 個通道，即使任一通道功能失效，仍有 1 個通道能夠執行安全功能，亦即 HFT = 1。
1oo3	具備 3 個通道，即使任一通道功能失效，仍有 2 個通道能夠執行安全功能，亦即 HFT = 2。
2oo3	具備 3 個通道，每個輸出通道皆與其他通道兩兩串聯構成表決電路（可減少例如誤動作的安全失效），但只要 1 個通道發生危險失效（造成串聯的另一通道失效），將只剩 1 個通道能夠執行安全功能，亦即 HFT = 1。

HFT = 0 ── E / E / PES ─────── 1oo1

HFT = 1 ── Channel 1 / Channel 2 ─── 1oo2

HFT = 2 ── Channel 1 / Channel 2 / Channel 3 ─── 1oo3

HFT = 1 ── Channel 1 / Channel 2 / Channel 3 ─── 2oo3

⬇ 表八　符合 IEC 61511 的硬體故障裕度 - 感測器和終端元件

IEC 61511- Part 1 感測器、終端元件和非 PE 邏輯處理器	
SIL	最小硬體故障裕度
1	0
2	1
3	2
4	適用特別的要求 – 詳見 IEC 61508

⬇ 表九　符合 IEC 61511 的硬體故障裕度 - 邏輯處理器

IEC 61511- Part PE 邏輯處理器			
SIL	硬體故障裕度		
	SFF<60%	SFF：60%~90%	SFF>90%
1	1	0	0
2	2	1	0
3	3	2	1
4	適用特別的要求 – 詳見 IEC 61508		

參考文獻

1. 生產管理（Production Management），智庫百科。http://wiki.mbalib.com/zh-tw/%E7%94%9F%E4%BA%A7%E7%AE%A1%E7%90%86。(2016/11/22 摘自網路)

2. Hong Xiao, Introduction to Semiconductor Manufacturing Technology Second Edition, Prentice Hall, 2012.

3. Sze, S. M., & Ng, K. K. Physics of semiconductor devices. John Wiley and Sons, 2007.

4. 維基百科。https://zh.wikipedia.org/wiki. (2016/11/22 摘自網路)

5. 陳俊瑜、王世煌、張國基（2015），產業製程安全管理與技術實務。臺北：五南圖書。

6. 精確控制損耗成本，有效解決 生產進度和交期等生產管理問題！正航資訊。http://www.chi.com.tw/pdmsolution/。(2016/11/22 摘自網路)

7. ERP (Enterprise Resource Planning, 企業資源計劃)，智庫百科。http://wiki.mbalib.com/zh-tw/ERP。(2016/11/22 摘自網路)

8. Ritchie, B., & Brindley, C. (2007). Supply chain risk management and performance: A guiding framework for future development. *International Journal of Operations & Production Management*, 27(3), 303-322.

9. Agha S., L. Alrubaiee, M. Jamhour (2012) Effect of Core Competence on Competitive Advantage and Organizational Performance International, *Journal of Business and Management*, 7(1), 193.

10. Weiss, M., "300mm Fab Automation Technology Options and Selection Criteria (1997), *1997 IEEE/SEMI Advanced Semiconductor Manufacturing Conference Workshop*, pp373-379.

11. D. C. K. Yuen, and B. A. MacDonald (2005), "Vision-based localization algorithm based on landmark matching, triangulation, reconstruction, and comparison," IEEE Transactions Robotics and Automation, vol. 21,no.2, pp. 217-226.

12. T.-H. Lin, M.-H. Hung, R.-C. Lin, and F.-T. Cheng. (2006). A Virtual Metrology Scheme for Predicting CVD Thickness in Semiconductor Manufacturing.Proc. 2006 IEEE International Conference on Robotics and Automation, Orlando, Florida, USA. doi: 10.1109/ROBOT.2006.1641849.

13. Kao, C.-A., F.-T. Cheng, and W.-M. Wu. (2011). "Preliminary Study of Run-to-Run Control Utilizing Virtual Metrology with Reliance Index. Proc. 2011. IEEE International Conference on Automation Science and Engineering, Trieste, Italy, 256-261. doi: 10.1109/CASE.2011.6042446.

14. Sohn, M., Yim, J. H., Lee, S., & Lee, H. J. (2014). Ontology-based dynamic and semantic similarity calculation method for case-based reasoning. Intelligent Automation & Soft Computing, 20(1), 33-46.

15. 自動化技術。http://www.wikiwand.com/zh-hk/%E8%87%AA%E5%8A%A8%E5%8C%96%E6%8A%80%E6%9C%AF。(2016/11/22 摘自網路)

16. Eleftherios Kokoris-Kogias, Orfefs Voutyras, Theodora Varvarigou, "TRM-SIoT: A Scalable Hybrid Trust & Reputation Model for the Social Internet of Things, IEEE 21st International Conference on Emerging Technologies and Factory Automation(ETFA), 2016.

17. 秦唯珊、林冠含、郭育良、蕭淑銖（2013）。勞工發生職業傷害後 12 個月復工狀況之探討。[Factors Influencing Return to Work among Workers at 12 Months after Occupational Injury]. 臺灣公共衛生雜誌 , 32(6), 576-585. doi: 10.6288/tjph201332102047。

18. British Standard Institution (2008). OHSAS 18001: Occupational health and safety assessment series.

19. David Smith (2008). OHSAS 18001 provides MS approach for occupational health and safety. ISO Management Systems.

20. Heskett, J. L. and Sasser, W. E. Jr. (2010), The Service Profit Chain from Satisfaction to Ownership, P.P. Maglio et al. (eds.), Handbook of Service Science, pp.19-29, Springer Science + Business Media, LLC.

21. 游欽宏（2005），半導體與平面顯示器製造自動化技術。機械月刊第三十一卷第十二期，P6-23。

22. Boysen, Nils, Malte Fliedner, and Armin Scholl. "Assembly line balancing: Which model to use when?." International Journal of Production Economics111.2 (2008): 509-528.

23. A. Z. Alkar, and U. Buhur (2005), An Internet Based Wireless Home Automation System for Multifunctional Devices, IEEE Transactions on Consumer Electronics, Vol. 51,

pp. 1169-1174, Nov. 2005.

24. Yu-Ping Tsou, Jun-Wei Hsieh, Cheng-Ting Lin, and Chun-Yu Chen (2006), Building a Remote Supervisory Control Network System for Smart Home Applications, IEEE International Conference on Systems, Man and Cybernetics, 2006, ICSMC '06, Vol. 3, pp. 1826-1830.

25. 張國基（2006），高科技廠房本質較安全設計策略應用可行性研究 - 建置本質較安全應用機制。國立交通大學工學院產業安全與防災研究所，碩士論文。

26. 張國基（2017），高科技製程、廠務及安全監控系統本質較安全設計策略應用研究，國立臺北科技大學機電科技研究所，博士論文。

27. 站上解剖臺 探索機器人內在，電子工程專輯。http://archive.eettaiwan.com/www.eet-taiwan.com/ART_8800588790_480502_NT_f352f0e4.HTM。

28. Simon and M. Arndt, "Thermal and gas-sensing properties of a micromachined thermal conductivity sensor for the detection of hydrogen in a automotive applications," *Sensors and Actuators A: Physical,* vol.97~98, 2002, pp.104–108.

29. 經濟部工業局，光電半導體業安全衛生自主管理實務手冊，2009。

30. C.Y.Chen, K.C.Chang, C.H.Huang, C.C.Lu (2014), "Study of chemical supply system of high-tech process using inherently safer design strategies in Taiwan, "*Journal of Loss Prevention in the Process Industries*, vol. 29, pp.72-84.

31. Chih-Cheng Lu, Kuo-Chi Chang, Chun-Yu Chen. (2016). Study of High-Tech Process Furnace Using Inherently Safer Design Strategies (III) Advanced Thin Film Process and Reduction of Power Consumption Control. *Journal of Loss Prevention in the Process Industries*, 43, 280-291.

32. Chih-Cheng Lu, Kuo-Chi Chang, Chun-Yu Chen. (2016). Study of high-tech process furnace using inherently safer design strategies (IV). The advanced thin film manufacturing process design and adjustment. *Journal of Loss Prevention in the Process Industries*, 40, 378-395.

33. 經濟部能源局，無塵室節約能源技術手冊，2013。

34. NFPA 318，Standard for the Fire Protection of Cleanrooms，1999。

35. Mutschler, B., & Bumiller, J. (2005). Towards an Evaluation Framework for Business Process Integration and Management. *Proceedings 2nd International Workshop on*

Interoperability Research for Networked Enterprises Applications and Software (IN-TEROP), Enschede.

36. Yee-Chia Yeo et al (2004)," Metal gate technology for nanoscale transistors—material selection and Process Integration issues", *Thin Solid Films*, pp.34-41.

37. Wenzel, K.E., A. Masselli, and A. Zell (2011), Automatic take off, tracking and landing of a miniature UAV on a moving carrier vehicle. *Journal of intelligent & robotic systems*, 61(1-4): p. 221-238.

38. Valverde-Pérez, B., Mauricio-Iglesias, M., Sin, G.(2016). Systematic design of an optimal control system for the SHARON-Anammox process. Journal of Process Control 39, cc.1-10.

39. API RP 571 Damage Mechanisms Affecting Fixed Equipment in the Refining Industry (2003), American Petroleum Institute.

40. API 570 Piping Inspection Code: In-service Inspection, Rating, Repair, and Alteration of Piping Systems, American Petroleum Institute, 2009.

41. API RP 580 Risk-based Inspection, American Petroleum Institute, 2002.

42. API RP 581 Risk-based Inspection Technology, American Petroleum Institute, 2008.

43. Functional Safety – Safety Instrumented Systems for the Process Industry Sector– Part 1: Framework, Definitions, System, Hardware and Software Requirements (IEC 61511-1), 2003.

44. Functional Safety – Safety Instrumented Systems for the Process Industry Sector– Part 3: Guidance for the Determination of the Required Safety Integrity Levels (IEC 61511-3), 2003.

45. IEC, "ICE 61508: Functional safety of electrical /electronic /programmable electronic safety-related systems," ed: ICE 61508, 2010.

46. S. Brown (2000), "Overview of ICE 61508. Design of electrical/electronic/programmable electronic safety-related systems," Computing & Control Engineering Journal, pp. 6-12.

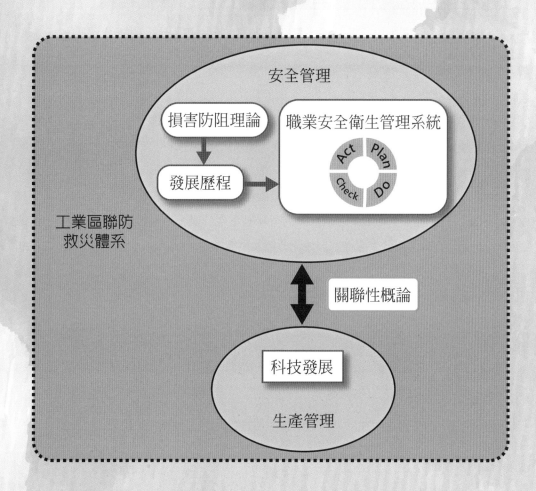

第七章　高科技廠房安全管理與工業區聯防救災應用案例

7.1 高科技廠生產管理與安全管理關聯性概論

我們在第六章已述明高科技廠生產管理（Production Management）的精神與原理，而在高科技廠管理矩陣（Management Matrix）中，生產管理為企業運作的重要功能之一（如圖1）；而一般而言高科技廠生產組織注重於選擇廠址、設施規劃（Facilities Planning）、組織生產線（Production Line），並且實行勞動定額和勞動組織，及設置高科技廠生產管理系統（如ERP、SAP等）；在高科技廠生產計劃方面則有編制生產計劃、高科技廠生產技術準備計劃和生產作業計劃等任務；對於生產控制部分則有控制生產進度（Schedule）、生產庫存（Inventory）、生產品質（Quality）、生產成本（Cost）、生產安全（Safety）等；據此我們得以清楚認知安全管理係高科技廠生產管理控制中重要的項目之一[1-2]。

管理功能＼企業功能	生產	行銷	財務	人力資源	研究發展
規劃	✓	✓	✓	✓	✓
組織	✓	✓	✓	✓	✓
人事	✓	✓	✓	✓	✓
領導	✓	✓	✓	✓	✓
控制	✓	✓	✓	✓	✓

圖 1　管理矩陣

高科技廠生產管理的目標主要係確保生產系統的有效運作，全面完成產品品項、品質、產量、成本、交易期和環保安全等各項要求（如圖2），此外還必須有效利用高科技廠的製造資源（Manufacturing Resources），不斷降低物耗，降低生產成本，縮短生產周期（Production Cycle），減少在製品（Work In Process, WIP），壓縮占用的生產資金（Production Capital），以

圖 2　高科技廠生產管理的目標主要係確保生產系統的有效運作

不斷提高企業的經濟效益和競爭能力，最後爲能適應市場、環境的迅速變化，要努力提高高科技廠生產系統的柔性，使高科技廠能根據市場需求不斷推出新產品，並使高科技廠生產系統適應多元化生產，能夠快速的調整生產，進行品種更換等，均爲高科技廠生產管理重要目標。而高科技廠生產管理的任務有通過生產組織（Production Organization）工作，按照高科技廠目標要求，設置技術上可行、經濟上合算、物質技術條件和環境條件允許的生產系統；通過生產計劃工作，制定生產系統最佳化運行方案；通過生產控制（Production Control）工作，及時有效地調節企業生產過程內外的各種關係，使生產系統的運行符合既定生產計劃的要求，實現預期生產的品種、質量、產量、出產期限和生產成本的目標。生產管理的目的就在於，做到投入少、產出多，取得最佳經濟效益 [1-5]。

過去經驗，若某高科技廠設備部門有位資深設備工程師（Senior Engineer），經常出現違反紀律（Violated Discipline）情況，但某些重要設備只有他會修理，當他發生違反紀律情況時我們是否該處分他？其實國內不少高科技廠都會出現類似這樣讓管理者頭疼的問題，在一個高科技企業裡，如果出現像這樣不可缺少的人，那對高科技廠來說是十分危險的，所以避免或減少這種危險情況的法寶就是標準化，也是高科技廠生產管理的重點之一，基於前述，一般而言生產管理的有三大手法包含 [6-7]：

重點提示

> **生產管理三大手法**
>
> 包含標準化（Standardization）、目視管理（Visual Management）、管理看板（Manage Kanban）等。

1. 標準化（Standardization）：所謂標準化，就是將高科技企業裡有各種各樣的規範，如：規程、規定、規則、標準、要領（Essentials）等等，這些規範形成文字化的東西統稱爲標準（或稱標準書）（如圖 3）。制定標準，而後依標準付諸行動則稱之爲標準化。那些認爲編製或改定了標準即認爲已完成標準化的觀點是錯誤的，只有經過指導、訓練才能算是實施了標準化。

2. 目視管理（Visual Management）：目視管理實施得如何，很大程度上反映了一個高科技廠現場管理水準。無論是在現場，還是在辦公室，目視管理均大有用武之地。在領會其要點及水準的基礎上，大量使用目視管理將會給高科技廠內部管理帶來巨大的好處。所謂目視管理，就是通過視覺導致人的意識變化的一種管理方法。目視管理有三個要點即：(1) 無論是誰都能判明是好是壞（異常）、(2) 能迅速判斷，精度高、(3) 判斷結果不會因人而異；在日常活動中，我們是通過五感（即視覺（Visual）、嗅覺（Smell）、聽覺（Hearing）、觸摸（Touch）、味覺（Taste）等）來感知事物的。其中，最常用的是視覺。據統計，人的行動的

圖3 規範形成文字化的東西統稱為標準（或稱　圖4 大量使用目視管理將會給高科技廠標準書）　內部管理帶來巨大的好處

60% 是從視覺的感知開始的。因此，在高科技廠管理中，強調各種管理狀態、管理方法清楚明了，達到一目了然，從而容易明白、易於遵守，讓員工自主地完全理解、接受、執行各項工作，這將會給管理帶來極大的好處。

3. 管理看板（Manage Kanban）：管理看板是管理可視化的一種表現形式（如圖5），即對數據、情報等的狀況一目了然地表現，主要是對於高科技廠管理項目、特別是情報進行的透明化管理（Transparent Management）活動。它通過各種形式如標語（Slogan）/ 現況板（Status Board）/ 圖表（Chart）/ 電子顯示器（Electronic Display）等把文件上、腦子裡或現場發現等隱藏的情報揭示出來，以便任何人都可以及時掌握管理現狀和必要的情報，從而能夠快速制定並實施應對措施。因此，管理看板是發現問題、解決問題的非常有效且直觀（Intuitive）的手段，是優秀高科技廠現場管理必不可少的工具之一。管理看板是一種高效而又輕鬆的管理方

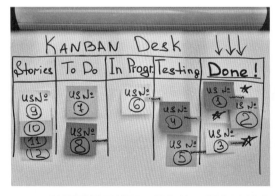

圖5 管理看板是管理可視化的一種表現形式　圖6 對於未來智能生產等發展下安全管理亦為高科技廠生產管理重要一環

法，有效地應用對於高科技廠管理者來說是一種管理上的大解放。

4. 前述標準化、目視管理及管理看板等生產管理手法，在未來的高科技廠發展必須結合大數據（Big Data）、雲端技術（Cloud Computing）、無線傳輸（Wireless Transmission）、智能生產（Intelligent Production）等提升管理運作效能，由於安全管理亦為高科技廠生產管理重要一環（如圖 6），所以也必須與前述大數據、雲端技術、無線傳輸、智能生產等技術結合，尋求提升效能，強化運作穩定性方向邁進 [8-9]。

高科技廠生產管理的分析方法（Analytical Method）方面，伯法（Elwood Spencer Buffa）認為管理科學（Management Science）中用到的關於高科技廠生產和業務管理中的各種分析方法，不外是在遵循科學方法的基礎上利用各種模型（Model），並且以這些模型來表示所研究的系統整體或某些分支部分；在分析各個領域中的問題時，首先需確定研究的系統邊界（System Boundary），這樣才能劃定研究的範圍；確定範圍的指導原則是準確判斷

重點提示

> **生產管理分析方法**
>
> 主要有成本分析、線性規劃、排隊模型、模擬技術、統計分析、網路計劃模型、啓髮式模型、電腦探索求解方法、圖解和圖像分析等。

哪些因素或變數可能對所研究的系統產生影響；一般來說，問題的界限或範圍越寬，出現次最佳化（Optimization）的可能性就越少；其次是構造模型。構造模型時，應該與實際的生產情況相適應，抽掉一些次要的因素，具體分析對生產過程有影響的因素，同時需要考慮到可控因素與不可控因素的關係，進而確定使用哪一種模型；模型的選擇主要是根據因素間的關係和作用來決定；分析方法中必須確定衡量效率的尺度（Scale），建立起一套行之有效的標準，

來衡量高科技廠生產行動中各種可供選擇方案的效果；這些方面的衡量尺度可以包含利潤（Profit）、貢獻（Contribution）、總成本（Total Cost）、增量成本（Incremental Cost）、機器停工時間（Machine Downtime）、機器利用率（Machine Utilization）（如圖 7）、勞動成本（Labor Costs）、勞動力利用率（Labor Efficiency）、產品單位數量（Product Unit Quantity）和流程時間（Process Time）等 [10-12]。

所有運用數量方法研究生產問題的模型，都可以概括為一個公式即：

圖 7　機器利用率可用來衡量高科技廠生產行動中各種可供選擇方案的效果

$$E = f(xi, yj)$$

其中 E 為效率，f 代表函數關係（Functional Relationship），x 代表可控變數（Controllable Variables），y 代表非可控變數（Non-Controllable Variables）。

可控變數是指那些可以在很大程度上按照高科技廠管理者的意願操縱調節的因素。非可控變數是指那些高科技廠管理者不能控制，至少是不在所限定的問題範圍內的因素。這個公式的含義為：E（效率）可以表示為那些限定該系統的變數的函數。模型建立起來後，就可以用 E 作為衡量生產行動中各種可供選擇方案效率的尺度，併在分析的基礎上產生出可供選擇的各種方案，並對這些可供選擇的方案做出評價。伯法所列出的分析方法主要有：成本分析（Cost Analysis）、線性規劃（Linear Programming）、排隊模型（Queuing Model）、模擬技術（Simulation Technology）、統計分析（Statistical Analysis）、網路計劃模型（Network Planning Model）、啓髮式模型（Heuristic Model）、電腦探索求解方法（Computer Exploratory Method）、圖解（Graphic）和圖像分析（Image Analysis）等；這些方法在生產系統的各個方面都有著相應的用途，我們彙整於表一中供讀者參考 [10-14]。

⬇ 表一　高科技廠生產管理分析方法與用途彙整

分析方法	用途彙整
成本分析 （Cost Analysis）	成本分析是最常用的分析方法，此法係以關於不同成本因素的特性知識為依據，具有多種形式；且成本分析並不是一大堆會計數字的簡單堆積，而是經營狀況的數據表現；從相關的數字中，管理者能夠獲取有效的資訊；此外管理者並不關心抽象的成本，他們感興趣的是自己考慮的各種可供選擇的方案中涉及到的具體成本變化情況。成本分析的基本方法是損益平衡分析法（Break-Even Analysis），即利用經營規模變化時不同成本在變化上的差別來進行分析。增量成本分析法（Incremental Cost Analysis）是最有價值的簡單分析方法之一，它僅僅用來研究那些受到可能會採用的方針或行動影響的成本。過去學者指出，對於成本進行分析，並不是要計算出每一個可供選擇方案的運行總成本，而是只研究不同方案相比較時有差別的具體成本；這些成本主要指的是存貨成本（Inventory Costs）、調整勞動力成本（Adjusted Labor Costs）、加班加點費（Overtime Costs）和外包成本（Outsourcing Costs）；增量成本分析在生產系統分析的各個領域內被廣泛應用，通常線上性規劃和排隊分析模型中很常見。

（接續下表）

分析方法	用途彙整
線性規劃 （Linear Programming, LP）	線性規劃的實質是最佳化（Optimization），即在滿足即定的約束條件情況下，按照某一衡量指標，來尋求最佳方案的數學方法；線性規劃是非常重要的通用模型（Generic Model），主要用來解決如何將有限的資源進行合理配置，進而在限定條件內獲得最大效益的問題；線性規劃被廣泛應用於工業、農業、管理和軍事科學等各個領域，是現代管理與決策者最常用的一個有效工具。在高科技廠生產中決定多個品種的最佳構成問題、庫存控制問題、原料供應問題等等，都可以採用線性規劃；線性規劃在實際運用中，往往存在著求解困難，對此，一般採用單純形法（Simplex Method）來解決。
排隊模型 （Queuing Model）	很多生產問題都會或多或少地涉及到排隊，而且只要在生產過程中存在隨機分布（Random Distribution）現象，就肯定會產生排隊情況，例如蝕刻機臺面對不同產品蝕刻參數均不同，製程即須調整，當然先後順序與時間就會耗用，若產能滿載自然就需要排隊；各種庫存實際上就是對排隊的緩衝，完全的均衡分布在現實中是不存在的；在這一類問題中，會在隨機不定的時間間隔內遇到需要某種服務的人、部件或機器；為滿足這種服務所需要的活動，往往會花長短不一的時間，在一定的到達率和服務率的條件下，可以運用數學方法（Mathematical Method）計算並安排排隊問題；排隊分析被廣泛應用在諸如通訊系統、交通系統、生產系統以及電腦管理系統等服務系統上。排隊模型提供了一種數學手段，能夠預測某個特定排隊的大概長度和大概延誤時間，以及其他相關重要數據，包括排隊場地安排、優先服務處理、排隊成本控制、排隊長短與發生事故的關係等等，掌握這些資訊，會使人們更有針對性地解決相關的隨機分布問題，做出明智的決策。
模擬技術 （Simulation Technology）	生產管理問題的模擬技術是一項迅速成長的技術，儘管模擬所依據的基本觀念很早就有，但模擬技術的迅速成長實際上是由高速的電腦發展帶動前進的，現今的網路與雲端運算更將模擬技術推到高峰；這種方法是運用數理模型（Mathematical Model）來進行模擬試驗，用電腦處理相關數據，以選定的效率標準 E 作為衡量尺度，觀察和檢測各項變數在模型中的運行結果；這種模型是試驗性的，不一定能產生出最佳答案，模擬方法的長處是可以在各種可供選擇的方案之間進行比較，實際上是一種系統地通過反覆試驗（Repeated Trial）以求解決複雜問題的方法。
統計分析 （Statistical Analysis）	統計分析為精確處理數據提供了一套方法結構，它不僅能夠根據所建立的預測模型得出各種結論，而且能夠估計到預測可能發生錯誤的風險有多大；統計分析經常應用於假設檢驗（Hypothetical Test），能夠使我們處理某一系統中的因素或變數在測定數值上的巨大變動問題，而這些因素或變數有可能規定著相關係統的範圍；運用統計推斷（Statistical Inference）的方法，可以對相關係統的問題做出結論，而且可能是很精確的結論（Exact Conclusion）。在高科技廠生產和業務管理中，統計分析方法本身有著廣大的獨立應用領域，統計原理作為分析方法的一種通用工具，常常能對其他分析方法的應用提供幫助，併在總體分析工作中做出貢獻。

（接續下表）

分析方法	用途彙整
網路計劃模型（Network Planning Model）	網路計劃的基本原理是，把需要完成的工作以網路的形式做出計劃，工作中涉及到的所有事件都列入網路，這些事件的分布安排應按照施工操作的時序和階段間的相互依賴關係進行；根據網路計劃模型，可以計算出作業進度的具體數字，從而使管理者對作業的計劃進度了如指掌，能更靈活合理地支配時間；網路計劃技術採用的形式是獨特的，尤其是關鍵線路（Critical Path）的觀念，負荷平衡（Load Balance）、最低費用法（Minimum Cost Method）和有限資源（Limited Resources）的安排；這些互相聯繫的概念，能夠給工程項目的管理提供合理的依據。網路計劃模型有兩大具體方法，一是關鍵線路法（Critical Path Method, CPM），一是計劃評審法（Program Evaluation and Review Technique, PERT）；關鍵線路法是從具有大量實際經驗的維修工程作業中發展起來的，因而其各項工作的活動時間是已知的，線路上的時間是確定的；計劃評審法則是從探索研究和發展的環境中產生的，因而其各種工作的活動時間具有很高的不確定性，所以它用概率方法來形成線路上的預期時間。
啓髮式模型（Heuristic Model）	啓髮式本身就意味著能夠引導管理者去尋求答案，就管理上的意義而言，啓髮式模型是指用於決策（Decision Making）的指導原則；或許，這些指導原則算不上是最優的，但是在被人們應用時是始終如一的，而且是有效的，能夠避免更加複雜的問題求解程式。過去研究指出，有很多問題我們或沒有時間或沒有興趣去探究更徹底的答案，但是現有的原則足以使我們找到可行方案，或許它不一定是絕對正確的，但這種簡單的法則是最適用的；高科技廠管理者碰到的問題，大多數都很複雜，如果要進行嚴密精確的分析會非履艱難，很難用數學的方法來求解，但又不得不尋求答案，這時，憑藉經驗法則（Empirical Law）形成的邏輯依據就不失爲可用的最佳方法，而啓髮式模型就是這樣一套符合邏輯的和具有連貫性的法則。從某種意義上來說，啓髮式方法是管理工作中歷史最悠久的思考方法。通過這種方法，以有可能放棄最好的解決方案爲代價，減少了探索的工作量。在高科技廠業務管理中，這種方法大量用於製程產線平衡、設備布置、FAB 作業進度計劃、倉庫位置選擇、存貨控制以及一次性工程項目的進度安排等領域。
電腦探索求解方法（Explore Computer Solution）	高科技廠對於某些非常複雜的問題，利用電腦探索求解不失爲一劑良藥；電腦技術的發展促進了啓髮式模型的應用，運用電腦可以對某些準則函數（Criterion Function）的一組有限的可行試解方案按順序進行審查；通過規定每一個獨立變數（Independent Variable）的數值（Numerical），計算準則函數並記錄下有關的結果，就可以得出一個試驗評定值（Test Evaluation Value）；把每一個試驗評定值與以往得到的最佳值進行比較，若發現它有著明顯的優越性，就採用它而摒棄先前的最佳值，以此類推，直至無法尋求最佳解（Optimal Solution）爲止，這就是登山式的逐步探索法。在這一基礎上，電腦就能按照預定的工作程式，把已發現的各項獨立變數的最佳組合方案列印出來，採用電腦直接探索方法的優點在於建立了準則函數模型，它沒有線性數學形式的局限，突破了變數的數目限制；在業務管理上，電腦探索求解方法已被用於制定總體

（接續下表）

分析方法	用途彙整
	計劃和作業進度計劃問題，還被用於解決資源有限的工作安排問題；電腦探索求解方法在企業管理中具有更大的靈活性，它不需要精密的模型設計和嚴格的數學形式，所以比較自由，能夠在成本模型中更貼近現實。目前的大數據就是此法的先進延伸，如再配合雲端運算，更容易獲得最佳解。
圖解和圖像分析（Graphic and Image Analysis）	圖解和圖像分析法是在高科技廠生產系統中所用的傳統分析方法，這種分析手段中最重要的形式就是表示活動順序或時間安排的流程圖（Flow Chart）。

對於高科技廠生產管理細節部分，在生產技術及生產管理技術方面，高科技廠要注意做好各種製程基礎技術的積累和創新工作，在細節方面認眞做好每一步驟，在高科技廠生產管理技術方面就更需要深入到細節中，因爲高科技廠生產管理本身就是細節的管理，需要注意每一數據的變化情況，在生產計劃（Planning）、組織（Organization）、指揮（Command）、協調（Coordination）、控制（Control）諸方面做到細緻、細心、關註細節；在製程生產設備層面需著重設備功能在細節方面的改進和最佳化，注意前後流程間相關設備的銜接和協調一致，在引進先進設備的同時也一定要註意設備維護和生產環境維護等工作，如此得以提高設備使用率（Capacity Utilization），降低設備使用成本；另外在員工素質層面要做到努力從日常點滴的操作規程、設備使用技巧、製程技術等方面提高其工作能力，強化提升員工在市場中的細節意識，並明確其細節工作對於整個組織的意義和重要性，努力培育註重細節的工作氛圍和廠房生產環境、安全等，充分提高員工素質以提高工作效率。

高科技廠生產管理的績效考核（Performance Appraisal）係指製程生產所有人員通過不斷豐富自己的知識、提高自己的技能、改善自己的工作態度，努力創造良好的工作環境及工作機會，不斷提高生產效率、提高產品品質、提高員工士氣、降低成本以及保證交期和安全生產的結果和行爲（如圖8）。而製程生產部門的職能就是根據高科技廠的經

重點提示

生產管理績效

主要分爲效率、品質、成本、交貨期、安全、士氣等六大主要方面。

圖8　高科技廠生產管理績效考核是確認管理有效性的重要作爲

營目標和經營計劃，從產品品種、品質、數量、成本、交貨期等市場需求出發，採取有效的方法和措施，對企業的人力、材料、設備、資金等資源進行計劃、組織、指揮、協調和控制，生產出滿足市場需求的產品；相應地，生產管理績效主要分為效率、品質、成本、交貨期、安全、士氣等六大主要方面，重點彙整於表二中 [9-10][15-16]。

● 表二　高科技廠生產管理績效項目重點彙整

管理績效項目	重點彙整
效率（P: Productivity）	效率是指在給定的資源下實現最大產出量；當然也可理解為相對作業目的所採用的工具及方法，是否最適合併被充分利用；效率提高，單位時間人均產量就會提高，生產成本就會降低。
品質（Q: Quality）	品質即把顧客的要求分解，轉化成具體的設計數據，形成預期的目標值，最終生產出成本低、性能穩定、質量可靠、物美價廉的產品；產品品質是一個企業生存的根本，對於高科技廠生產主管來說，品質管理和控制（Quality management/Quality Control）的效果是評價其生產管理績效的重要指標之一；而所謂品質管理，就是為了充分滿足客戶要求，企業集合全體的智慧經驗等各種管理手段，活用所有組織體系，實施所有管理及改善的全部，從而達到優良品質、短交貨期、低成本、優質服務來滿足客戶的要求。
成本（C: Cost）	成本是高科技廠產品生產活動中所發生的各種費用，高科技廠效益的好壞在很大程度上取決於相對成本的高低，如果成本所擠占的利潤空間很大，那麼相應的企業的淨利潤則相對降低，因此高科技廠生產主管在進行績效管理時，必須將成本績效管理作為其工作的主要內容之一。
交貨期（D: Delivery）	交貨期是指及時送達所需數量的產品或服務，在現在的市場競爭中，交貨期的準時是非常重要的，準時是在用戶需要的時間，按用戶需要的數量，提供所需的產品和服務，對於半導體廠而言就是完成前段製程（FEOL），送交給後段封裝製程（BEOL）的期限。一個高科技廠即便有先進的製程技術、先進的檢測手段，能夠確保所製程生產的產品品質，而且製程生產的產品成本低、價格便宜，但是沒有良好的交貨期管理體系，不能按照客戶指定的交貨期交貨，直接影響客戶的商業活動，客戶也不會購買你的產品；因此交貨期管理（Delivery Management）的好壞是直接影響客戶進行商業活動的關鍵，不能嚴守交貨期也就失去了生存權（Right to Existence），這對於高科技廠比品質、成本更為重要。
安全（S: Safety）	高科技廠的生產安全管理就是為了保護員工的安全與健康，保護財產免遭損失，安全地進行生產，提高經濟效益而進行的計劃、組織、指揮、協調和控制的一系列活動，安全生產（Safe Production）對於任何一個企業來說都是非常重要的，因為一旦出現工作事故（Accident），不僅會影響產品質量、生產效率、交貨期，還會對員工個人、企業帶來很大的損失，甚至對國家也產生很大的損失，讀者可參閱第六章圖 7 之職業安全衛生管理系統架構，在此我們也要強調，筆者在過去的廠房管理經驗中，如能貫徹前述管理系統均得以獲得高效能的生產力，顯見落實執行安全衛生管理有助於建立良好的企業文化（Company Culture）。

（接續下表）

管理績效項目	重點彙整
士氣 （M: Morale）	高科技廠員工士氣主要表現在三個方面即離職率（Turnover Rate）、出勤率（Attendance）、工作滿意度（Job Satisfaction）；高昂的員工士氣是企業活力的表現，是取之不盡、用之不竭的寶貴資源，只有不斷提高員工士氣，才能充分發揮人的積極性和創造性，讓員工發揮最大的潛能，從而為公司的發展做出盡可能大的貢獻，從而使公司儘可能地快速發展。

7.2　科技發展與損害防阻理論

經濟合作暨發展組織（Organization for Economic Cooperation and Development, OECD）研究認為，雖然未來並不會完全依著過去的軌跡發展，也經常出現突發事件打亂原有規劃，但是前瞻方法學（Forward Approach Methodology）結合趨勢分析（Trend Analysis）、模擬（Simulation）、情境分析（Scenario Analysis）等預測方法（Method of Prediction），發展出一套系統性方法，提供給科學研究、商業社群及各界決策者一個討論的基礎，以對未來的發展做足各種準備，據此 OECD 的研究報告提出影響全球未來發展的八大趨勢，以做為未來 10-15 年前瞻預測之基礎，此八大趨勢分述如下 [9][17-19]：

 重點提示

> 未來 10-15 年前瞻預測
>
> 包含人口結構、天然資源與能源、氣候變遷與環境保護、全球化、政府的角色、經濟、就業與生產力、社會、健康、平等與福利等。

1. 人口結構（Population Structure）：預計 80 歲以上的高齡人口將由 2010 年的 4% 上升到 2050 年的 10%，加上國際青年移民，將使某些地區的人口結構更加惡化，若科技無法取代人力，勞動力縮減的問題將持續惡化。

2. 天然資源與能源（Natural Resources and Energy）：隨著人口增長及經濟發展，將使天然資源驟減，若不能脫鉤發展，則將面臨缺水、缺電或生物多樣性匱乏的問題。

圖 9　溫室氣體排放是全球重要議題之一

3. 氣候變遷與環境保護（Climate Change and Environmental Protection）：必須仰賴科技創新及社會接納來帶動循環經濟，進而減少溫室氣體排放（Emission of Greenhouse Gases）、調適氣候變化的衝擊。

4. 全球化（Globalization）：世界經濟重心將轉向東南亞，主角將重新洗牌，包括某些新興大城市、跨國企業及非政府組織。透過貨物、服務、投資、人才及創意（Creative）的流動，加上數位經濟的推波助瀾，將使全球化無遠弗屆，但也可能受到地緣政治不安定的影響而有所扭轉。

5. 政府的角色（Government Role）：在財政窘迫及對政府喪失信心的雙重壓力之下，將導致世界往更多角化的方向發展，也增添許多的不確定性。

6. 經濟、就業與生產力（Economy, Employment and Productivity）：企業在未來 15 年無論是設計、生產或運送都將全面數位化（Digitization），設備與運算的成本將再降低，加上開放資源，將使得新進者更容易進入新市場，機器學習與人工智慧（AI）也將取代許多人力，進而影響到勞動市場。

7. 社會（Society）：未來獨身或無子女家庭將增加，教育與技能將成為階級翻身（Class Turned Over）的好機會。女性受教育機會的增加，意味著勞動市場及家庭生活將改變。

8. 健康、平等與福利（Health, Equality and Welfare）：開發中國家的傳染性疾病將得到控制，但神經性疾病（Neurological Disease）將隨著人口老化而困擾著已開發國家的生活品質。因為貧窮（Poverty）而帶來的不平等，也將成為已開發國家的難題。

前述八大趨勢激發了科技創新，為上述挑戰提供解決之道，例如通訊與運輸技術解決全球化的問題、科技發展促進收入增加、潔淨能源舒緩溫室氣體的排放、健康技術提升生命品質等等；因此 OECD 的研究報告整合各國的前瞻預測（Forward Forecast），提出 40 項關鍵技術（Key Technologies），分屬於四大領域，彙整如表三。

表三　四大領域之 40 項關鍵技術彙整

領域	關鍵技術
數位領域 （Digital Field）	雲端運算（Cloud Computing）、光電及光學技術（Optoelectronic and Optical Technology）、機器人（Robots）、量子運算（Quantum Computing）、大數據（Big Data）、物聯網（Internet of Things, IOT）、人工智慧（Artificial Intelligence, AI）、區塊鏈（Block Chain）、網格運算（Grid Computing）、模型模擬（Model Simulation）與賽局（Game Theory）。

（接續下表）

領域	關鍵技術
生技領域（Biotechnology Field）	生物資訊（Biological Information）、個人醫療（Personal Medical）、幹細胞（Stem Cell）、健康監測（Health Monitoring）、醫療及生物影像（Medical and Biological Imaging）、再生醫學與組織工程（Regenerative Medicine and Tissue Engineering）、神經技術（Neural Technology）、生物催化劑（Biocatalyst）、生物晶片與生物感測器（Biochip and Biosensor）、合成生物學（Synthetic Biology）。
能源與環境領域（Energy and Environment Field）	智慧電網（Smart Grid）、微奈米衛星（Micro-Nanometer Satellite）、精準農業（Precision Agriculture）、生物燃料（Bio-Fuel）、燃料電池（Fuel Cell）、自駕汽車（Self-Driving Car）、微電力生成（Micro Power Generation）、先進能源儲存技術（Advanced Energy Storage Technology）、電動車（Electric Car）、無人機（Unmanned Aerial Vehicle）、碳捕捉與封存（Carbon Capture and Storage）、太陽光電（Solar Photovoltaic）、風能（Wind Energy）、氫能（Hydrogen Energy）、海洋與潮汐發電（Ocean and Tidal Power Generation）。
材料領域（Material Field）	奈米材料（Nano Materials）、機能性材料（Functional Materials）、奈米裝置（Nano Devices）、加法積層製造（Additive Laminated Manufacturing）、奈米碳管與石墨烯（Carbon Nanotubes and Graphene）。

　　此外，OECD 研究報告更進一步由以上關鍵技術中再選定大數據（Big Data）、物聯網（IOT）、人工智慧（AI）、3D 列印加法製造（3D Print Addition Manufacturing）、微奈米衛星（Micro-Nanometer Satellite）、神經技術（Neural Technology）、合成生物學（Synthetic Biology）、奈米材料（Nano Materials）、先進能源儲存技術（Advanced Energy Storage Technology）及區塊鏈（Block Chain）等技術做為未來十大新興科技，表四彙整此等未來十大新興科技重點。而未來科技發展勢必影響著未來損害防阻技術的投入，這也是本書想要強調的重點 [9][17-19]。

 重點提示

> 未來十大新興科技
>
> 大數據（Big Data）、物聯網（IOT）、人工智慧（AI）、3D 列印加法製造（3D Print Addition Manufacturing）、微奈米衛星（Micro-Nanometer Satellite）、神經技術（Neural Technology）、合成生物學（Synthetic Biology）、奈米材料（Nano Materials）、先進能源儲存技術（Advanced Energy Storage Technology）及區塊鏈（Block Chain）等。

🔻 表四　未來十大新興科技與內容說明

技術名稱	說明
神經技術	新興的神經技術有助於改善診斷與治療的成效，能夠增進高齡者與一般民眾的健康，不過神經技術在倫理、法律、社會與文化方面備受爭議，因此在政策上需要關注。
合成生物學	合成生物學運用基因工程原理調控有機體內的 DNA，能夠設計與建構新的生物組織。並依據特定目的重新設計自然界的生物系統。雖然應用層面廣，但是在法律與倫理方面也有爭議。
奈米材料	奈米材料擁有特殊的光學、磁性與電氣性質，從醫療至能源技術等各種領域都是可應用的範圍。然而，技術上的限制與對人體和環境的毒性持續地阻礙了奈米材料的廣泛應用。
3D 列印	透過逐步堆疊材料使產品成型是一種嶄新的製造方法，帶來新的商業模式並對現有的產業造成重大影響，不過在大規模進入產業製造流程之前，這項方法仍需克服技術與法規方面的許多挑戰。
微奈米衛星	隨著小型與超小型衛星的功能持續成長，使用量也逐漸攀高。微奈米衛星技術將為決策者帶來更多精密的工具，解決國民與國防方面的巨大』（Grand）挑戰。
先進能源儲存技術	能源儲存技術可以定義為：在進行能源供應或供電服務之前，吸收能源並將之貯藏一段時間的系統。為了最佳化能源系統的效能並促進可再生能源資源的整合，能源儲存技術需要新的突破。
大數據	分析工具與技術對大數據的發展不可或缺，即便大數據對社會經濟影響甚鉅，但如何在開放的需求與社會生活極端「資料化」（DatafiCation）所造成的威脅之間取得平衡，將是主要的政策挑戰。
物聯網	物聯網造就一個高度連結（Hyper-Connected）且具備數位回應（Digitally Responsive）能力的社會，將對經濟與社會的各層面帶來深遠的影響。然而為了確保資料的安全。還需要許多安全防護措施。
人工智慧	人工智慧試圖賦予機器推理能力，未來機器的思考能力可能超越人類，儘管其影響力目前仍難以估計，不過智慧系統可能會大幅提升生產力，並為社會帶來不可逆轉的改變。
區塊鏈	區塊鏈是一種讓價值交易能在電腦網路內進行的資料庫，由於該技術毋須第三方機構即可確保交易的可信度，因此預計未來將對數個市場造成破壞性的影響，但是目前仍有技術上的問題待解決。

損害防阻（Loss Prevention）（又稱風險控制（Risk Control））就是為了降低損失頻率，縮小損失幅度的任何措施；在管理應用方面根據著名的管理學家佛雷特（Mary Parker Follett）所言，就是一門能透過他人，而使工作圓滿完成的藝術；而企業損害防阻管理（Loss Control Management），顧名思義就是企業基於有效性和經濟彈性兩大原則，運用規劃、組織、領導和控制等功能，

 重點提示

> 損害防阻管理措施原則
>
> 包含迴避（Avoidance）、損失控制（Loss Control）、合併（Risk Combination or Risk Pooling）、非保險性的移轉（Non-Insurance Transfer）等。

認知、分析和評估使企業降低損失的風險，並使損失頻率降低或幅度縮小的一門藝術，如圖10避免骨牌效應就是很重要的損害防阻之 ISD 策略 [9][20-21]。

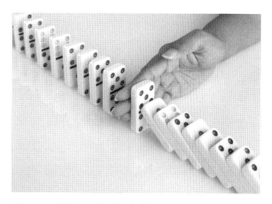

圖 10　避免骨牌效應就是很重要的損害防阻之 ISD 策略

高科技廠之損害防阻管理措施主要有以下原則 [9][20-21]：

1. 迴避（Avoidance）：是指迴避風險，讓風險不再發生；若實際上不可行，則須採取其他措施，例如有配管焊接作業高度超過 2 公尺以上，可考量於地面完成管路焊接，完成後再吊掛進行銜接，如此大幅降低墜落機會。

2. 損失控制（Loss Control）：包含有損失預防（即減少損失的頻率）及損失減輕（即減輕損失的幅度）與隔離（即將風險分散到很多的地方）；其中隔離還能採取分離（即將某事物或作業程序分成好幾個部分）與複製（即備用財產或備用人力或重要文件檔案的複製或備用計畫的準備而言）等作法，這與本書前述章節所說的 ISD 策略亦有原則相同之處。

3. 合併（Risk Combination or Risk Pooling）：集合許多風險暴露體，達成平均風險、預測損失的目的。

4. 非保險性的移轉（Non-Insurance Transfer）：係指轉嫁者將風險活動的法律責任轉嫁給非保險人。

此外墨菲定律（Murphy's Law）亦提出重要觀念，具體內容是「凡是可能出錯的事必定會出錯」，係指任何一個事件只要具有大於零的機率（Probability），就可確定它必會發生；在科學和演算法（Algorithm）方面，它與英文所謂的最惡劣的情況（Worst-Case Scenario）同義，數學上用大 O 符號來表示。例如，對插入排序來說，最惡劣的情形即是要排序的陣列（Array）完全倒置，必須進行 n*(n-1) 次的置換才能完成排序；在實驗上，證明了最惡劣的情況不會發生，並不代表比它輕微的情形就不可能，除非能夠很有信心的推論事件的概率分布是線型的（Linear Probability Distribution）[22-23]。

所以對於危害控制理論方面說明如下：

一、骨牌理論（Domino Theory）

骨牌理論係 1920 年代間由著名的工業安全大師海因里希（Heinrich, H.W.）發展而成，這個理論主張意外事故的發生，與人有因果關係；其理論指出意外事故的發生，依其因果由五

張骨牌構成，第一張骨牌爲先天遺傳個性與社會環境（Ancestry and Social Environment）；第二張骨牌爲個人之失誤（The Fault of a Person）；第三張骨牌爲危險的動作或機械上的缺陷（Unsafe Act and/or Mechanical or Physical Hazard）；第四張骨牌爲意外事故本身（Accident Itself）；最後一張骨牌爲傷害（Injury）。海因里希於骨牌理論特別強調三項重點，首先每個意外事故始於先天遺傳的個性及不良的社會環境而終於傷害，其二移走前四張骨牌的任一張均可防止傷害的發生，最後移走第三張骨牌即危險的動作是預防傷害產生的最佳方法，此觀念對於高科技廠損害防阻更爲重要。對於第三張骨牌海因里希更進一步補充說明，危險的動作在事故產生的原因上，比危險的物質條件更爲重要；換言之，海因里希強調教導人們正確地操作機器，比改善缺陷機器更能有效。因此，防止傷害的產生。人員的安全教育訓練是此種理論著重的風險控制措施，如此觀念在高科技廠安全管理中更應注意[9][23-25]。

二、一般控制理論（The General Methods of Control Approach）

在海因里希骨牌理論發表後，僅數十年間，工業衛生專家和安全工程師發展了一般控制理論（The General Methods of Control Approach）；該理論強調，危險的物質條件或因素（Unsafe Physical Condition）比危險的人爲操作更爲重要；該理論主張採用 11 種控制風險的措施彙整如表五 [9][24]。

⬇ 表五　一般控制理論 11 種控制風險措施彙整

項次	控制風險措施（Risk Control Measures）
1	應以對人體健康損傷較少的材料替代損傷大的材料。
2	改變操作程序（SOP），降低工人接觸危險機械設備（Dangerous Machinery & Equipment）的機會。
3	確立工作操作程序的範圍，並作適當的隔離（Isolation），藉以減少暴露於風險中的員工人數。
4	對異於產生灰塵（Dust）的工作場所，適時灑水（Sprinkle Water），減少灰塵。
5	阻絕汙染源（Pollution Sources）和其擴散的途徑（Diffusion Path）。
6	改善通風設備（Ventilation Equipment），提供新鮮空氣（Fresh Air）。
7	工作時，應穿戴防護裝備（PPE），例如護目鏡（Goggles）等。
8	制定良好的維護計劃（Maintenance Plan）。
9	對特殊的危險因素，應有特殊的控制措施。
10	對有毒物質（Toxic Substances），應備有醫療偵測設備（Medical Detection Equipment）。
11	制定適當的工程安全教育訓練計劃（Education and Training Program）。

三、能量釋放理論（Energy Release Theory）

根據美國著名的大眾健康專家和第一任高速公路安全保險研究中心總經理 Haddon（1970）所提出的能量釋放理論，所有意外事故（當然包括火災）的發生，均可視為一種能量失控的現象，為了防治意外事故的發生，Haddon 建議了 10 種策略以因應之，彙整如表六 [9][26]。

⬇ 表六　能量釋放理論建議 10 種策略彙整

策略	內涵
開始就避免意外的發生	如嚴禁煙火（No Fireworks）；執行動火許可制（Hot Work Permit）等。
降低意外發生的條件	遵守用火用電限制；遵守用火用電程序；避免尖峰時段用電過載（Over Load）等。
避免危險的釋放	如加強防火管理（Fire Prevention and Control）。
減低危險釋放後的條件	如設置自動撒水系統（Automatic Sprinkler System）、消防栓（Fire Hydrant）、安全門（Safety Door）、安全梯等（Safety Ladder）。
利用時空將危險隔離	如將危險品儲放在與主建物有一段安全距離之危險品倉庫（Dangerous Goods Warehouse）中；將重要文件或資訊備份並儲放於與本大樓有安全距離（Safe Distance）之另一棟大樓安全處所中等。
利用物品將危險隔離	如主變壓器（Main Transformer）與廠房間以防火牆隔間（Firewall Compartment）。
修改危險的性質	如儘量使用閃火點（Flash Point）較高之可燃性液體（閃火點在 100 F 以上），而非易燃性液體（閃火點在 100 F 以下）。
強化人員與財物的保護	如使用不易燃建材（Non-Flammable Building Materials）；貴重物品放置保險箱（Safe Deposit Box）內。
意外發生時立即加以補救	如設置火警自動警報設備（Fire Alarm Equipment）（含火警探測器（Fire Detectors）等）；移除可燃物（Remove Combustibles）；疏散同仁（Evacuate Colleagues）等。
持續提供損傷後的修護	如災後設備復原（Recovery）；逃生人員心理諮商（Psychological Counseling）等。

四、作業評估技術系統理論（Technique of Operations Review System, TOR）

TOR 系統主張組織管理方面的缺失是導致意外事故發生的原因；此系統理論係由偉弗（Weaver, D.A.）所創；而贊同此理論的彼德森（Petersen, D.）發展出 5 項風險控制的基本原則，

並將管理方面的缺失歸納為 8 類；前述 5 項風險控制的基本原則為如下 [9][24]：

1. 危險的動作、危險的條件和意外事故是組織管理系統存有缺失的徵兆。

2. 會產生嚴重損害的情況，應徹底辨認和控制。

3. 安全管理應像其他管理功能一樣，設定目標，並藉著計畫、組織、領導和控制來達成目標。

4. 有效的安全管理，關鍵在於賦於管理會計責任。

5. 安全的功能係在規範操作錯誤導致意外發生可容許的範圍；此項功能可透過兩項途徑達成即了解意外事故發生的根本原因與尋求有效的風險控制措施等。

管理方面的缺失可歸納為 8 大類別包含不適切的教導與訓練、責任的賦予不夠明確、權責不當、監督不周、工作環境紊亂、不適當的計劃、個人的缺失、不良的組織架構與設計等。

五、系統安全理論（System Safety Apporach）

系統安全源於萬物均可視為系統，而每系統均由較小和相關的系統組合而成的觀念而來；當系統中人為或物質因素失去其應有功能時，意外事故就會發生；系統安全理論的目的，係在圖預測意外事故如何發生，並尋求預防和抑制之道；根據該項理論，風險控制的的措施有 4 項（Head, 1991）包含 1. 辨認潛在的危險因素、2. 對安全方面相關的方案、規範、條款和標準，應妥適地規劃與設計、3. 為配合安全規範和辦法，應設立早期評估系統、4. 建立安全監視系統；系統安全理論提供了，如何分析意外事故發生和如何預防的綜合性觀念 [9][24][27-28]。

圖 11　系統安全理論可預測意外事故如何發生並尋求預防和抑制之道

六、冰山理論（Iceberg Theory）

過去多項研究探討輕微意外事故（Minor Accident）與重大事故（Serious Accident）間的關聯，其獲得最重要結論指出雖然因為使用定義與事故資料的不同，研究所得的詳細內容不一，但是每一項研究都顯示出不同事件間的相關性，輕微事件發出的次數較嚴重事件為高；由於重大事故是否會造成職業病（Occupational Disease）、受傷（Injury）或傷害純屬機率問題

（Probability Problem），零傷害（Zero Injuries）或虛驚事件（Near Miss Accident）也有發展成重大事故的可能性，但並不是所有的虛驚事件都有會釀成傷亡或重大傷害的風險；所有的事故（不僅是造成傷害的事故）都代表著控制方面的失誤（Error），因此也是一種從錯誤中學習的經驗，可以從而改善控制作業（Improve Control Operations）；所以有效的安全衛生政策（Safety and Health Policy）必須檢視所有的不安全事故與所有造成事故的行為疏失，這兩者不只是建立控制作業的方法，也是量測績效的方法，這事損害防阻重要觀念，也是身為高科技廠安全衛生人員應有的認知[9][24][29-31]。

1993 年 Apau 由五家分屬石油、食品、營造、衛生與運輸等業之事業單位進行的成本研究（Cost Study）中，發現每 1 件重大或工時損失（Lost-Time of Accident）超過三天的傷害，能發現有 7 件輕傷及 189 件無傷害事故之比例（如圖 12）。

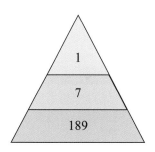

圖 12　Apau 研究發現之重大、輕傷及無傷害事故之比例

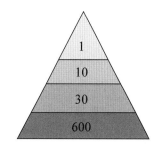

圖 13　Bird 研究獲得之嚴重傷害、輕傷、財產損失事故及無可見傷亡或損失事件比例

此外，1969 年 Bird 亦針對 297 家美國企業所通報的 1,753,498 件意外事件而進行的分析中，獲得在每 1 件嚴重或失能傷害下，有 10 件輕傷（指較嚴重傷害稍輕的受傷），也會有 30 件財產損失事故及 600 件無可見傷亡或損失的事件比率。這些受研究企業分屬 21 種不同的工作場所、僱用 1,750,000 名員工，且累計 30 達億工時條件下（如圖 13）。

在 1974 年 Tye 與 1975 年 Pearson 則針對約 1,000,000 件英國工業意外事件進行的研究，其發現 1 件致命或嚴重傷害，會有 3 件輕傷害（其傷者需休息三天以上情況），且會有 50 件需進行包紮處理的受傷情況，也有 80 件財產損失事故及 400 件無傷害／損失事故或虛驚事件之比例（如圖 14）。

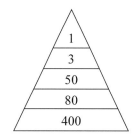

圖 14　Tye 與 Pearson 發現之嚴重傷害、輕傷、受傷、財產損失事故及無傷害／損失事件比例

在前述研究成果中可知，實際的傷害事故次數可能甚少，但事前有關的不安全行為（Unsafe Behavior）與不安全的狀態（Unsafe State）卻已經發生數十倍，這也代表著這些情況是管理者得以透過安全衛生管理系統（Safety and Health Management System）平日執行即可掌握，

例如經常發生事故的員工，可從平常的巡檢缺失（Incompatible of on-site inspection）、作業觀察（Operation Observation）發現的 SOP 遵守程度或是教育訓練出席率等發現，較不依循規定執行者，也必較容易發生傷害事故；過去資訊科技尚無法協助大量數據進行分析，以提供安全管理者進行判斷與決策，但如今大數據及雲端運算已逐漸成熟，高科技廠管理者應思考如何將安全衛生管理系統之各項應辦事項，妥善運用系統進行數據彙整與分析，自然安全管理者就能輕鬆掌握不安全行為與不安全狀況的，進而思考如何進行損害防阻管理策略，來降低事故率；總之，冰山理論點出一個重點，即看得見的損失並不一定就是最大的損失（如圖 15）。

圖 15　冰山理論點出看得見的損失並不一定就是最大的損失

損害防阻管理策略方面主要包含教育訓練（Education and Training）、緊急應變（Emergency Response）、變更管理（MOC）、消防設施（Fire Fighting Facilities）、設備維護保養（Equipment Maintenance）、操作安全（Operational Safety）、施工安全（Construction Safety）、安全稽核（Safety Audit）、全員參與（Sociocracy）等方面，列舉各項可行執行方案彙整如表七供讀者參閱。此外損害防阻管理的工具有很多，傳統上損害防阻之損失控制有安全法規（Safety Regulations）、安全檢查（Safety Inspection）、事故調查（Accident Investigation）、安全分析（Safety Analysis）、安全訓練（Safety Training）、安全觀察（Safety Observation）、安全接談（Safety Talks）、安全激勵（Safety Incentives）等八大工具，這些都是最基本的高科技廠安全管理工具，讀者應該詳加思索與規劃，才能有效建立高科技廠安全管理機制（Administrative Mechanism）。在第三章圖 38 之 PDCA 架構中，如要達成管理系統的持續改善，最重要的就是計劃（Planing），所以損害防阻管理計劃極為重要，一般而言，損害防阻管理計劃之要素需包含公司政策（Company Policy）、計劃目標（Plan Objectives）、分派權責（Allocation of Authority）、適當資源（Appropriate Resources）、安全委員會（Safety Committee）、教育訓練、管理監督（Management Supervision）、落實計劃（Implementation Plan）、評估危害（Assessment of Hazards）、監督計劃（Supervision Plans）、保養計劃（Maintenance Plans）、整理整頓（Consolidation）、符合標準（Compliance）、事故調查（Accident Investigation）、評估效度（Assessment of Validity）等要項，而內容方面必須考量說（Talk）、寫（Write）、做（Do）得以合一，如此管理系統才有可能落實[9][32]。

● 表七　損害防阻管理策略可行執行方案彙整

策略項目	可行執行方案
教育訓練方面	從法定教育訓練進步成公司建立人才庫（Talent Pool），且成效應妥善評估。
緊急應變方面	從書面應變進步到區域和全面的演練，並且應有火災、地震、化學品洩漏等複合性演練（Composite Exercise）。
變更管理方面	使平時的口頭變更，進步成制度化（Institutionalized）的變更管理（MOC），並且變更範圍應確認，方可落實。
消防安全設備方面	從法定要求的消防安全設備，進步成全面且超越法令的自衛消防，確實考量主動式消防設施（Active Fire Protection）及被動式消防設施（Passive Fire Protection）。
設備維護保養方面	從機器故障後的事後保養（Breakdown Maintenance），進步成生產過程中定期的保養制度（Regular Maintenance），甚至是預防性保養（Predictive Maintenance）。
操作安全方面	從師徒制（Mentoring）傳承進步成操作人員自主管理（Self-Management），不過要達成有效的事主管理必須建立良好的安全文化（Safety Culture），甚至是整個企業的良好文化。
製程安全方面	要從設備合格（Approved Apparatus）的基本觀念，進步到本質較安全（ISD）的製程安全管理制度（PSM）。
施工安全方面	要從業主與包商之協調會議（Coordination Meeting），進步到承攬商自主管理。
安全稽核方面	要從主管查核（Check Competent）、走動管理（Management by Walking Around,MBWA），進步到員工主動提案（Employee Initiative Proposal），且能持續改善、絕不中斷的境界。
全員參與方面	要從專人負責安全管理，進步到全員皆主動關心且落實安全管理。

7.3 安全管理的發展歷程與職業安全衛生管理系統

　　安全管理的發展歷程彙整如表八，在工業革命前主要技術為農牧業及手工業，一般而言對於安全多無能為力，只能聽天由命；不過到了蒸汽機（Steam Engine）發明後進入工業時代，這時候出現許多事故與嚴重童工問題，慢慢的安全管理或於事故後開始亡羊補牢事後處理；到50年代電氣化（Electrification）開始普及，由於電能的危害特殊性，也讓相關從業人員思考系統性安全，此時也開始有預防（Prevention）的觀念；此後進入航太技術（Aerospace Technology）與核能（Nuclear Energy）普及階段，由於發生多起重大事故，人們轉而思考如何達成綜合對策及系統工程的安全系統（Safety System）階段，此時安全管理已十分強大；進入資訊化（Informationization）時代後，安全議題轉換為科技化安全的安全管理階段，此時資訊科技已能協助處理大量安全管理所產生的數據與協助簡化程序，各個企業均能以較少人力執行較大量安全管理作業；自2000年以來，網路化（Networked）、大數據（Big Data）時代來臨，配合智慧型移動裝置（Intelligent Mobile Device）（如智慧型手機等），已有許多組織開始透過雲端計算（Cloud Computing）來處理極大量的數據進行量化管理，不過這個趨勢目前仍僅著重於商業經營活動（Business Activities），對於安全衛生管理部分仍尚未有具體發展，這應當是各個安全衛生管理人員應當著力之處（如圖16）[9][33-35]。

圖16　智慧型移動裝置與物聯網將成為安全管理重要趨勢

　　我們在前面已經談論高科技廠生產管理與安全管理的關聯；而安全管理是高科技廠生產管理的重要組成部分，也是一門綜合性的系統科學（Comprehensive System Science）；其中高科技廠安全管理的對象是生產中一切人、物、環境的狀態管理與控制，安全管理是一種動態管理（Dynamic Management）行為，主要是組織實施高科技廠安全管理規劃（Planning）、指導（Guidance）、檢查（Inspection）和決策（Decision Making），同時也是保證製程生產處於最佳安全狀態的根本環節程；對於高科技廠安全管理的內容，主要包含安全組織管理、廠房與設施管理、行為管制（Behavior Control）及安全技術管理四個層面，其分別對生產中的人、物、

⬇ 表八　安全管理的發展歷程彙整

階段	時代	技術特徵	認識論	方法論
1	工業革命前	農牧業及手工業	聽天由命	無能為力
2	17 世紀至 20 世紀初	蒸氣機時代	局部安全	亡羊補牢、事後處理型
3	20 世紀初至 20 世紀 50 年代	電氣化時代	系統安全	預防型
4	20 世紀 50 年代以來	航太技術與核能	安全系統	綜合對策及系統工程
5	20 世紀 90 年代以來	資訊化時代	科技化安全	安全管理
6	21 世紀 2000 年以來	網路化、大數據時代	量化管理	雲端運算、物聯網

環境的行為與狀態，進行具體的管理與控制；相關研究認為若欲達成良好製程生產控制，於實施安全管理過程中，對於安全管理的 5 種特殊關係應能有效掌握，分述如下 [9][33-36]。

一、安全與危險並存

安全與危險在同一事物的運動中是相互對立（Opposites）的，相互依賴而存在的，就因為有危險，才要進行安全管理，以防止危險變成損害；但安全與危險並非是等量並存且平靜相處，隨著事物的運動變化，安全與危險每時每刻都在變化著，進行著此消彼長的競爭，事物的狀態將向競爭的勝方傾斜。可見在事物的運動中，都不會存在絕對的安全或危險；此外保持生產的安全狀態，必須採取多種措施，並

圖 17　製程中往往安全與危險在同一事物的運動中是相互對立的但相互依賴而存在

且以預防為主，危險因素將有機會完全控制；並且危險因素是客觀的存在於事物運動之中的，自然是可知的，也是可控的，讀者可參閱第四章圖 1 即說明此架構，能量源（Energy Source）往往都是造成損害的主因。

二、安全與生產的一致性

高科技廠生產中人、物、環境都處於危險狀態（Dangerous State），則生產無法順利進行，所以安全是製程生產的客觀要求，自然的當製程生產完全停止，安全也就失去意義（不過

前提是危害能量源已不存在條件下）；因此就生產的目的性來說，高科技廠安全生產就是對國家、人民和社會最大的負責任態度；因此高科技廠生產有了安全保障，才能持續、穩定發展；當製程生產中事故層出不窮，製程生產勢必陷於混亂、甚至癱瘓狀態；所以當製程生產與安全發生矛盾、危及工作者性命或高科技廠財產時，製程生產活動停下來進行改善（Improvement），也當消除危險因素以後，製程生產才能變得更順暢；因此安全第一的說法，決非把安全擺到製程生產之上，而是要強調忽視安全重要性是一種錯誤。

三、安全與品質的包涵

廣義來看，品質（Quality）包涵著安全工作品質，安全概念也內涵著品質，交互作用，互為因果（Reciprocal Causation），在筆者實務經驗有好的安全管理績效（Safety Management Performance）的製程，自然產品良率也就會較高；所以安全第一、品質最重要，兩個之間併不矛盾；因為安全第一是從保護製程生產因素的角度而提出，品質最重要則是從關心產品結果的角度進行強調；安全為品質服務，又品質需要安全的保證；製程生產過程丟掉哪一頭，都會陷入失控狀態。

四、安全與速度互相保證

倘若製程生產未經妥善規劃即隨意執行，在僥幸中獲得快速，但缺乏真實與可靠，一旦釀成不幸，非但無速度可言，反而會延誤時間，以一般重大事故而言，檢查員第一時間多執行停工處分，事故製程直接就停止了；所以速度應以安全做為保障，安全就是速度；我們應追求安全加速度，竭力避免安全減速度的情況發生；因此安全與速度成正比例關係；一味強調速度，置安全於不顧的做法、是極其有害的，當速度與安全發生矛盾時，暫時減緩速度，保證安全才是最正確的做法。

五、安全與效益的兼顧

安全技術措施的實施，定會改善勞動條件，提升工作者的積極性（Enthusiasm），煥起勞動熱誠，帶來潛在經濟效益（Economic Benefits），足以使原來的投入得到補償；從此意義而言，安全與效益完全是一致的，安全促進了效益增長；在高科技廠安全管理中，投入的資源需要適度、適當、精打細算且統籌安排，既要保證得以安全生產，又要符合經濟合理原則，還要考慮力所能及，若單純只為了省錢而忽視安全生產，抑或是只單純追求不惜資金的盲目高標準，都不可取。

在前述特殊關係下，筆者在此處要特別強調一般管理發生失誤的根本原因包含未遵循製

程生產過程的客觀規律、無遵守前述客觀規律之完善制度、未認眞執行前述制度、對現場執行情況無法有效追溯、對不適宜的制度無法即時進行修正（亦即無法達成說、寫、做合一），此邏輯甚爲重要，請讀者用心思考；據此高科技廠必須正確處理相關基本管理原則，彙整如表九 [9][33-36]。

表九　高科技廠必須正確處理相關基本管理原則

基本管理原則	內涵說明
管理製程生產同時亦管理製程安全	製程安全是製程生產一部分，並對於製程生產發揮促進與保證作用，製程安全與製程生產雖有時會出現矛盾，但從安全與生產管理的目的來看，其關係應有高度一致性；此外製程安全與製程生產在實施過程，兩者存在著密切的聯繫，存在著進行共同管理的基礎，分離討論僅會增加成本，徒增浪費而已；由此可見，一切與製程生產有關的部門、人員，都必須參與安全管理並在管理中承擔責任；因此認爲安全管理只是安全部門的事，是一種片面的、錯誤的認識，安全管理人員於推動相關制度前，應先克服此問題；最後各級人員製程安全生產責任制度的建立，管理責任的落實，才得以體現管理製程生產同時管理製程安全。
堅持製程安全管理的目的性	製程安全管理的內容是對製程生產中的人、物、環境因素狀態進行管理，有效管制人員不安全行爲和物的不安全狀態，消除或避免事故，進而達到保護勞動者的安全與健康的目的；沒有明確目的製程安全管理是一種盲目行爲，而盲目的安全管理，充其量只能算是裝裝樣子，勞民傷財，危險因素依然存在，這在許多高科技仍嚴重存在此現象；在一定意義上，盲目的製程安全管理，只是縱容危害人員安全與健康的狀態存在，而無法減低事故產生。
必須貫徹預防爲主的方針	製程安全生產的方針是安全第一、預防爲主；而安全第一是從保護生產力的角度和高度出發，表明在製程生產範圍內，製程安全與製程生產的關係，肯定製程安全在製程生產活動中的位置和重要性；進行製程安全管理不是處理事故，而是在製程生產活動中，針對生產的特點，對生產因素採取管理措施，有效的控制不安全因素的發展與擴大，把可能發生的事故，消滅在發生初期，以確保製程生產活動中，人的安全與健康，切記貫徹須以預防爲主。
堅持全面性安全的動態管理	製程安全管理不是高科技廠內少數人的事，而是一切與製程生產有關的人共同事務，缺乏全員參與，安全管理不會有良好文化，當然也不會出現有好的管理效果；但不能因此就否定安全管理人員的作用，生產組織者在製程安全管理中的作用固然重要，全員性參與管理也十分重要；並且製程安全管理涉及到製程生產活動的完整生命週期，從開工到交貨全部生產過程、時間、相關製程設備與廠務設施等因素，因此製程生產活動中必須有效掌握全面性的動態安全管理。

（接續下表）

439

基本管理原則	內涵說明
安全管理重在管制	進行製程安全管理的目的是預防、消除事故，防止傷害情況，保護工作者的安全與健康，在安全管理系統的各項主要內容中（請參閱第六章圖 7），雖然都是爲了達成製程安全管理目的，但是對製程生產狀態的管制，與製程安全管理目的關係更直接，對製程生產中人的不安全行爲和物的不安全狀態的管制，必須看做是動態安全管理的重點。
在管理系統中持續不斷改善提升	既然製程安全管理是在動態變化中製程生產活動的管理，其管理就意味著是不斷發展的、不斷變化的，期能適應變化的生產活動，消除新的危險因素；然而更爲需要的是持續不斷的 PDCA 循環，如此得以找出不適當之處進行改善，管理機制也就更能貼近每個高科技廠所需，這樣的態度與作爲才能逐步拉高高科技廠安全等級。

針對高科技廠最佳的安全衛生管理機制建置與推動，在依照第六章圖 7 項目下，建議依圖 17 與以下各階段說明進行，更能達成實務推動效果。以下論述是一個組織，一個工廠的安全衛生管理建置程序，安全衛生人員應思考如何全部一起推動，這樣最後就能產生巨大改變與效應，但是不要急，有效能（Efficacy）才是關鍵，而非效率（Efficiency）。

 重點提示

> 安全衛生管理機制建置與推動階段
>
> 包含技術改善與提升階段、管理系統階段、文化建立階段等。

1. 技術改善、提升階段：主要核心爲「工程與設備安全的落實」這也是職業安全衛生（簡稱職安法）的第二章硬體改善規範內容，主要也是解決骨牌理論裡的「不安全狀態」，這是預防事故的重要一項主軸事項。在技術階段還有另一個核心主題即「遵守規定」，但作業人員不可能完全了解「職安法」，所以工安人員必須將法規重點建立於公司內部的規章中，依法應有的最重要規章即「安全衛生工作守則」，並且不停的依規定要求作業人員遵守，這可以解決表面的「不安全行爲」發生。

2. 管理系統階段：安全衛生管理系統爲主軸，但前提是已完成技術階段任務。系統的第一重點爲「管理階層之承諾」，有承諾才得以取得資源；第二重點爲「執行者能力」，只要系統有關所有人員均應有執行系統之能力（包含訪客），而最簡單建立能力的方法是「宣導」，但效果有限，再其次效果者爲「教育」，但很浪費時間，最後最有效者爲「訓練」，但前提是受訓練者已經都知道所有細節，只不過不熟練；在系統裡最重要的是風險評估，並確實掌握風險等級，這包含危害辨識、風險評估及風險控制（或產物保險的轉嫁）。有效的系統可以有效看出「人工缺點」，並採取適當之防範措施，例如某些特行作業人員經常不參與教育訓練課

程、或某些作業人員不執行自動檢查、又或某些作業人員經常不依照工作守則（SOP）進行作業等等。

3. 文化建立階段：重點是「行為領導」與「負責態度」兩項，這是與全廠有關的所有人都須建立的，當最後所有人員均建立「做好安全事項是有價值的」，那就不會有人自己改變SOP而用偷吃步作業，而造成事故（虛驚事件也算），當然也不會有人主動違反規定；在有安全文化時，組織會出現的事故應該都是人為的失誤（例如不小心、遺忘、太積極動作等等），而絕不會有人為故意的錯誤！但最佳的安全文化當然是把人員數十年來遺傳環境所遺留下潛存的人工缺陷消除（例如從小不怕高，但在公司也不會亂爬，也會依規定使用安全施工架等）。

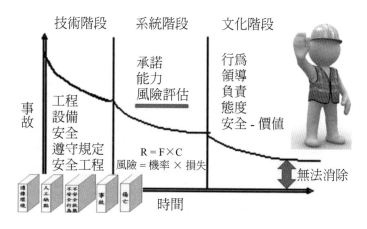

圖 18　安全管理演進與推動架構

7.4　工業區聯防救災體系與救災應用案例實務

以一般高科技園區裡的半導體及光電面板廠房而言，其危害種類主要有火災、爆炸、毒氣外洩、化學品洩漏、高溫、感電、機械夾壓（Mechanical Clamping）、機械捲入（Mechanical Involvement）、機械衝撞（Mechanical Collision）、物料倒塌（Material Collapsed）、溺水（Drowning）、桶槽缺氧（Bucket/Tank Hypoxia）等，想要做好緊急應變整備（Preparation）與搶救（Rescue）處理，就必須先了解危害的發生情境流程，並且推估出發生嚴重度與發生頻

率，近一步確認出目前營運的危害風險值，如此利用此風險值來確認各廠房是否已自行做好風險控制的防災工作，如果沒有，則必須要求該廠商提升運轉安全度，另一方面則是由各單位先行提升整備與搶救的能力程度，如此，不幸發生災害事故時，我們才能確保第一時間可以有效迅速的處理災害情況，圖 19 為目前工業區互助合作機制（Mutual Assistance and Cooperation Mechanism）[37-38]。

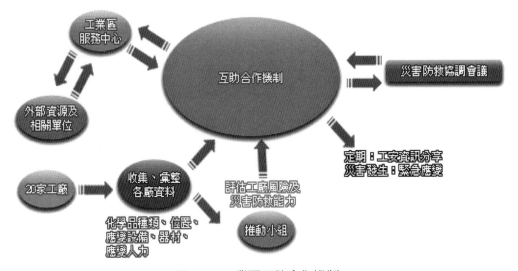

圖 19　工業區互助合作機制

　　圖 20、21 及 22 為高科技科技園區防災整備與緊急應變計畫流程，前半段為危害風險管理，目地就是希望確認目前危害現況，後半段則是防災整備與緊急應變計畫階段，當各廠房均有效採行危害控制措施時，那危害發生嚴重度與頻率將會降低，投入防災整備與緊急應變的人力、物質或動員範圍也就相對降低。

　　火災、爆炸、毒氣外洩、化學品洩漏、高溫、感電、機械夾壓、機械捲入、機械衝撞、物料倒塌、溺水、桶槽缺氧等危害之緊急應變機制與程序均略有不同，依危害發生情境以建置正確的緊急應變機制與程序，將有效提升緊急應變與救災速度。

　　圖 23 為高科技廠房緊急應變程序流程圖，無論是何種災害發生，當然第一階段就是警報（Alam）、報告（Reporting）與確認（Confirmation）是否發生，此階段主要由發生災害的廠房人員動作，第二階段則是救災活動（Disaster Relief Activities）與避難逃生（Escape），當發生危害情況明顯大於自行救災範圍時，於第一時間即向外通報，以利各聯防等級範圍廠商單位，於時間內迅速前往災害現場協助救災，第三階段則是事故現場的警戒（Alert）與管制

（Control），主要就是防止不必人員的看熱鬧行為，以避免救災不利情況發生 [38]。

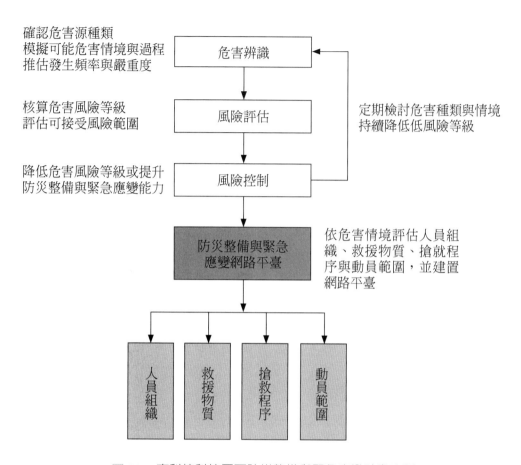

圖 20　高科技科技園區防災整備與緊急應變計畫流程

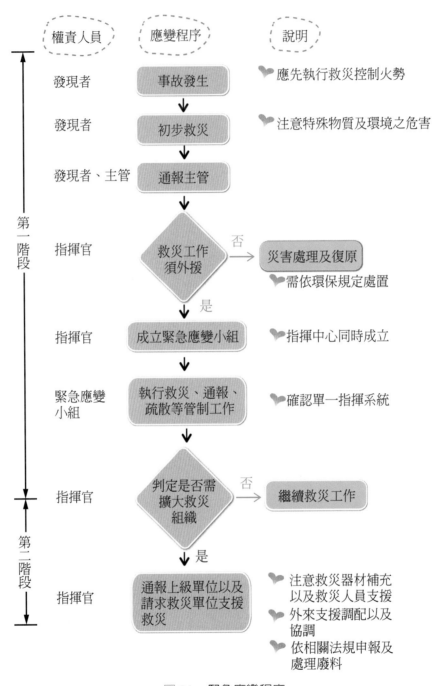

圖 21　緊急應變程序

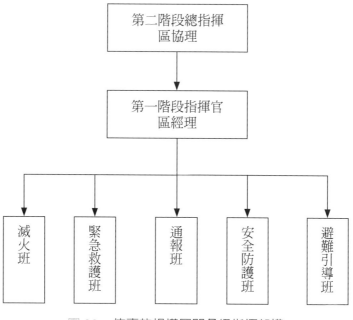

圖 22 依事故規模展開各級指揮架構

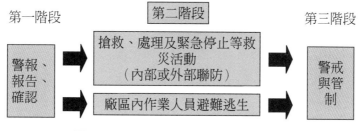

圖 23 高科技廠房緊急應變程序流程圖

　　表十為科技園區各種危害之緊急應變機制與程序建置彙總表，本表依危害情境與階段，建立基本救災活動程序，並且規劃救災投入資源，其主要包含人員、裝備與車輛等三大部分。

⬇ 表十　科技園區各種危害之緊急應變機制與程序建置彙總

危害源	危害情境與階段	救災活動程序	救災投入資源
火災	火災發生未突破防火區劃時	1.接獲火災發生信息 2.利用廠內滅火設備進行滅火及人員搶救 3.園區消防隊協助滅火及人員搶救 4.火勢滅除與警戒	1.人員：廠內人員、區內消防隊、區內救護隊 2.裝備：滅火設備、救護設備、個人防護具 3.車輛：消防車、救護車
	火勢已突破防火區劃或延燒鄰近廠房	1.利用廠內滅火設備進行滅火及人員搶救 2.園區消防隊協助滅火及人員搶救 3.依風險等級聯絡各及聯防單位協助滅火與人員搶救。 4.火勢滅除與警戒	1.人員：廠內人員、區內消防隊、區內救護隊、聯防單位消防隊與救護隊 2.裝備：滅火設備、救護設備、個人防護具 3.車輛：消防車、救護車
爆炸	容器已全數爆炸完畢	1.接獲爆炸發生信息 2.利用廠內滅火設備進行滅火及人員搶救 3.園區消防隊協助滅火及人員搶救 4.火勢滅除與警戒	1.人員：廠內人員、區內消防隊、區內救護隊 2.裝備：滅火設備、救護設備、個人防護具 3.車輛：消防車、救護車
	仍有容器、儲槽尚未爆炸	1.接獲爆炸發生信息 2.利用廠內滅火設備進行滅火及人員搶救 3.園區消防隊協助滅火及人員搶救 4.依風險等級聯絡各及聯防單位協助滅火與人員搶救。 4.火勢滅除與警戒	1.人員：廠內人員、區內消防隊、區內救護隊、聯防單位消防隊與救護隊 2.裝備：滅火設備、救護設備、個人防護具 3.車輛：消防車、救護車
毒氣外洩	洩漏於密閉範圍內	1.接獲洩漏警報 2.廠內進行止漏、通風換氣及人員搶救 3.園區消防隊協助警戒及人員搶救	1.人員：廠內人員、區內消防隊、區內救護隊 2.裝備：救護設備、個人防護具 3.車輛：氣體處理車、消防車、救護車
	已洩漏至廠房外開放空間	1.廠內進行止漏、通風換氣及人員搶救 2.園區消防隊協助區外人員疏散及人員搶救 3.依風險等級聯絡各及聯防單位協助警戒與人員搶救。	1.人員：廠內人員、區內消防隊、區內救護隊、聯防單位消防隊、救護隊、毒災處理中心 2.裝備：救護設備、個人防護具 3.車輛：氣體處理車、消防車、救護車

（接續下表）

危害源	危害情境與階段	救災活動程序	救災投入資源
化學品洩漏	化學品未溢出防溢堤	1.接獲洩漏警報 2.廠內進行止漏、通風換氣及人員搶救 3.園區消防隊協助警戒及人員搶救 4.除汙與警戒	1.人員：廠內人員、區內消防隊、區內救護隊 2.裝備：化學品處理設備、救護設備、個人防護具 3.車輛：化學處理車、消防車、救護車
	化學品已溢出防溢堤	1.接獲洩漏警報 2.廠內進行止漏、通風換氣及人員搶救 3.園區消防隊協助警戒及人員搶救 4.依風險等級聯絡各及聯防單位協助止漏、除汙與人員搶救。 4.除汙與警戒	1.人員：廠內人員、區內消防隊、區內救護隊、聯防單位消防隊、救護隊、毒災處理中心 2.裝備：化學品處理設備、救護設備、個人防護具 3.車輛：化學處理車、消防車、救護車
高溫	人員接觸	1.接獲燒燙傷通知 2.廠內進行人員搶救與高溫防護 3.危害源警戒，防止災情擴大	1.人員：廠內人員、區內救護隊 2.裝備：救護設備、個人防護具 3.車輛：救護車
感電	人員接觸	1.接獲感電傷害通知 2.廠內進行人員搶救與電氣隔離 3.中斷危害源，防止災情擴大	1.人員：廠內人員、區內救護隊 2.裝備：救護設備、個人防護具 3.車輛：救護車
機械夾壓、捲入、衝撞	人員接觸	1.接獲機械傷害通知 2.廠內進行人員搶救與機臺緊急停止 3.中斷危害源，防止災情擴大	1.人員：廠內人員、區內救護隊 2.裝備：救護設備、個人防護具 3.車輛：救護車
物料倒塌	人員壓傷	1.接獲人員傷害通知 2.廠內進行人員搶救與物料移除	1.人員：廠內人員、區內救護隊 2.裝備：救護設備、個人防護具 3.車輛：搬運起重機具、救護車
溺水	人員溺水	1.接獲人員溺水通知 2.廠內進行人員搶救	1.人員：廠內人員、區內救護隊 2.裝備：抽水打撈設備、救護設備、個人防護具 3.車輛：救護車
桶槽缺氧	人員缺氧	1.接獲人員缺氧休克通知 2.廠內進行人員搶救 3.場所持續通風換氣	1.人員：廠內人員、區內救護隊 2.裝備：通風換氣設備、救護設備、個人防護具 3.車輛：救護車

　　如何妥善運用鄰近廠房既有的救援人力、救援裝備物質及各種救援機具車輛，也就成為重要課題，不過在想要有效運用各種救援能量之前，當然首要就是了解各廠房的危害與情境，並

且確認風險等級，據此規劃出各廠房平時
基本應有的救援人力、裝備物質及機具車
輛，並且建置緊急應變網路通報機制，當
危害發生時，於第一時間事故廠房即透過
網路向外通報，並登錄目前危害情況基本
資料，網路平臺則透過資料庫，於判斷出
聯防等級後，立即發送救援信號給有關廠
房與單位，各鄰廠聯防單位即可於第一時
間備妥救援能量，並經由最近路程到達現
場協助救災（如圖 24）。

圖 24　緊急應變著重於搶救器材與人員能力

　　圖 25 為科技園區緊急應變機制與程序，圖中甲廠為假設事故廠房，當災害發生甲廠人員
立即將危害現況輸入網路平臺中，資料庫立即比對平時危害情境與風險評估成果所設定的聯
防等級，如果危害情況為中等危害，聯防等級 B 級，網路平臺立即發送信息給鄰廠（乙、丙
廠）、區內消防隊與救護隊等單位，進行救援。此機制經由危害情境分析與危害風險評估結
果，各廠房平時備妥基本自廠或聯防救災所需人力、設備與車輛，所以第一時間前往鄰廠救災

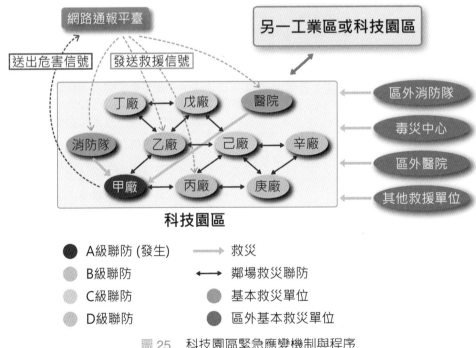

圖 25　科技園區緊急應變機制與程序

之能量，應足以消除災害情況，而消防隊、救護隊等基本救災單位救災能量投入，即可確保超過必要的搶救能量，如此亦可確認聯防救災的餘裕效果，此階段達成，那必定不需動用科技園區以外的聯防救災資源，所以聯防整備物資投入，亦可有效降低。而從工業園區往更高的國家級高度規劃，聯防機制應適當結合救災資料庫系統，主要能在各高科技廠協助局部區域緊急應變救災外，更可將各階段防災作為留下，對於未來的預防與整備有顯著功效（請參閱第三章圖13架構），而安全衛生防護及救災器材清單實例如表十一所示；表十二為高科技廠安全防護及救災器材選用建議供讀者參考。

⬇ 表十一　安全衛生防護及救災器材清單

單位：＿＿＿＿＿＿＿

防護器材名稱	數量	放置位置	保管人	備註

單位主管：＿＿＿＿＿＿　製表者：＿＿＿＿＿＿　日期：＿＿＿＿＿＿.

🔻 表十二　高科技廠安全防護及救災器材選用建議

事故種類	防護具		消防衣褲	消防鞋	SCBA	防酸鹼防護鞋	A級防護衣
類別		圖片					
腐蝕性	液	HF, BOE, HCl			◎	◎	◎
	氣	HF, BC1$_3$			◎	◎	◎
毒性	液	TMP, TMB, CLF$_3$			◎	◎	◎
	氣	TEASAT, gEF$_4$, WF$_6$, AsH$_3$, BF$_3$, PH$_3$, CHF$_3$, SiF$_4$, C$_5$F$_8$, HBr, F$_2$, B$_2$H$_6$, CL$_2$			◎	◎	◎
易燃性	液	Trans_LC, MIBK, TEOS	○	○	◎	◎	◎
	氣	TDMAT, DCS, CH$_2$F$_2$, SiH$_4$, SiCl$_2$H$_2$, H$_2$, CO, PH$_3$	◎	◎	◎		

　　在火災爆炸災害發生時，可以根據事故指揮官危害應變處理流程來對事故進行妥善的處理，而美國加州政府緊急應變訓練中心（California Specialized Training Institute; CSTI）所提出之危害應變 12 大原則如下（圖 26 危害性化學品災害搶救之 HAZMAT）[38]：

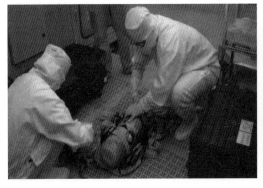

圖 26　高科技廠緊急應變演練情況

1. 維護現場人員安全（Safety）：事故現場反應及操作人員首先應確保自身安全，先行確認自身及現場資源是否充足，避免在資源不足時，貿然進入災區救災，導致更多人員傷亡，並協助管制現場相關及非相關人員任何不安全之行為。

2. 現場隔離及淨空（Isolation）：進行現場初步管制及非救災人員疏散，應注意疏散之人員的隔離及除汙，避免化學品汙染導致災情蔓延。

3. 通報災情（Notification）：將現場狀況第一時間通報，切勿延遲。可用多媒體信息服務或其他無線傳輸等設備將事故現場之照片傳輸至相關單位，以利後續支援及輔助現場狀況研判。

4. 建立現場指揮及管理（Command/Management）：事故處理最重要的現場指揮的統一，工廠負責人或廠長應趕至現場救災單位指揮官（消防單位、環保單位）報到，並提供應變資料及專業諮詢，協助建立現場指揮及管理系統。

 重點提示

危害應變 12 大原則

包含維護現場人員安全（Safety）、現場隔離及淨空、通報災情（Notification）、建立現場指揮及管理（Command/Management）、毒物辨識及評估（Identification and Assessment）、規劃搶救行動（Action Planning）、防護設備（Protective Equipment）、災害圍阻及控制（Containment and Control）、保護行動（Protection Actions）、除汙及清理現場（Decontamination and Cleaning）、處置（Disposal）、事件記錄（Documentation）等。

5. 毒物辨識及評估（Identification and Assessment）：可請求支援，利用儀器輔助做毒化物辨識確認及評估危害程度，展開環境監測事宜。

6. 規劃搶救行動（Action Planning）：現場指揮中心規劃搶救行動，並依現場環境、可能造成之緊急危害及評估對環境之衝擊等方面，評估正面介入的效益。

7. 防護設備（Protective Equipment）：毒化災事故現場充滿了許多危害性，現場救災應變人員應穿著適當的防護裝備。

8. 災害圍阻及控制（Containment and Control）：毒化災事故有別於一般事故之處乃需極力圍堵可能的汙染，並確實控制事故現場狀況及鄰近地區及環境。

9. 保護行動（Protection Actions）：除了災害現場的搶救，更須注意人員、環境及財產的保護，即時的監測可保護現場人員、環境及災後處理之憑據。

10. 除汙及清理現場（Decontamination and Cleaning）：為避免汙染源擴散，除了事故現場之圍堵及控制外，災後除汙及清理工作亦須確實。

11. 處置（Disposal）：毒化災事故後，各救災及防護相關物品，若經判定受汙染、無法回

收再利用後，必須依據有害廢棄處理方式處置，不得任意棄置。

12.事件紀錄（Documentation）：事故後應進行災因事故調查及紀錄，以利後續檢討及改善等工作。

有了前述聯防救災與緊急應變原則，則落實平時之緊急應變演練是非常重要，圖 26 為高科技廠進行緊急應變演練情況。而緊急應變現場則依據圖 27 的 HAZMAT 進行處置。

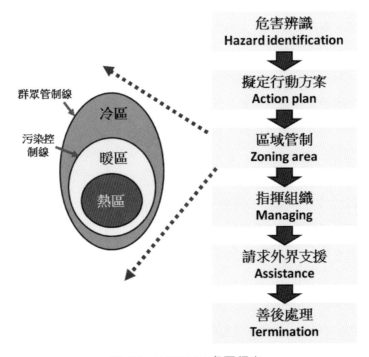

圖 27　HAZMAT 處置程序

參考文獻

1.　戴國良（2012），數位行銷－全方位理論架構與本土案例。臺北：五南。

2.　Tynan, C., and McKechnie, S. (2009). Experience Marketing: a review and reassessment. Journal of Marketing Management, 25(5-6), 501-517.

3.　Fleischer, J., Weismann, U., Niggeschmidt, S. (2006), Calculation and optimisation model for costs and effects of availability relevant service elements, *Proceedings of LCE2006*, pp.675-680 (2006).

4.　Li, N., Yao, S., Liu, G. and Zhuang, C. (2010). Optimization of a multi-constant work-in-process semiconductor assembly and test factory based on performance evaluation. *Computers & Industrial Engineering*, 59, 314–322.

5.　Liker, J.K., 2004, The Toyota Way: 14 Management Principles from the World's Greatest Manufacturer, McGraw-Hill, New York.

6.　Beamon, B.M., 1999, Measuring supply chain performance, *International Journal of Operations and Production Management*, Vol.19(3), 275-292.

7.　Huang, C. K., (2004). An optimal policy for a single-vendor single-buyer integrated production–inventory problem with process unreliability consideration, *International Journal of Production Economics*, 91, 91-98.

8.　臺北科技大學（2016），工業 4.0 理論與實務。全華圖書。

9.　維基百科。https://zh.wikipedia.org/wiki. (2016/11/22 摘自網路)

10.　生產管理（Production Management）。http://wiki.mbalib.com/zh-tw/%E7%94%9F%E4%BA%A7%E7%AE%A1%E7%90%86。（2016/11/22 摘自網路）

11.　Shen, Z. (2007). Integrated supply chain design models: a survey and future research directions. *Journal of Industrial and Management Optimization*, 3(1), 1.

12.　Michalski, G. (2009). Inventory management optimization as part of operational risk management. *Economic Computation and Economic Cybernetics Studies and Research*, 213-222.

13.　Taleizadeh, A. A., Kalantari, S. S., & Cárdenas-Barrón, L. E., 2015. Determining optimal price, replenishment lot size and number of shipments for an EPQ model with rework and multiple shipments. *Journal of Industrial and management optimization*, Vol. 11, No. 4, pp. 1059-1071.

14. Mahdiloo, M., Noorizadeh, A., Saen, R.F. (2011). Developing a new data envelopment analysis model for customer value analysis. *Journal of Industrial and management optimization*, 7 (3), pp. 531-558.

15. 生產管理績效。http://wiki.mbalib.com/zh-tw/%E7%94%9F%E4%BA%A7%E7%AE%A1%E7%90%86%E7%BB%A9%E6%95%88。(2016/11/22 摘自網路)

16. Anderson, G. C. (1993). Managing performance Appraisal Systems, Blackwell: Oxford.

17. 科技發展觀測平臺，OECD 預測：全球未來發展的八大趨勢以及四大科技創新領域。https://outlook.stpi.narl.org.tw/index/focusnews/detail/283。(2016/11/22 摘自網路)

18. Ash, J.C.K., D.J. Smith, and S.M. Heravi (1998), Are OECD Forecasts Rational or Useful?: A Directional Analysis, *International Journal of Forecasting*, 14(3), 381-391.

19. Global Economic Outlook, November 2016。http://www.oecd.org/eco/economicoutlook.htm。(2016/11/22 摘自網路)

20. Selber, K., & Austin, D. M. (1997). Mary Parker Follett: epilogue to or return of a social work management pioneer?. *Administration in social work*, 21(1), 1-15.

21. Mannan, S., 2012, Lee's Loss Prevention in the Process Industries: Hazard Identification, Assessment, and Control, fourth ed., Butterworth-Heinemann, Great Britain.

22. Dimson, Elroy and Paul Marsh (1999), Murphy's Law and MarketAnomalies, *Journal of Portfolio Management*, 25, pp. 53-70.

23. Harvey, M. G. (1983). The Multinational Cooperation's Expatriate Problem: An Application of Murphy's Law . *Business Horizons*, 26(1), 71-78.

24. Baldwin, R. E. (1994). A Domino Theory of Regionalism, *September 1993 and Revised in November* 1994, P.13.

25. 吳及揚，企業風險評估與風險控制策略之研究。國立政治大學，商學院經營管理碩士學程風管組碩士論文，民國 94 年 7 月。

26. D. N. Lee. (1996). Maximum energy release theory for recrystallization textures. *Metals and Materials*, Vol.2(3), pp 121–131.

27. Andrews, Fault tree analysis, in Proc. *International system safety conference*, 1998.

28. Lin, Y.-K. and Chang, P.-C. (2012). Evaluate the system reliability for a manufacturing network with reworking actions. *Reliability Engineering and System Safety*, 106, 127-137.

29. Virginia Satir, Iceberg Theor. http://blog.xuite.net/w504775/blog/40654304。(2016/11/22 摘自網路)

30. Herbert William Heinrich, Industrial accident prevention: a scientific approach, Mc-Graw-Hill, 1931, 05/30/2014.

31. Mark, W. J., Clayton, M. C., & Henning, K. (2008). Reinventing Your Business Model. Harvard Business Review, 28, 57-69.

32. 成功的衛生與安全管理（1998），英國 Health & Safety Executive Health and Safety series booklet HS(G)65 Her Majesty's Stationery Office 授權工研院工業安全衛生技術發展中心編譯。

33. AnnaMari Heikkilä. (1999). Inherent safety in process plant design An indexbased approach. Valtion teknillinen tutkimuskeskus publications. ISBN 951–38–5371–3.

34. 安全管理的發展歷程。http://www.safehoo.com/Manage/Trade/Chemical/201207/277229.shtml。(2016/11/22 摘自網路)

35. United Kingdom Civil Aviation Authority (UK CAA), 2003. The Management of Safety: Guidance to Aerodromes and Air Traffic Service Units on the Development of Safety Management Systems, CAP 728.

36. 現代安全管理。http://doc.mbalib.com/view/d5f256ac8c3b0ceaf6ec3f9154bd5600.html。(2016/11/22 摘自網路)

37. 經濟部工業局大發工業區服務中心網頁。http://www.moeaidb.gov.tw/iphw/tafa/index.do?id=17。(2016/11/22 摘自網路)

38. 陳俊瑜、王世煌、張國基（2015），產業製程安全管理與技術實務。臺北：五南圖書。

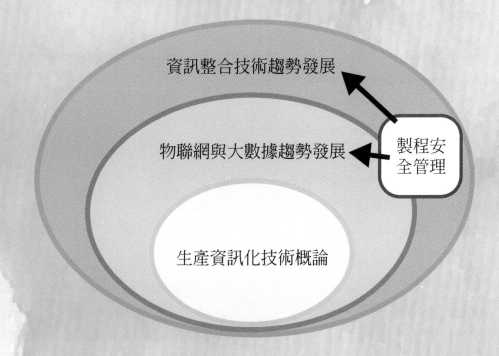

資訊整合技術趨勢發展

物聯網與大數據趨勢發展

製程安全管理

生產資訊化技術概論

第八章　高科技產業製程安全與健康管理物聯網與大數據趨勢發展

8.1 生產資訊化技術概論

生產管理系統是製造業資訊化（Manufacturing Information）的核心，沒有生產管理系統的資訊化就只能做做應收應付（Accounts Payable/Accounts Receivable）及財務帳（Financial Account），很難從資訊化中獲取管理效益。大型高科技廠較具備規模的，因為資源豐富，在公司內部就有資訊開發人員（MIS），可以設計自己的生產管理系統（Production Management System）（如圖1），資訊化容易；現今部分高科技廠亦面臨產品轉型（Product Transformation），資訊化又是不可或缺的要件，要如何擁有符合企業需求的生產管理系統是管理階層必須重視的重點[1-2]。

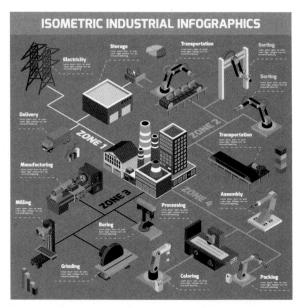

圖1　MIS 可設計企業本身的生產管理系統以提升運作效能

高科技廠在導入生產管理資訊化之前，需要先自我評估，評估重點（表一）包含 1. 考量行業別、生產製造屬性、2. 確認需要訂定資訊化之目的、3. 公司是否有合理化（Rationalization）的生產管理制度 4. 企業的資訊化程度等要項[1-4]。

妥善評估企業本身的條件與限制，才能訂定符合自己資訊化的策略，故應特別強調生產管理流程合理化，在管理制度未完善之前，就開始導入管理資訊系統的話，可能出現二種情況，其一公司若客製（Customization）開發專屬系統，功能需求常由終端使用者（End User）提供，滿足了使用者操作，但整合性的流程管理不足，產生的公司營運效益就難以達到預期目標；第二若是使用市面上的套裝軟體（Application Software），因為本身需求不明確，又照著軟體系統提供的功能勉強套用，常會發現與公司現行的作業有所差異，或與目前的作業習慣有所衝突而導入困難，最常導致的結果是即使系統已經上線，但生產管理資訊系統卻沒有真正上線使用，產生半套的資訊化；在此建議先有完善的生產管理制度再輔以資訊化系統，以達到相乘的效益。

⏷ 表一　高科技廠在導入生產管理資訊化先行評估重點彙整

評估項目	評估重點內涵
考量行業別、生產製造屬性	應評估行業別，由於終端產品的組裝業或零件加工業、機械業、食品業或化工業其所需的系統就有很大的差異，管理也截然不同；就組裝業及零件加工業來說，組裝業的重點在於原物料及零組件的集結，是否可準時備齊加工與準時出貨；而零件加工業的管理重點在於多製程作業的管控，而原料（素材）管理較為簡單，因原料進貨通常就直接投入生產線，庫存管理（Inventory Management）應盡量簡化，領料（Picking）及入庫作業（Warehousing Operation）也應減少，所以其資訊系統的需求就有明顯的差異。而高科技製程則擁有前述多種行業別的綜合體，製程生產上更為複雜。
確認需要訂定資訊化之目的	在導入資訊化之前，應先訂定目標：交期控管（Delivery Control）、製程管控（Process Control）、庫存管理、品質控管（Quality Control）、績效管理（Performance Management）⋯⋯等，設定短中期目標，再逐步完成，讓導入資訊化過程有所依循。
公司是否有合理化的生產管理制度	資訊系統（Information System）只是企業營運的輔助工具（Auxiliary Tools），是簡化員工日常作業、協助管理的工具；所以企業需要先制定符合自己的管理制度，進而了解自己的需求，什麼樣的資訊系統功能，才能訂定明確的資訊化的目標。
企業的資訊化程度	包含公司的軟硬體設備（Hardware/Software Equipment），更重要的是員工的資訊程度或對資訊的接受度，這也是影響資訊化的重要因素。

　　高科技廠要成功導入生產管理系統，相關建議要點彙整如表二，主要應評估決定套裝或客製化系統、彈性作業模式需求、是否簡化日常作業、資訊化過程不只是一套軟體而是必須與生產管理制度整合的導入工作或服務、高階管理人員作為專案負責等事項[1-6]。

⏷ 表二　高科技廠成功導入生產管理系統建議要點彙整

要點項目	要點內容
決定套裝或客製化系統	一般決定套裝或客制化系統，通常成本常是優先考量，然後再找便宜合用的系統；在此建議先講求系統適不適合再考量價格，以產生最大效益為考量目的；選擇市面套裝軟體時，要評估是否符合公司管理制度、公司特別的需求；若大致符合需求時可以考慮使用，因為生產管理制度每一家公司不盡相同，一定會有客製化的需求；所以決定購買前一定要詢問客製化功能修改及新增的費用，並一併納入計算進行評估。選擇量身訂製客製化系統時，一般公司已有明確的系統功能需求，建議不要一次就想設計出公司完整的系統，應該分階段完成（此觀點符合 PDCA 原則）；首先以作業層面的功能為主，如進銷存管理及製程流程管制，先讓物料庫存及製程生產作業時，都有相對應的表單，使得作業明確、管控有依據；完成後再做排程管理、品質管理、績效管理⋯⋯等，循序漸進，讓每階段的目標清楚也容易達成。

（接續下表）

要點項目	要點內容
彈性作業模式需求	高科技廠能在業務上蓬勃發展的要件，其中包含彈性的作業模式，例如緊急接單或插單、或是生產中的訂單變更，系統是否可以彈性做生產的調整或修改，而系統是否也可依據公司管理流程的做彈性調整，調整過程會不會太困難等。
是否簡化日常作業	在資訊化過程要考慮員工配合度，最重要是有沒有簡化日常作業；在適當的時間詢問製程整合、製程工程師、設備工程師、廠務工程師及作業員之需求，如系統是否簡化目前的工作、人工報表是否從系統直接匯出；若必要增加部分工作，需要詢問前述有關人員意見，如何簡化操作或改善工作的方式，畢竟前述有關人員才是真正使用系統的人，資訊化成功與否，占有絕對的關鍵。
資訊化過程不只是一套軟體，而是必須與生產管理制度整合的導入工作或服務	特別是選擇使用套裝軟體，資訊化不是上幾天操作課程、或給予系統操作說明書就可以上線成功；生產管理如上述說明有著業別的差異及公司個別的管理制度，是需要有實務經驗的人或顧問結合管理及資訊專長來負責導入工作，以管理為主資訊為輔，依據管理作業流程教導使用者，說明作業與作業如何連結，介紹資訊系統提供什麼功能、如何操作及遇到例外狀況要如何處理；在管理上有那些報表及如何運用，最後達到什麼效益目標；是整合公司管理制度的資訊化工作及服務。
高階管理人員作為專案負責	公司資訊人員（MIS）應該為輔助的角色，非主要負責人；資訊化的目的要強化公司的管理制度，使作業更加迅速，及資料整合管理，所以專案負責人要熟悉公司營運；也必須具備一定資訊能力，了解系統什麼可以做，而什麼是需要人為的處理，能夠依據公司需求清楚規劃資訊化的功能。

生產管理資訊化（Production Management Information）除了資訊的整合、資源有效運用，也可使管理有效提升；是企業由製造財轉為管理財的途徑，也是未來高科技產業升級的必要工作；雖然常聽到企業資訊化失敗案例，稍作分析都不難找到其原因，例如事前自我評估不善、套用不合適的系統、系統範圍規劃太大而不容易結案、員工的反彈等等；因此做好事前評估，了解高科技廠製程需求、可運用有限的資源，是可以規劃出完善的資訊化專案；資訊化過程依照管理制度的需求，配合導入要點，相信可大大提高成功率；有了一套符合高科技廠營運的生產管理系統，對營運絕對有相對的提升。

管理資訊系統（Management Information System, MIS）是一個以人為主導的，利用計算機硬體、軟體和網絡設備，進行資訊的收集（Collection）、傳遞（Delivery）、存儲（Storage）、加工（Processing）、整理（Finishing）的系統，以提高組織的經營效率。MIS 是有別於一般的資訊系統，主要作為用來分析其它資訊系統

 重點提示

管理資訊系統（MIS）

是一個以人為主導的，利用計算機硬體、軟體和網絡設備，進行資訊的收集、傳遞、存儲、加工、整理的系統，以提高組織的經營效率。

在組織的業務活動中的應用。學理上 MIS 通常是用來指那些和決策自動化（Decision Automation）或支援決策者做決策有關的資訊管理方法（例如決策支持系統（Decision Support System, DSS）、專家系統（Expert System）、主管支援系統（Excutive Information Systems, EIS）、管理報告系統（Management Reporting System, MRS）等）的統稱（如圖 2）。MIS 的引進是一個牽涉構面多且彼此互相糾葛在一起的過程，因此，要成功引進是相當困難的，根據過去統計，引進能順利成功達成目的只有 30% 左右，可見其困難程度；影響 MIS 成功或失敗的主要構面可歸納歷年來多位學者研究的成果如表 [1][7-9]：

⬇ 表三　影響 MIS 成功或失敗的主要構面彙整

構面項目	要素內容
使用者的因素（User Factor）	包括使用者的恐懼、抗拒、動機、認知、參與、滿意度等因素。
專案的因素（Project Factors）	包括專案的管理與專案團隊的管理規劃、排程。
資訊部門的因素（MIS Factors）	包括資訊部門的目標、定位、領導與內外部關係等。
組織的因素（Organizational Factors）	包括組織的結構、文化、策略等。
技術的因素（Technical Factors）	包括資訊科技、系統架構、系統品質等。
管理的因素（Managerial Factors）	包括高階主管支持、文化與政治的管理等。
工作流程的因素（Process Factors）	流程的合理化、企業再造工程（Bussiness Process Re-engineering, BPR）與最佳化。
外在環境的因素（Environmental Factors）	包括科技、法令、競爭者、客戶、上下游廠商等。

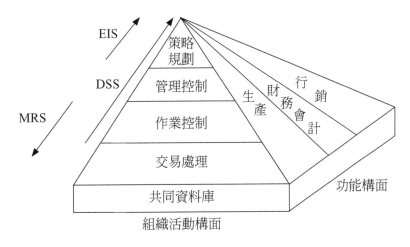

圖 2　生產管理資訊化對於整體企業營運的應用架構

　　目前對於高科技廠之生產資訊化管理系統導入之程序，如圖 3 所示，從規劃安裝開始，經教育訓練、上線輔導、到完成驗收完整循環，而建立後相同需要依循 PDCA 原則持續改善（圖 4 係高科技廠之生產資訊化管理系統細部執行程序）；而安全衛生管理屬於生產管理之一部分，所以進行生產資訊化管理系統必須結合第六章圖 7 之職業安全衛生管理系統應執行事項妥善結合，並於設計時儘量採取瀑布模式進行設計與測試（如圖 5），方可達成符合製程需求之資訊系統，以提升高科技廠之運作安全等級 [10-12]。

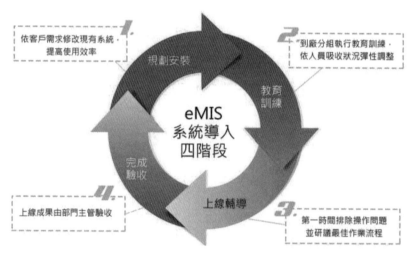

圖 3　　高科技廠之生產資訊化管理系統導入之程序

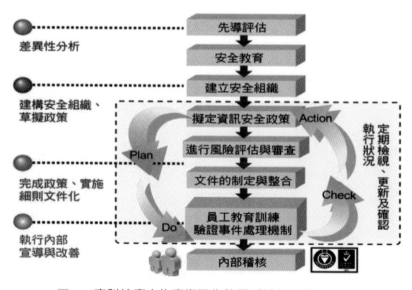

圖 4　　高科技廠之生產資訊化管理系統細部執行程序

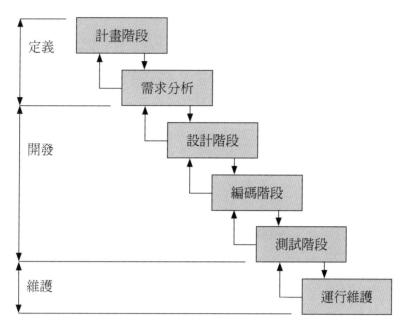

圖5　瀑布模式進行設計與測試流程

8.2　製程安全管理資訊整合技術趨勢發展

在 OECD 所提之數位領域部分未來技術趨勢包含雲端運算（Cloud Computing）、光電及光學技術（Optoelectronic and Optical Technology）、機器人（Robots）、量子運算（Quantum Computing）、大數據（Big Data）、物聯網（Internet of Things, IOT）、人工智慧（Artificial Intelligence, AI）、區塊鏈（Block Chain）、網格運算（Grid Computing）、模型模擬（Model Simulation）與賽局（Game Theory），其中又以大數據、物聯網、人工智慧（AI）及區塊鏈為十大新興科技，詳細說明如下 [1][13-25]。

 重點提示

數位領域部分未來技術趨勢

包含雲端運算、光電及光學技術、機器人、量子運算、大數據、物聯網、人工智慧、區塊鏈、網格運算、模型模擬與賽局等。

一、大數據（Big Data）

　　大數據是指傳統數據處理應用軟體不足以處理它們的大或複雜的數據集的術語；在總資料量相同的情況下，與個別分析獨立的小型資料集（Data Set）相比，將各個小型資料集合併後進行分析可得出許多額外的資訊和資料關聯性，可用來察覺商業趨勢、判定研究品質、避免疾病擴散、打擊犯罪或測定即時交通路況等。而大數據係由巨型數據集（Data Set）組成（如圖 6），這些數據集大小常超出人類在可接受時間下的收集（Data Acquisition）、廢用（Data Curation）、管理和處理能力。大數據的大小經常改變，截至 2012 年單一資料集的大小從數太字節（TB）至數十兆億位元組（PB）不等。現在大部分大數據產業中，已使用 4V 來描述大數據（如表四）。資料探勘（Data Mining）則是在探討用以解析大數據的方法。

⬇ 表四　大數據之 4V 定義

名稱	定義內容
量（Volume）	即數據大小。
速（Velocity）	即資料輸入輸出的速度。
多變（Variety）	即資料多樣性。
眞實性（Veracity）	即資料的正確性。

　　大數據在技術上可在合理時間內分析處理的資料集大小單位目前定義爲艾位元組（Exabytes），資料集大小增長的部分原因來自於資訊持續從各種來源被廣泛收集，這些來源包括搭載感測設備的行動裝置、高空感測科技（遙感）、軟體記錄、相機、麥克風、無線射頻辨識（RFID）和無線感測網路等，又自 1980 年代起，現代科技可儲存資料的容量每 40 個月即增加一倍，截至 2012 年全世界每天產生 2.5 艾位元組（即 2.5×10^{18} 字節）的資料；在許多領域，由於資料集過度龐大，科學家經常在分析處理上遭遇限制

圖 6　製程安全管理可獲得大量數據未來趨勢將與大數據結合

和阻礙，這些領域包括氣象學（Meteorology）、基因組學（Genomics）、神經網路體學（Neural Network Physics）、複雜的物理模擬（Complex Physical Simulation）及生物和環境研究（Biological and Environmental Research）等，這樣的限制也對網絡搜索（Internet Search）、金融（Finance）與經濟資訊學（Economics Information）等造成影響，而對於安全管理而言，無論是第二章之製程安全管理 14 項規定（請參閱第五章）或是職業安全衛生管理系統（如第六章圖 7）的應辦理事項，若要達成系統對於人員缺陷的掌握（如第七章圖 17），自然將利用已執行之各項數據（如教育訓練、自動檢查、風險評估、現場巡查等），經由運算判斷以確認最真實顯現未具備符合要求之認知、態度、自我效能之工作者，若能再結合其他主動系統，即可自動提供必要的警示、補充宣導或是實際安排再訓練等有效作為，此等應用將為未來大數據對於安全管理的重要趨勢；此外由於數據的獲得最好能自動化，所以應多思考運用前述如 RFID（如圖 7）、無線感測網路等技術，減少人員輸入且能第一時間獲得實際執行情況，當然也能第一時間進行判斷與處理，讀者應可延伸思考應用。

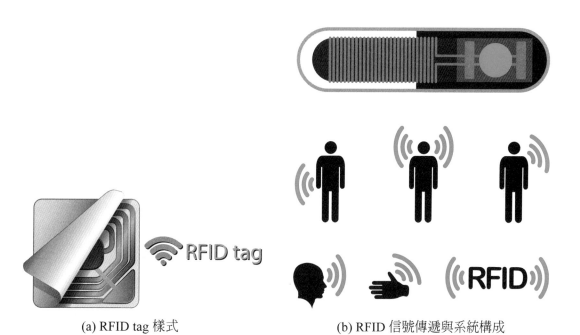

(a) RFID tag 樣式　　　　　　　(b) RFID 信號傳遞與系統構成

圖 7　RFID 對於安全管理應用上有強大功能

二、物聯網（IoT）

物聯網（Internet of Things, IoT）是互聯網（Internet）、傳統電信網等資訊承載體，讓所有能行使獨立功能的普通物體實現互聯互通的網絡；一般而言物聯網為無線網（Wireless Network），由於每個人周圍的設備可以達到 1,000 至 5,000 個左右，所以物聯網一般可能要包含 500 兆至 1,000 兆個物體；在物聯網上，每個人都可以應用電子標籤（Electronic Tags）將真實的物體上網聯結，在物聯網上都可以查出它們的具體位置，通過物聯網可運用中心計算機對機器、設備、人員進行集中管理、控制，當然也可以對家庭內各種設備、車輛進行遠端遙控（Remote Control），以及搜尋位置、防止物品被盜等，如此類似自動化操控系統，同時透過收集這些小事的數據，最後可以聚集成大數據，包含重新設計道路以減少車禍、進行都市更新、災害預測與犯罪防治、流行病控制（Epidemiological Control）等等社會的重大改變；物聯網將現實世界數位化（Digitization），應用範圍十分廣泛；物聯網拉近分散的資訊，統整物與物的數位資訊，物聯網的應用領域主要包括運輸和物流領域、健康醫療領域範圍、智慧環境（家庭、辦公、工廠）領域、個人和社會領域等，具有十分廣闊的應用前景；所以若各物體亦能提供感測後的狀態值（包含如溫度、壓力、流量、重量、濃度、狀態、速度、加速度、位置等），將可提供給系統進行判斷與決策，對於製程安全管理（PSM）或是職業安全衛生管理（OSHMS）均有顯著助益，尤其經由感測器獲得之連續訊號，更符合結合大數據之趨勢，自然得以協助管理者進行判斷，甚至是目前推動國際推動工業 4.0 的智能工廠（Intelligent Factory），達成預防災害發生情況（如圖 8）。

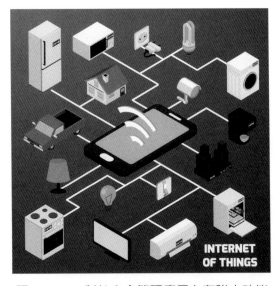

圖 8　RFID 對於安全管理應用上有強大功能

三、智能工廠（Intelligent Factory）

在 2011 年的漢諾瓦工業博覽會德國提出工業 4.0（Industrial 4.0）一詞；2012 年 10 月由羅伯特·博世有限公司的 Siegfried Dais 及利奧波第那科學院的孔翰寧組成的工業 4.0 工作小組，向德國聯邦政府提出了工業 4.0 的實施建議。2013 年 4 月 8 日的漢諾瓦工業博覽會中，工業

4.0 工作小組提出了最終報告。工業 4.0 的想法係源由四次工業革命的思維（如表五及圖 9），其核心詞彙是智慧整合感控系統（Cyber-Physical Systems），而且是高度自動化，可以主動排除生產障礙，此觀點在中國製造 2025 和美國製造業振興計劃均有提及；根據中國製造 2025 計劃，其以創新驅動、品質爲先、綠色發展、結構最佳化、人才爲本作爲基本方針，並以提高製造業創新能力、推進資訊化與工業化深度融合、強化工業基礎能力、加強品質品牌建設、全面推行綠色製造、推動重點領域突破發展、深入推進製造業結構調整、積極發展服務型製造和生產性服務業、提高製造業國際化發展水準作爲任務和重點，此計劃提及重點發展領域包括新一代資訊技術創新產業、高階數控工具機（Advenced CNC Machine Tools）和機器人、航空飛行裝備、海洋工程裝備及高技術船舶、軌道交通裝備、節能與新能源汽車、核能或可再生能源電力裝備、農業機械資訊整合系統、奈米高等創新材料或模組化建築及生物化學醫藥及高性能醫療器械（Medical Instruments）等。

⬇ 表五 四次工業革命

階段	內容
第一次工業革命	利用水力及蒸汽的力量作爲動力源突破了以往人力與獸力的限制。
第二次工業革命	使用電力爲大量生產提供動力與支援，也讓機器生產機器的目標實現。
第三次工業革命	使用電子裝置及資訊技術（IT）來校正去除人爲影響以增進工業製造的精準化、自動化。
第四次工業革命	通俗意義上指的是資訊革命，亦有德國提出的高科技戰略計劃工業 4.0。

圖 9 工業 4.0 演進

　　工業 4.0 簡單的說，就是大量運用自動化機器人、感測器物聯網、供應鏈互聯網、銷售及生產大數據分析，以人機協作方式提升全製造價值鏈之生產力及品質；工業 4.0 的精神是連結

與優化，連結製造相關元素，進行最佳化，以增進企業競爭力與獲利；日本廠商目標重點在追求「零停機、零待料」，德國工業 4.0 終極目標則設在相同成本下，達到經濟批量為 1 的「最大客製化」生產彈性。以機械加工為例，如果在工具機上裝設多個感測器，擷取零件加工時的各種製程數據，監測切削刀具及機臺狀況，在刀具過度磨損前即可得到預警，及時更換，以提高產品良率，相同的在此應用上硬體安全亦能利用相同概念進行預警。就設備而言，則可以隨時掌握機臺狀況，預先規劃保養時程，避免非預期當機而影響生產。再以球鞋客製化生產為例，如果製造業者在網站上提供球鞋的各種部件及顏色、材質選項，讓顧客可以選擇喜好的部件顏色、材質進行客製化組合，並且網路下單，則企業可依顧客喜好及尺寸製造球鞋，提高顧客滿意度，為了保持客製化生產迅速交貨，企業必須將顧客網路下單資料、企業管理系統（原物料供應、生產排程），與工廠實體生產線連結起來，優化結果就是在極短交貨時程下完成客製化產品製造，在不增加成本條件下，即便一件數量的訂單也能接。

　　一般高科技廠可最佳化目標，在資源方面如工廠的智慧節能；在製程方面如以感測器監測生產線加工狀況，即時線上修正，或回饋到工程設計修正，以提高產品良率；在資產使用效率方面如透過遠距監測、數據分析、預知保養等方式達到設備使用效率的極大化；在人力資源方面如藉由「擴增實境」協助人工作業、使用機械手臂於人機協作，提高人力資源運用效率；在庫存方面可連結上下游廠商以達到實時供應鏈優化及批量優化；在品質方面如經由統計分析與製程控制提高產品品質；在供需匹配方面則可透過數據分析驅動需求預測或價值導向之設計以優化供需匹配；在上市時間方面如連結顧客及夥伴以協同創作、開放式創新、同步工程、快速試製與模擬等方式，縮短上市時間；在售後服務方面，透過預知保養、遠距維修、虛擬引導自助式服務等方式提高客戶滿意度。

　　工業 4.0 可連結的元素比以往更多，可回應的速度更快，可連結的範圍更廣，因此可最佳化的目標更多樣，效益更大；可連結的元素比以往更多，例如機臺或生產線可連結眾多感測器，工業互聯網可以極快的速度實時（Real Time）回應。可連結的範圍更廣，例如可以連結與整個產品生命週期相關的人、事、物。可優化的目標更多樣，例如工廠內各種非預期狀況的自動因應、設備預知保養、產品的售後服務等。製造業未來的情境在某些產業適合大量客製化產品，未來商業模式將有很大改變；例如 1. 產品走向回應式生產，也就是接到訂單才開始生產，降低庫存成本，減少滯銷品的損失；2. 發生長尾效應（The Long Tail）情況時可採用回應式生產，產品生命週期得以延長（如圖 10）；3. 獲利公式重新計算主要是製造業可由 B2B 延伸到 B2C，但高科技廠的產品較難達成；4. 具有少量也可接單的能力，將因此增加新的客戶與訂單。

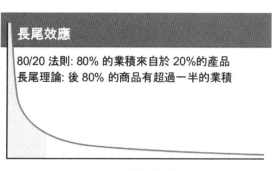

圖 10　長尾效應

圖 11　智能製造包含五個構面

　　智能工廠也就是能達成智能製造（Intelligent Manufacturing）爲主體，包含五個構面爲產品智能化、裝備智能化、生產方式智能化、服務智能化、管理智能化等，而製程安全管理（PSM）或是職業安全衛生管理（OSHMS）亦必須結合此五個構面進行規劃思考（如圖11）；圖 12 爲效益導向之智能製造架構；圖 13 爲智慧製造解決方案藍圖；表六爲高科技廠可行之安全管理方案，供讀者參考，讀者應思考如何於每個解決方案中將 PSM 與 OSHMS 融入，並且時時應用 ISD 策略來追求智能化且本質較安全化的工廠。

⬇ 表六　智能製造包含五個構面於高科技廠 PSM 或 OSHMS 的應用

構面	可行應用
產品智能化	晶圓片應具有無線定位、製程站別儲存功能，讓安全管理系統得以掌握運行進度。
裝備智能化	製程機臺設備應能無線傳送各項製程參數（如流量、溫度、壓力、濃度等）、零組件安全狀態、互鎖裝置狀態及其他必要資訊，讓管理系統得以掌握安全情況，並進行運算與決策判斷，包含預防性保養、定期保養、歲修、緊急搶修、緊急應變等情況的處理。
生產方式智能化	高科技廠生產方式需全面自動化，並且在自動化過程中，應妥善考量各項必要感測機制（如機械能量的速度、扭力等或電氣能量之電壓、電流、電功率等），以掌握生產方式能符合預期。
服務智能化	目前高科技廠各項軟硬體設備均需要人員進行維修服務，未來若能利用機器人或人工智慧，則在廠內之各階段仰賴人員服務作業，均能達成智能化目的，不過此項發展仍須等待其他有關科技的發展達成。
管理智能化	管理系統除現在的網路化外，最好能與前述各項感測器功能結合，如此從感測器源頭即可掌握製程是否在正常條件下，其中包含原先需用人力之自動檢查或作業環境監測，均可利用自動感測裝置進行人員行爲或設備安全狀態的判斷，此等資訊在傳遞至 PSM 或 OSHMS 系統中，除自動進行決策與處理外，更能主動聯繫有關人員進行處理或狀態掌握。

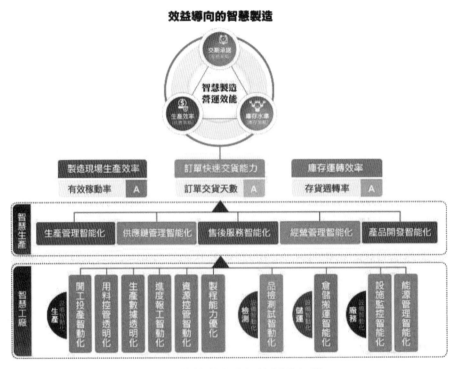

圖 12　效益導向之智能製造架構

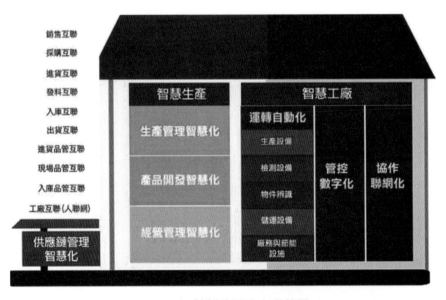

圖 13　智慧製造解決方案藍圖

由於智能工廠主要技術必然包含製程自動化、大數據、物聯網等，所以針對製程安全管理資訊整合技術趨勢發展我們依據製程安全管理（PSM）由規劃、實施、查核及行動（PDCA）的系統化管理模式，以辨識及評估製程可能發生的危害及風險，並採取有效的控制措施、俾於將製程的整體風險儘可能的降低至可接受程度，以確保廠內及廠外人員的安全與健康，PSM 共有 14 個單元為員工參與（Employee Participation）、製程安全資訊（Process Safety Information）、製程危害分析（Process Hazard Analysis）、操作程序（Operating Procedure）、訓練（Training）、承攬管理（Contractor Management）、開俥前安全審查（Pre-startup Safety Review）、機械設備完整性（Mechanical Integrity）、動火許可（Hot Work Permit）、變更管理（Management of Change）、事件／事故調查（Incident Investigation）、緊急應變計畫（Emergency Response Planning）、符合性稽核（Compliance Audit）、商業機密（Secrecy）等；智慧製造解決方案及 PSM、ISD 整合藍圖（如圖 14），在圖中未來智能製造解決方案無論導入智慧工廠裡的運轉自動化（包含生產設備、檢測設備、物件辨識、儲運設備、廠務與節能設施等）在開始導入新方案時，應逐項考慮應用，而針對安全工程方面則需考量 ISD 策略應用，這在前面章節已充分說明；不過在目前安全衛生管理較少著墨於產品開發上，但是產品元件構造影響著投入化學品原物料種類，也會決定整體機臺設備之構造，所以產品開發智慧化亦應詳加思考應用，若有相關實驗室也應適當考量；此外針對整體資訊系統從規劃、設計、建置、運

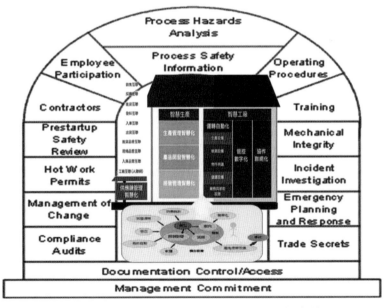

圖 14　智慧製造解決方案及 PSM、ISD 整合藍圖

作、維修、變更等作業階段，也應考量 ISD 策略的應用並且考量 PSM 系統的 14 項措施融合；相同的智慧製造解決方案及 OSHMS、ISD 整合藍圖亦有相同應用方案可供思考（如圖15）[26-28]。

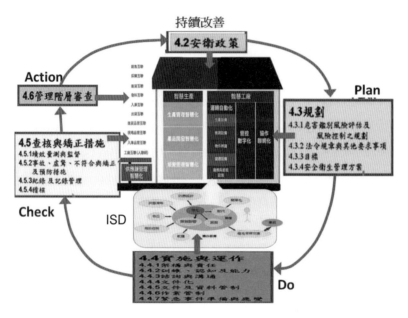

圖 15　智慧製造解決方案及 OSHMS、ISD 整合藍圖

8.3　製程安全管理與物聯網、大數據發展技術趨勢

　　由於製程安全管理（PSM）是管理系統的一種，無論高科技廠採用 PSM 或 OSHMS 執行安全管理，除依本書從生產管理角度出發進行考量，然而目前資訊科技技術將決定未來物聯網、大數據等應用於製程安全管理的成果，所以此處將深入討論相關技術的發展趨勢及與 PSM 應用的實務考量。

　　聯網技術看似百家爭鳴，其實它立基於現有的感測、網路與應用軟體等技術，企業只要多做一步整合與互聯，就能實現物聯網；而物聯網的運作機制如同人體的神經網路，末梢神經自動感測各種訊息之後，會將訊息一路從神經網路分支匯流至主要幹道，再傳遞至人腦，由人腦

研判訊息的意義後，進一步做出反應與決策；設想一座龐大規模的物聯網正在運行著，最末端的物體如同末梢神經，網路如同中樞神經，應用系統如同人腦，當上千上萬個物體不斷製造與發送微量的感測資訊，這些資訊經由層層網路匯聚與傳遞，被推送進應用系統當中，由系統來研判與分析資訊的意義，進一步採取應對方式；從實際用途來看，物聯網在概念上可分成 3 層架構，由底層至上層分別為感測層、網路層與應用層，這 3 層各司其職，同時又環環相扣。感測層用來識別、感測與控制末端物體的各種狀態，透過感測網路將資訊蒐集並傳遞至網路層，網路層則是為了將感測資訊傳遞至應用層的應用系統，應用層則是結合各種資料分析技術，以及子系統重新整合，來滿足企業不同的業務需求，如圖 16，圖中顯示物聯網的運作架構分為感測層、網路層與應用層。感測層包含末端被感測的物體、感測器、感測區域網路、閘道器這 4 項組成要素，網路層大多是 TCP/IP 網路或行動通訊網路，最後一層應用層則是企業因應不同的業務需求建置的應用系統 [1][19][29-32]。

這 3 層架構只是一種物聯網技術的分類方式，其實物聯網並不是新的技術，有些是常見的 IT 技術，像是 RFID、Wi-Fi，網際網路，有些則是工業上運用多年的專用技術，例如溫溼度感測技術，電力量測技術等。不過，相較於 5、6 年前物聯網萌芽時期，現在各項技術越來越成熟，也讓大規模應用的可行性越高，建置成本也越低。而不同於一般企業建立的無線感測網

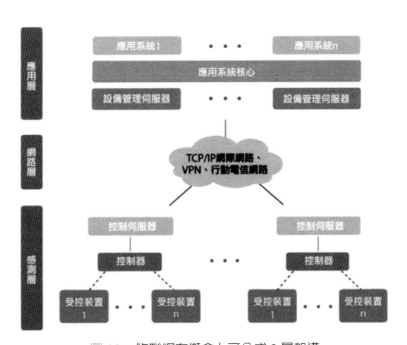

圖 16　物聯網在概念上可分成 3 層架構

路（Wireless Sensor Network，WSN）只連結數十至數百個感測節點，而且連結的物體同質性高，只能視爲物聯網的初階應用。當企業邁向物聯網時，必須在一個區域網路內連結上千個至上萬個感測節點，而且節點連結的物體異質性高，涵蓋動植物、有電流的機器、沒電流的物品等。

在感測技術上，電子晶片的製程、單價與耗電量等不斷降低，感測裝置能夠依附於更細微的物品之上，以更精準的方式感測微量資訊，而各類無線感測網路的通訊模組則朝著低單價、低功耗、高可靠傳輸的目標邁進，如 RFID、ZigBee（如圖 17）與藍芽 4.0 等，使感測網路的涵蓋範圍擴大與精準度提升。以網路層來說，隨著電信網路、網際網路與電視網路的分界逐漸消弭，在三網上的應用開始匯流整合後，使物聯網可以同時傳遞與呈現更多異質性的資訊。另一方面，網路層不斷擴大的網路頻寬能夠承載更多資訊量的同時，QoS 頻寬分流管理的政策必須更加複雜，而企業的網路管理平臺也確實朝著這個方向邁進。以應用層來說，雲端運算的種種技術成爲物聯網擴大規模的助力，同時也促成物聯網五花八門的應用服務，當物聯網規模擴大，更加需要採取雲端運算的運作體系。

又雲端運算將所有運算資源集中於資料中心進行處置，再透過網路將服務延伸至更多的端點。物聯網的理念與雲端運算不謀而合，同樣企圖擴充延伸終端連網的節點，進而涵蓋萬事萬

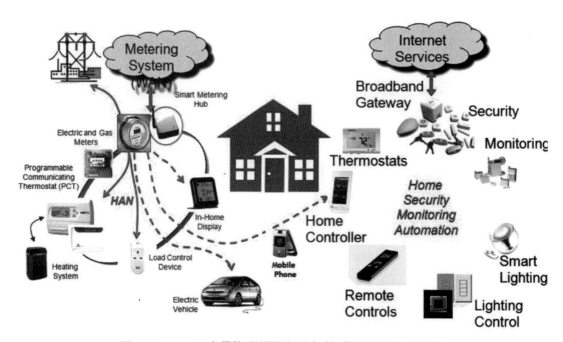

圖 17　ZigBee 亦是物聯網可行的無線感測網路通訊模組

物，藉由中間的網路傳遞訊息，透過應用層當中集中化的運算資源進行處置。因此，物聯網同樣可以藉助雲端運算的各種技術來傳遞、儲存及分析巨量資料，進而將應用轉變為隨取隨用的服務。然而，現階段企業在發展物聯網的最大挑戰不是技術不足，而是這些技術之間的介接與標準化，現在不同產業各自發展出各式各樣的物聯網型態，在技術與應用難以互通的情況下，導致每一種物聯網的規模因而受限。不過，新的網路架構在發展初期難免如此，透過多方嘗試，較容易歸納出最佳化的標準。雖然物聯網技術仍是百家爭鳴，但目前都已經有幾項主流的技術逐漸脫穎而出，可一窺物聯網技術標準化的走向，此點對於高科技廠而言選擇上必須審慎考慮。

聯網當中的感測層如同人體的末梢神經，用來識別、感測與控制末端物體的各種狀態資訊，再透過低功耗、低頻寬的感測網路通訊模組，將這些資訊傳遞至網路層。感測層至少包含末端被感測的物體、感測裝置、感測區域網路、銜接網路層的閘道器等 4 項組成要素。一般而言，物體自身或感測裝置必須具備識別、感測與傳輸資料的能力，又因為多數的物體不具備這些功能。因此，

圖 18　機械臂之感測器亦是物聯網運作的起點

企業通常會在物體上裝設感測裝置，每臺感測裝置含有一顆低功耗的微型處理器、通訊晶片、感測器、記憶體等硬體配備，用來感測物體本身的狀況，或物體週遭的速度、圖像、溫溼度、位置、光、壓力等數據資料（如圖 18）。這些資料會定期經由感測裝置的通訊晶片、感測區域網路的天線與無線存取點（AP）一路回傳至閘道器，透過閘道器將感測網路訊號進行中介轉換，並傳遞至企業通用的網路層。不同於一般網路的通訊協定，感測區域網路講求低頻寬、低功耗，以及擴充支援上千萬個感測節點等特性，因而需要在網際網路之外，另外制定感測網路的通訊協定，目前感測網路同樣包含了有線與無線網路這兩種。有線感測區域網路通常用於固定不移動的物體、感測範圍固定不擴充、各節點傳輸距離普遍較長，以及需要大量頻寬與供電的應用環境，像是工廠自動化、建築自動化、醫療儀器、能源管理、鐵路系統等產業，目前主流的匯流排標準包括 AS-i、CAN、HART 等。

無線感測區域網路則通常用於移動的物體、不適合布線的環境，以及感測範圍不一、各節點傳輸距離短，以及低頻寬與低功耗的應用環境，像是遙感探測、物流、運輸、雷達、通訊與

金融交易等，目前主流的無線感測網路標準包括 RFID、ZigBee、藍芽與 Wi-Fi 等。而隨著無線網路的頻寬與穩定度提升，將來企業在布建最末端的感測網路時，會優先選擇無線網路，藉此減少初期布線成本、日後維運，並且能夠快速擴充感測網路的範圍，不必受限於實體線路。以目前主流的無線感測網路技術來說，各自有適用的領域。黃榮堂表示，被動式 RFID 適用於不供電的物體，如卡片、書籍、一般用品等；ZigBee 多用於量測物體本身的及週遭的資訊，如智慧電網、環境監控等；藍芽則多用於人與物互動的設備上，如手機、筆電、家電用品、醫療儀器等，通常內建藍芽的設備也會同時支援 Wi-Fi 網路，進而可以將這些資訊上傳至網際網路。

介於感測層與網路層之間的閘道控制器，可以銜接有線或無線的網路，將資訊傳遞至網路層。網路層如同人體的中樞神經一般，扮演感測層與應用層中間的橋梁，負責將分散於四面八方的感測資訊集中轉換與傳遞至應用層。視物聯網的規模與所在環境，網路層的類型可能為一般企業的內部網路，或是電信業者的廣域（外部）網路，也可能同時涵蓋內外網。如果企業物聯網環境受感測的末端物體會移動、感測範圍未固定、感測環境在戶外等，通常會採用電信業者的廣域網路，包括電信網路、有線電

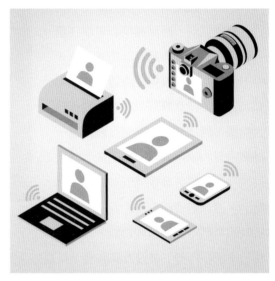

圖 19　網路層採 Wi-Fi 無線網路是發展趨勢之一

視網路與網際網路等，藉此擴大傳輸範圍。反之，企業物聯網的末端物體固定、感測範圍與環境固定，企業就會直接透過內部的有線乙太網路或 Wi-Fi 無線網路來當作網路層（如圖 19）。較於中國大陸目前已發展了頗具規模的物聯網，在網路層這方面，一開始就採取了不同的作法，針對物聯網打造專用的 3G 網路，每顆感測裝置都植入一張 SIM 卡，透過同一個號碼來傳遞感測資訊，好處如同 VPN 的效果，不僅頻寬資源可以獨享，還能避免網際網路的資安風險。無論企業選擇內部或外部環境，當網路的規模必須擴充至物聯網時，都將造成終端連網節點的數量暴增，而容易面臨網路管理與 IP 位址重新分配的問題，目前臺灣電信業者還未提供 IPv6 商轉服務，若臺灣的企業普遍著手建置物聯網，將加速耗盡臺灣僅存的 IPv4 位址。而 IP 位址不是企業導入物聯網的最大阻礙，在感測網路當中，通常會建立 ID 來辨識每個感測節點。如

果企業非得分配 IP 位址給各個節點時，仍可採取虛擬 IP 位址，減少實體 IP 的耗用。

當末端的物體將感測資訊透過網路傳送至最上層的應用系統時，這些系統不再如同以往一般只提供自動辨識的功能，還必須將物聯網單筆的資訊連結為一套網絡，進一步做分析運算、建立營運模型、針對特定事件做自動處置，並指引營運決策的方向，提供這整套體系的運作，才屬於完整的物聯網。透過物聯網搜集而來的單筆資訊難以發揮顯著的價值，而應用系統的工作就是將發散於各節點的資訊鏈結起來，找出每筆資訊的定位與意義。因此，物聯網的應用系統必須串連與整合多套子系統的數據資料，除了提供系統連動做自動處置之外，還要進一步做大量資料分析，因此，資料探勘、資料倉儲、決策支援、商業智慧（BI）等都成為應用層重要的技術，所以對於製程而言，每個零組件都是物聯網的物，其安全資訊將自動化的提供管理者進行分析統計、運算、判斷及決策，工作者健康當然也相同。

另外，雲端運算涵蓋的種種技術有助於物聯網擴大規模與應用服務，其中較重要的是用於巨量資料分析的分散式運算，如 Hadoop。雖然這些感測資料的內容並不複雜，可能都只是單筆的數值，但分秒傳送不斷累積於應用系統之後，歷史資料的容量將與日俱增，如果使用者針對歷史資料進行分析時，將造成大量運算的需求；又許多感測資訊屬於非結構性的資料如監視影像，將提高分析的困難度。雖然這些主流技術已經逐漸到位，但現在各產業物聯網的應用仍處於啟蒙階段，多數企業各自為政，欠缺共同的發展標準。未來物聯網應用系統要能夠快速推廣的關鍵作法是，相同產業之間必須共結聯盟，針對特定的產業建立經驗模型，才能快速導入其他同業，除了降低各家企業重頭開始建置的失敗率，同時也可以達到物聯網以量取勝的效益，圖 7 為物聯網主流短距離無線通訊技術比較。

🔽 表七　物聯網主流短距離無線通訊技術比較

	RFID	Bluetooth	ZigBee
傳輸標準	ISO 18000/EPCglobal	IEEE 802.15.1	IEEE 802.15.4
使用頻率	LF: 125 或 134.2KHz HF: 13.56KHz UHF: 433 或 868~956KHz MW: 2.45GHz	2.4GHz	2.4GHz、868MHz、915MHz
網路連結方式	P2P	P2P、Star、Ad-hoc	P2P、Star、Mesh、Hybrid
傳輸速度	4~424Kbps	356~723Kbps	250Kbps
最大網路節點數	>256	9	256
傳輸距離	UF < 0.5m、HF < 0.5m、UHF < 15m、mw < 100m	<10m	<300m

美國國家標準和技術研究院的雲端運算定義中明確了三種服務模式彙整如表八，而雲端運算架構如圖 20 所示；而雲端運算目前應用情況彙整如表九。

⬇ 表八　美國國家標準和技術研究院的雲端運算定義中明確了三種服務模式

服務模式	內涵
軟體即服務（SaaS）	消費者使用應用程式，但並不掌控作業系統、硬體或運作的網絡基礎架構。是一種服務觀念的基礎，軟件服務供應商，以租賃的概念提供客戶服務，而非購買，比較常見的模式是提供一組帳號密碼。
平臺即服務（PaaS）	消費者使用主機操作應用程式。消費者掌控運作應用程式的環境（也擁有主機部分掌控權），但並不掌控作業系統、硬體或運作的網絡基礎架構。平臺通常是應用程式基礎架構。
基礎設施即服務（IaaS）	消費者使用「基礎運算資源」，如處理能力、儲存空間、網絡元件或中介軟體。消費者能掌控作業系統、儲存空間、已部署的應用程式及網絡元件（如防火牆、負載平衡器等），但並不掌控雲端基礎架構。

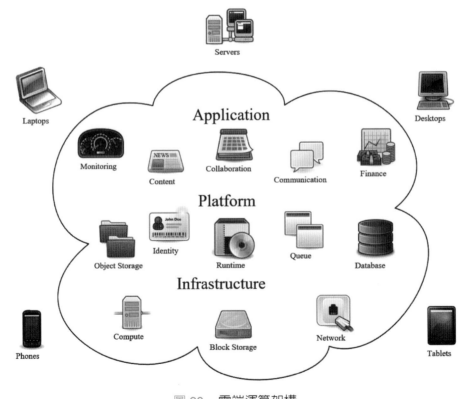

圖 20　雲端運算架構

⬇ 表九　雲端運算應用彙整

應用項目	應用內容
雲端教育	教育在雲技術平臺上的開發和應用，被稱爲「教育雲」。雲教育從信息技術的應用方面打破了傳統教育的壟斷和固有邊界。通過教育走向信息化，使教育的不同參與者——教師、學生、家長、教育部門等在雲技術平臺上進行教育、教學、娛樂、溝通等功能。同時可以通過視頻雲計算的應用對學校特色教育課程進行直播和錄播，並將信息儲存至流存儲服務器上，便於長時間和多渠道享受教育成果。
雲端物聯	物聯網是新一代信息技術浪潮的生力軍。物聯網通過智能感知、識別技術與普適計算廣泛應用於互聯網各方面。物聯網作爲互聯網的業務和應用，隨著其深入的發展和流量的增加，對數據儲存和計算量的要求將帶來對雲計算的需求增加。並且在物聯網的高級階段，必將需要虛擬雲計算技術的進一步應用。
雲端社交	雲社交是一種虛擬社交應用。它以資源分享作爲主要目標，將物聯網、雲計算和移動互聯網相結合，通過其交互作用創造新型社交方式。雲社交把社會資源進行測試、分類和整合，並向有需求的用戶提供相應的服務。用戶流量越大，資源整合越多，雲社交的價值就越大。目前雲社交已經具備了初步模型。
雲端安全	雲安全是雲計算在互聯網安全領域的應用。雲安全融合了並行處理、網絡技術、未知病毒等新興技術，通過分布在各領域的客戶端對互聯網中存在異常的情況進行監測，獲取最新病毒程序信息，將信息發送至服務端進行處理並推送最便捷的解決建議。通過雲計算技術使整個互聯網變成了終極安全衛士。
雲端政務	雲計算應用於政府部門中，爲政府部門降低成本提高效率做出貢獻。由於雲計算具有集約、共享、高效的特點，所以其應用將爲政府部門降低 20% 至 80% 的成本。所以在電子商務延伸至電子政務的背景下，各國政府部門都在著力進行電子政務改革，研究雲計算普遍應用的可能性。伴隨政府改革的進行，政府部門也開始從自建平臺到購買電信運營商的服務，這將爲促進雲計算的進一步發展並爲電信運營商帶來商機。
雲端存儲	雲存儲是雲計算的一個新的發展浪潮。雲存儲不是某一個具體的存儲設備，而是互聯網中大量的存儲設備通過應用軟件共同作用協同發展，進而帶來的數據訪問服務。雲計算系統要運算和處理海量數據，爲支持雲計算系統需要配置大量的存儲設備，這樣雲技術系統就自動轉化爲雲存儲系統。故而，雲存儲是在雲計算的概念的延伸。

在前述的資訊技術下，無論是 PSM 或是 OSHMS 均應考量如何妥善運用，如能適當結合融入，除可免除製造生產與安全管理不同調外，更能消除彼此運作的隔閡，讓安全管理者更容易落實損害防阻的目標，這是面對未來科技趨勢安全管理者應當更戮力達成的終極目標。

>>>>>>>>>>>>>>>>>>>>>>　參考文獻　<<<<<<<<<<<<<<<<<<<<<<

1. 維基百科。https://zh.wikipedia.org/wiki. (2016/11/22 摘自網路)

2. 蔡正湟，中小型企業生產管理資訊化導入的要點。http://mymkc.com/article/content/22034(2016/11/22 摘自網路)。

3. Ray, S. R. and Wallace, S (1995)., "A Production Management Information Model for Discrete Manufacturing," *Production Planning &; Control*, Vol. 6, No.1, pp. 65-79.

4. Fiona Fui-Hoon Nah and Janet Lee-Shang Lau (2001), "Critical factors for successful implementation of enterprise systems," *Business Process Management*, Vol.7 No.3, pp.285-296.

5. Yuan, X., and Y. Wang (2009). Study on the Function of XBRL and the Enhancement of the Accounting Information Quality under the Background of Informationization. *International Journal of Business and Management*, 4 (11), p137.

6. Xianglian, C., & Hua, L. (2013). Research on e-Commerce Logistics System Informationization in Chain. *Procedia - Social and Behavioral Sciences*, 96, 838-843.

7. 林東清（2010），資訊管理：e 化企業的核心競爭能力。臺北市：智勝文化。

8. Simon, J., Naim, M. M., & Towill, D. R. (1994). Dynamic analysis of a WIP compensated decision support system. *International Journal of Manufacturing System Design*, 1(4), 283-297.

9. Chen, C. C., Liu, J. Y.-C., and Chen, H.-G. 2011. "Discriminative effect of user influence and user responsibility on information system development processes and project management," *Information and Software Technology*, (53:2), pp 149-158.

10. 系統導入─ eMIS 經營資訊管理系統。http://www.clsys.com.tw/Support.asp?id=2。(2016/11/22 摘自網路)

11. 漢睎科技產品資訊。http://www.bccs.com.tw/index.asp?module=product&action=ShowContext&BID=6&ID=1&SubMenu=1。(2016/11/22 摘自網路)

12. 鄭炳強（2007），軟體工程：從實務出發。臺北，智勝文化事業有限公司。

13. C. H, Lee and C. H. Wu," A Novel Big Data Modeling Method for Improving Driving Range Estimation of Evs, *IEEE Access*, Vol. 3 , P1980-1993, 2015.

14. K.S. Leung , R.K. MacKinnon and F. Jiang (2014), Reducing the Search Space for Big Data Mining for Interesting Patterns from Uncertain Data, *2014 IEEE International Congress on Big Data*, P315-322.

15. Brown, B., Chui, M., & Manyika, J. (2011). Are you ready for the era of big data? *McKinsey Quarterly*, 4(1), 24-35.

16. D. Mazzei, G. Montelisciani, G. Baldi, and G. Fantoni, "Changing the programming paradigm for the embedded in the IoT domain," in Internet of Things (WF-IoT), *2015 IEEE 2nd World Forum on*, 2015, pp. 239-244.

17. D. Uckelmann, M. Harrison, and F. Michahelles, "An architectural approach towards the future internet of things," in Architecting the internet of things, ed: Springer, 2011, pp. 1-24.

18. M. Liu, D. Li, and H. Mao, "A design and implementation of information service architecture for resource-constraint devices in Internet of Things," in Computational Science and Engineering (CSE), 2014 IEEE 17th International Conference on, 2014, pp. 1503-1508.

19. 臺北科技大學（2016），工業 4.0 理論與實務。臺北：全華圖書。

20. 商周，以智慧製造迎接下一波產業變革。http://www.businessweekly.com.tw/article.aspx?id=30455&type=Indep。(2016/11/22 摘自網路)

21. 天下雜誌，為什麼你要認識「工業 4.0」。http://nightfame.com/style/%E7%82%BA%E4%BB%80%E9%BA%BC%E4%BD%A0%E8%A6%81%E8%AA%8D%E8%AD%98%E3%80%8C%E5%B7%A5%E6%A5%AD4-0%E3%80%8D/。(2016/11/22 摘自網路)

22. K.L. Zhou, T.G. Liu, L.F. Zhou. Industry 4.0: Towards future industrial opportunities and challenges, IEEE 2015 12th International Conference on Fuzzy Systems and Knowledge Discovery (FSKD), 2015.

23. R. Drath, A. Horch, Industrie 4.0: Hit or Hype? IEEE Industrial Electronics Magazine, Vol.8(2), P 56-58, 2014.

24. Heng, Stefan, Industry 4.0: Upgrading of Germany's Industrial Capabilities on the Horizon (April 23, 2014). Available at SSRN: https://ssrn.com/abstract=2656608.

25. 從 GA 的 API 來看 SEO 的 KPI。https://www.slideshare.net/genehong/ga-api-seo-kpi。(2016/11/22 摘自網路)

26. 製程安全管理法 (Process safety management of highly hazardous chemicals, PSM) (29CFR Part 1910.119)

27. Occupational Health & Safety Administration, Department of Labor (US). PetroleumRefinery Process Safety Management National Emphasis Program. CPL 03-00-004.Washington, DC; 2007.

28. 于樹偉（2012），製程安全管理績效指標。化工技術，第 20 卷，第 7 期，162-173 頁。

29. Y. Xue, L. Zhihua, G. Zhenmin and Z. Haitao (2012), "A Multi-layer Security Model for Internet of Things," Internet of Things Communications in Computer and Information Science, Vol. 312, pp 388-393.

30. ZigBee for data sampling, energy meter, temperature and humidity sensor measuring production. http://www.hoperf.de/rf/zigbee/app/ZigBee.htm.（2016/11/22 摘自網路）

31. M. Eid, R. Liscano and A.E. Saddik(2007), "A Universal Ontology for Sensor Networks Data," Proceedings of the IEEE International Conference on Computational Intelligence for Measurement Systems and Applications, pp. 59-62.

32. 鄭逸寧，物聯網技術大剖析。http://www.ithome.com.tw/news/90461（2016/11/22 摘自網路）。

國家圖書館出版品預行編目資料

高科技產業製程安全技術與管理：本質較安全
設計／陳俊瑜，張國基編著. ーー初版. ーー
臺北市：五南，2017.09　面；　公分
ISBN 978-957-11-9392-2（平裝）

1.工業安全　2.工業管理　3.高科技管制

555.56　　　　　　　106015366

5FOB

高科技產業製程安全技術與管理──本質較安全設計

作　　者 ─ 陳俊瑜、張國基

發 行 人 ─ 楊榮川

總 經 理 ─ 楊士清

主　　編 ─ 李貴年

責任編輯 ─ 周淑婷

封面設計 ─ 姚孝慈

出 版 者 ─ 五南圖書出版股份有限公司

地　　址：106台北市大安區和平東路二段339號4樓

電　　話：(02)2705-5066　　傳　　真：(02)2706-6100

網　　址：http://www.wunan.com.tw

電子郵件：wunan@wunan.com.tw

劃撥帳號：01068953

戶　　名：五南圖書出版股份有限公司

法律顧問　林勝安律師事務所　林勝安律師

出版日期　2017年9月初版一刷

定　　價　新臺幣680元